中世武家官位の研究

増補新版

木下 聡

吉川弘文館

目次

目次

序章　中世の武家と官位をめぐる研究史

本書は、南北朝から戦国期を中心として、武家の官位について論じている。官位とは、官職名である官途と、位を示す位階の双方を総称したものである。

武家と官位・官途との関わりはどのようなものであったのか。武家はその成立期から官途を帯びていたが、それは衛門・兵衛尉が主であり、最も貴種で有力であった清和源氏・桓武平氏などでもほとんどが国司止まりであった。この時期は律令官位制もまだ崩れておらず、源義家が初めて昇殿を許されたことに示されるように、武家は卑官にしか任官できなかった。その後平氏政権下では、平清盛を始めとする平氏一門が著しい官位昇進を果たす。だが鎌倉期に入ると、源頼朝以降の将軍のみを除き、三位以上になることはなかった。四位・五位への昇進も、幕府が御家人任官に制限を設けたことで、多くの御家人は任官・叙位を受けることなく、無位無冠であり、名乗りも太郎・五郎などの仮名が通常であった。そうした状況が一変するのが南北朝の争乱を経た室町期である。この時期には大概の武家身分の者は、何らかの官途を帯びていた。そして室町期後半から江戸初期にかけて、官途を用いた名乗りは各階層にまで広まり、官途は江戸時代に実質的にはただの名であると認識されながらも、官途を用いた名乗り自体は明治維新まで続くことになる。

それではこうした官位の持つ性格・性質を検討することはいったいどのような意義が認められるのか。幕府・大名などの権力組織を考える上で、その組織の軍事・経済などの側面を「実」とすれば、官位や書札礼、家格といった儀礼的・権威的な作用をするものは「名」であると言える。「名」はそれ自体ではほとんど実際的効力を持たないが、政治的行動を起こそうとする場合に、それを裏付けるものとして作用し、また他勢力との関係の中で自らを位置付けるのに大きく役立っていた。とくに名誉を重んじると言われる当時の武士にとって、「名」は現代の我々が思うよりもはるかに重要な意味を持っていただろう。

そしてその中でも官位は、煩雑で全貌を正確に把握しにくい書札礼や、武家社会・大名内での共通認識に頼らざるを得ず目に見えにくい家格と違って、それ自身で端的に意味・性質を示されており、また時代の降った現代でも有る程度把握できる利点があるだろう。

本書ではこうした中世後期以降の武家官位に注目して、武家と官位との関わり、官位の果たした役割・意義・その性格を検討することで、中世の武家政治・社会状況や、社会を規定していた「礼の秩序」の一端を解明することを目的とする。以下では論の中心となる中世の武家官位に関する研究を、先学によりつつまとめ、現段階での問題点・課題を提示したい。

武家と官位をめぐる問題は一九七〇年代以降から本格的に研究が始められた。

この問題を正面から取り上げたのは石塚栄氏の研究(1)が嚆矢となるだろう。少し後に出された宮沢誠一氏の研究(2)と共に、鎌倉~江戸時代にかけての武家の官位について概観している。ただ両者ともその論文の性格上、各時代の代表的な存在である北条氏や足利将軍家、有力守護・大名の事例のみを取り上げるにとどまっている。また同時期に秋元信英氏も、関東御家人の検非違使補任について言及している(3)。

八〇年代に入ると、中世武家官位についての本格的な研究として、武士の帯びた官途の意味を検討することで鎌倉幕府の秩序構造を考察した青山幹哉氏の研究(4)と、室町幕府の官途推挙のあり方の検討や、厳然とした官途秩序の存在を指摘した二木謙一氏の研究(5)が挙げられる。また田中修實氏は備中守を材料に、受領官途の在地効果論を述べた(6)。これはその後の武家官途研究の流れのもう一つの源流となった。

一方個別大名における官途の視点として、長塚孝氏が古河公方足利義氏と後北条氏の官途を東国支配の正当性を主張するためであったとし、後北条氏の受領官途を今後の支配への方向性を示す思想的表現であったと述べたこと(7)が注目される。

また村落の官途成に言及した薗部俊樹氏の研究も出ている(8)。

九〇年代に入ると、武家と官位を様々な視角から検討し、武家にとっての官途・位階の意義を解明しようとする研究がされるようになった。

まず鎌倉時代について、上杉和彦氏が成功制とそれを規定する幕府法を中心にして幕府の官職制度を検討し(9)、青山幹哉氏が武士独自への官職の変質・朝廷官職秩序への武士の順応・官途の世襲称号性の問題などの検討を行っている(10)。この他には時野谷滋(11)・細川重男氏(12)がそれぞれ、鎌倉御家人の叙任、北条得宗家が叙任した官位の変遷について述べている。

南北朝以降については、田中修實氏が備中に続いて備前・美作守の検討をして、隣国受領も在地支配効果を持っていたとした(13)。この在地効果論をさらに発展させたのが、今谷明氏の実利的官位論である(14)。ただ今谷氏の論はそれだけでなく、戦国期の大名における官途の意義を問いかけた点、官途自体に触れた点でも重要である。また脇田晴子氏(15)も同様に、戦国期の叙任状況から、諸大名は幕府から守護職を得るのではなく、朝廷から任官を受けたとして、当該期の天皇権威が浮上したと指摘している。

一方このような官途の見方に対し、永原慶二・池享・堀新氏が今谷氏の実利的官位という捉え方を批判し(16)、その中でも堀氏は今谷氏が示した事例への批判を加えることで、官途に在地効果は無かったと述べている。(17)また池氏は今谷氏への批判とは別に、戦国織豊期の朝廷政治を検討し、当時の朝廷における叙任手続きの実態を明らかにしている。(18)

その中で、鎌倉・南北朝・室町・戦国の各時代の武家と官位について詳述したのが金子拓氏の研究である。(19)金子氏は、官途がイエを指し示す指標となっていたことや、室町幕府が律令官位制とは全く別の官位体系を創出していたことなど指摘し、これが現在の中世武家官位研究の到達点に位置付けられる。

この金子氏の研究の後に、池氏がそれまでの研究動向をふまえた上で、戦国期の地域権力と官位、豊臣政権期に創出された武家官位制の性格に関する見解を示している。(20)

大名と官位に関する研究では、今岡典和氏(21)が毛利氏の官途による家中統制について、荒川善夫氏(22)が下野宇都宮氏家中の官途について検討しており、黒田基樹氏は上野由良氏当主の官途の検討により、各地域ごとの官途秩序の存在を指摘している。(23)

二〇〇〇年代に入ると、鎌倉期では征夷大将軍任官などの源頼朝に関する研究(24)が多くされているが、それ以外はほとんど見られず、鎌倉・南北朝期の名国司について考察した佐藤健一氏(25)、幕府の諸大夫について述べた遠山久也氏(26)、金沢貞冬の評定衆・官途奉行就任時期を検討した鈴木由美氏の論(27)が見られるぐらいである。

一方で室町戦国期は様々な論が出ており、まず幕府関連には、前述の名国司を述べた佐藤健一氏の論があり、足利将軍家の任右大将の背景と意義を検討した高橋典幸氏(28)、南北朝期の足利氏への贈位贈官や、武家官位がどのように展開したかを論じた山田貴司氏(29)、「宣秀卿御教書案」を用いて足利義煕期の武家官位を論じた末柄豊氏の研究(30)がある。また市村高男氏は関東の領主の官途から、礼の秩序の具体的なあり方を示している。(31)

個別大名に関しては、大内氏について山田貴司氏が、大内政弘の贈三位、大内義隆の大宰大弐の意義について検討し、[32]また家臣団の官位の検討を通じ大内氏権力と官位の関係を考察している。[33]毛利氏については、島津謚志氏が官途状の分析から、毛利家臣における官途の意義・毛利氏の家中への官途政策・官途状発給について述べ、[34]田中修實氏が毛利隆元と備中守について論じている。[35]また筑前宗像氏について、桑田和明氏が宗像氏貞の中納言私称の意義の検討、宗像氏と大内・大友・毛利氏の発給した官途状・一字状の比較検討を行っている。[36]そして大藪海氏が越前朝倉・飛驒三木氏と国司について検討している。[37]他にも渡邊大門氏が山名氏の官途授与、赤松氏における官途について検討している。[38]また関東大名に関しては佐竹・山内上杉氏を検討した拙稿がある。[39]

さらにもう一つ、中世武家官位を語る上で外してはならない存在に官途状がある。これは基本的に家臣に対して官途を与える文書で、南北朝期から出始め、江戸期以降はほとんど出されなかった。この官途状については、早くに相田二郎氏が取り上げているが、[40]あくまでこのような文書があると提示するのみであり、本格的な研究は、南北朝〜江戸時代の官途状・一字状の形式とその変遷を全国規模で検討した加藤秀幸氏の研究[41]を待たねばならない。その後各大名ごとに様々な検討がされたが、基本的には一つの大名のみを対象とする研究、それも発給している事実のみを語るものが多く、全国的規模での検討は全く行われていない。[42]わずかに今岡典和氏[43]が毛利氏と大内氏とを、桑田和明氏[44]が宗像氏と毛利・大内・大友氏とを比較検討しているぐらいである。また近年注目すべき論考として、官途状の分析から毛利家と官途に関する様々な面を検討する島津謚志氏[45]の一連の研究が挙げられる。

以上、中世武家官位に関する研究動向を簡単にまとめたが、現在問題とされている点としては、まず官途の在地効果・実利性の有無が挙げられる。今谷氏の言及した官途の実利性は、論のもととなる具体的事例への反証が行われているが、在地効果・実利が無いと主張する論者も、その反証した事例でのみしか検証を行っていない問題がある。

次に官途・官位秩序の存在について、室町幕府を二木氏[46]が、関東を市村氏[47]が指摘しているが、その実態にはまだ不明な部分が多く、秩序の形成や変遷についてもまだ多くの検討の余地を残している。

また従来大名が官途を名乗る意義については研究されてきたが、逆に官途そのものの性格・武家における意義については全くされておらず、官途個々が武家社会の中でどのような性格を付与され、またどのような人物が名乗ることによって由緒が積み重ねられていったかを明らかにすれば、武家と官位の関係や、武家の名乗る官途にどのような意図が込められていたかがわかるだろう。

そして中世武家官位が近世武家官位制に継承された点・されなかった点も従来指摘されておらず、断続面と連続面を明らかにせねば、それぞれの特性・意義が明確にされにくい。官途状に関しても、改めて全国的視野から再検討される必要がある。

これらの研究状況をもとに、本書は、まず第一部として武家官位の個別的展開として、個々の官途および位階について、それらが中世武家社会の中でどのような性格・意義を果たし、またそれが付与されていき、近世にどのようにつながっていくかを考察する。

第二部では、室町幕府・大名と官位との関わりという視点から、幕府・大名が官位をどのように扱い、位置付けていたか、また官位を授与する側・獲得する側の意図・意義について考察する。

なお本書で官途とは、受領・京官を含めた広い意味での官途を指し、太郎左衛門や五郎兵衛といった排行と「～衛門」・「～兵衛」とが組み合わさったものや、源助・権丞といった「～助」・「～丞」などの四等官を含むものも官途と見なしており、四等官を含まない「小三郎」・「与次」などは仮名として官途の枠外に置いている。そして律令制の官位相当からは乖離し、武家独自の性格を付与された官途・官位を以下では武家官途・武家官位と呼び、この武家官途によって形成された秩序を官途秩序としている。また基本的に依拠するのは一次史料で、系図や軍記類は、事実が書かれていることも無論あるが、後世の付会や推定が記されることが多いため、基本的に使用していない。本書の論は以上のことを前提としていることをご承知いただきたい。

注

（1）石塚栄「封建制社会における律令制官位の存在について」（『法政史学』二四号、一九七二年）。

（2）宮沢誠一「幕藩制的武家官位の成立」（『史観』一〇一号、一九七九年）。

（3）秋元信英「関東御家人の検非違使補任をめぐって―その制度的おぼえがき―」（『日本歴史』三〇六号、一九七三年）。

（4）青山幹哉「王朝官職からみる鎌倉幕府の秩序」（『年報中世史研究』一〇号、一九八五年）。

（5）二木謙一「室町幕府の官途・受領推挙」（同『中世武家儀礼の研究』吉川弘文館、一九八五年、初出一九八一年）。

（6）田中修實「中世後期受領名官途の在地効果―備中守の事例を中心に―」（同『日本中世の法と権威』高科書店、一九九三年、初出一九八九年）。

（7）長塚孝「戦国大名の官途・受領名―古河公方足利氏と後北条氏を事例にして―」（『駒沢史学』三九・四〇号、一九八八年）。

（8）薗部俊樹「中世村落における宮座頭役と身分―官途、有徳、そして徳政―」（『日本中世村落内身分の研究』校倉書房、二〇〇二年、初出一九八九年）。村落官途に関しては、その後坂田聡『日本中世の氏・家・村』（校倉書房、一九九七年）・同「中世百姓の人名と村社会―近江国菅浦の実例を中心に―」（『中央大学文学部史学科紀要』一八二号、二〇〇〇年）、中村哲子「中世在地官途名の位置づけと変遷―中世前期から惣村の成立へ―」（『史苑』六五―一号、二〇〇四年）などが出ている。

（9）上杉和彦「鎌倉幕府と官職制度―成功制を中心に―」（『史学雑誌』九九編一一号、一九九〇年）。

（10）青山幹哉「中世武士における官職の受容―武士の適応と官職の変質―」（『日本歴史』五七七号、一九九六年）。

（11）時野谷滋「鎌倉御家人の任官叙位」（『政治経済史学』三〇〇号、一九九一年）。

（12）細川重男「得宗家の先例と官位」（『大学院年報（立正大学大学院文学研究科）』八号、一九九一年、後に同『鎌倉政権得宗専制論』吉川弘文館、二〇〇〇年）。

(13) 田中修實「赤松氏守護管国における在国・隣国受領名官途の権威と構造—美作守・備前守の事例を中心に—」（同『日本中世の法と権威』高科書店、一九九三年、初出一九九〇年）。

(14) 今谷明『戦国大名と天皇』（福武書店、一九九二年、後に講談社学術文庫、二〇〇一年）。

(15) 脇田晴子「官位秩序の浸透」（同『天皇と中世文化』吉川弘文館、二〇〇三年、初出一九九〇年）。

(16) 永原慶二「応仁・戦国期の天皇」（『講座前近代の天皇第二巻』所収、青木書店、一九九三年）、池享「戦国・織豊期の武家・天皇関係を見る目—今谷明著『戦国大名と天皇』・『信長と天皇』を読む—」（同『戦国・織豊期の武家と天皇』校倉書房、二〇〇三年、初出一九九二年）、堀新「戦国大名織田氏と天皇権威—今谷明氏の「天皇史」によせて—」（同『織豊期王権論』校倉書房、二〇一一年、初出一九九三年）。

(17) 堀新「大名の官位と「家政」「国政」—武家官位の在地効果説をめぐって—」（岡山藩研究会編『藩世界の意識と関係』岩田書院、二〇〇〇年）。

(18) 池享「戦国・織豊期の朝廷政治」（同『戦国・織豊期の武家と天皇』校倉書房、二〇〇三年、初出一九九二年）。

(19) 金子拓「鎌倉幕府・御家人と官位」（同『中世武家政権と政治秩序』吉川弘文館、一九九八年、初出一九九三年）、「初期室町幕府・御家人と官位」（同『中世武家政権と政治秩序』、初出一九九四年）、「中期室町幕府・御家人と官位」（同『中世武家政権と政治秩序』、初出一九九四年）、「戦国期室町幕府・大名・国人と官位—「歴名土代」をめぐって—」（同『中世武家政権と政治秩序』、一九九八年）。

(20) 池享「武家官位制再論」（同『戦国・織豊期の武家と天皇』校倉書房、二〇〇三年、初出一九九六年）。

(21) 今岡典和「戦国期の地域権力と官途—毛利氏を素材として—」（上横手雅敬編『古代・中世の政治と文化』思文閣出版、一九九四年）。

(22) 荒川善夫「宇都宮氏と家臣団」（同『戦国期北関東の権力構造』岩田書院、一九九七年）。

(23) 黒田基樹「由良氏の研究」（同『戦国大名と外様国衆』文献出版、一九九七年、初出一九九三年）。

(24) 北村拓「源頼朝の権大納言・右近衛大将補任について」（『国学院雑誌』一〇一—二号、二〇〇〇年）、同「鎌倉幕府征夷大将軍の補任について」（今江廣道編『中世の史料と制度』続群書類従完成会、二〇〇五年）、櫻井陽子「頼朝の征夷大将軍任官をめぐって—『三槐荒涼抜書要』の翻刻と紹介—」（『明月記研究』九号、二〇〇四年）、時野谷滋「頼朝と官位」（『芸

林』五四―二号、二〇〇五年)、下村周太郎「「将軍」と「大将軍」―源頼朝の征夷大将軍任官とその周辺―」(『歴史評論』六九八号、二〇〇八年)。
(25) 佐藤健一「鎌倉・室町初期の名国司―その出現と変遷―」(今江廣道編『前田本『玉燭宝典』紙背文書とその研究』続群書類従完成会、二〇〇二年)。
(26) 遠山久也「鎌倉幕府における諸大夫について」(中野栄夫編『日本中世の政治と社会』吉川弘文館、二〇〇三年)。
(27) 鈴木由美「金沢貞冬の評定衆・官途奉行就任の時期について」(『鎌倉遺文研究』一七号、二〇〇六年)。
(28) 高橋典幸「将軍の任右大将と『吾妻鏡』―『吾妻鏡』受容の一背景―」(『年報三田中世史研究』一二号、二〇〇五年)。
(29) 山田貴司「南北朝期における足利氏への贈位・贈官」(『七隈史学』八号、二〇〇七年)、同「南北朝期における武家官位の展開」(『古文書研究』六六号、二〇〇八年)。
(30) 末柄豊「『宣秀卿御教書案』にみる武家の官位について」(同研究成果報告書『室町・戦国期の符案に関する基礎的研究』二〇〇六年)。
(31) 市村高男「戦国大名研究と列島戦国史」(『武田氏研究』三〇号、二〇〇四年)。
(32) 山田貴司「中世後期地域権力の官位獲得運動―大内教弘への贈三位運動―」(『日本歴史』六九八号、二〇〇六年)、同「大内義隆の大宰大弐任官」(『地方史研究』三一九号、二〇〇六年)。
(33) 山田貴司「室町・戦国期の地域権力と武家官位―大内氏の場合―」(『福岡大学大学院論集』三六―一号、二〇〇四年)。
(34) 島津論志「毛利家臣にとっての官途―受領書出の分析を中心に―」(『六軒丁中世史研究』一一号、二〇〇五年)、同「毛利氏の官途政策―官途状の日付が語るもの―」(『歴史』一〇九号、二〇〇七年)、同「毛利氏が発給する官途を与える状―官途書出以外の少数事例の分析―」(『アジア文化史研究』八号、二〇〇八年)。
(35) 田中修實「毛利備中守隆元の官途と備中国侍の動向―いわゆる中世受領名官途「在地効果」論の立場から―」(『就実論叢其の一(人文篇)』三六号、二〇〇六年)。
(36) 桑田和明「宗像氏発給文書の一考察」(同『中世筑前国宗像氏と宗像社』岩田書院、二〇〇三年、初出二〇〇〇年)、同「戦国時代における筑前国宗像氏貞の中納言申請について」(『福岡県地域史研究』二二号、二〇〇五年)。
(37) 大藪海「戦国期における武家官位と守護職」(『歴史学研究』八五〇号、二〇〇九年)。

(38) 渡邊大門「戦国期山名氏の官途授与と将軍」(同『中世後期山名氏の研究』日本史史料研究会、二〇〇九年)、同「戦国期赤松氏および被官人の官途について―隣国受領名官途の在地効果説をめぐって―」(同『中世後期の赤松氏―政治・史料・文化の視点から―』日本史史料研究会、二〇一一年)。

(39) 拙稿「常陸佐竹氏における官途」(『戦国史研究』四八号、二〇〇四年)、「山内上杉氏における官途と関東管領職の問題」(『日本歴史』六八五号、二〇〇五年)。

(40) 相田二郎『日本の古文書　上』(岩波書店、一九四九年)。

(41) 加藤秀幸「一字書出と官途(受領)挙状の混淆について」(『古文書研究』五号、一九七一年)。

(42) そうした研究状況から行ったのが拙稿「官途状の形式と地域的・時期的問題」(『史学雑誌』一一五編九号、二〇〇六年)であり、その成果は木下聡編著『全国官途状・加冠状・一字状目録』(日本史史料研究会、二〇一〇年)にまとめている。

(43) 前注21今岡氏論文。

(44) 前注36桑田氏「宗像氏発給文書の一考察」。

(45) 前注34島津氏各論文。

(46) 前注5二木氏論文。

(47) 市村高男「戦国大名研究と列島戦国史」(『武田氏研究』三〇号、二〇〇四年)。

第一部　武家官位の個別的展開

第一章　左馬頭

はじめに

南北朝期以降の武家において、官途は律令制官位から乖離した独自の展開を示すことが指摘されている。(1)この中世の武家官途に関する研究は、任官のあり方(2)や天皇権威との関係、(3)あるいは官途の持つ現実的効果(4)や大名の家中統制における機能(5)などについて行われている。それぞれ方向性は様々であるが、共通する指針の一つとして、武家における官途の存在意義を見出すことが挙げられる。それは受領名に在地効果を探ろうとした今谷明氏・田中修實氏の研究(6)や、受領名を「今後の支配への方向性をあらわす思想的表現」とした長塚孝氏の研究(7)に代表される。そして大名が名乗る官途にどのような意味が込められていたかが明らかになれば、その大名なり権力なりの志向がわかるのである。だがそのためには、逆に官途が個別にどのような性格を付与されていき、またどのように受け取られていたかをも明らかにする必要がある。

そこで本稿では、武家官途の中でも、室町戦国期を通じて特別な位置にあったとされる左馬頭について見ていきたい。なぜならば、特別視されていたが故に、性格が付与されていく過程も見出しやすく、他の官途を検討する上でも大いに参考になるからである。武家官途としての左馬頭が特別な位置にあったというのは、足利氏（将軍、鎌倉・古河公方）にのみ任官可能な官で、それ以外の者には決して許されなかったと言われていることによる。(8)実際本文でも述べる通り、足利氏が将軍であった十五～十六世紀半ばに、武家で左馬頭である者はおらず、武家が使用していた四位・五位相当の官の中には、他にこのような官途は存在しない。しかしなぜ左馬頭が足利氏のみの官となったのか、また武家官途総体においてどのように位置づけられるのか、室町幕府滅亡後はどうであったのかなど、まだ多くの検討すべき点がある。

以下では左馬頭がどのように足利氏の官途となっていったか、また室町幕府体制下で足利氏以外に任官は本当にされなかったのか、さらに室町幕府以後左馬頭が武家官途の中でどのように扱われたかについて検討する。

1　南北朝期以前の武家における左馬頭

ここでは武家において、足利氏に左馬頭が独占される南北朝期以前の左馬頭について見たい。馬寮について先行研究では、平安前期の左右馬頭・助に天皇の近臣や血縁者、武力に長じた人物が任じられていたと指摘されている(9)。ここで重要なのは、清和源氏の祖である経基王が左馬頭に任じられて以来、清和源氏では左馬頭・権頭・助・允になる者を多く輩出したことである。表1は『尊卑分脈』から左右馬頭・権頭・助を抽出したもので、左馬頭・権頭には、経基王・源満仲・源頼光（権）・源頼信（権）・源義家（権）・源義朝・源義仲が任じられている。鎌倉初期には足利義兼・義氏父子が左馬頭となっている(10)。無論『尊卑分脈』の記述を無条件に信じるわけにはいかない。たとえば足利義氏は『吾妻鏡』に左馬頭として見えるが、義兼が左馬頭であった徴証はないからである(11)。そして経基王から義家までの清和源氏歴代についても、『系図纂要』に同様な記述はあるものの、古記録などからは確実に左馬頭・左馬権頭であった確証はない。ただ満仲は、『今昔物語』に「左馬頭満仲」とあるので左馬頭であった可能性は高い(12)。また

表1　尊卑分脈による清和源氏の左右馬頭・助

名前	続柄	左馬頭	左馬権頭	左馬助・允	右馬寮
源経基		左馬頭			
源満仲	経基子		左馬権頭	左馬助	
源満政	経基子			左馬助	
源義憲	満政三代孫			左馬助	
源光遠	満政六代孫				右馬允
源光広	光遠子			左馬助	
源光俊	光遠養子				右馬助
源則連	光遠孫			左馬助	
源資村	光遠四代孫				右馬助
源重季	光遠五代孫			左馬助	
源重親	満政七代孫				右馬助
伊那為公	経基四代孫、母頼信母				右馬助
源頼光	満仲子		左馬権頭		
源頼国	頼光子		左馬権頭		
源光行	頼国三代孫			左馬助	
源国行	光行孫				右馬助
源国時	国行子				右馬助
源国基	光行孫				右馬助
源教行	国基養子				右馬助
源頼政	頼国四代孫				右馬助
源頼茂	頼政孫				右馬権頭
源泰政	頼政弟			左馬允	
源政綱	頼政甥				右馬助
源時光	頼国四代孫				右馬助

経基王も『大日本史料』で「右馬頭」とされている[13]が、『系図纂要』でも左馬頭とされていることや、源氏一門が「右」馬頭ではなく「左」馬頭ばかりであることから、やはり経基王・源満仲父子が左馬頭となり、以降はそれを由緒としたのであろう。右馬頭であった源頼親の子孫が右馬助ばかりであるのも、同様な理由によるだろう。なお平氏では、『公卿補任』によると、清盛期に重盛→宗盛→重衡→行盛と左馬頭が清盛の子・孫によって譲与相続され、左馬権頭も教盛→経盛→経正と庶流によって相伝されている。

鎌倉時代においては、初期には先に述べた足利義氏が左馬頭であったが、それ以後鎌倉末まで足利氏で左馬頭になった者はいない。『尊卑分脈』では早世した足利尊氏の兄高義が左馬頭であるとしており、義兼

源資光	頼国五代孫			左馬助	
溝杭資基	頼国六代孫			左馬助	
土岐国長	頼国六代孫				右馬助
源宗茂	頼国七代孫			左馬助	
源仲忠	頼国七代孫				右馬助
源仲真	仲忠四代孫				右馬助
源頼親	満仲子				右馬頭
源仲親	頼親六代孫				右馬助
源仲房	頼親七代孫				右馬助
宇野氏義	頼親十二代孫				右馬権頭
源頼信	満仲子		左馬権頭		
源信仲	頼信四代孫			左馬助	
深原坂明国	頼信五代孫			左馬助	
村上信国	頼信五代孫、母信西娘				右馬助
源頼義	頼信子			左馬助	
源義家	頼義子		左馬権頭	左馬允	
源義高	義家孫			左馬允	
源義政	義親孫		左馬権頭		
源忠宗	義政孫			左馬助	
源義香	義親孫				右馬助
源義広	義香子				右馬助
源仲有	義香四代孫			左馬允	
源景泰	義親孫		左馬権頭		
源清繁	景泰三代孫				右馬助
源為義	義家子			左馬允	
源義朝	為義子	左馬頭		左馬允	

を実際にはなっていない左馬頭としていることから、記述をそのまま鵜呑みにするのは問題があるが、少なくとも義氏以降の鎌倉時代の足利氏は、高義、あるいは後述する直義まで左馬頭になる者がいなかったのは確実である。また御家人の中でも、成功で任官できなかったこともあってか、左馬頭となった者は見当たらない。ただ北条氏の中では左馬権頭に任官した者が確認される。これは北条政村・時宗・貞時・高時などで、とくに注目すべき点は、得宗家の時宗・貞時・高時の最初の任官が左馬権頭であったことである[14]。時宗がなぜ左馬権頭を最初の任官に選んだか、またなぜ権頭なのかは判然としないが[15]、時宗が左馬権頭になったことを先例規範として、貞時・高時もまた左馬権頭となった[16]。

　この北条得宗家が三代続いて最初の任官

源義仲	義賢子	左馬頭			
足利義康	義家孫			左馬允	
足利義兼	義康子	左馬頭		左馬允	
足利義氏	義兼子	左馬頭			右馬助
足利泰氏	義氏子				右馬助
足利頼氏	泰氏子			左馬助	
足利高義	貞氏子			左馬助	
足利直義	貞氏子	左馬頭			
山名義範	新田義重子または足利義康孫				右馬助

を左馬権頭としたのは、その後足利氏が左馬頭に任官したことを考える上で非常に重要である。南北朝期に足利義詮・基氏が左馬頭になっているが、いずれも鎌倉府の長として関東の政治に携わっていた時期に左馬頭に任官しているからである（後掲表2参照）。このことは、北条得宗家が三代にわたって左馬権頭になっていたことで、当時の武家の中に、関東の支配者はまず左馬（権）頭に任官することが必要であるとの認識があったからではないか。直義も、鎌倉に下向する前に左馬頭、そして相模守に任官しており[17]、その官途任官経歴はまさに時宗以下三代と同様なのである（時宗・高時の但馬権守は得宗・関東とは直結しない官であるので任官しなかったのであろう）。鎌倉公方・古河公方が最初に左馬頭に任官しているのも、同様な理由と言える。なお北条氏が左馬権頭であったのに対し、足利氏が左馬頭であったのは、足利義氏が左馬頭であったことに由来するのであろう。

ただなぜ左馬頭なのかという疑問がまだ残る。それは南北朝期当時、左馬（権）頭と同様に位置づけられる官に、執権・連署が任官した相模守・武蔵守があるからである。これらは北条義時・泰時以来北条氏が任じられた官であり、後に後北条氏が相模守を名乗る[18]ことからしても、こちらがより北条氏を継ぐ存在としての認識を与えうる。だが逆に相模守・武蔵守にある北条色の濃さは、源氏の棟梁を自認する足利氏として受け入れがたかったのではないか。それ故に相模守任官は直義のみにとどまり、清和源氏にも足利氏にも由緒の深い左馬頭を選択したのではないだろうか。

2 室町戦国期の左馬頭

まず南北朝期について見てみると、成功で任官できない官であり、直義・義詮が任官していたこともあって、武家の中で足利氏以外に左馬頭に任官していた者はほとんど見受けられない。その中で左馬頭であるのが確認できる例として、吉良満義[19]と楠木正儀[20]が挙げられる。とはいえ二人とも左馬頭であるのが南朝方として活動していた時期であり、足利氏の影響下にある北朝方では、武家で左馬頭に任官した者はいなかった。左馬権頭についても、南朝方には堀口貞義[21]・南部守行[22]などが確認されるが、やはり北朝方の武家には確認されない。なお右馬頭は、斯波高経[23]・仁木義長[24]・石塔頼房[25]・細川頼之[26]など何人も任官している。ちなみに南北朝期以後右馬頭に任官したのは、そのほとんどが上記のような足利一門、あるいは吉見氏など清和源氏の流れを汲む有力な一族であった。

次に足利氏と左馬頭について見たい。表2は足利氏の初度の任官をまとめたものである。これを見ると、足利氏でも必ず左馬頭になっていたわけではないことがわかる。義持・義量・義勝・義煕が最初に叙爵された官は正五位下の左右中将で、当時摂家の最初の叙爵官が正五位下少将であったことからすると、足利将軍家を摂家の上位に位置付ける意図の下で任じたことが窺える。それが端的に示されるのが義持で、「春の夜の夢」には、義持の元服に際し、当初義満同様に従五位下左馬頭に補任されるはずだったのが、義満が憤ったことで摂家同様に正五位下に叙されたことが記されている[27]。

一方で義教が左馬頭に任官し、義政も最初は侍従に任官していたが、その後左馬頭に任官している。この二人は元服などにおいて義満を先例としており、左馬頭任官もその一つと見なせる。その後義稙以降は最初に左馬頭に任官す

表2　尊氏以降の足利氏の最初の官

名前	官途	任官日・初見日時	内容	出典
足利尊氏	治部大輔	元応元・一〇・一〇	従五位下治部大輔に叙任	公卿補任
足利直義	兵部大輔	嘉暦元・五・二六	従五位下兵部大輔に叙任	公卿補任
足利義詮	左馬頭	康永三・三・一八	正五位下左馬頭に叙任	公卿補任
足利義満	左馬頭	貞治六・一二・四	正五位下左馬頭に叙任	後深心院関白記
足利義持	左中将	応永元・一二・一七	正五位下左中将に叙任	公卿補任
足利義量	右中将	応永二四・一二・一	正五位下右中将に叙任	足利官位記
足利義教	左馬頭	応永三五・三・一二	従五位下左馬頭に叙任	公卿補任
足利義勝	左中将	嘉吉二・一一・七	正五位下左中将に叙任	康富記
足利義政	侍従	文安四・二・七	正五位下侍従に叙任(文安五・一二・二六に左馬頭任官)	公卿補任
足利義煕	左中将	文明五・一二・一九	正五位下左中将に叙任	公卿補任
足利義稙	左馬頭	長享元・八・二九	従五位下左馬頭に叙任	歴名土代
足利義澄	左馬頭	明応三・一一・二四	正五位下左馬頭に叙任	親長卿記
足利義晴	左馬頭	大永元・一一・二五	正五位下左馬頭に叙任	公卿補任
足利義輝	左馬頭	天文一五・一一・一九	正五位下左馬頭に叙任	公卿補任
足利義栄	左馬頭	永禄一〇・一・五	従五位下左馬頭に叙任	歴名土代
足利義昭	左馬頭	永禄九・四・二一	左馬頭任官の記事	言継卿記
足利満詮	左馬頭	康暦二・二・一八	左馬頭任官	花営三代記
足利義嗣	左馬頭	応永一五・三・二四	正五位下左馬頭に叙任	公卿補任
足利義視	左馬頭	寛正五・一二・二	従五位下左馬頭に叙任	公卿補任
足利政知	左馬頭	長禄元・一二・二三	左馬頭任官の記事	大乗院寺社雑事記
足利義維	左馬頭	大永七・七・一三	従五位下左馬頭に叙任	二水記
足利基氏	左馬頭	文和元・八・二九	従五位下左馬頭に叙任	園太暦
足利氏満	左馬頭	応安六・一一・二五	正五位下左馬頭に叙任	花営三代記
足利満兼	左馬頭	応永五・一二・二五	寄進状の署名「左馬頭源朝臣」	鶴岡八幡宮文書
足利持氏	左馬頭	応永一七・一二・二三	左馬頭任官	喜連川判鑑

足利成氏	左馬頭	宝徳元・八・二七	義政参議就任（左馬頭解官）と同時に左馬頭任官	康富記
足利政氏	左馬頭	文亀四・一〇・二〇	判物の署名に「左馬頭政□」	円福寺文書
足利高基	左兵衛佐※			喜連川判鑑
足利晴氏	左兵衛督	天文一八・三・一五	従四位下左兵衛督に叙任（それ以前は左馬頭か無官か不明）	歴名土代
足利義氏	左馬頭	弘治元・一〇・	従五位下左馬頭に叙任	喜連川判鑑

※足利高基については任官日時・使用例不明のため空白とした

るのが常道となり、堺公方と呼ばれ結局将軍にはなれなかった義維も、左馬頭に任官して将軍への足がかりをつけている。

それでは室町時代に左馬頭は、幕府官途秩序の中でどのように位置付けられていたのか。まず任官基準としては、「大館常興書札抄」から、右馬頭と共に四職大夫・兵衛佐・衛門佐と同等に位置していたことがわかる。[28] しかし同じ大館常興の手による「大館入道常興記幷大和晴通記」[29]には次のような記述がある。

一、貴人へ捧愚札ニ（中略）先年桃井治部少輔政信と申せし二番の番頭にて候つる、先祖ニ左馬頭ニ拝任の例在之とて望被申処ニ、此頭之事ハ公方様御初官にて、誰々ニも不被成之由にて不及御領掌、御元服ニ両様御座あり、公家之御元服武家之御元服如此也、将者公家方の輩に此頭之拝任之儀あり、其ハ各別之事也云々、

ここから奉公衆二番衆番頭である桃井政信が、先祖に左馬頭に任官した例があるとして任官を所望したが、容認されなかったことがわかる。そしてその理由として、左馬頭は「公方様御初度」の官なので、誰であっても任じることはできないとされている。また同史料にはこのような記述もある。

一、左馬頭・同助・同允、此頭ハ　公方様御元服之時の御官たる間、於武家方ハ一向誰々にても不任之、次助も誰々も可任之様ニハ無之、少々ハ拝任也、允ハ諸侍以下任之也、唐名典厩、

つまり左馬頭は「公方様御元服の時の御官」であることから、武家においては誰であっても任じられないとしているのである。

それでは武家において実際に左馬頭に任じた、あるいは称した例はあったのか。結論から言うと、管見の中では十六世紀半ばの幕府最末期になるまで見当たらない。先に桃井政信が先祖に左馬頭に任じた例があるとして左馬頭任官を望んだと述べたが、この先祖に当たる人物も見当たらない。ただ左馬頭ではなく左馬「権」頭ならば先例はある。それは応永年間に活動していた桃井宣義である。(30) 宣義は鎌倉府に属していた人物で、禅秀の乱後に京都扶持衆の一人として鎌倉公方足利持氏と抗争していた。宣義の左馬権頭が朝廷を通じた正式な任官であったかは不明で、おそらくは鎌倉公方によって任じられたのであろうが、(31) 少なくとも持氏と足利義持の双方が左馬権頭として扱っているので、(32) 幕府にも鎌倉府にも左馬権頭として容認されていたのがわかる。桃井氏には幕府奉公衆となった一族と、鎌倉・古河公方に仕えた一族がおり、(33) 宣義は後者に属するが、どちらの流れにも宣義以外に左馬権頭となった者は確認できない。これは宣義が応永年間の人物で、ようやく幕府内の官途認識・秩序が形成される時期であったために左馬権頭になれたのであって、官途秩序・規定が定着し、左馬頭が幕府将軍の初任官として固定した時期には、「権頭」であっても任官できなくなっていったのであろう。なお永正頃に宇都宮忠綱が左馬権頭であったことが見えるが、(34) これは関東が独自の官途秩序を形成していたからで、第一部第三章で述べているように、本来細川京兆家のみとされる右京大夫が関東で使われていたのと同様である。

ところで公家の左馬頭任官はどうであったのか。南北朝期には千種氏(35)や橘以季(36)など左馬頭になる者が何人か見受けられるが、十五世紀以降になるとあまり見られない。これは前に掲げた「大館入道常興記幷大和晴通記」でも、公家が左馬頭に任官するのは「各別之儀」とされているからであろう。確認し得たところでは、冷泉永基（応永二十六年[37])・範遠（大永七年[38]）、陰陽家の勘解由小路在重（文明十六年[39]）・在富（永正七年[40]）、医家の千本氏（永正十四年[41]）などで、左馬頭である時期を鑑みると、将軍が左馬頭ではない時期には公家でも任じられていたようである。逆に将軍が左馬頭である時は公家でも任じられなかったと言える。そしてこれは鎌倉公方にも当てはまり、宝徳元年七月に鎌倉公方足利成氏が元服して叙任する時、当時左馬頭が将軍義政の現任の官であったために、右兵衛佐に任じるべきか取沙汰されている[42]。これは結局翌月義政が参議左中将に昇進して左馬頭が闕官になったので、成氏は左馬頭に任官している[43]。鎌倉公方でも将軍と同官になることができないのを示すと共に、鎌倉公方も初官左馬頭にこだわっていたことをよく示している。

3　室町幕府以後の左馬頭

前節で述べたように、十六世紀半ばの幕府最末期まで武家で左馬頭を名乗る者は見当たらないが、永禄末から左馬頭を名乗る者が何人か確認されるようになる。

まず上総安房の里見義弘が挙げられる[44]。里見義弘が左馬頭であったのは、永禄十二年（一五六九）に比定される里見義弘書状[45]の署名に「里見左馬頭義弘」とあることからわかる。義弘が左馬頭であるのを示すのがこの書状だけ、かつ後世の写であるのでそのまま受け取るのには注意が必要だが、義弘の後継の義頼・義康も後述の通り左馬頭であったので、義弘も左馬頭を名乗ったとしていいだろう。

さて義弘がなぜ左馬頭を名乗ったのかを考える鍵として、鶴谷八幡宮・那古寺所蔵棟札[46]を見たい。この棟札群は里見氏が関東の「副帥」と自称していることで知られている。ただ元亀三年（一五七二）の棟札[47]ではそれまでとは異なり、義弘は自らを「副将軍源義弘」と称し、かつそれまで古河公方には「鎮守府将軍」を頭に冠していたのに、ただ「源朝臣藤政」としている。これについて和氣俊行氏は、古河公方との婚姻＝一門化と嫡子梅王丸の存在から、義弘が自家を関東公方家へと昇華させることで公方—管領体制からの脱却を図ろうとしていたとしている[48]。ただこうした考えが元亀三年になって急に顕現したとは思えない。少なくとも永禄十二年の時点で義弘が左馬頭を名乗っていたことを、自身の存在を関東公方家と同一化しようとしていた意思の現れとみてよいのではないだろうか。

ところで、義弘がいつから左馬頭を名乗り始めたかは定かでないが、おそらく足利藤氏の死後であるのは間違いない。また時期的にもこれが朝廷に奏聞して勅許を得た任官であるとは考えられない。足利義栄・義昭が将軍になる前に左馬頭になっているように、まだ左馬頭は将軍になる前提である足利氏の官途として健在であったからである。つまり正式な任官ではなく自称であったのは確実である。また義頼・義康や後掲表3の事例も、ほぼ間違いなく正式な任官ではなく自称である。となると、里見氏周辺の領主は義弘の左馬頭を受け入れていたのであろうか。義弘が左馬頭であることが確実な時期に、越後上杉謙信から里見氏に宛てた書状には「里見太郎殿」とある[49]。謙信の書状について義弘は、「里見太郎殿と名字書越候事口惜由ニ候」と書札礼が不具合であるとして受け取らなかった[50]。ここからは義弘が「里見殿」という宛名でないのを気にくわなかったと解されるが、「左馬頭」ではなく「太郎」となっているのも気に入らなかったのではないか。また上杉方からは、義弘を左馬頭とは認めていなかったこともわかる。

薩摩の島津忠長も左馬頭を名乗っている。これは『上井覚兼日記』天正二年（一五七四）八月八日条に「左馬頭殿」とあるのが初見で、忠長はそれまで図書頭であったが、これ以降同日記では忠長は左馬頭として記述されている。しかし翌三年正月十六日から三月十六日の間に元に戻したらしく、三月十六日条の犬追物手組次第に「島津図書頭忠長」として見える。つまり忠長は一度左馬頭を名乗りながら、一年もたたずに元の図書頭に復しているのである。これ以後忠長は図書頭のままである。

では忠長が左馬頭に官途を変更したのにはどんな理由があったのか。この時期忠長は島津家一門の立場以上でも以下でもなく、里見義弘の場合とは異なる。おそらく同じ一門衆の島津以久が右馬頭であったことと、(51)足利義昭が京都から没落したことで、左馬頭に改めても差し支えないと判断したからではないだろうか。里見義弘が左馬頭を名乗ることで、古河公方に取って代わろうとする政治的志向を表出しようとしたのに対して、忠長のそれは単に右馬頭と同等ランクの官途として用いただけであったのである。そして天正二年から三年にかけて足利義昭と島津氏との交渉が行われるようになったことで、義昭との関係上左馬頭を名乗ることを忌避するために、元の図書頭に戻したと思われる。

これ以外にも天正後半になると左馬頭を名乗る者が何人も確認できるようになる。表3は現在確認できた分をまとめたものである。中世後期の武家官途には、その官途を名乗ることで、以前その官途を用いていた人物に自己をなぞらえる、あるいは政治的立場を踏襲するという性格がある。たとえば後北条氏の当主が鎌倉北条氏の得宗の官途である相模守・左京大夫を名乗ったことや、北条氏邦や真田昌幸が上野守護であった山内上杉氏の安房守を名乗ったことが挙げられる。(52)これによって支配の正当性を主張、もしくはその方向性を示すわけである。そのことからすると、左馬頭を名乗ることで、それまで左馬頭を独占していた足利氏を自己と同一化して、足利氏の後継者であることを内外に示そうとしたのではないかとの解釈も成り立つだろう。しかし実際にはこれらの人々は、そのような意図の下に左馬頭を名乗ったわけではなかった。確かに先に見た里見義弘は、左馬頭を名乗ることで自家を新たな関東公方家として創出しようとしたと言えるが、この表3に見える他の者は、島津氏の家臣であったり、一郡規模の小領主であったりで、とても足利氏にとってかわるという主張ができるような存在ではなかった。たとえば木曽義昌の場合、独立し

表3　左馬頭を名乗っていた事例

名前	史料上表記	年月日	出典	文書名
里見義弘	里見左馬頭義弘	(永禄一二)四・二三	謙信公御書集	里見義弘書状写
里見義頼	里見左馬頭	(天正一三)一一・二二	小沢文書	羽柴秀吉書状
里見義康	里見左馬頭	(天正一六)一二・一	石井文書	羽柴秀吉書状写
桑幡道隆	息長道隆、任左馬頭	永禄七・四・一二	桑幡家文書	正親町天皇口宣案
島津忠長	左馬頭	天正二・八・八	上井覚兼日記	
許斐氏備	許斐左馬頭氏備	天正六・六・一	宗像大社所蔵置札	第一宮御宝殿御棟上之事置札
木曽義昌	木曽左馬頭	天正一〇・六・二七	滝川文書	滝川一益書状写
黒河為重	黒河左馬頭為重	(天正一二)一一・一二	伊達家文書	黒河為重書状
矢部統康	矢部左馬頭	(天正一七頃ヵ)八・二七	五条文書	大友吉統書状
筑紫広門	筑紫左馬頭	(天正一四)一〇・一三	小早川家文書	羽柴秀吉朱印状
喜連川頼氏	鎌倉左馬頭	(文禄頃)五・三	喜連川文書	羽柴秀吉朱印状
	左馬頭	慶長七・三・二七	長楽寺文書	喜連川頼氏公帖
伊藤則長	伊藤左馬頭則長	慶長一一・九・一八	醍醐寺文書	醍醐山上如意輪堂棟札案

た勢力であった時期に左馬頭を名乗っている。義昌は天正十年織田信長に属した時は伊予守を名乗っていたが、(53)本能寺の変後に左馬頭に改称したらしく、滝川一益への書状に「木曽左馬頭源義昌」と署名し、一益からの書状の宛所にも「木曽左馬頭」とある。(54)だがその後徳川家康に属してからは旧の伊予守に戻し、以後死ぬまで伊予守であった。(55)このことから義昌は、左馬頭を名乗ることで、自らの立場を織田から離れた独立した勢力であると主張しようとしたのだろう。ただこれは、やはり自分が足利氏を継ぐのを主張するわけでなく、左馬頭が格の高い官途であったことによるものである。または始祖に位置付けている源義仲が左馬頭であった（表1参照）ので、あえてこの官途を選択したのかもしれない。伊予守に戻したのは、従属した立場にある者が高官を名乗るのは憚りがある上に、やはり左馬頭が

いまだ将軍を連想させるからであろう。つまり、表3の人々が左馬頭を名乗ったのは、島津忠長・木曽義昌のように、単に格の高い官途であったからで、むしろ里見義弘は例外的な存在であった。

こうした左馬頭を名乗るようになるという現象は、豊臣政権が確立し、官位秩序が新しく形成されていく中でどうなっていったのであろうか。先に掲げた表3の中で、里見氏と筑紫広門について見たい。里見義頼は天正十五年に没しているので、ここで問題となるのはその子義康である。義康は当初左馬頭を名乗っており、天正十六年に比定される羽柴秀吉書状写の宛所は「里見左馬頭」となっている。(56)だが豊臣政権に服属した後は、従四位下侍従に叙任されて「里見侍従」(57)、「安房侍従」(58)などと呼ばれていて、左馬頭ではなくなっているのである。また筑紫広門も、豊臣方と接触し始めた当時は左馬頭であり、これが自称であったのはまず間違いない。だが、豊臣政権下で各大名が叙任されていく中で、筑紫広門は左馬頭ではなく、上野介に任官したようである。(59)この二氏は、豊臣政権の傘下に入る前は左馬頭と豊臣方に認識・容認されていたが、豊臣政権の官位秩序に組み込まれる中で、左馬頭から他の官途への変更を余儀なくされたのである。(60)また秀吉が死ぬまで、豊臣政権によって左馬頭に任じられた者もいないようである。秀吉死後になると、秀頼の奉行人として慶長五〜十一年頃に活動している伊藤左馬頭則長がいる。則長が左馬頭であるのは、慶長五年（一六〇〇）九月廿五日付伊藤則長書下(61)や、慶長十一年九月十八日付醍醐山上如意輪堂棟札案(62)などから確実である。ただ則長の活動は秀吉以前には見当たらないようなので、少なくとも秀吉在世期には、左馬頭を喜連川氏以外に使わせなかったようである。(63)ただ喜連川氏も左馬頭への任官が行われたかは不明で、後述する江戸時代の喜連川氏の状況からすると、左馬頭を名乗ることは許されていても、任官は許されていなかった可能性が高い。(64)豊臣政権はなぜ左馬頭に任じさせなかったのか。これはやはり左馬頭が足利氏の官途で、将軍になる前提の官途であるとの認識が強く残っていたからで、そのため秀吉も古河公方を継ぐ存在の喜連川氏以外には使わせなかったのであろう。

次に江戸時代において、左馬頭が武家官途の中でどのような位置にあったのかを見てみたい。江戸時代にも特定の官途が使用を制限・忌避されていた例は多々確認され、先行研究でも指摘がなされている(65)。ただ左馬頭については特別な言及がなされているわけではなく、検討の余地がある。

まず実際の任官記録の中から左馬頭への任官がなされたかを見る。貞享四〜享保二十年の武家の叙任に関する記録「武家之官位(66)」には、千五百三件の叙任事例が載せられている。しかしこの中で左馬頭への任官事例は見当たらない。また「寛文二年公武両家官位分限(67)」にも左馬頭である者は確認されない。そして『寛政重修諸家譜』を見ても、江戸時代武家の中で左馬頭であったのは、古河公方の子孫である喜連川家以外には見当たらない。

大名および旗本・御家人の中で左馬頭であったのが確認できたのは、上述の喜連川氏と徳川綱重(68)ぐらいである。徳川綱重は徳川氏の中でも唯一左馬頭となっている。弟綱吉も同時に右馬頭となっており、詳細は不明であるが、家綱が兄弟二人を当時大名の間で使われていなかった(69)両馬頭とすることで、御三家に準じる位置に置こうとしたのではないか。ただ綱重・綱吉共に直系の跡継が絶えたため、結局これ以前にも以後にも徳川・松平氏で両馬頭となる者は現れることがなかった。

また喜連川氏も当主が必ず左馬頭であったわけではない。頼氏・昭氏・煕氏・縄氏・聡氏がなっているが、他の当主は同じく鎌倉・古河公方時代の伝統の官途である兵衛督を名乗っている(70)。そして重要なのが、喜連川氏の官途は叙任を受けたのではなく、無位無官のままでの自称であって(71)、朝廷から口宣案が出されたわけではないことである。

大名の家臣の中ではどうであったか。江戸時代初期には、薩摩藩家老であった頴娃久政のように左馬頭を名乗り、それが他家からも容認されている例もあるが(72)、将軍家綱の頃から大名家臣の官途は「かみ」・「すけ」の四等官をつけないようになるとの指摘(73)からすれば、十七世紀後半からは大名家臣にも左馬頭は存在しなかったと言い切れる。

左馬頭は豊臣政権下でも、そして江戸時代に入っても、室町時代以来の足利氏の官途であるという認識が存在し、それにより大名もあえて任官する、あるいは望むことはなかったのである。となると、なぜ豊臣政権期の前後のみ左馬頭を名乗る者が現れたのかという疑問が生じる。これは足利将軍家の没落や、秀吉の死と徳川幕府の成立の間隙などによって、一時的に官途秩序における左馬頭の位置が宙に浮いた状態にあったからであろう。

おわりに

左馬頭は武官の一つとして、経基王以来清和源氏の嫡流が何人も任じられていた。鎌倉期には初期に足利義氏が、後には北条得宗家が（権官ではあるが）任じられるようになった。前者は足利氏における先例に、そして後者は関東の支配者の先例となり、南北朝期に関東を統治することになった足利直義・義詮・基氏が左馬頭に任じられた。これにより鎌倉・古河公方はまず左馬頭に任じられるようになった。そして義満が義詮同様に最初の官を左馬頭としたことで、義満の先例として足利将軍家も左馬頭にまず任じられるようになっていった。こうして左馬頭は、武家において足利氏の家の官途として独占的に用いられ、公家でも足利氏と重複する形では任じられなかった。してみれば左馬頭は、将軍家・鎌倉（古河）公方家を武家の中でも特別な存在に仕立て上げた装置の一つとして機能していたと言えよう。

足利将軍家が没落すると各地で左馬頭を使い始めるようになるが、これも豊臣政権によって新しく武家官位制が成立すると、再び左馬頭は足利氏の後裔である喜連川氏にしか使われなくなる。江戸時代に入っても、一、二の例外はありながらも、十七世紀後半以降左馬頭は、喜連川氏以外全国的に使用されることはなかった。

江戸時代に武家官途はただの名でしかなかったと言われる。これは室町期には官途による秩序編成がなされたことに対し、近世武家官位制では位階による秩序編成がなされたことに起因する。そのため室町期に原則細川京兆家のみとされた右京大夫が、江戸時代には色々な家で名乗られたように、室町幕府内で上位に位置付けられた官途は、おしなべて豊臣政権以後他の官途と同様な扱いを受けるようになった。(74) だが、その中で左馬頭は使用が限定され続け、室町期から江戸時代を通じて「足利氏」を表す官途であり続けたのである。

以上から、武家官途としての左馬頭は、源氏の嫡流にあって、関東の支配者および将軍となる者——足利氏が独占して任じられる官となり、足利氏を体現する存在となった。そのため江戸時代でも、足利氏の子孫である喜連川氏以外に使用されず、近世武家官位制によって、武家官途が中世に成立させた性格を失っていく中で、その性格を保持し続けた唯一の存在であったと言えるだろう。

注

（1）金子拓「中期室町幕府・御家人と官位」（同『中世武家政権と政治秩序』吉川弘文館、一九九八年）。

（2）二木謙一「室町幕府の官途・受領推挙」（同『中世武家儀礼の研究』吉川弘文館、一九八五年）、金子拓『中世武家政権と政治秩序』第一章（吉川弘文館、一九九八年）など。

（3）脇田晴子「官位秩序の浸透」（同『天皇と中世文化』吉川弘文館、二〇〇三年）、今谷明『戦国大名と天皇』（福武書店、一九九二年、後に講談社学術文庫、二〇〇一年）など。

（4）田中修實「中世後期受領名官途の在地効果—備中守の事例を中心に—」・「赤松氏守護管国における在国・隣国受領名官途の権威と構造—美作守・備前守の事例を中心に—」（ともに同『日本中世の法と権威』高科書店、一九九三年）、長塚孝「戦国武将の官途・受領名—古河公方足利氏と後北条氏を事例にして—」（『駒沢史学』三九・四〇号、一九八八年）、注3今谷氏著書など。

(5) 荒川善夫「宇都宮氏と家臣団」(『戦国期北関東の権力構造』岩田書院、一九九七年)、拙稿「常陸佐竹氏における官途」(『戦国史研究』四八号、二〇〇四年)など。
(6) 注3今谷氏著書、注4田中氏論文参照。
(7) 注4参照。
(8) 注3今谷氏著書一一四頁。
(9) 森田悌「平安前期の左右馬寮について」(『日本歴史』二七一号、一九七〇年)、佐藤健太郎「平安前期の左右馬寮に関する一考察」(『ヒストリア』一八九号、二〇〇四年)など。
(10) 『吾妻鏡』嘉禎四年十月十八日条に「左馬頭義氏」とあることなど。
(11) 『吾妻鏡』元暦元年八月八日条に「足利蔵人義兼」、同文治三年十二月十六日条に「上総介義兼」とあるが、左馬頭であったことは見えない。
(12) 『大日本史料第二編之三』三三二頁。
(13) 『大日本史料第一編之十』九三三頁。
(14) 『鎌倉年代記』(続史料大成本)による。
(15) 鎌倉期に左馬頭と伊予守とに密接な関係があったとの網野善彦氏の指摘(「海上交通の担い手」同『日本社会再考』小学館、一九九四年)からすると、北条氏の西国要地・瀬戸内海水運支配の一環であるかもしれない。
(16) 貞時・高時の官位が時宗を先例としていたことは、細川重男「得宗家の先例と官位」(同『鎌倉政権得宗専制論』吉川弘文館、二〇〇〇年)参照。
(17) 『公卿補任』によれば、元弘三年六月十二日に任左馬頭、同年十一月八日に任相模守。直義が関東へ成良親王を伴い下向するのは同年十二月のことである(『大日本史料第六編之一』元弘三年十二月十四日条)。
(18) これについては注4長塚氏論文参照。
(19) 吉良満義書下(史料編纂所架蔵影写本「大覚寺文書」)に「左馬頭」と署名している。
(20) 楠木正儀施行状(『大日本古文書大徳寺文書之二』一八七号)に「左馬頭」と署名している。
(21) 円覚寺雑掌契智申状案(「円覚寺文書」『神奈川県史資料編3古代・中世(3上)』三二五一号)に「新田左馬権頭」、「建

武記」（『大日本史料第六編之三』三三一頁）に「新田左馬権頭貞義」が見える。
(22) 元中九年三月付天台寺梵鐘銘（『岩手県史第二巻中世編上』四五九頁）に「大檀那左馬権頭　源朝臣守行」とある。ただ市村高男「中世七戸から見た南部氏と糠部―南北朝～室町を中心に―」（七戸町教育委員会編『中世糠部の世界と南部氏』高志書院、二〇〇三年）によれば、この銘文は明暦三年改鋳時に南部重直が改竄した可能性が高く、本当に左馬権頭であったか検討を要する。
(23) 幕府執事高師直施行状（「園城寺文書」『福井県史資料編2中世』二号）の宛所に「右馬頭」とある。
(24) 足利尊氏軍勢催促状写（「倉持文書」『宮城県史30資料編7史料集Ⅰ』三五二号）に「仁木右馬頭義長」とある。
(25) 石塔頼房軍勢催促状（『大日本古文書伊達家文書之一』一九号）に「右馬頭」と署名している。
(26) 細川頼之施行状（「浄土寺文書」『広島県史古代中世資料編Ⅳ』六七号）に「右馬頭」と署名している。
(27) 『大日本史料第七編之一』七五六頁。
(28) 『群書類従第九輯』。なお群書類従本では左右馬頭は次の八省輔・諸司頭の所にも書き載せられているが、これは左右馬「助」の誤りで、「大館常興書札抄」と同様なことが記されている「雑々聞撿書丁巳歳」（内閣文庫架蔵写本「武家故実雑集」所収）では助になっている。
(29) 内閣文庫架蔵写本。
(30) 桃井宣義については、湯山学「鎌倉府の足利氏一門―桃井氏について―」（『鎌倉』七二号、一九九三年）。
(31) 鎌倉府管国内の任官については第二部第三章・拙稿「常陸佐竹氏における官途」（『戦国史研究』四八号、二〇〇四年）など参照。
(32) 足利持氏御判御教書（「皆川文書」『神奈川県史資料編3古代中世（3上）』五五六六号）、足利義持御内書案（「昔御内書符案」『ビブリア』八〇号、一九八三年）。
(33) 桃井氏については、前注30論文、松山充宏「観応の擾乱以後の桃井氏の動静（一）―奉公衆二番頭桃井氏について―」（『富山史壇』一二六号、一九九八年）、同「観応の擾乱以後の桃井氏の動静（二）―奉公衆二番頭桃井氏について―」（『富山史壇』一二七号、一九九八年）など。
(34) 足利高基書状（「小田部好伸氏所蔵文書」『戦国遺文古河公方編』五四五号）に「宇都宮左馬権頭」とある。

(35) 千種左馬頭御教書（史料編纂所架蔵影写本「多賀神社文書」）。
(36) 『師守記』文和五年三月廿七日条。
(37) 『薩戒記』応永廿六年三月廿八日条。
(38) 『言継卿記』大永七年正月一日条。
(39) 湯川敏治編『歴名土代』（続群書類従完成会、一九九六年）一九八頁。文明十六年勘解由小路在重の項。
(40) 湯川敏治編『歴名土代』（続群書類従完成会、一九九六年）二一七頁。永正四年勘解由小路在富の項。
(41) 『後法成寺関白記』永正十四年正月十日条。
(42) 『康富記』宝徳元年七月三日条。
(43) 『康富記』宝徳二年五月廿九日条。
(44) これより前、永禄六年頃に大隅の肝付良兼が左馬頭として見える。自身も名乗り（肝付良兼起請文写「新編伴姓肝属氏系譜」『鹿児島県史料旧記雑録拾遺家わけ二』三〇六号）、他からも呼ばれている（北郷時久起請文写「肝属氏系図文書写」『鹿児島県史料旧記雑録後編一』五四号）ので、書写時に助を頭と誤記した可能性もある。良兼が頭を名乗ったとすれば、これは対立していた島津氏との関係から、左馬助よりも上の左馬頭を名乗ったとすることができよう。同じ大隅では、永禄七年に大隅庄八幡宮神主の桑幡道隆が左馬頭に任官している（正親町天皇口宣案「桑幡家文書」『鹿児島県史料旧記雑録拾遺家わけ十』一六四頁）。これは十六世紀以降各地で神社の神官・神主が諸寮頭・四職大夫に任官している傾向の中で捉えられよう。また一条兼定ヵ書状写（『豫陽叢書第二巻宇和旧記上巻』七六頁）の宛所に見える御荘左馬頭がいる。この人物は永禄四年卯月五日付の御荘内城辺諏訪大明神棟札（『豫陽叢書第二巻宇和旧記上巻』八〇頁）に見える「左馬頭定顕」と同人と思われ、この御荘氏は一条氏の土佐下向に同行した公家町顕郷の子孫で、定顕の祖父にも左馬頭顕賢がいる。婚姻関係もあるなど一条氏と関わりの深い家なので、一条氏の執奏で正式な任官を経て左馬頭となったのであろう。出自が公家であり、顕賢・定顕共にまだその意識が十分にあったと思われるので、武家ならば忌避すべき左馬頭にも任官することができたと言える。ただその出自から伊勢北畠氏や土佐一条氏と同様に、武家とは一線を画した存在であり、それ故に左馬頭となったとして本章では例外として扱う。なお御荘氏および一条氏との関係については、朝倉慶景「天正時代初期の土佐一条氏（下）・（下の二）」（『土佐史談』一七二・一七五、一九八六・一九八七年）などがある。
(45)里見義弘書状写（「謙信公御書集巻八」『上越市史別編1上杉氏文書集一』七一一号）。
(46)『千葉縣史料金石文編』を参照のこと。
(47)『千葉縣史料金石文編』2号。
(48)和氣俊行「東国における「公方―管領体制」の止揚時期再考―房総里見氏の政治思想からみる―」（中野栄夫編『日本中世の政治と社会』吉川弘文館、二〇〇三年）。
(49)上杉輝虎書状（「中村直人氏所蔵文書」『上越市史別編1上杉氏文書集一』六六九号）。
(50)永禄十二年に比定される九月二十日付上杉輝虎条書案（史料纂集『歴代古案』一〇九八号）。
(51)「下大隅合戦従軍者交名」（『鹿児島県史料薩藩旧記雑録後編一』六四五号）に「島津右馬頭征久」とあること（征久は以久の前名）、『上井覚兼日記』天正二年九月廿九日条に「右馬頭殿」とあることなど。
(52)注4長塚氏論文参照。
(53)織田信長朱印状（「亀子氏由緒関係書類」『信濃史料第十五』二二五頁）。
(54)ともに史料編纂所架蔵影写本「滝川文書」所収「紀氏瀧川系図」）。
(55)木曽義昌書状案（「木曽旧記録一」『信濃史料第十五』三八八頁）。この文書は検討の余地ありとされるが、天正十二年に比定される羽柴秀吉書状（「亀子文書」『信濃史料第十六』一四四頁）でも「木曽伊与守」とあるので、義昌が左馬頭から伊予守へ戻したのは確実である。
(56)羽柴秀吉書状写（「石井文書」『千葉縣史料中世編諸家文書』2号）。
(57)喜連川国朝書状写（「喜連川文書」『千葉県の歴史資料編中世4』三四一頁、三六号文書）。
(58)羽柴秀吉朱印状（『大日本古文書浅野家文書』二六三号）。
(59)朝鮮出兵について述べた羽柴秀吉朱印状（『大日本古文書小早川家文書之一』五〇一号）に、筑紫広門は「筑紫上野介」として見える。これ以前に従五位下上野介への任官叙爵を受けたか、改称をしたと思われる。
(60)この他に天正末年頃に五条統康が左馬頭となっている。五条氏は南朝の五条氏の末裔で、公家在国衆の一つにも数えられていたこと（柏甫書状『五条家文書』三一七号）もあってか、『五条家文書』を始めとする五条氏関係の史料を見る限り、天正年間まで当主は官途名乗りをしていなかったようである。それが天正末に「矢部左馬頭」と改めている（大友吉統書状『五条家文書』一三二号）。これは属していた大友義統（吉統）の認証によるものであった。その後統康は大友氏改易の後に立花宗茂に仕えるが、その間に左馬頭から七郎左衛門尉に改めている。具体的な日時は不明だが、これも豊臣政権による左馬頭の使用限定を受けてのものであろう。なお統康がなぜ左馬頭を名乗ったかについては、先祖に当たる南北朝期の五条良治が左馬権頭であったこと（長慶天皇口宣案『五条家文書』二九号）に由来するのであろうが、あえてそれを選択した意図は不明である。あるいは筑紫広門が左馬頭を名乗ったことに影響されたとも考えられる。

(61)『大日本古文書醍醐寺文書之三』五二九号。

(62)史料編纂所架蔵影写本「叡福寺文書」。署名に「伊藤左馬頭則長」とある。

(63)たとえば羽柴秀吉朱印状（「喜連川文書」『茨城県史料中世編Ⅵ』六〇号）の宛所に「鎌倉左馬頭」とある。

(64)なお津軽建広が慶長六年頃左馬頭となっている。これは津軽建広書状（「時慶卿記紙背文書」『新修弘前市史資料編2』一二九号）や「略譜」（『新修弘前市史資料編2』七四号）からわかる。ただ建広は津軽為信の女婿ではあるが、医者の側面も持ち、医家千本氏が左馬頭になっていたのを鑑みると、医者として左馬頭に任じられたとも考えられるので、ここでは考慮の範囲外に置く。

(65)小川恭一「近世武家の通称官名の制約」（『風俗』三〇—四号、一九九二年）。

(66)堀新「近世中期武家官位叙任の実態」（橋本政宣編『近世武家官位の研究』続群書類従完成会、一九九九年）。

(67)杉森玲子「寛文二年公武両家官位分限」（橋本政宣編『近世武家官位の研究』続群書類従完成会、一九九九年）。

(68)『徳川実紀』承応二年八月十九日条に左馬頭になったことがみえる。

(69)実際には右馬頭は、『寛政重修諸家譜』から当時島津久雄と黒田之勝が右馬頭であったことがわかるが、黒田之勝は承応二年八月に市正に改めている。時期からいって、これが綱吉が右馬頭となったことによる変更であるのは間違いない。また島津久雄も年代不詳だが但馬守に改めており、やはりこれも黒田と同時期に改めたのであろう。これ以後は右馬頭も見られなくなる。

(70)「下野喜連川足利家譜」（『古河市史資料中世編』）による。この家譜は明治五年に足利（喜連川）聡氏が明治政府に提出したもので、少なくとも近世についての記述は信頼に足ると思われるので、これに準拠する。

(71) 小野清『史料　徳川幕府の制度』(人物往来社、一九五九年)二四〇頁。

(72) 十月廿三日(寛永十八年)付島津久慶等五名連署書状(『鹿児島県史料薩藩旧記雑録後編六』二一九号)に「頴娃左馬頭久政」とある。また卯月廿七日(寛永十八年)付長岡興長同某連署書状(『鹿児島県史料薩藩旧記雑録後編六』一九一号)の宛所に「頴娃左馬頭」とあることから肥後細川家からも左馬頭として認識されている。

(73) 小宮木代良「幕藩政治史における儀礼的行為の位置づけについて」(『歴史学研究』七〇三号、一九九七年)。

(74) むろん注65論文で挙げられたような制約はあったが、基本的に室町期にあった官途による序列は失われた。

第二章　衛門・兵衛督

はじめに

近年研究が進められつつある武家における官位の問題を扱う視点は、叙任の実態・手続きや、それを求める地方の大名と幕府・朝廷との交渉について検討するもの、(1)あるいは受領官途の実利性を探るなど、武家が官途にいかなる意義を見出し、求め、利用したかを解明しようとするもの、(2)そして近世武家官位制に代表される、官位による「礼」の秩序のあり方を明らかにするものに大別されよう。(3)このうち中世の武家官位に関する研究は、地域権力や各時代の政治・社会との関連から、とくに官途の意義・認識を重視してきたと言える。

この武家官途を検討するにあたって、各大名における官途の意義、果たした役割も重要な問題であるが、その意義・役割をより明確に把握するには、個々の武家官途が時代を経て獲得し、有した性格もまた明らかにする必要がある。現在武家官位研究の中でも官途、あるいは位階そのものを扱った研究はほとんどされておらず、その点から第一部第一章では左馬頭について検討を試みたが、(4)本章では衛門・兵衛督について注目したい。なぜならば、室町期以降全体的に武家の官途が上昇したことが指摘されており、(5)実際この時期には、鎌倉期には限られた者以外任じられなかったような高官に任官する事例が多く確認される。それは四職大夫であったり、諸司の頭であったりするわけだが、その中で最も高位にあるのが左右衛門・兵衛督であったからである。佐は南北朝期から何人か確認されるが、督は十四世紀末から任官するようになる（除く足利氏）。そして幕府の任官基準を示した「大館常興書札抄」[6]では、衛門・兵衛督は四職大夫・相模守・武蔵守などよりも上の、最上位にランクされる官とされたのである。以下ではそうした武家における衛門・兵衛督について検討を加え、それが武家官途の中でどのように位置付けられ、扱われていたか、また任官する・名乗ることにどんな意義があったかを見ていきたい。

1　公家における衛門・兵衛督

まず本題に入る前提として、衛門・兵衛督についての基本的事項、および当該期の公家にとっていかなる官であったかを把握しておく。

平安時代までは、律令制の衛府制度は当初衛門・左右衛士・左右兵衛の五衛府制であったのが、数々の再編成を経て、九世紀初頭には左右近衛・左右衛門・左右兵衛の六衛府制となり、衛門・兵衛府はここにおいて漸く定着をみる[7]。官位相当も、延暦十八年（七九九）四月にそれぞれ衛門督が正五位下から従四位下に、兵衛督も従五位上から従四位下へと改められ[8]、任官者もこの頃はほとんどが三位・四位の参議・非参議で、十一世紀頃から衛門督が主に権中納言の任官する官となっている。

それが中世ではどのようになるか。まず鎌倉・南北朝期に成立した官職書の記述を見てみることにする。

鎌倉時代に成立した「官職秘鈔」[9]では、衛門督は中納言・参議が任じ、兵衛督は中納言・参議・殿上四位が任じる官であるとしている。

興国元年（一三四〇）に成立した北畠親房の手になる「職原鈔」[10]では、やや詳しい記述がされ、左衛門督は中納言・参議が兼ね、近年では非参議は任じられず、また四府中でとくに珍重されるとし、右衛門督は非参議でも任じるが、近年では非参議四位は任じることはないとしている。また兵衛督はともに中納言・参議・散位の二位・三位、非参議四位皆任じる官であるとしている。

そして「職原鈔」よりやや降った時代に成立した「百寮訓要抄」(11)では、左衛門督は大・中納言が任じ、とくに執官であるとしている。右衛門督は納言・三位・四位以上が任じるが左衛門督に劣るとし、左兵衛督は三位・四位が任じ、聊か衛門督よりも劣るとしている。そして右兵衛督は三位・四位が任じる官としている。

実際に鎌倉・室町期を通じた衛門・兵衛督の補任の沿革をまとめると表1のようになる。任官した者を見ると、左衛門督はやはり二位・三位で権中納言・参議である人物が主に任じられている。権大納言へ転任することで左衛門督を辞す例が半数を占めることから、権大納言になる足がかりの官としての性格も持っていたようである。他についても、基本的に右衛門督は二位・三位の権中納言・参議、左兵衛督は三位・四位の権中納言・参議・非参議、右兵衛督は三位・四位の参議・非参議が任じている。

ただ鎌倉期には右のように位階も高い者が任じられていたが、室町期には兵衛督は四位で任じられることが多くなり、右衛門督も非参議・前参議が多くなるなど、任官者の位階が低下している。公家では参議以上が必ず任じられていた左衛門督でも、十六世紀に入ると同様な現象が見え、永正三年（一五〇六）に持明院基春が前参議で左衛門督となった後は、(12)中納言以上の任官が見られず、参議・非参議が任じられる官となっている。十六世紀に入ると、全体的に督に任官する者の位階が低くなり、一人の人物が長年に渡り一つの官に留まることが多くなる。さらに闕官となる時期も長くなり、四府の督が揃うこともなくなる。

任官者については、衛門督は、近衛・一条などの摂家、久我・西園寺など清華家が鎌倉期には多く任じられていた

表1　一三〜一六世紀における左右衛門・兵衛督の沿革

左衛門督

名前	任官時の官位	任官日	解官日	備考(解官理由・出典)
藤原公経	従二位権中納言	建仁三・一一・二三	元久二・二・二	息任右中将替
源通光	従二位権中納言	元久二・二・二	承元元・二・一〇	任権大納言
藤原保家	従二位参議	承元元・二・一六	承元二・七・二三	息任右少将替
源定通	正三位参議	承元二・七・二三	承元三・一一・四	辞す
山科教成	正三位参議	承元三・一一・四	建暦元・九・八	任権中納言
坊門忠信	正三位権中納言	建暦元・九・八	建保六・一二・九	任権大納言
西園寺実氏	正三位権中納言	建保六・一二・九	承久二・一・二六	辞す
滋野井実宣	正二位中納言	承久二・四・六	貞応元・一一・一五	息任右中将替
持明院家行	正三位参議	貞応元・一二・二一	嘉禄元・一一・一九	息任右少将替
徳大寺実基	正三位権中納言	嘉禄元・一一・一九	安貞元・一・三〇	辞す
堀川具実	正三位権中納言	安貞元・二・八	嘉禎三・一・二四	息任中将替
西園寺公基	従三位権中納言	嘉禎三・一・二四	仁治二・一〇・一三	任権大納言
二条良教	従二位参議	仁治二・一〇・一三	仁治三・六・一五	辞す
土御門顕親	従二位参議	仁治三・六・一五	寛元元・一〇・二五	猶子叙正五位下替
室町実藤	従二位権中納言	寛元元・一〇・二五	建長三・一・二二	任権大納言
中院通成	従二位権中納言	建長三・一・二二	建長四・一一・一三?	(任権大納言?)
中院雅忠	正三位参議	建長四・一二・四	建長六・八・四	辞す
姉小路顕朝	従二位権中納言	建長六・八・五	建長七・九・一三	辞す
堀川基具	従二位権中納言	建長七・九・一九	弘長元・一一・四	任権大納言
中院通頼	正三位権中納言	弘長元・一一・四	文永六・三・二七(五・一ヵ)	任権大納言
四条隆顕	正二位権中納言	文永六・五・一	文永六・一一・二八	任権大納言
西園寺実兼	正二位権中納言	文永六・一二・七	文永八・三・二七	任権大納言
北畠師親	従二位権中納言	文永八・三・二七	文永一〇・五・三	辞す
一条実家	従二位権中納言	文永一〇・五・三	建治元・一二・二二	任権大納言

堀川具守	従二位権中納言	建治元・一二・二六	弘安七・一・一三	任権大納言
西園寺公衡	従二位権中納言	弘安七・一・一三	弘安一〇・一一・一六	辞す
中院通重	従三位参議	弘安一〇・一二・一〇	正応元・一二・二〇	辞す
近衛兼教	従二位権中納言	正応元・一二・二〇	正応三・一・一三	任権大納言
九条師教	正二位権中納言	正応三・一・一三	正応三・六・八	任権大納言
鷹司冬平	正二位権中納言	正応三・六・八	正応三・一一・二一	任権大納言
坊城俊定	正三位権中納言	正応三・一一・二七	正応四・二・	辞す
西園寺公顕	従三位権中納言	正応四・二・二五	永仁二・四・二九	辞す
滋野井冬季	正三位権中納言	永仁二・四・三〇	永仁三・六・二三	辞す
土御門親定	正三位権中納言	永仁三・六・二三	永仁四・三・九	辞す
中院通時	正三位参議	永仁四・三・九	永仁四・一〇・二四	辞す
北畠師重	正三位権中納言	永仁四・一〇・二四	永仁六・三・二四	辞す
堀川顕世	正三位参議	永仁六・三・二二	永仁六・七・一三	辞す
堀川具俊	正三位参議	永仁六・七・一三	正安三・四・五	辞す
今出川兼季	正三位参議	正安三・四・五	嘉元元・一・二八	辞す
堀川具俊	従二位権中納言	嘉元元・一・二八	嘉元元・五・一八	辞す
一条内経	正三位権中納言	嘉元元・五・一八	嘉元三・三・一八	任右中将
鷹司冬基	正二位権中納言	嘉元三・四・五	徳治二・一二・一二	辞す
吉田定資	従二位権中納言	徳治二・一二・一二	延慶元・九・一七	辞す
中院通顕	従三位参議	延慶元・九・一七	延慶二・九・一	辞す
西園寺実衡	従三位権中納言	延慶二・九・一	延慶三・九・四	辞す
大宮季衡	正三位権中納言	延慶三・九・四	応長元・一・一二	辞す
堀川具親	正三位権中納言	応長元・一・一七	正和元・一〇・一二	任従二位
洞院公賢	従二位権中納言	正和元・一〇・一二	文保二・八・一三	辞す
洞院公敏	従二位権中納言	文保二・八・一三	正中元・四・二七	任権大納言
花山院師賢	従二位権中納言	正中元・五・二六	正中二・一・二九	任弾正尹
洞院公泰	正三位参議	正中二・一・二九	元徳元・一二・二四	辞す
大炊御門冬信	正三位権中納言	元徳元・一二・二四	元徳二・一〇・五	辞す

洞院実世	正三位権中納言	元徳二・一〇・五	元弘元・八・二五	武家出対
中院通冬	正三位参議	元弘元・一〇・五	元弘三・五・一七	復本職
洞院実世	正三位権中納言	元弘三・五・一七	延元元・一二・	解官
花山院長定	従二位権中納言	建武四・七・二〇	暦応元・八・四	辞す
西園寺公重	正二位権中納言	暦応元・八・四	暦応元・一二・一	任権大納言
中院通冬	正三位権中納言	暦応二・二・二	暦応三・一一・二〇	任按察使
洞院実夏	従三位権中納言	暦応三・一一・二〇	暦応四・三・一九	任春宮権大夫
大宮公名	正三位権中納言	暦応四・三・一九	康永元・二・二八	辞す
九条経教	従三位権中納言	康永元・三・三〇	康永三・七・二九	任権大納言
油小路隆蔭	従二位権中納言	康永三・九・二三	貞和三・一一・一六	任権大納言
三条実継	正三位権中納言	貞和三・一一・一六	貞和五・九・一三	任権大納言
堀川具孝	従三位権中納言	貞和五・一〇・一六	文和二・八・六	辞す
西園寺実俊	正三位権中納言	文和二・八・六	文和二・一二・二九	任権大納言
花山院家賢	従三位権中納言	文和三・四・一五	文和三・一〇・二三	辞す
今出川公直	従三位権中納言	文和三・一〇・二三	延文四・四・二一	任権大納言
日野時光	従三位権中納言	康安元・四・一五	貞治元・四・	辞す
一条経嗣	正三位権中納言	応安三・三・二九	応安四・三・一二	任左近権中将
万里小路嗣房	従三位権中納言	応安七・一一・二八	永和三・三・二四	辞す
日野資教	従三位参議	康暦二・一二・二〇	永徳二・	辞す
裏松資康	従二位権中納言	永徳三・一〇・一六	至徳三・一一・二七	任権大納言
中山親雅	従二位権中納言	明徳元・四・一	明徳四・一二・二九	辞す
中山親雅	正二位前権中納言	応永元・一二・四以前		兼宣公記
裏松重光	従三位権中納言	応永元・一二・三〇	応永三・七・二四	任権大納言
裏松重光	従二位権大納言	応永三・九・一二	応永六・二・二	還任権大納言
裏松重光	従二位権大納言	応永六・九・八	応永九・八・二八	還任権大納言
裏松重光	従二位権大納言	応永一〇・二・一〇以前		吉田家日次記
裏松資康	正三位権大納言	応永一二・八・一九以前		吉田家日次記
裏松重光	正二位権大納言	応永一四・三・五	応永一五・二・二四	辞す

万里小路豊房	従三位参議	応永一五・二・二四	応永一六・四・二六	辞す
烏丸豊光	正三位権中納言	応永一八・一一・二五	応永二六・八・七	辞す
●畠山満家	四位	応永二四〜二五	ナシ	法体任官、満済准后日記
裏松義資	従三位参議	応永二六・八・七	応永二八・八・	辞す
日野家秀	従三位権中納言	永享二・七・一六	永享四・六・一	死去
正親町三条実雅	従三位権中納言	永享九・一〇・一〇	嘉吉元・一二・七	任権大納言
●桃井憲義		永享一二・三・二八以前		角田石川文書
●畠山持国	従四位下	嘉吉元・一二・二七	ナシ	法体任官、建内記
近衛教基	従三位権中納言	嘉吉二・二・三	文安元・一一・二三	任権大納言
木造持康	従三位権中納言	文安三・三・二九	文安五・六・二九	任権大納言
正親町持季	正三位権中納言	宝徳元・閏一〇・一七	宝徳三・三・二六	任権大納言
万里小路冬房	従三位前権中納言	宝徳三・一一・二二	享徳三・一・五	還任権中納言、康富記
飛鳥井雅親	正三位前権中納言	康正元・三・二九	寛正四・三・二八	辞す
一条政房	従三位権中納言	寛正四・三・二八	寛正五・七・五	任左中将
近衛政家	従三位権中納言	寛正五・七・五	文正元・七・二五	任左中将
烏丸益光	従三位参議	文正元・九・二四	文明五・一二・一八	任大宰権帥
●畠山政長	従四位下	文明五・一二・一九	明応二・四・二七	死去、歴名土代
冷泉為広	従二位前権中納言	明応二・六・二四	永正三・九・三	任権大納言
持明院基春	正三位前参議	永正三・一一・一九	大永四・三・三	息子任大蔵卿
●佐竹北義信		永正一四・二・吉以前		水府志料附録
●那須某		(長享永正)一二・九以前		茂木文書
飛鳥井雅綱	従三位非参議	大永四・三・三	天文七・三・一六	任権大納言
●宇都宮興綱		(大永天文頃)		佐八文書
●江刺某		天文五・六・二五以前		伊達家文書
山科言継	従三位参議	天文七・四・二五	天文一三・三・一九	任権中納言
持明院基規	正三位前参議	天文一四・三・二五	天文一八・三・一二	任権中納言
●結城政勝		天文一七・四・二七以前		言継卿記
飛鳥井雅教	従三位参議	天文一八・三・九	永禄四・	辞す

●朝倉義景		天文二一・八・一八以前		雑々書札
●仁木晴定		天文二二・閏一・一〇以前		言継卿記
●大友義鎮		永禄三・三・一六		大友家文書
●田村隆顕		(天文永禄)		首藤石川文書
●島津歳久		永禄一〇・三・吉以前		薩藩旧記雑録
●結城晴朝		(永禄末)		相馬剛胤氏所蔵文書
●畠山秋高		元亀元・三・一以前		言継卿記
●佐竹北義斯		(元亀天正)八・六以前		佐竹義尚文書
山科言経	従三位参議	元亀二・四・三	天正七・九・五	辞す
●上三川某		(天正)八・一三以前		秋田藩家蔵文書四八
吉田兼見	従三位非参議	天正一一・一・	慶長一五・八・二〇	死去
●堀秀政		天正一一・一二・三〇以前		多聞院日記

右衛門督

名前	任官時の官位	任官日	解官日	備考(解官理由・出典)
源通具	従三位参議	建仁三・一一・二三	建永元・二・	辞す
藤原隆衡	正三位参議	建永元・二・二一	承元三・一・一三	弟任内蔵頭替
藤原親兼	正三位非参議	承元三・一・一三	建保二・一二・一	
唐橋雅親	正二位権中納言	建保二・一二・一	建保四・三・二八	辞す
藤原範朝	正三位権中納言	建保四・三・二八	建保五・一・二八	叙従二位
藤原顕俊	従三位参議	建保五・一・二八	承久元・四・八	辞す
中院通方	正三位参議	承久元・四・八	承久二・一・二二	任権中納言
藤原経通	正三位参議	承久二・四・六	貞応元・一二・一七	辞す
藤原公雅	従三位非参議	貞応元・一二・二一	嘉禄元・一二・二二	任参議
四条隆親	従三位参議	嘉禄元・一二・二二	寛喜三・四・二三	辞す
藤原実有	正三位参議	寛喜三・四・二九	貞永元・六・二九	辞す
藤原為家	正三位参議	貞永元・六・二九	嘉禎二・二・三〇	任権中納言

藤原公雅	従二位参議	嘉禎二・二・三〇	暦仁元・二・二三	辞す
藤原頼経	正二位権中納言	暦仁元・二・二三	暦仁元・三・七	任権大納言
山階実雄	従三位参議	暦仁元・三・七	延応元・一・二四	辞す
藤原親俊	正三位権中納言	延応元・一・二四	延応元・八・二八	辞す
土御門顕定	正三位参議	延応元・九・九	仁治元・一〇・二四	辞す
藤原実持	従二位中納言	仁治元・一〇・二四	仁治二・九・二四	山門訴え
土御門顕親	従二位参議	仁治二・九・二四	仁治三・六・一五	転左衛門督
滋野井公光	従三位参議	仁治三・六・一五	寛元元・一〇・二五	辞す
中院通成	従三位参議	寛元元・一〇・二五	建長三・一・二三	転左衛門督
土御門通行	従二位権中納言	建長三・一・二三	建長四・一二・四	辞す
藤原為氏	従三位参議	建長四・一二・四	正嘉二以前	？
土御門顕方	従二位権中納言	正嘉二・一一・一	文応元・八・二八	辞す
四条隆顕	正三位参議	文応元・八・二八	弘長二・七・一六	辞す
藤原忠基	従二位参議	弘長二・七・一六	弘長二・一二・二一	病気
北畠師親	従三位非参議	弘長二・一二・二一	文永七・一・二一	辞す
花山院頼兼	正三位参議	文永七・一・二一	文永八・四・七	病気
中院通教	正三位参議	文永八・四・七	文永一〇・一二・八	辞す
九条忠教	正二位権中納言	文永一〇・一二・八	文永一一・四・五	任権大納言
中御門経任	従二位権中納言	文永一一・四・五	建治三・一・二九	任権大納言
滋野井実冬	正三位参議	建治三・一・二九	弘安七・一・一六	辞す
園基顕	従三位前参議	弘安七・一・一六	正応元・七・一一	(叙従二位)
近衛兼教	従二位権中納言	正応元・七・一一	正応元・一二・二〇	転左衛門督
中御門為方	正三位権中納言	正応元・一二・二〇	正応三・六・七	辞す
坊城俊定	従三位参議	正応三・六・八	正応三・一一・二七	転左衛門督
京極為兼	従三位参議	正応三・一一・二七	正応四・七・二九	任権中納言
四条隆良	正三位非参議	正応四・七・二九	正応五・一二・三〇	任参議
北畠師重	従三位非参議	正応五・一二・三〇	永仁二・一二・二四	任参議
中院通時	正三位非参議	永仁二・一二・二四	永仁三・一二・二九	任参議

藤原為雄	従三位非参議	永仁三・六・二三	永仁六・九・二二	辞す
二条資高	正三位権中納言	永仁六・九・二三	正安元・四・二六	辞す
藤原嗣実	従三位非参議	正安元・四・二六	正安二・四・七	辞す
日野俊光	従二位権中納言	正安二・四・七	正安二・九・一〇	辞す
土御門雅長	正三位非参議	正安二・九・一〇	乾元元・九・二五	任参議
藤原俊雅	従三位前参議	乾元元・一一・四	嘉元二・六・二	辞す
吉田定房	従三位参議	嘉元二・六・二	徳治二・四・二四	辞す
吉田定資	従三位権中納言	徳治二・四・二四	徳治二・一二・一二	転左衛門督
園基藤	従三位非参議	徳治二・一二・一二	延慶二・九・一	辞す
源親平	従三位非参議	延慶二・九・一	延慶三・三・九	辞す
冷泉為相	正三位前参議	延慶三・三・九	応長元・五・二六	辞す
洞院公賢	従二位権中納言	応長元・五・二六	正和元・一〇・一二	転左衛門督
小倉季雄	従二位参議	正和元・一〇・一三	正和二・一一・二四	辞す
花山院兼信	従三位参議	正和二・一一・二四	正和四・三・一三	辞す
北畠雅行	従三位非参議	正和四・三・一三	正和四・八・二六	辞す
園基成	従三位非参議	正和四・八・二六	正和五・八・一二	辞す
堀川光藤	従三位参議	正和五・八・一二	正和五・一二・二一	辞す
楊梅兼高	従三位非参議	文保元・二・五	文保元・四・一六	辞す
日野資名	従三位参議	文保元・四・一六	文保二・四・二三	辞す
一条公有	従三位非参議	文保二・四・二五	文保二・七・七	辞す
藤原教定	従二位非参議	文保二・七・七	元応二・九・五	辞す
源持房	従二位前参議	元応二・九・五	元亨二・四・五	辞す
北畠親房	正二位中納言	元亨二・四・五	元亨三・一・一三	任権大納言
花山院師賢	従二位権中納言	元亨三・一・一三	正中元・五・二六	転左衛門督
鷹司宗平	正四位下	正中元・五・二六	正中二・一二・一八	辞す
吉田冬方	従三位参議	正中二・一二・一八	嘉暦元・五以前	?
九条光経	従二位権中納言	嘉暦元・五・八	嘉暦二・一一・一〇	辞す
万里小路藤房	従三位権中納言	嘉暦二・一一・一〇	元徳二・七・一七	辞す

洞院実世	正三位権中納言	元徳二・七・一七	元徳二・一〇・五	転左衛門督
四条隆資	正三位参議	元徳二・一〇・五	元弘元・三・一八	辞す
徳大寺公清	正三位権中納言	元弘元・三・一八	元弘元・一〇以前	？
勧修寺経顕	従三位参議	元弘元・一〇・五	元弘三・五・一七	復本職
万里小路藤房	正二位中納言	元弘三・五・一七	建武元・一〇・五	出家
九条光経	正二位中納言	建武元・一〇・九	建武二・一一・二六	任権大納言
勧修寺経顕	正三位参議	建武二・一一・二六	延元元・二・四	辞す
北畠顕家	従二位参議	延元元・二・四	延元元・	辞す
四条隆資	従二位権中納言	延元元・	延元元・一二・	解官
西園寺公重	従二位権中納言	延元元・一二以降	建武四・七・二〇	辞す
堀川具雅	正四位下参議	建武四・七・二〇	暦応元・六・一二	出家
柳原資明	正三位権中納言	暦応元・八・一一	康永元・一二・二六	辞す
油小路隆蔭	正三位権中納言	康永元・一二・二九	康永三・九・二三	転左衛門督
三条実継	正三位権中納言	康永三・九・二三	貞和三・一一・一六	転左衛門督
正親町忠季	従三位権中納言	貞和三・一一・一六	延文二・四・一五	任権中納言
園基隆	従三位前参議	延文三・三・三〇	延文四・三・二五	任権中納言
日野時光	従三位参議	延文四・四・二一	康安元・四・一五	転左衛門督
山科教言	従三位非参議	貞治元・四・二一	貞治二・一一・一八	辞す
油小路隆家	従三位権中納言	貞治二・一一・一八	貞治三・四・一四	辞す
柳原忠光	従三位権中納言	貞治三・四・一四	応安元・七・一六	辞す
園基賢	従三位非参議	応安二・四・一九	応安六・一・一〇	辞す
四条顕保	従三位非参議	応安六・一・一〇	応安七・一二・一三	任参議
月輪家尹	従三位非参議	永和元・一・八	永和元・一二以前	（叙正三位ヵ）
四条顕保	従三位参議	永和元・一二・四	永和四・八・	辞す
園基光	従三位前参議	永和四・八・一七	康暦元・六以前	？
日野資教	従三位参議	康暦元・六・五	康暦二・一二・二〇	転左衛門督
中山親雅	正三位権中納言	永徳三・一〇・一六	至徳二以前	？
山科教藤	従三位非参議	至徳三・三・二三	明徳元・四・九	辞す

柳原資衡	従三位参議	明徳元・四・九	明徳三・一一・	辞す
●斯波義将	正四位下	応永二・七・二五	応永二・七・二五	法体、在俗日宣下、荒暦
飛鳥井雅縁	従三位非参議	応永四・四・二二	応永五・三・二四	任権中納言
町資藤	従二位権中納言	応永六・二・二二	応永八・一一・二〇	辞す
竹屋兼俊	四位	応永一〇・一〇・二三以前		吉田家日次記
山科教遠	従三位非参議	応永一三・三・二四	応永一五・二・二四	任治部卿
山科教興	四位	応永一六・七・二三	応永一八・一一・二五	任参議
武者小路隆光		応永二〇・二・一		叙書部類
海住山清房	従四位上	応永二一・閏七・一三		職事補任
日野有光	正三位権中納言	応永二二・九・二三	応永二三・三・二	辞す
●山名時熙	四位	応永二四・一・二三	ナシ	法体任官、看聞日記
法性寺為盛	従三位非参議	応永二五・七・二七	応永二七・閏一・一〇	辞す
勧修寺経興	従四位上参議	応永二七・閏一・一三	応永二八・八・一二	辞す
飛鳥井雅世	従三位非参議	応永三〇・三・二〇	応永三三・一・三〇	任参議
山科教豊	従三位非参議	応永三三・二・六	応永三四・六・二〇	任参議
四条隆盛	従三位前参議	応永三五・	永享一〇・三・三〇	任参議
飛鳥井雅永	従三位非参議	嘉吉二・一・	文安三・三・二九	任参議
月輪家輔	従三位非参議	文安四・	文安四・三・一三	任参議
●山名持豊		文安三・七・一九以前		法体任官、離宮八幡宮文書
正親町持季	正三位権中納言	文安五・一・一八	宝徳元・閏一〇・一七	転左衛門督
飛鳥井雅親	従三位非参議	宝徳元・閏一〇・	享徳元・四・二九以前	?
山科顕言	従三位非参議	享徳元・四・二九	康正二・一〇・四	任権中納言
小倉実右	従三位前参議	康正二・一〇以降	長禄二・一・五?	叙正三位?
柳原資綱	従二位権中納言	長禄二・	長禄二・一二・二二?	任権大納言
洞院公数	従二位権中納言	長禄三・	寛正元・八・一五	任権大納言
正親町公澄	正三位前権中納言	寛正元・八・一九	文明二・四・二	任権大納言
四辻季春	従二位前権中納言	文明二・四・二	文明八・八・二八	任権大納言
●山名政豊	従四位下	文明八・八・三	明応八・一・二三	死去、歴名土代

冷泉為広	従三位非参議	文明一一・二・三〇	文明一八・七・二三	親長卿記
柳原量光	従三位権中納言	文明一八・七・二三	文明一八・八・七	**辞す**
四辻季経	従三位前権中納言	文明一八・八・九	永正三・一〇・二一	**任権大納言**
松殿忠顕	従三位非参議	永正七・二・二八	永正八・一〇・一一	**任参議**
上冷泉為和	従三位非参議	永正一二・七・二六	天文一〇・三・一	**任民部卿**
●畠山在氏		天文八・七・二以前		大館常興日記
●山名祐豊		天文九・一二・二七		歴名土代
持明院基規	正三位前参議	天文一〇・七・二二	天文一四・三・二五	**転左衛門督**
上冷泉為益	従三位非参議	天文一五・一・九	天文二〇・三・二七	**任権中納言**
高倉永相	従四位上	天文二二・閏一・九	永禄四・二・一	**任参議**
四条隆益	従三位参議	永禄六・八・六	永禄一〇・九・八	**死去**
●毛利輝元		(元亀元ヵ)三・二三以前		毛利家文書、宍戸家文書
●六角義治		元亀元・五・二二以前		言継卿記
吉田兼見	正四位下	天正三・七・二八	天正一一・一・	**転左衛門督**
●宮成公基		天正一〇・一・五以前		宇佐大宮司、益永文書
高倉永孝	正四位下	天正一一・一・	文禄三・七・二六	**任参議**
●草野家清		(天正一四)一二・四以前		吉川家文書
飛鳥井雅庸	従三位非参議	慶長三・一・一八	慶長八・一・一一	**任参議**

左兵衛督

名　前	任官時の官位	任　官　日	解　官　日	備考(**解官理由**・出典)
山科教成	正四位下非参議	建仁三・一・一三	承元三・一一・四	**任左衛門督**
坊門隆清	正三位非参議	承元三・一一・四	建保二・二・七	**死去**
唐橋雅親	従二位権中納言	建保二・二・一一	建保二・一二・一	**転右衛門督**
佐々木野有雅	正三位権中納言	建保二・一二・一	建保三・八・一二	**叙従二位**
藤原範朝	正三位参議	建保三・八・一二	建保四・三・二八	**転右衛門督**
藤原顕俊	従三位参議	建保四・三・二八	建保五・一・二八	**転右衛門督**

藤原親定	正三位非参議	建保五・一・二八	貞応元・一・二四	辞す
藤原公雅	従三位非参議	貞応元・一・二四	貞応元・一二・二一	転右衛門督
藤原基保	従三位非参議	貞応元・一二・二一	嘉禎元・八・三〇	任権中納言
葉室資頼	従三位権中納言	嘉禎元・八・三〇	嘉禎元・九・九	辞す
源顕平	従三位非参議	嘉禎元・九・一〇	暦仁元・八・二八	叙従二位
藤原親俊	正三位参議	暦仁元・八・二八	延応元・一・二四	任右衛門督
藤原頼氏	正三位非参議	延応元・	宝治元・一二・八	叙従二位
葉室定嗣	従三位参議	宝治元・一二・八	建長元・一・二〇	辞す
久我雅光	正三位参議	建長元・二・八	建長二・二・二	辞す
四条房名	従三位非参議	建長二・一二・二四	正嘉元以前	？
源資平	正四位下非参議	正嘉元・一一・一九	正元元・七・二	辞す
四条隆顕	従三位参議	正元元・七・二	文応元・八・二八	転右衛門督
飛鳥井教定	正三位非参議	文応元・八・二八	弘長三・八・一三	辞す
姉小路顕朝	正二位中納言	弘長三・八・一三	文永二・三・二〇	辞す
堀川高定	正三位参議	文永二・三・二〇	文永三・一一・二	山門訴え
小倉公雄	正三位参議	文永三・一一・二	文永四・六・二一	辞す
徳大寺公孝	正四位下参議	文永四・六・二三	文永六・三・三〇	辞す
坊門信家	正三位非参議	文永六ヵ	文永七・八・一四	辞す
中院通教	正三位参議	文永七・八・一四	文永八・四・七	転右衛門督
坊門信家	正三位非参議	文永八・四・七	文永一〇・一二・八	転右兵衛督
中御門経任	従二位権中納言	文永一〇・一二・八	文永一一・四・五	転右衛門督
四条隆良	正四位下非参議	文永一一・六・一	建治元・一〇・八	任内蔵頭
滋野井実冬	従三位参議	建治元・一〇・八	建治三・一・二九	転右衛門督
四条隆康	正三位非参議	建治三・二・一四	弘安元・一二・二五	任参議
藤原親朝	正三位参議	弘安元・一二・二五	弘安四・一二・二三	死去
四条房名	正二位参議	弘安六・三・二八	弘安七・一・一三	任権中納言
土御門雅房	正三位参議	弘安七・一・一三	弘安八・三・一九	辞す
堀川基俊	従三位参議	弘安八・四・一〇	弘安九・一一以降	辞す

藤原宗親	従三位非参議	弘安一〇・一一・一三	正応元・八・二五	辞す
飛鳥井雅有	正三位非参議	正応元・八・二五	正応二・七・一六	辞す
藤原範藤	従四位上非参議	正応二・七・一六	正応三・一〇・一九	辞す
藤原兼行	正四位下非参議	正応三・一〇・二九	正応五・閏六・一六	辞す
持明院保藤	正四位下非参議	正応五・閏六・一六	正応五・一二・三〇	叙従三位
持明院保藤	従三位非参議	永仁元・一・一七	永仁五・一・二九	辞す
二条資藤	正三位非参議	永仁五・一・二九	正安二・四・一七	任参議
藤原教顕	従三位非参議	正安二・四・一七	正安二・五・二九	叙正三位
葉室頼藤	従二位参議	正安二・五・二九	正安三・四・五	辞す
藤原宗氏	正三位参議	正安三・四・一七	嘉元二・三・二一	叙従二位
源親平	従三位非参議	嘉元二・三・二一	嘉元二・一〇・二一	辞す
五辻親氏	従三位非参議	嘉元二・一〇・二一	嘉元三・三・八	辞す
園基藤	従三位非参議	嘉元三・三・八	徳治元・二・五	辞す
藤原実遠	正三位非参議	徳治元・二・五	徳治二・一・二九	辞す
吉田定資	従三位権中納言	徳治二・一・二九	徳治二・四・二四	転右衛門督
藤原教定	正四位下非参議	徳治二・四・二四	延慶元・二・七	叙従三位
藤原教定	従三位非参議	延慶元・二・一七	延慶二・九・一	辞す
中院通藤	正四位下非参議	延慶二・九・一	延慶二・一二・九	叙従三位
中御門為行	正三位参議	延慶二・一二・九	延慶三・八・二	叙従二位
洞院公賢	正三位権中納言	延慶三・八・二	応長元・五・二六	転右衛門督
吉田国房	従三位非参議	応長元・五・二六	応長元・七・二〇	辞す
北畠親房	正三位参議	応長元・七・二〇	正和元・三・一五	辞す
小倉季雄	正三位参議	正和元・三・一五	正和元・一〇・一二	転右衛門督
飛鳥井雅孝	従三位非参議	正和元・一〇・一二	正和二・九・六	辞す
綾小路有時	従三位非参議	正和二・九・六	正和四・三・一三	任参議
堀川光藤	従三位参議	正和四・三・一三	正和五・八・一二	転右衛門督
富小路公脩	従三位非参議	正和五・八・一二	正和五・九・一二	任参議
一条公有	正四位下非参議	正和五・閏一〇・四	正和五・一二以前	

葉室長隆	従三位参議	正和五・一二・七	文保元・四・六	叙正三位
日野資名	従三位参議	文保元・四・六	文保元・四・一六	転右衛門督
綾小路有頼	正四位下非参議	文保元・四・一六	元応元・六以前	
藤原忠朝	従四位上非参議	元応元・六・一四	元応二・三・二四	辞す
吉田隆長	従三位権中納言	元応二・三・二四	元応二・九・一〇	山門訴え
日野資朝	正四位下非参議	元応二・一〇・二三	正中元・四・二七	任権中納言
吉田冬方	従三位参議	正中元・四・二七	正中二・一二・一八	転右衛門督
室町公春	正三位非参議	正中二・一二・一八	嘉暦元・一二・二三	辞す
万里小路藤房	従三位権中納言	嘉暦二・七・一六	嘉暦二・一一・一〇	転右衛門督
中山忠定	正四位下非参議	嘉暦二・一〇・二九？	嘉暦三・四以前	？
冷泉為成	正四位下非参議	嘉暦三・四・三	嘉暦三・九・二三	辞す
四条隆資	従三位参議	嘉暦三・九・二三	元徳二・一〇・五	転右衛門督
葉室光顕	正四位下非参議	元徳二・一〇・五	元弘元・一二・一	辞す
葉室長光	正四位上非参議	元弘二・一〇・二一	元弘三・五・一七	復本職
●足利尊氏	従四位下非参議	元弘三・六・一二	建武二・一一・二六	辞す
西園寺公重	従二位権中納言	建武二・一一・二六	延元元・一一以前	？
花山院長定	従二位権中納言	延元元・一一・二五	建武四・七・二〇	転左衛門督
柳原資明	正三位権中納言	建武四・七・二〇	暦応元・八・一一	転右衛門督
●足利直義	従四位下非参議	暦応元・八・一一	康永元・一二・二三	母の死
三条実継	正三位権中納言	康永二・四・一二	康永二・四・二三	直義復任
●足利直義	従四位上非参議	康永二・四・二三	貞和五・九・	辞す
某兼親		観応元・一一・二九以前		敦有卿記
藤原定親		文和元・八・一二以前		園太暦
綾小路敦有		文和三・一一・一八以前		右兵衛督ヵ、御遊抄
武者小路教光	正四位下	文和四・八・一三	延文元・一・二八	任参議
冷泉為秀	従四位上	延文元・一・二八	延文四・一・二六	辞す
●足利基氏	従四位下？	延文四・一・二六	貞治六・四・二六	死去
御子左為遠	従三位参議	応安元・二・二一	応安二・一一・一二	任権中納言

四条隆郷	正三位非参議	応安三・四・一三	応安四・三・一二	辞す
久我長具	従三位非参議	応安四・三・一二	応安六・四・	辞す
四辻季顕	従三位非参議	応安六・四・二六	永和元・一一・一八	任参議
室町雅兼		永和元・一一・二三以前		永和大嘗会記
法性寺親春?	四位	?	?	?
山科教繁	?	?	?	?
園基定	?	?	?	?
持明院基清	従三位非参議	永和三・三・	康暦元・七・	辞す
持明院保冬	従三位前参議	康暦元・七・二四	康暦二・二以前	?
●足利氏満		康暦二・二・一八	応永五・一一・四	死去、喜連川判鑑
●足利満兼	四位	応永八・五・三〜九・三・二三	応永一六・七・二二	死去、喜連川判鑑
広橋兼宣	従二位権中納言	応永一四・三・五	応永一五・二・二四	辞す
楊梅兼邦	従三位非参議	応永一七・一・二八	応永一七・一一・二八	辞す
●足利持氏		応永一九・三・一七以降	永享一〇・一〇・	出家、鶴岡八幡宮文書
月輪家輔	従三位非参議	嘉吉二・一一・八以前	文安四・	康富記
綾小路有俊	正四位下	文安五・八・二七	宝徳三・三・二六	任参議、諸家伝
●足利成氏	従四位下	宝徳三・二・二八	?(享徳四ヵ)	妹尾文書
海住山高清	従三位前権中納言	寛正元・九・一三	寛正五・一二・二	辞す
●足利政知		寛正六・一一・二七以前	文明一七?	御内書案
●斯波義敏		文明一七・七・八以前	文明一七・七・八	出家ヵ、親元日記
田向重治	正四位下	文明一八・一二・四	延徳二・六・二一	任参議
高倉永康	従四位上	延徳二・七・七	明応七・一二・二六	任参議
町顕基		文亀元・一二・二八以前	永正五・九・ヵ	叙従三位?、宣胤卿記
町顕基	従三位非参議	永正五・一〇・三	永正一五・	?
高倉永家	従四位下	永正一五・八・八	天文二・一二・一九	任参議
山科言継	従三位非参議	天文六・五・二四	天文七・四・二五	任左衛門督
西洞院時長	従三位非参議	天文八・三・二三	天文九・七・一三	任参議
●渋川義基		天文一〇・一一・二六		歴名土代

名前	任官時の官位	任官日	解官日	備考(解官理由・出典)
飛鳥井雅教	従三位非参議	天文一七・三・二三	天文一八・二・二五	任参議
●足利晴氏	従四位下	天文一八・三・一五		歴名土代
西洞院時当	正四位下	永禄二・一一・一四	永禄九・四・一九	死去
山科言経	従三位非参議	元亀元・五・二六	元亀二・四・三	任左衛門督
竹内長治	従四位上	天正二・一一・二〇	天正七・一一・二七	辞す
●大友義統		天正七・一一・二七		歴名土代
水無瀬氏成	従三位非参議	慶長一六・三・二一		

右兵衛督

名前	任官時の官位	任官日	解官日	備考(解官理由・出典)
坊門隆清	正四位下非参議	建仁三・一・一三	承元三・一一・四	転左兵衛督
藤原光親	従三位参議	承元三・一一・四	建暦元・一・一八	任権中納言
坊門忠信	正三位権中納言	建暦元・一・一八	建暦元・九・八	転左衛門督
滋野井実宣	正三位参議	建暦元・九・八	建暦二・一・一三	辞す
佐々木野有雅	正三位参議	建暦二・一・一三	建保二・一二・一	転左兵衛督
藤原範朝	正三位参議	建保二・一二・一	建保三・八・一二	転左兵衛督
藤原顕俊	従三位参議	建保三・八・一二	建保四・三・二八	転左兵衛督
飛鳥井雅経	正四位下非参議	建保四・三・二八	承久二・一二・一八	任参議
藤原公雅	従三位非参議	承久二・一二・一八	貞応元・一・二四	転左兵衛督
藤原基保	正四位下非参議	貞応元・一・二四	貞応元・一二・二一	転左兵衛督
藤原光俊	正四位下非参議	貞応元・一二・二一	寛喜三・四・一四	任大宰大弐、息任右少将
藤原為家	正三位参議	寛喜三・四・一四	貞永元・六・二九	転右衛門督
園基氏	従三位参議	貞永元・六・二九	文暦元・八・	辞す
園基氏	正三位参議	文暦元・九・	文暦元・一一・一七	出家
葉室資頼	従三位参議	文暦元・一二・二一	嘉禎元・八・三〇	転左兵衛督、任権中納言
藤原頼氏	従四位上非参議	嘉禎元・八・三〇	暦仁元・閏二・二七	任皇后宮権大夫叙正三位
源有資	正四位下非参議	暦仁元・二・二七	建長元・一二・二四	任参議

四条房名	従三位非参議	建長元・一二・二四	建長二・一二・二四	転左兵衛督
飛鳥井教定	正四位下非参議	（建長二・一二・二四カ）	建長六・六・一	辞す
四条隆行	従三位参議	建長六末カ	正嘉二・四・二五	辞す
西園寺実材	正三位参議	正嘉二・五・一四	正元元・四・一七	辞す
四条隆顕	正三位参議	正元元・四・一七	正元元・七・二	転左兵衛督
京極為教	従三位非参議	正元元・七・二	文永六・七・一九	辞す
御子左為世	正四位下非参議	文永六・七・一九	文永一〇・一二・八	任左中将
坊門信家	正三位非参議	文永一〇・一二・八	文永一一・六・一	死去
滋野井実冬	従三位参議	文永一一・一〇・三	建治元・一〇・八	転左兵衛督
藤原親朝	正四位下非参議	建治元・一〇・八	建治元・一二・二三	任参議
御子左為世	正四位下非参議	建治三・一・二八	正応三・六・八	任権中納言
京極為兼	従三位参議	正応三・六・八	正応三・一一・二七	転右衛門督
藤原長相	従三位非参議	正応三・一一・二七	永仁元・	？
藤原為雄	正四位下非参議	永仁元・三・一四	永仁二・三・二七	任右中将蔵人頭
二条資藤	従三位非参議	永仁二・三・二七	永仁五・一一・二九	転左兵衛督
堀川顕世	正三位参議	永仁五・一二・一七	永仁六・三・二三	転左衛門督
綾小路信有	従三位非参議	永仁六・	正安元・六・六	辞す
日野俊光	正三位権中納言	正安元・六・六	正安二・四・七	転右衛門督
冷泉為相	正四位下非参議	正安二・四・七	正安三・四・五	辞す
藤原季顕	正四位下非参議	正安三・四・五	乾元元・七・二一	辞す
吉田定房	正四位下参議	乾元元・七・二一	嘉元二・六・二	転右衛門督
五辻親氏	従三位非参議	嘉元二・六・二	嘉元二・一〇・二一	転左兵衛督
藤原教定	正四位下非参議	嘉元二・一〇・二一	徳治二（元？）・六・二	？
御子左為藤	正四位下非参議	徳治二・四・三	延慶二・三・二三	任左中将
藤原俊兼	正四位下非参議	延慶二・三・二九	応長元・五・一	辞す
坊門為輔	正三位非参議	応長元・五・一〇	応長元・閏六・二〇	辞す
飛鳥井雅孝	正四位下非参議	応長元・閏六・二九	正和元・一〇・一二	転左兵衛督
中御門冬定	正四位下非参議	正和元・一〇・一二	正和二・九・六	辞す

楊梅兼高	正四位下非参議	正和二・九・六	正和四・六・二七	辞す
富小路公脩	従三位非参議	正和四・六・二七	正和五・八・一二	転左兵衛督
一条実豊	従三位非参議	正和五・八・一二	正和五・閏一〇・四	辞す
綾小路有頼	正四位下非参議	正和五・閏一〇・四	文保元・三以前	?
坊門信良	従三位非参議	文保元・三・二七	文保元・	辞す
三条公躬	従三位非参議	文保元・一二・二二	文保二・三・二六	辞す
一条公有	従三位非参議	文保二・三・二六	文保二・四・二五	転右衛門督
滋野井実前	正四位下参議	文保二・四・一五	元応元・三・九	任権中納言
吉田隆長	正四位上参議	元応元・三・九	元応二・三・二四	任権中納言・転左兵衛督
中御門経宣	正四位上参議	元応二・三・二四	元亨二・四・五	辞す
御子左為定	正四位下非参議	元亨二・六・一七	嘉暦二・七・一六	任権中納言
五辻俊氏	従三位非参議	嘉暦二・一一・一〇	元徳元・五・二六	辞す
持明院基行	正四位下非参議	元徳元・五・二六	元徳元・一二・一三	辞す
阿野実廉	従三位非参議	元徳元・一二・一二	元徳二・二・二三	辞す
御子左為明	正四位下非参議	元徳二・二・二三	元徳二・二・二七	辞す
阿野実廉	従三位非参議	元徳二・二・二七	元徳二・六・七	辞す
源具兼	正四位下非参議	元徳二・六・七	元弘元・二以前ヵ	?
葉室長光	正四位下非参議	元弘元・二・二一	元弘元・一〇・五	任右大弁
一条公有	正三位参議	元弘元・一一・五	元弘元・一二・一	任右中将
油小路隆蔭	正四位下非参議	元弘元・一二・一	元弘三・五・一七	辞す
葉室長光	正四位上非参議	元弘三・六・	建武元・一二・七	任中宮亮?
西園寺公重	正三位権中納言	建武元・一二・一七	建武二・一一・二六	転左兵衛督
勧修寺経顕	正三位参議	建武二・一一・二六	建武四・一以前	?
堀川具雅	正四位下参議	建武四・一・七	建武四・七・二〇	転右衛門督
洞院実夏	正四位下参議	建武四・七・二三	暦応三・一一・二〇	転左衛門督
飛鳥井雅宗	正四位下非参議	暦応三・一一・二〇	康永二・五・一二	辞す
三条実継	正三位権中納言	康永二・五・一二	康永三・九・二三	転右衛門督
堀川具孝(貫)	正四位下参議	康永三・九・二三	貞和五・一〇・一六	転左衛門督

園基隆	従三位前参議	貞和五・一〇・一六	観応元・六・一九	**辞す**
三条実音	従三位非参議	観応元・六・一九	文和三・	**辞す**
綾小路敦有	正四位下	延文二以前	延文三・八・一二	**辞す**
油小路隆家	正四位下参議	延文三・八・一二	貞治二・一一・一八	**転右衛門督**
御子左為遠	正四位下	貞治二・一二・二六	応安元・二・二一	**転左兵衛督**、職事補任
藤原公全		応安四・三・二三以前		迎陽記
四辻季顕	四位	応安五以前	応安五以前	？
月輪家尹	四位	応安六以前	応安六以前	？
藤原雅兼	四位	応安七以前	応安七以前	？
河鰭季村	四位	応安七以前	応安七以前	？
持明院保冬	従三位非参議	応安七・九・二八	応安七・一二・一三	**任参議**
一条公勝		応安七・一二・二八以前		師守記
海住山氏房	従四位上	永徳元・八・一四	永徳二・八・一四	**任参議**
甘露寺兼長	従四位上参議	永徳三・一・一五	永徳三・三・二八	**任左大弁**
武者小路資俊	四位	？	至徳二・三・二七ヵ	**任参議**
●足利満詮	従四位下	嘉慶二・一二・一二	応永九・三・二八？	**任参議**、足利官位記
●斯波義教	従四位上	応永九・七・九以前		吉田家日次記
山科教冬	従三位非参議	応永一一・一一・一	応永一五・二・	**辞す**
武者小路隆光	四位	？	？	？
持明院基親	従三位非参議	応永一七・一二・三〇	応永二一・三・一六	**辞す**
海住山清房		応永二一・三・一六	応永二二ヵ	？
高倉永藤		応永二二・一〇・二八以前	応永二五・二・二四以後	大日本史料、薩戒記
山科教有	四位	応永二六・三・一〇	？	康富記
高倉永藤	四位	応永二七・三・二六以前	応永三一・三・一七	**任参議**、除書部類
葉室頼継	従三位非参議	応永三四・七・二二	永享四・六以前	？
広橋兼郷	従三位権中納言	永享四・六・三	永享四・九・五	**辞す**
月輪家輔		嘉吉三・四・一五以前	文安元・一以前	康富記
高倉永豊	四位	嘉吉三・三・一六	宝徳元・一〇・二四	**任参議**、建内記、康富記

山科保宗	従三位非参議	宝徳元・閏一〇・		？
冷泉為富	正四位下	享徳元以前	康正二・四・九？	叙正三位？
広橋綱光	従三位権中納言	康正二・七・二三？	長禄元・一・二九	？
●吉良義尚ヵ		長禄三・一二・一五以前		蔭凉軒日録
高倉永継		寛正六・一・一七以前	応仁二頃ヵ	親元日記、山科家礼記
武者小路縁光		文明元ヵ	文明元・一一・二	任右中弁、弁官補任
飛鳥井雅康	従三位参議	文明二・九・	文明一一・四・七	任権中納言
綾小路俊量	正四位下	文明一三・七・二六	文明一七・四・	任参議
西洞院時顕	正四位下	文明一七・四・一四	延徳元・一二・二八	叙従三位
西洞院時顕	従三位非参議	延徳二・一・二五	明応二・閏四・四	任参議
持明院基春	従三位非参議	明応七・七・五	文亀二・一・	辞す
冷泉永宣	従三位非参議	文亀三・四・二一	永正三・一・一六	任参議
四条隆永	従三位非参議	永正七・	永正一一・二・二七	任参議
西洞院時長	従四位上	大永元・五・一五	天文八・三・二三	任左兵衛督
町顕量	従四位下	？	？	東山御文庫所蔵史料
藤原親世	従三位非参議	天文一九・七・二一	天文二〇・九・	出家
吉田兼右	従三位非参議	天文二一・一二・二四	元亀四・一・一〇	死去
●仁木義持		(元亀四)七・二六以前		顕如上人文案
飛鳥井雅敦	従三位非参議	天正五・四・二三	天正六・八・七	死去
水無瀬親具	従四位上	天正八・二・		歴名土代

※1　任官時の官位、任官・解官日時・解官理由は特に断りがないのは『公卿補任』による
※2　名前の前に●があるのは武家を指す
※3　基本的に武家は系図にのみ記載がある場合採らない
※4　右兵衛督の吉良は一ヶ所のみの記述なので佐の可能性がある

が、室町期に入ると羽林（飛鳥井など）・名家（日野など）クラスの者が任官する官となっている。兵衛督も、羽林・名家クラスが任じる官であったが、室町期以降高倉や西洞院など、それよりも一段低い家格であった家の人間が多く任じられている。鎌倉期に摂家や清華が衛門督、とくに左衛門督に多く任じたのは、権大納言へ昇進する過程の官であったことが大きく影響したのであろう。だが室町期以降はみな近衛中将などに任じるようになって、衛門督はより家格の低い階層が任官する官となったのである。また、室町期以降は飛鳥井・高倉など督に任官する家も限られ、官職の家職化がここでも見られる。

「職原鈔」・「百寮訓要抄」の四府中で左衛門督がとくに珍重されたとの指摘や、「百寮訓要抄」の左右衛門督・左兵衛督についての優劣は、むろん律令官位制からすれば左が右よりも上であり、官位相当も衛門が上位に位置しているわけであるが、衛門・兵衛督から何に転任したかを見ると、右兵衛督から左兵衛督・衛門督への転任は行われるが、その逆はなく、左衛門督から右衛門督・兵衛督への転任が行われなかったこと、そして任官する者の官位からすると、公家においては、室町期に至っても、上から左衛門督→右衛門督→左兵衛督→右兵衛督という厳然たる序列があったことが見て取れる。建武頃にはそれに当てはまらない例も見受けられるが、これは建武の新政時に以前の官位に戻すことがなされた結果である。

そしてとくに注目すべき点は、基本的に十五世紀までは武家と公家が競合することがない。つまり武家に衛門・兵衛督現任がいる場合、公家がその官には任じられないことである。(13) たとえば左兵衛督では、鎌倉公方が左馬頭を経た後に左兵衛督になっていたが、左兵衛督であった時期は、満兼の一時期を除き公家で左兵衛督となった者はいない。(14)また畠山政長は、文明五年（一四七三）十二月十九日に左衛門督に任官して(15)から死ぬ明応二年（一四九三）まで出家もせず、変わらず左衛門督のままであったが、その間二十年の長きに渡り公家では左衛門督に任じられた者がいなかった。政長は従四位下で左衛門督となっており、公家ならば二位・三位の中納言・参議以上という規定があったが、武家は沙汰の外とされていたので[16]、左衛門督になることができたのである。なお、公家に現任者がいる場合でも武家で衛門・兵衛督になる場合が見受けられるが、それは後述するように、すでに出家の身である時期での任官であり、出家後の三位昇進が『公卿補任』には載せられないのと同様に、法体任官も枠外にあったようである。

2　武家における衛門・兵衛督――十四・五世紀段階――

まず武家において衛門・兵衛督に任官した、あるいは名乗った例を改めて表2にまとめた。

鎌倉期には将軍源頼家が左衛門督に、藤原頼経が右衛門督になっている（表1参照）。頼家の左衛門督は非参議から任官した異例のことで、「職原鈔」でも頼家の任官について「別儀歟」としている[17]。頼経の場合は公家と同様に権大納言になる前提としての任官と言える。ただ将軍家でもいつも任じる官であったわけでなく[18]、また御家人層で任じられた者は全くおらず、公卿に列していたからこそ任官が可能であったので、室町期武家任官への先例となったとは言えない。

室町期以降の武家任官につながる意味で嚆矢となるのが足利氏で、足利尊氏・直義兄弟が左兵衛督に任じられている。その後足利将軍では衛門・兵衛督になる者は出ないが、基氏以下の鎌倉・古河公方と堀越公方政知が左兵衛督に、義満の弟満詮が右兵衛督となっている。なお、享徳の乱が起きた時、足利成氏は左兵衛督であったが、幕府からは左兵衛佐と呼ばれており、督から佐への降格がなされている[19]。これがいつなされたかは特定できないが、海住山高清が[20]寛正元年（一四六〇）に（表1参照）、そして堀越公方政知が寛正六年十一月以前には左兵衛督に任官していることか

表2　15・16世紀に武家で衛門・兵衛督になった者

名　前	官　途	身分・家柄	任官(推定含む)	任官・改称日時
畠山満家	左衛門督	管領畠山氏	出家後	応永24〜25
桃井憲義	左衛門督	鎌倉府奉公衆	鎌倉公方による	永享12・3・28以前
畠山持国	左衛門督	管領畠山氏	出家後	嘉吉元・12・27
畠山政長	左衛門督	管領畠山氏	通常任官	文明5・12・19
佐竹北義信	左衛門督	常陸佐竹北家	佐竹義舜によるヵ	永正14・2・吉以前
那須某	左衛門督	下野那須氏	古河公方によるヵ	(長享永正)12・9以前
宇都宮興綱	左衛門督	下野宇都宮氏	古河公方によるヵ	(大永天文頃)
江刺某	左衛門督	陸奥江刺氏	不明、自称ヵ	天文5・6・25以前
結城政勝	左衛門督	下総結城氏	古河公方によるヵ	天文17・4・27以前
朝倉義景	左衛門督	越前朝倉氏	通常任官	天文21・8・18以前
仁木晴定	左衛門督	伊勢仁木氏	通常任官	天文22・閏1・10以前
大友義鎮	左衛門督	豊後大友氏	通常任官	永禄3・3・16
田村隆顕	左衛門督	陸奥田村氏	古河公方による	(天文永禄)
島津歳久	左衛門督	島津義久弟	自称ヵ	永禄10・3・吉以前
結城晴朝	左衛門督	下総結城氏	古河公方によるヵ	(永禄末)
畠山秋高	左衛門督	政長流畠山氏	通常任官	元亀元・3・1以前
佐竹北義斯	左衛門督	常陸佐竹北家	佐竹義重によるヵ	(元亀天正)8・6以前
上三川某	左衛門督	下野宇都宮家臣	宇都宮氏によるヵ	(天正年間)8・13以前
堀秀政	左衛門督	羽柴秀吉家臣	通常任官	天正11・12・30以前
斯波義将	右衛門督	管領斯波氏	出家後	応永2・7・25
山名時熈	右衛門督	但馬山名氏	出家後	応永24・1・23
山名持豊	右衛門督	但馬山名氏	出家後	文安3・7・19以前
山名政豊	右衛門督	但馬山名氏	通常任官	文明8・8・3
畠山在氏	右衛門督	義就流畠山氏	通常任官	天文8・7・2以前
山名祐豊	右衛門督	但馬山名氏	通常任官	天文9・12・27
毛利輝元	右衛門督	安芸毛利氏	通常任官ヵ	(元亀元ヵ)3・23以前
六角義治	右衛門督	近江六角氏	通常任官	元亀元・5・22以前
草野家清	右衛門督	筑後草野氏	自称ヵ	(天正14)12・4以前
足利基氏	左兵衛督	鎌倉公方	通常任官	延文4・1・26
足利氏満	左兵衛督	鎌倉公方	通常任官	康暦2・2・18
足利満兼	左兵衛督	鎌倉公方	通常任官	応永8・5・3〜9・3・23
足利持氏	左兵衛督	鎌倉公方	通常任官	応永19・3・17以降
足利成氏	左兵衛督	鎌倉公方	通常任官	宝徳3・2・28
足利政知	左兵衛督	堀越公方	通常任官	寛正6・11・27以前
斯波義敏	左兵衛督	管領斯波氏	通常任官	文明17・7・8以前
渋川義基	左兵衛督	九州探題渋川氏	通常任官	天文10・11・26
足利晴氏	左兵衛督	古河公方	通常任官	天文18・3・15
大友義統	左兵衛督	豊後大友氏	通常任官	天正7・11・27
足利満詮	右兵衛督	足利一族	通常任官	嘉慶2・12・12
斯波義教	右兵衛督	管領斯波氏	通常任官	応永9・7・9以前
吉良某	右兵衛督	幕府吉良氏	通常任官	長禄3・12・15以前
仁木義持	右兵衛督	伊勢仁木氏	通常任官	(元亀4)7・26以前

ら、寛正元年以前であるのは確実である。幕府・朝廷は左兵衛督を闕官として扱っていたことがわかる。また政知の左兵衛督は、成氏が左兵衛「佐」であるのに対し、政知が鎌倉公方を継承する存在として位置付けるために幕府が任官させたのであろう。なお成氏が寛正元年以降自身を左兵衛督であるとしたか、都鄙和睦がなった文明十二年以降に成氏が左兵衛督に復帰したかは不明である。少なくとも文明十七年頃まで政知が左兵衛督であったので(21)、自分自身では名乗っていたかはともかく、幕府秩序の中では左兵衛督ではなかった。

室町期の衛門・兵衛督の初見は、足利氏や南朝の事例を除外すると、応永二年（一三九五）七月二十五日に右衛門督に任官した斯波義将である(22)。これについて一条経嗣は、「武臣右衛門督未聞事也」と評しており(23)、武家の高官昇進に対する公家側の反応がよく示されている。なお義将はこの二日前の二十三日に出家しており(24)、任官は在俗の日をもって行われたようである。この後武家では衛門・兵衛督となる者が出てくるが、十五世紀までの段階では基本的に特定の家にのみ確認できる。すなわち斯波・畠山・山名氏である。

斯波氏は義将が右衛門督、義教（義重）が右兵衛督、義敏が左兵衛督になっている。義将は先に見た通りである。義教は応永九年頃に右兵衛督に任じられており(25)、また義教の子義淳以降斯波氏は、治部大輔→左兵衛佐→左兵衛督という昇進形態をとるようになることから、この義教期が斯波氏＝武衛との呼称が成立するもととなったと言える。義教以降の斯波氏は、義敏に至るまで義淳・義豊・義郷・義健と相次いで早世したことで、督にまで昇進することがなかった(26)。義敏と家督を争った義廉も左兵衛佐止まりであった。義敏は文明十七年の時点で「左兵衛督義敏」と見える(27)。同年四月七日に息子義寛が左兵衛佐に任官したことから(28)、同日かその直前に左兵衛督へと昇進したのであろう。

畠山氏は満家・持国・政長が左衛門督になっている。満家が左衛門督に任官した日は不明だが、応永二十四年に任官したようで(29)、呼び名が右衛門佐から左衛門督へと変化している。これは前年に起きた上杉禅秀の乱で、乱の張本である禅秀が右衛門佐であったことから、応永二十四年正月に満家が禅秀と同じ官途を持つのは憚りがあるとして詮議がなされており[30]、左衛門督任官はこれによるのであろう。持国は嘉吉元年（一四四一）十二月二十七日に左衛門督に任官している[31]。同時に従三位にも叙され、宣下は共に俗体の日付で行われている[32]。そして政長は先にも述べたように、文明五年十二月二十九日に左衛門督に任官し、死ぬまで左衛門督のままであった。

山名氏は時熈・持豊・政豊が右衛門督になっている。時熈は応永二十四年に自邸へ義持の御成を受けた時に息子と共に任官を受け、右衛門督に任官している[33]。ただすでに出家している身であったので、公家と競合することはなかった。「花営三代記」で「山名右衛門督入道」として見える一方で[34]、『建内記』[35]や『満済准后日記』[36]など公家・寺家の記録に「山名右衛門佐入道」としてしばしば記されるのは、出家後の任官であったことが多分に影響していたのかもしれない。時熈の子持豊も同様に出家後に右衛門督に任官している。具体的な日時は不明であるが、文安三年（一四四六）頃と推測される[37]。そして政豊は文明八年八月三日に右衛門督に任官している[38]。

ここで挙げた三家の内、斯波・畠山氏は管領家であり、細川氏と違って三位にまで昇進することのできた家でもあった[39]。また山名氏は相伴衆・国持大名の中で最上位の家格であった[40]。公家では兵衛督はともかく、衛門督は四位ではまず任じられることのない官であったが、武家においては通常四位で任じられていたことに特徴がある。任官後三位にまで昇進することもあるが[41]、こうした武家でのあり方が、十六世紀に公家でも任官者の位階が低下したことにつながったのであろう。また、この三家のみ督になれたことは、三家の幕府内での家格の高さを示していたのである。

ところで、これまで挙げた以外の例として[42]、桃井憲義が左衛門督を名乗っているのが確認される。これは憲義が発給した文書に「左衛門督憲義」と署名していることによる[43]。憲義は鎌倉府に属する人物で、永享の乱後挙兵した足利持氏の遺子春王丸・安王丸に従って幕府と戦っている。さてここで問題とするべきは、憲義の左衛門督が正式な任官であるかどうかである。鎌倉府管国内では、桃井宣義の左馬権頭[44]や佐竹義人の右京大夫[45]など、幕府では特定の人間以外通常任じられることがない官を名乗っている例があり、そのことから別章でも、鎌倉府では鎌倉公方による独自の任官が行われていたとした[46]。同時期に公家で左衛門督現任が確認されることから、桃井憲義の左衛門督もその一つであったと言えよう。そうなると左衛門督になった時期はおそらく持氏生存中である[47]。ただ、憲義はなぜ「左衛門督」になったのかという疑問がある。後述するように武家では衛門・兵衛督に上下はなかったようだが、本来的には左衛門督は当時持氏が任じられていた左兵衛督よりも上位に位置する官だからである。ここで同時期に佐竹義人が右京大夫となっていたことを鑑みると、右京大夫＝細川、左衛門督＝畠山との認識が当時形成されつつあったことからすれば、佐竹を細川、桃井を畠山になぞらえたと言えるのではないか。となると、持氏は永享末期に鎌倉府において三管領家を創出しようとしたのではないかとの推測が成り立つ。斯波氏に当たる人物が見当たらないが、当時鎌倉府で斯波氏に対応する高い家格を持ち合わせていた稲村公方足利満貞（当時在鎌倉）か吉良氏が該当するのであろう[48]。他にこのことを裏付ける徴証がないので推測の域を出ないが、少なくとも永享末の持氏は京都幕府と似た構造の新たな鎌倉府を構想していたと見られる。この後関東では古河公方足利政氏の時期にも那須左衛門督が見え[49]、後述するように十六世紀には多くの左衛門督が現れることになる。

さて、室町幕府の衛門・兵衛督に対する認識としては、「大館常興書札抄」と「大館入道常興記并大和晴通記」が挙げられる。

「大館常興書札抄[50]」では、先にも述べたように、左右衛門督・兵衛督の四つの官はひとまとまりに扱われ、官途序列の中では四職大夫および相模守・武蔵守・陸奥守よりも上の、最上位に位置付けられている。

一方「大館入道常興記并大和晴通記[51]」には次のように書かれている。

一官位の事、左衛門督ハ大中納言の兼官たるの間、一段の官にて、武家方ニ左右なく是ニ不被任、畠山家ニ惣領一人拝任之由及承候、次左衛門佐ハ殿上人任官ニ候間、打まかせ誰にも不任儀無之、於武家方にも御紋の衆少々被任候なり、

一右衛門督・同佐・尉、大概左衛門ニ同、右衛門督ハ左ヨリかろし、然共武家方にて山名家惣領一人拝任分也、唐名同前、

一左兵衛督・同佐・尉、大概衛門ニ同、左兵衛督ハ於武家者、鎌倉殿・斯波殿被任候之間、一段之様ニ御用也、

左衛門督は畠山惣領一人のみが任じられる官で、右衛門督は左よりは低く見られており、やはり山名惣領一人のみが任じられる官とされている。そして左兵衛督は鎌倉公方と斯波氏が任じられる官であるので、他よりも一段に扱われるべき官だとある。右兵衛督についての記述が無いのは、常興の生きた十六世紀前半まで、右兵衛督に任官した人物が斯波義教以外いなかったことによるのだろう。(52) なおこの二つの認識は大館常興が官途奉行を務めた経験などによるもので、(53) 十五世紀後半から十六世紀前半時点での認識である。

以上から、十五世紀における武家の衛門・兵衛督で重要な点は、斯波・畠山・山名といった幕府内で最も家格の高い守護家、あるいは鎌倉公方にのみ許された官であること、ただし独自の任官を行っていた鎌倉府では、鎌倉公方持氏の構想もあって桃井憲義が左衛門督となり、その後も関東に左衛門督が現れる由来となったこと、そして本来の序列からすれば左衛門督を最上位、右兵衛督を最下位とするのは知っており、また右衛門督は左衛門督よりも「かろし」と述べながらも、実質的には「大館常興書札抄」に見られるように、四つの督がほぼ同列に扱われていたことであると言えよう。

3　武家における衛門・兵衛督――十六世紀以降――

右で見たような状況は十六世紀に入るとどのように変化したのか。表2には実際に任官した、名乗っていた例を列挙してあるが、これを見ると前世紀に比べて多くの者が督になっていたことがわかる。とりわけ注意しなければならないのは、同時期に複数の事例があることである。つまり十五世紀では基本的に公家・武家共通して一人のみの任官であったのが、公家に現任者がいる、あるいは武家ですでに任じられている者がいるにもかかわらず、督を名乗るようになっているのである。この現象の萌芽はすでに文明十一年（一四七九）に、山名政豊が右衛門督であったのに公家側で右衛門督任官が行われたこと（表1参照）に始まっていたとすることができるが、十六世紀に入って見られる全国的な官途の上昇の中で、督となる者も増え、複数の督が同時期に現れるようになり、衛門督においては公家との競合もなくなったのである。一方兵衛督は武家でなる者が少なかったこともあるが、少なくとも確認できる範囲では、公家の現任者がいない状態で任官が行われたようである。

この時期の左衛門督に関しては次のような文書がある。

追而申候、御屋形様御無官如何候とて、左衛門督殿になし参られ候、重候、御家之儀、修理大夫殿御座候へ共、当時雲州并三好殿も如此候、然者左衛門督殿にと被　仰出候、此御官ハ位上候而、無公家候てハ、畠山殿外ハ無御座事候、四五ヶ年種々事候而、朝倉殿去年被任候、近比　御面目之至候、其御心得専用候、殊更雖御望候、兎角候処、被仰出候間、尤御名誉候歟、尚期後音候、かしく、(54)

この文書は永禄三年（一五六〇）に豊後の大友義鎮が左衛門督に任官した時のもので、幕府関係者の発給と見受けられる。これによると大友氏が代々任じられた修理大夫は、近年尼子（晴久）や三好（長慶）など旧来の守護家ではない者でも任官しているため、その代わりに左衛門督に任じようと足利義輝が仰せられた、左衛門督は修理大夫よりも位が上で、公家でなければ畠山氏以外には任じられない官で、朝倉（義景）が任じられてはいるが、面目であり名誉であると述べている。

この任官の背景には、大友氏は義長・義鑑と修理大夫であったが、修理大夫を含めた四職大夫が全国的に多く輩出されている現状に加え、以前大友氏が肥前の有馬晴純の修理大夫・将軍一字偏諱や日向の伊東義祐の弾正大弼・「義」字偏諱に対して異論を唱え、西国で四職大夫となりうるのは大内氏と大友氏だけであると幕府へ申立てをしながらも、それが受け入れられなかったため、大友家側が周囲の官途上昇を止めるよりも、自家の官途上昇を目指すほうが得策・容易と考え、修理大夫を上回る官途の任官を申請していたことが窺える。(56) また幕府側としても、諸大名との関係の中でも大友氏をとくに重んじていることを示すために、左衛門督への任官を行ったと言える。(55)

さてこの時期幕府を通じて正式に衛門・兵衛督に任じた例としては、従来の畠山・山名・古河公方以外には、仁木・朝倉義景・大友義鎮義統父子・六角義治・渋川義基・毛利輝元などがある。(57) 関東でも結城・那須・宇都宮なども左衛門督となっているが、これは桃井憲義と同様に古河公方から任じられた・認められたものと考えられる。また東北地方でも田村隆顕や江刺氏などが左衛門督になっている例があり、伊達氏や岩城氏などが幕府と交渉して任官したような正式な任官とも考えられるが、田村隆顕の場合、古河公方から任じられているのは明らかであり、(58) 正式な任官を経たものではない。岩城氏でも左衛門督である人物がいたことが『大館常興日記』に見えるが、(59) これも古河公方による任官であろう。(60) 関東・東北地域で左衛門督である事例は、概して古河公方による任官であった。では関東において左衛門督を名乗ることにはどのような意義があったのか。先に述べたように、持氏期に左衛門督は右京大夫と並び立つ位置付けにあり、それに任じられる者も相応の人物（佐竹義人・桃井憲義）であった。その後も岩松持国・佐竹氏・小山政長といった古河公方の恃む存在が右京大夫となったのはすでに述べたところであるが[61]、左衛門督についても結城・宇都宮など古河公方の存在基盤を支える有力な者がなっており、左衛門督になることは古河公方を中心とする秩序の中でも最上位に位置することを示したのである。また佐竹北氏や上三川氏は、それが一家中内に転じて適用されたケースと言える。

このように関東・東北で左衛門督になる事例は多く見られるが、右衛門督・兵衛督は見られない。左衛門督は桃井憲義が持氏によって任じられたことを先蹤として、関東では任じられる官となっていたが、持氏期に任じられた例のない他の督はその後も任じられる・名乗られることは無かったのである。また左兵衛督は関東の公方を指し示す官途であったので、足利氏以外には使われなかった。そしてこうした関東で左衛門督が多く輩出された状況が、右衛門督や兵衛督が十六世紀に入っても任官事例が少ない上に、公家ともあまり競合していないのに、左衛門督のみ多く任官が許されたことにもつながっているのではないか。無論管領畠山家が政長以降左衛門督にならなかったこともその一因にあったろう。

こうした十六世紀の状況は、武家官位制が成立してそれまでの官途秩序が崩壊した豊臣政権以降どうなったのか。豊臣期には左衛門督に堀秀政が任官しており[62]、他にも大関資増などが名乗っている[63]。だが他の督については、喜連川頼淳が左兵衛督[64]、国朝が右兵衛督として見えるぐらいで[65]、この両者も実際には任官していない可能性が高い[66]。豊臣政権下では、四職大夫や受領などはよく任じられているが、衛門・兵衛督の任官は左衛門督を除いてされなかった。むしろ左兵衛督に任官していた大友義統が侍従に任じられ、以後豊後侍従として見えるように[67]、督の任官は左衛門督を除き制限が加えられていたとみるべきであろう。では左衛門督以外に制限が加えられた理由はなんであったか。兵衛督は、喜連川頼淳・国朝親子を豊臣政権が「鎌倉」の地名を冠して呼んだように、関東公方家を重視していたことで、その家の官途である左兵衛督、および父頼淳が左兵衛督として健在であったため国朝が名乗った右兵衛督への他の者の使用を制限したと見られる。右衛門督に関しては不明だが、元々左衛門督よりも任官例がずっと少なかったことから、公卿の任じる官としてこちらも制限が加えられていたのであろう。ただし公卿に列した豊臣大名は近衛大・中将になることはあっても衛門督になることはなかった。

では江戸時代の情況はどうであったか。江戸時代に督を名乗った例を『寛政重修諸家譜』・『徳川諸家系譜』などから表3としてまとめた。その中で、徳川義直が左衛門督を、徳川頼房が左兵衛督を最初の任官としたことで、尾張徳川家は左衛門督を、水戸徳川家は左兵衛督を最初に名乗る官としている。とくに最初の叙任は共に従三位中将であったが、元服してから叙任を受けるまではそれぞれ左衛門督・左兵衛督を名乗ることとしていた。また御三卿の田安家も初代宗武が右衛門督を名乗ったことから、その後代々初官に右衛門督を称している。ただ田安家の場合叙任と同時に称している点が、尾張・水戸家と異なっている。大名・旗本においては、『寛政重修諸家譜』を見ると、左衛門督は元和以降名乗る者はおらず、右兵衛督も喜連川氏のみ用いている。一方、江戸時代初期から御三家の初官となっていたこの二つと違って、右衛門督・左兵衛督には数例確認される。ただ衛門・兵衛督は概して、古河公方足利氏の後裔で兵衛督を家の官途としていた喜連川氏、吉良・大沢等の高家、池田・井伊等の大大名のみ称した官途で、慶長年間の事例を除くと、概して四位の人間が名乗りうる官途であった。しかも大名の場合、致仕後に名乗ることが多い。江戸時代においても、督が依然として別格に位置付けられていたことが窺える。

表3　江戸時代衛門・兵衛督となった者

	名前	任官・改称日時	解官・死去日時	備考
左衛門督	池田忠継	慶長一三・四・一八叙任左衛門督	元和元・二・二三没、一七歳	輝政子、叙任従四位下侍従
	堀秀治	慶長三・一・叙任左衛門督	慶長一一・五・二六没、三一歳	越後三〇万石、叙任従五位下侍従、任官日不審
	喜連川宜氏		文久二・五・三没	熈氏養子、水戸義篤弟
	徳川頼房	慶長一二・叙任左衛門督	慶長一六・三・二〇任少将	家康子、同時叙従五位下
	徳川光圀	寛永一〇・九・五任左衛門督	寛永一三・三・四任右少将	頼房子、同時叙従四位下
	徳川綱方	寛文三・一二・二二称す	寛文三・一二・二七正四位下左少将	光圀養子
	徳川吉孚	元禄八・一二・四称す	元禄九・一二・五正四位下右少将	綱条子
	徳川治保	宝暦一二・閏四・二八称す	宝暦一三・一二・一五正四位下左権少将	宗翰子
	徳川治紀	天明五・四・一九称す	天明七・一二・三正四位下左権少将	治保子
右衛門督	井伊直該	致仕後正徳四・三頃改右衛門督	享保二・四・二〇没、六二歳	彦根藩主、二月二三日致仕、改称時正四位上
	池田利隆	慶長一〇・三・二六叙任右衛門督	元和二・六・一三没、三三歳	輝政子、姫路藩主、叙任従四位下侍従
	池田吉泰	元禄一三・一一・一五叙任右衛門督	享保一四・閏九・二三改相模守	綱清子、鳥取藩主、叙任従四位下侍従
	池田治恕	安永八・一二・五叙任右衛門督	天明元・七・一二没、一七歳	重寛子、鳥取藩主、叙任従四位下侍従
	大沢基隆	元禄一五・一二・一八叙任右衛門督	享保一五・七・二五没	奥高家、叙任従五位下侍従
	大友義親	不明	元和五・八・八没	義乗子、右衛門督か不審
	喜連川氏信		寛文一〇・五・一四没	昭氏養子
	田安宗武	享保一四・九・二七叙任、兼右衛門督	延享二・一一・二任参議時ヵ	吉宗子、叙任従三位左権中将
	田安斉匡	寛政二・一〇・一五叙任、兼右衛門督	文化五・一二・一任参議時ヵ	治斉子、叙任従三位左権中将
	田安斉荘	文政三・六・五叙任、兼右衛門督	文政一二・七・九任参議時ヵ	斉匡子、叙任従三位左権中将
	田安慶頼	天保一〇・五・一八叙任、兼右衛門督	弘化三・一二・一任参議時ヵ	斉荘子、叙任従三位左権中将

左兵衛督			
井伊直惟	致仕後享保二〇・五・一一改左兵衛督	元文元・六・四没、四〇歳	彦根藩主、五月九日致仕、改称時従四位下
大友義政	不明	慶長一七以前没	義乗子、左兵衛督か不審
喜連川昭氏		正徳三没	尊信子
喜連川茂氏		明和四・五・一五没	氏春子
喜連川恵氏		寛政元・一二・一〇改大蔵大輔	氏連養子
喜連川彭氏	寛政二・三・二一改称	天保四・三・七没	恵氏子
吉良義俊	不明	寛保二・二・二六没	義成子、奥高家
吉良義豊	不明	寛政年間存命	義所子、奥高家
吉良義弥	慶長一四・一二・二四叙任時改左兵衛督	寛永二〇・一〇・二四没	高家、叙任は従五位下侍従
佐竹義真	延享三・一二・一八叙任左兵衛督	宝暦三・八・二〇没、二六歳	秋田藩主、叙任は従四位下
鷹司信平	承応三・三・一〇松平称号と左兵衛督	元禄二・七・二八没、五四歳	関白信房子、後従四位下
鷹司信正	元禄二・一一以降改左兵衛督	元禄四・一一・二五没、三一歳	信平子、改称時従四位下
鷹司信明	安永元・四・九改左兵衛督	安永四・九・一九没、三一歳	信有子、改称時従四位下
鷹司信有	明和七・九・一九改左兵衛督	明和八・一二・四改兵部、致仕後	信清子、改称時従四位下
鷹司信成	天明四・一二・五改左兵衛督		信有子、改称時従四位下
伊達吉村	致仕後寛保三・七・二六改左兵衛督	宝暦元・一二・二四没、七二歳	仙台藩主、七月二五日致仕
伊達重村	致仕後寛政二・六・二五改左兵衛督	寛政八・四・二三没、五五歳	仙台藩主、六月二三日致仕
柳沢信鴻	致仕後安永二・一〇・二一改左兵衛督	寛政四・三・三没	大和郡山藩主、一〇月三日致仕
右兵衛督			
喜連川国朝		文禄二・二・一没	頼淳子
喜連川尊信		承応二・三・一七没	義親子
喜連川氏春		享保六・六・二九没	昭氏養子
喜連川氏連		宝暦一一・一二・一七没	茂氏子
喜連川彭氏		寛政二・三・二一左兵衛督改称	恵氏子
喜連川暉氏		文政四・六・二一没	彭氏子
徳川義直	慶長一一・八・一一任右兵衛督	慶長一六・三・二〇任参議	家康子、同時叙従四位下
徳川光友	寛永一〇・一二・二九称す	寛永一七・三・二九任参議	義直子
徳川綱誠	明暦三・四・五称す	寛文三・一二・二七叙任従三位右中将	光友子

徳川吉通	元禄八・一二・四称す	元禄一二・八・一三叙任従三位右中将	綱誠子
徳川宗睦	寛保二・一二・四称す	延享元・一二・一叙任従三位左中将	宗勝子
徳川治休	明和二・二・一九称す	明和二・一二・一五叙任従三位左中将	宗睦子

※『寛政重修諸家譜』・『徳川諸家系図』・「下野喜連川足利家譜」などにより作成

4　衛門・兵衛佐について

ここまでの三節で衛門・兵衛督について公家・武家の有様を見てきた。だがその一段階下の佐はどうであったのかについても、やはり検討する必要があるだろう。

佐も督同様に十四世紀以降武家では任官する者が現れる。本来公家において衛門・兵衛佐は、五位の官であり、権佐に顕著であるように、名家などの実務官人が多く任じられていた。『公卿補任』などから、その沿革は鎌倉時代まではだいたい追うことはできるが、室町時代に入ると任官・解官日時はほとんど摑めず、任官者も断片的にしかわからない。とはいえ、基本的には督同様、現任者がいた場合その人物が解官して次の任官が行われることに変わりはなく、名家などが任じられるのも変わりはない（末尾表4参照）。では、督のように公家―武家間での競合はあったのか。

武家と公家との間で、衛門・兵衛佐をめぐる問題としてまず挙げられるのが斯波持有の左衛門佐任官である。これは『建内記』正長元年（一四二八）六月廿五日条に見える。問題とされたのは、斯波持有が左衛門佐に任官するにあたって、公家に現任である按察大納言息（土御門嗣光）がいたことであった。職事である四条隆夏はこの現任があることと、按察大納言が抗弁しているとして奏聞におよばなかった。一方関白二条持基は将軍義教に対して、公家に現任者がいても武家任官には関係がないと述べている。そこで義教は万里小路時房に尋ね、時房は、左衛門佐は定員一人の官なので、一日でも嗣光が辞退した体にして、持有任官後に還補させればよい、持有任官に際し次第の下知を経て宣旨を出させるのであれば、嗣光は辞退させるべきである、ただし口宣案のみ出して次第の下知を経ないのであれば、嗣光は辞退しなくても持有任官は行えると述べた。結局煩瑣を厭った義教の意向で口宣案のみが出される任官となったのであるが、ここで重要なのは、時房の述べた「公家雖有見任、武家任官無拘」という言葉で、公家に現任者がいても武家の任官には関係がないとの認識が当時あったことがわかる。

これ以前の例としても、吉良満貞が貞治年間から応安七年[70]まで左兵衛佐であった一方で、公家では日野資教が貞治六年から応安三年[71]まで左兵衛佐であったし、また斯波義教（義重）は応永三年以降左衛門佐であった[72]が、同時期に公家では西大路隆光が応永六年から十四年[73]にかけて左衛門佐であった。佐に関しては公家に現任があろうとなかろうと、基本的に武家では任官が行われていたのである[74]。ただし、これは口宣案のみの任官に適用される方法で、次第の下知を経た任官であれば、現任公家を辞官させる必要があると時房が述べていることにも留意する必要がある。この場合公家と武家とが競合するからである。室町期には武家官途の員外化が進んだとの指摘がなされている[75]が、これは時房が述べたような、口宣案のみの任官が行われるようになったために起きた現象であるとも言えよう。

佐となる家柄はというと、これもやはり限られていた。南北朝期には斯波[76]・畠山[77]・山名[78]・吉良[79]・渋川[80]・石橋[81]・石塔[82]・大島[83]などいくつも佐となった例が確認されるが、いずれも足利一族乃至新田系の有力源氏一門である。室町期にもそれは基本的には変わらず、十五世紀半ばから信濃小笠原氏[84]なども佐になっている。また畠山・斯波などの場合、佐（か治部大輔など）を初官として後に督や四職大夫となるのが通例であった。関東では関東管領であった犬懸上杉氏憲（禅秀）が右衛門佐として見えるが[85]、これは鎌倉公方から任じられたものと見られるので、同列に扱うべきではないだろう（とはいえ関東管領だからこそ佐になりえたとも言えるが）。注目すべきは小峯朝脩で、延徳二年（一四九〇）九月廿一日に修理大夫に任官した時にそれまで左衛門佐であったことがわかる。白河結城氏とその庶流である小峯氏は、関東に対する奥州の窓口に当たる位置にいたことから、この時期幕府から重要視されていたので、このような官途の上昇（とそれに伴う家格の上昇）が行われたのであろう。(86)

十五世紀末以降にはやはり佐も全国各地で使用されるようになる。佐についての認識を物語るものとして次のような史料がある。

去朔日、官途させられ候、左衛門佐ニ成候、此官途ハ一段之儀候、御紋せられ候方ならてハ不被成候、御能登之守護、因幡の守護近日被成候、別而被仰付之由、懇之上意にて候、我々事者不入候、名字之面目之由、各被申候、兵衛佐・左衛門督・右衛門頭《ママ》・左衛門佐是何れも同前之官にて候、殊に当方家ニ是か始にて候間、面目之至候、恐々謹言、

六月三日　　　　則実

白国備前守殿(87)

この則実は赤松一族で御供衆であった。(88)則実は、今度左衛門佐に任官したが、これは「一段の儀」である、御紋、つまり足利氏と同じ家紋の者でなければ任じられない官（この点先に述べた南北朝〜室町期の状況と合致している）で、能登守護（畠山）・因幡守護（山名）が近日任じられていて「面目」であると述べている。官途の上昇が家格の上昇を示す好例であろう。なお「同前之官」とされる兵衛佐以下の部分だが、当時（この文書は文亀初頃に比定される）衛門督と佐が同等とされていたのか他の材料が無く不明であるが、この前後京都近辺で左・右衛門督である人物がいなかったことが多分に影響しているのであろう。ただ実際には、やはり督と佐には差があったと見るべきである。

こうして本来清和源氏一族にのみ任官が許されていた佐であったが、十五世紀末にはそれ以外の者でも任官できる

ようになり、十六世紀中頃には大名の家臣でも名乗る者が現れるようになる。たとえば衛門佐は関東の諸氏や対馬宗氏の家臣などに多く見られる。関東で多いのは左衛門督同様鎌倉府期に使用例があったことが大きく影響している。[89]宗氏では衛門佐はさほど特別視されておらず、官途状で与えられている例がいくつも確認される。[90]

豊臣政権以降については、豊臣期には事例は少ないが、真田信繁[91]や相良頼房[92]などが佐となっており、督とは違って他の官途と同様な扱いであったと考えられる。この時期まだ大名の家臣にも佐が多く確認できる（正式な任官ではなく自称・私的授与であるが）ことが、このような督との違いを生んだのであろう。江戸時代に入ると、佐は元来五位の官であったこともあるからか、中小大名が最初に叙任したときに佐となる事例が多く見られ、後に受領官途へと改めることも多々あり、また佐を名乗る階層も旗本クラスにいくつか確認される。ここでも督と違ってとくに制約なく用いられていたようである。

おわりに

衛門・兵衛督は公家でも二位・三位・四位の者が任じられる官であったため、武家では公卿扱いであった将軍を除くと、任官を受けるのは南北朝以降であった。そして斯波義将の右衛門督任官以降武家でも任官頻度が多くなるが、それは斯波・畠山・山名といったとくに家格の高い家にのみ限定されていた。また他の官途との決定的な違いは、それが員外化していない、公家と競合する官であったことである。ただこの性格は十五世紀末に薄れていく。一方関東では鎌倉公方足利持氏が桃井憲義を左衛門督に任じたことを先蹤として、その後名乗る者が多く現れた。そのことも影響したか、左衛門督は十六世紀には任官する者が増加した。その一方で、それ以外の督は幕府が存続している間は、正式な任官以外で名乗られることはなかった。このような性格は豊臣政権下でも保たれ、とくに兵衛督は関東公方家の後継たる喜連川氏のみとされた。だが江戸幕府成立後には使用の限定は保たれつつ、督は尾張・水戸徳川家の嫡子が最初に名乗る官であったり、喜連川氏や高家、致仕した大大名藩主が名乗る官となった。

また衛門・兵衛佐は次第の下知を経ない簡略な任官形式をとることで、公家に現任がいても武家は関係なく任官できるようになっていた。任官可能者は当初足利・新田一門源氏であったが、十五世紀末にはそれ以外でも任官できるようになり、ついには大名の家臣でも名乗る者が現れるようになる。

武家官途としての衛門・兵衛督は、本来公卿の任じる官であったため、中・近世を通じて家格の高い者が任じられることが多く、基本的に諸大夫層の任じる官である他の武家官途とは一線を画す官であった。その点からすると、衛門・兵衛督や前章で検討した左馬頭は、限られた者が任官する官途と言え、武家官途総体のあり方を検討するために、次章以降では四職大夫や受領官途についての検討をしたい。

注

（1）　代表的な研究として二木謙一「室町幕府の官途・受領推挙」（同『中世武家儀礼の研究』吉川弘文館、一九八五年）、金子拓『中世武家政権と政治秩序』第一章（吉川弘文館、一九九八年）など。

（2）　在地効果に関する研究には今谷明『戦国大名と天皇』（福武書店、一九九二年、後に講談社学術文庫、二〇〇一年）、田中修實『日本中世の法と権威』第二章（高科書店、一九九三年）などがあり、それらに否定的な見解として、堀新「戦国大名織田氏と天皇権威―今谷明氏の「天皇史」によせて―」（同『織豊期王権論』校倉書房、二〇一一年）などがある。各大名については毛利・佐竹・大内氏などについて言及がなされており、主要な研究としては今岡典和「戦国期の地域権力と官途―毛利氏を素材として―」（上横手雅敬監修『古代・中世の政治と文化』思文閣出版、一九九四年）、拙稿「常陸佐竹氏における官途」（『戦国史研究』四八号、二〇〇四年）、山田貴司「室町・戦国期の地域権力と武家官位―大内氏の場合―」（『福岡大学大学院論集』三六―一号、二〇〇四年）などがある。

（3）中世に関しては注1二木氏論文など。近世では橋本政宣編『近世武家官位の研究』（続群書類従完成会、一九九九年）など。

（4）第一部第一章「左馬頭」。また注2に挙げた受領官途の在地効果を論じた田中氏論文・今谷氏著書は、それぞれの受領について論じているが、備中守なら備中のみ、三河守なら三河と範囲が限定されており、事例も限定的な事が多く、全国・通時代的に俯瞰させた研究は現在の所行われていない。そのため行った検討が第一部第四章である。位階については山田貴司「中世後期地域権力の官位獲得運動―大内教弘への贈三位運動―」（『日本歴史』六九八号、二〇〇六年）が若干言及しているが、位階の意義については十分とは言えない。

（5）注2今谷氏著書など。

（6）『群書類従第九輯』。

（7）笹山晴生『日本古代衛府制度の研究』（東京大学出版会、一九八五年）などによる。

（8）『日本後紀』延暦十八年四月廿七日条。

（9）『群書類従第五輯』。

（10）『神道大系　論説論　北畠親房（下）』所収。

（11）『群書類従第五輯』。

（12）『宣胤卿記』永正三年十一月十八日条。

（13）このような公家と武家との官途の競合については、第一部第一章で室町期足利氏が左馬頭となっている時期には、公家でも左馬頭となる者がいないことを明らかにしている。

（14）足利満兼が左兵衛督であった同時期、広橋兼宣が応永十四年三月五日に左兵衛督に任官している。これは義満室日野康子の女院宣下による参内などの供奉、および別当となるための特別な措置であったと考えられる。

（15）湯川敏治編『歴名土代』（続群書類従完成会、一九九六年）一八九頁。足利義煕元服に伴う任官と考えられる。

（16）『宣胤卿記』永正三年十一月十八日条に左衛門督について「近年先御代、畠山源政長朝臣任之、武家沙汰外歟」とある。

(17) 前注10参照。
(18) 鎌倉幕府将軍の職歴を見ると近衛中将に多く任じられている。
(19) 足利義政御内書（「喜連川文書」『古河市史資料中世編』三〇三号）など。
(20) 足利義政御内書案（「御内書案」『続群書類従第二十三輯下』）。
(21) 『公卿補任』文明十七年条。
(22) 「荒暦」応永二年七月廿六日条。なお南北朝期に吉良満義が右兵衛督であった可能性がある。それは「賢俊僧正記」文和四年正月廿七日条に「吉良右兵衛督」とあることによる。この時期公家の右兵衛督が誰であるか不明であるため、満義が右兵衛督であったとも言えるが、これ以外に徴証が無く、『園太暦』文和四年二月八日条には「岐良左兵衛佐満義」と見えるので、書き誤りの可能性もあり、本文の検討からは外した。
(23) 「荒暦」応永二年七月廿六日条。
(24) 「荒暦」応永二年七月廿三日条。
(25) 「吉田家日次記」応永九年二月廿七日条に「左衛門佐」、同三月四日条に「左金吾」とあり、同七月九日条に「右兵衛督入道」と見えるので、この間に出家・右兵衛督任官を遂げたと思われる。
(26) 最終官途は義淳が左兵衛佐（『康富記』応永二十五年八月十八日条、『満済准后日記』永享五年十二月一日条など）、義豊が治部大輔（『師郷記』永享四年六月十三日条）、義郷が治部大輔（『師郷記』永享六年十月四日条）、義健も治部大輔（『師郷記』享徳元年九月一日条）であった。
(27) 『親元日記』文明十七年七月八日条。
(28) 『実隆公記』文明十七年四月七日条。
(29) 『兼宣公記』応永二十四年正月二日条では「京都畠山前管領ハ右衛門佐入道」と見えるが、『満済准后日記』応永二十四年十月一日条では「左衛門督」と見える。
(30) 『兼宣公記』応永二十四年正月二日条。
(31) 『建内記』嘉吉元年十二月廿七日条。
(32) 『建内記』嘉吉元年十二月廿七日条。

（33）『看聞日記』応永二十四年正月廿三日条。時熈も右衛門佐であったので、畠山持国同様上杉禅秀との同官を忌避するため、右衛門督に任じられたと言える。
（34）「花営三代記」応永三十年四月廿五日条、同年八月十九日条など。
（35）『建内記』応永三十五年正月三十日条、永享二年二月一日条など。
（36）『満済准后日記』応永三十三年正月十一日条、同三十四年十一月一日条など。
（37）管領細川勝元奉書（史料編纂所架蔵影写本「離宮八幡宮文書」）。
（38）湯川敏治編『歴名土代』（続群書類従完成会、一九九六年）一九二頁。
（39）「和長卿記」明応五年三月三日条。
（40）「第二条数写之」・「武家儀条々」（共に『ビブリア』八五号、一九八五年）で、七人御相伴衆着座次第として山名が一番上とされている。
（41）斯波義教が右兵衛督に任官した時の位階は従四位上で（「吉田家日次記」応永九年正月六日条）、後に正三位まで昇っている（『建内記』文安四年五月廿八日条）。
（42）『蔭凉軒日録』長禄三年十二月十五日条に「吉良右兵衛頭《ママ》」が見える。ただこの条以外で確認できない上に、吉良氏は通常左兵衛佐で、『蔭凉軒日録』長禄三年十二月十七日条では「吉良左兵衛佐」とあることから、誤記である可能性が高いのでここでは検討範囲外とした。ただ前注22で述べたように、吉良満義が右兵衛督であった可能性があるので、吉良氏は右兵衛督になりうる家であったとも言える。なお江戸時代以前、武家において右兵衛督は督の中で任官例が一番少ない。なぜそうなったか不明だが、源頼朝が右兵衛佐であったことから、その上官である右兵衛督を忌避したのであろうか。右兵衛佐自体も中・近世を通じて任官・名乗った事例は他の佐に比して極めて少ない。
（43）桃井憲義書状（「角田石川文書」『茨城県史料中世編Ⅴ』七号）。
（44）足利持氏御判御教書（「皆川文書」『神奈川県史資料編3古代・中世（3上）』五五六六号）、足利義持御内書案（「昔御内書符案」『ビブリア』八〇号、一九八三年）。
（45）足利持氏書状写（「秋田藩家蔵文書七」『茨城県史料中世編Ⅳ』三号）。
（46）第一部第三章参照。

(47) 永享八年に信濃へ村上氏加勢の為に桃井が派遣された時に、「喜連川判鑑」で「桃井左衛門尉」、「永享記」で「桃井左衛門督」とあることから、永享八年以前には左衛門督となっていた可能性が高い。

(48) 一次史料からは足利満貞の官途は不明である。諸系図類ではすべて篠川公方満直と混同または取り違えられている。満直が右兵衛佐であるのは確実で（『満済准后日記』正長二年八月十八日条など）、満直よりも年上の満貞が何らかの官途を所持していてもおかしくない。諸系図で満直に「左兵衛佐」とあるのはむろん満貞と混同された結果であるが、満貞が左兵衛佐であったとすれば、混同する原因の一つとなったと言えるだろう。また関東吉良氏も現在残る系図上では該当する時期に左兵衛佐である者はいない。ただ京都吉良氏では満貞・俊氏などが左兵衛佐になっているし、後北条氏時代に吉良頼康・氏朝が左兵衛佐になっている。

(49) 足利政氏書状（「茂木文書」『茨城県史料中世編Ⅴ』八四号）に「那須左衛門督」が見える。

(50) 注6参照。

(51) 内閣文庫架蔵写本。

(52) 注22・42参照。

(53) 大館常興が官途奉行であったことは、設楽薫「大館尚氏（常興）略伝」（桑山浩然編『室町幕府関係引付史料の研究』昭和六十三年度科学研究費補助金研究成果報告書、一九八九年）による。

(54) 某書状写（「大友家文書録」『大分縣史料（32）』一四〇九号）。

(55) 大友義鑑手日記写（「大友家文書録」『大分縣史料（32）』九八二号）。

(56) 大友氏において左衛門督は全く何の由緒もなく、また九州でも左衛門督となった人物はいないので、これが他の四職大夫となった有馬・伊東などの諸氏よりも官位秩序の面で上回ろうとしたのは確かである。大内義隆が家の官途である左京大夫の代わりに大宰大弐を求めたのも、大友氏と同様の契機が理由の一つにあったと考えられる。

(57) ただ毛利輝元は右衛門督を止め、毛利家の家の官途である右馬頭に改めている。右衛門督を使わなかった理由は不明だが、輝元の右衛門督任官は織田信長の介在があったことから（織田信長書状『大日本古文書毛利家文書之一』三三九号）、織田との手切れにより、右衛門督も名乗るのを止め、祖父元就も名乗った家の官途である右馬頭を用いることにしたのであろう。なおこの右馬頭任官は足利義昭御内書によるものである（『大日本古文書毛利家文書之一』三三三号）。

(58) 足利晴氏書状写（「秋田藩家蔵文書二四」『茨城県史料中世編Ⅳ』三号）、豊前助□書状写（「秋田藩家蔵文書二四」『茨城県史料中世編Ⅳ』七号）による。

(59) 『大館常興日記』天文十年八月十二日条。

(60) 現在天文十年以前に岩城氏で左衛門督であった人物は管見の限り見当たらない。永正年間の古河公方足利政氏・高基父子の争いで、岩城氏が大きな役割を果たしているので、あるいはその頃岩城氏で左衛門督に任じられた者がいたのかもしれない。ただ東北地方においては、左衛門督よりも左京大夫が重要視されており、陸奥・出羽の諸氏が競うようにして左京大夫任官を受け、岩城氏もこの後左京大夫となっている。この現象は奥州探題大崎氏が左京大夫を極官としていたことによる。

(61) 前注2拙稿参照。

(62) 『多聞院日記』天正十一年十二月晦日条に左衛門督に任官したことが見える。なお後掲の表3に見えるように、秀政の子秀治も左衛門督に任官したと系図に見えるが、慶長五年の時点で「久太郎」の名乗りを用いており（慶長五年に比定される九月十日付堀秀治書状「平野団三氏所蔵文書」『新潟県史資料編7近世二』一八頁四二号）、また「越後侍従」などとも呼ばれている（慶長五年に比定される七月七日付徳川家康朱印状写「書上古文書一」『新潟県史資料編7近世二』三頁二号）こと、豊臣政権下で侍従に任官後通常官途への任官はなかったことから、侍従には任官したが左衛門督には任官しなかったと考えられる。

(63) 文禄三年に比定される大関資増書状（「佐八文書」『栃木県史史料編中世二』二六四号）に「大関左衛門督資増」と見える。ただこれが豊臣政権から任じられたものであるかは不明である。また結城晴朝も依然として左衛門督を名乗っている。

(64) 喜連川頼淳書状（「喜連川文書」『栃木県史史料編中世二』七八号）に「左兵衛督頼淳」とある。

(65) 羽柴秀吉朱印状（「喜連川文書」『栃木県史史料編中世二』八一号）に「鎌倉右兵衛督」とある。

(66) 喜連川頼淳・国朝共に後代の家譜・系図に叙任を受けたことは見えず、江戸時代に喜連川家当主が無位無官であったことを鑑みると、この二人も叙任は受けていなかった可能性が高い。

(67) 羽柴秀次書状写「大友家文書録」（『大分縣史料（33）』二一九七号）など。

(68) 頼淳は羽柴秀吉朱印状（「喜連川文書」『栃木県史史料編中世二』八二号）に「鎌倉頼淳」とある。国朝は注65参照。

(69) この時期の豊臣政権と喜連川氏については、佐藤博信「古河氏姫に関する考察」（同『古河公方足利氏の研究』校倉書房、一九八九年）、斎藤司「豊臣期における喜連川氏の動向」（『史報』七号、一九八六年）、阿部能久「関東足利氏の存続」（同『戦国期関東公方の研究』思文閣出版、二〇〇六年）などを参照。
(70) 貞治三年十二月四日付幕府引付頭人奉書案（「土御門家文書」『福井県史資料編2中世』六六五頁）、『洞院公定公記』応安七年二月六日条（死去の記事）。
(71) 『後深心院関白記』貞治六年三月十七日条、応安四年三月十九日条。
(72) 「荒暦」応永三年正月一日条。義教（この頃は義重）が左衛門佐に任官した事が見える。
(73) 『大日本史料第七編之四』応永六年九月十五日条、「荒暦」応永十四年三月廿三日条。
(74) 逆に武家に現任者がいても公家で任官させたことがわかる事例もある。文明十九年の義凞直衣始において供奉するのに、高倉永康が当時斯波義淳（義寛の誤り）の当官であった左兵衛佐に還任している（『親長卿記』文明十九年正月廿二日条、『実隆公記』同日条）。ここでも『親長卿記』では「武家之輩雖有任官、不及其沙汰」、『実隆公記』では「武家輩官事、強而非沙汰之限歟」と述べられている。
(75) 注1金子氏著書。
(76) 『後深心院関白記』康暦元年四月廿八日条など。
(77) 「花営三代記」康暦元年七月廿五日条など。
(78) 「吉田家日次記」応安四年十月廿日条など。
(79) 『園太暦』文和四年二月八日条など。
(80) 『師守記』貞治四年五月八日条など。
(81) 『園太暦』貞和五年二月二日条など。
(82) 石塔義憲寄進状（「飯野文書」『福島県史第7巻資料編2古代・中世資料』一三二号）。
(83) 足利義詮御判御教書（「春日神社文書」『群馬県史資料編6』一〇四九号）。
(84) 細川政国書状（「小笠原文書」『信濃史料第九巻』一〇七頁）で「小笠原左衛門佐（定基）」が見える。
(85) 足利満兼御教書（「大庭文書」『神奈川県史資料編3古代中世（3上）』五三一一号）。
(86) 足利義材袖判後土御門天皇口宣案（「結城家文書」『白河市史五古代中世資料編2』六五八号）。

参考　表4　鎌倉～戦国期の公家の衛門・兵衛佐一覧

名前	任官時位	任官年月日	解官年月日	解官契機	出典
左衛門佐					
四条隆仲	従五位上	建久八・四・一一			
平親長	正五位下	建仁元・八・一九			
藤原範茂	従五位下	建仁二・閏一〇・二四		任左兵衛佐ヵ	
高階経時	正五位下	元久二・一・二九			
藤原家孝	従五位下	承元元・一・一三	建保四・一・五	叙従四位下	
藤原信時	従五位上	貞応元・一・二四			
藤原信盛	正五位下	嘉禄二・一一・四			
藤原季範	従五位下	仁治二・七・一七			
平親継	正五位下	寛元二・一・二三	宝治三・三・一一		
藤原顕名	従五位上	建長三・三・一六	建長六・八・五	転左兵衛権佐	
高階邦仲	従五位下	建長六・八・五			
藤原済家	従五位下	正元元・八・七			
源雅憲	正五位下	文永二・一・三〇			
四条顕家	正五位下	文永一一・六・一	弘安六・三・一三	止む	
高倉経守	正五位下	弘安六・三・一二	正応二・一二・一五	転右衛門権佐	
四条隆名	正五位下	正応二・一二・一五	正応三・六・八	叙従四位下	
園基藤	従五位上	正応三・六・八			
中御門経宣	正五位下	正安四・二・一			
北畠具行	正四位下	元亨二・五・二三	元亨三・一・一三	任右馬頭	
中御門宗兼	正五位下	嘉暦三・六・一三			
冷泉定親	正五位下	元弘元・八・七	元弘元・一〇・二八		
坊門信行	正五位下	元弘三・六・一二	元弘三・一一・八	任右少将	
藤原氏光		建武二・六・二六以前			匡遠記
高倉範仲		暦応二・六・以前			大山寺文書

柳原宗光	正五位下	暦応三・九・二三			職事補任
某		貞和五・閏六・五以前			南北朝遺文九州二五九八号
藤原保光		正平七・閏二・二一以前			園太暦
高倉範仲			観応二・三・六以前		園太暦
高倉範仲		観応二・八・二八以前	観応二・一二・一九以後		大山寺文書
藤原保光		観応三・閏二・二三以前			園太暦
資俊		貞治三・七・二六以前	貞治四・七・一一以後		敦有卿記、貞治四年諒闇終記
日野重光		康暦二・一二・二五以前			花営三代記
勧修寺経豊	従五位	明徳三・一〇・二			
西大路隆光		応永六・九・一五以前	応永一四・三・二三以後		相国寺塔供養記、荒暦
柳原行光(忠秀)		応永一五・三・八以前	応永一七・五・六以前		看聞日記、柳原家記録懺法記
日野西盛光		応永一七・五・六以前	応永二一・五・六以後		柳原家記録懺法記、不知記
坊城俊国		応永二三・三・二八	応永二三・一〇・二八以後		除書部類、応永度大嘗会関係文書
甘露寺房長		応永二六・八・一二以前			建内記
甘露寺忠長		応永二七・三・二六			除書部類
土御門嗣光		正長元・六・二五以前	正長二・八・一七以後		建内記、師郷記
烏丸資任		永享二・七・二五以前	永享四・六・二三以前	転右衛門権佐カ	看聞日記
山科顕言(成任)		永享一〇・八・一六以前			薩戒記
堀河有政			永享一一・一・五以前		薩戒記
甘露寺親長		永享一一・三・一八	嘉吉元・八・二三以前		除書部類
西洞院時兼		嘉吉元・八・二〇以前	嘉吉二・三・二八以前		薩戒記、師郷記
世尊寺伊成(伊忠)		文安元・三・二九	文安五・一・一四以前		康富記
高倉永継		文安六・三・一一以前	宝徳元・一〇・二九以後		康富記
海住山高清		宝徳二・三・二六以前			師郷記
五辻泰仲		寛正二・一二・二九以前	寛正四・一二・以後		公名公記、六十番歌合
勧修寺経熈			寛正六・九・二九以前		春日社参記
向之綱		文明三・一〇・五以前	文明三・一二・一九以後		山科家礼記、親長卿記
甘露寺元長	従五位下	文明三・一二・二九			衛門兵衛督佐等宣下

薄以量		文明七・一・二八	延徳三・一〇・二〇以後		実隆公記、山科家礼記
甘露寺伊長	従五位下	明応元・一二・二一	明応九・七・	任権右少弁	宣秀卿御教書案、弁官補任
五辻富仲		文亀二・一・一〇以前			宣胤卿記
勧修寺尹豊	従五位下	永正一一・一二・二三	大永二・一・一九	任左少弁	歴名土代、職事補任
烏丸光康	従五位上	大永二・七・二三	大永六・一・一〇	任右少弁	広橋兼秀符案留
五辻諸仲	従五位下	大永六・七・二三	大永八・二・二八以後		広橋兼秀符案留
持明院基弘	従五位下	天文三・二・			歴名土代
勧修寺晴豊	従五位下	天文三・一二・二六	天文六・一〇・八	任右少弁	弁官補任
薄以緒	従五位上	天文七・一・一四	天文一〇・八・？	任宮内卿	歴名土代
甘露寺俊長	従五位下	天文一五・一二・二七			歴名土代
中御門宣将	従五位上	天文一九・八・一二	天文二三・一・一七ヵ	任権右少弁	歴名土代、弁官補任
烏丸光宣	正五位下	弘治三・八・一六	永禄三・	任権右少弁	
三木自綱※4	従五位下	永禄三・二・一六			歴名土代
中御門宣教	従五位下	永禄三・五・二	永禄三・七・八	任右少弁	弁官補任
五辻為仲	従四位下	永禄六・一・一五	永禄一一・七・一三	任治部卿	
葉室頼宣	従五位上	天正五・六・六	天正八・一・五	任右少弁	弁官補任
勧修寺光豊	従五位上	天正一一・一一・九	天正一三・四・一三	任右少弁	歴名土代、弁官補任
左衛門権佐					
藤原親房	正五位下	元久元・四・一二			
藤原資経	正五位下	承元三・四・四			
藤原経賢	正五位下	建保六・三・六	嘉禄二・一・一三	任兵部卿	
藤原親俊	正五位下	嘉禄二・一・二三	嘉禄二・一一・		
九条忠高	正五位下	寛喜三・三・二五	天福元・一二・二		
葉室定嗣	正五位下	嘉禎二・四・一四	嘉禎三・二・二八	叙正五位上	
姉小路顕朝	正五位下	嘉禎三・二・二八			
葉室季頼	正五位下	嘉禎四・一〇・四			
平親継	正五位下	建長四・一二・四			
葉室頼親	正五位下	正嘉元・一一・一九	弘長三・一〇・二六		

姉小路忠方	正五位上	弘長元・九・二六	弘長二・四・八		
中御門経任	正五位下	弘長二・四・八	弘長三・一〇・二六		
藤原親朝	正五位下	弘長三・一〇・二六	文永六・三・二		
葉室定藤	正五位下	文永八・一一・二九	文永一〇・三・二五		
坊門忠世	正五位下	文永一〇・五・三			
藤原雅藤	正五位下	文永一〇・一〇・三	建治三・五・一四	任勘解由次官	
平仲兼	正五位下	建治三・五・一四	弘安三・七・一一	任兵部権大輔	
堀川顕世	正五位下	弘安六・三・二八	弘安八・三・六	任兵部権大輔	
平経親	正五位下	弘安八・一〇・二七	正応二・一・一三	任左少弁	
高倉経守	正五位下	正応三・六・八	正応四・二・二五	止む	
坊城定資	正五位下	正応四・一〇・一五	永仁五・七・二〇	辞す	
平惟輔	正五位下	永仁五・七・二二	永仁六・八・二八	任兵部少輔	
藤原藤朝	正五位下	正安二・五・二九			
九条光経	正五位下	嘉元三・一一・一六	延慶二・二・一九	任右少弁	
平親時	正五位下	延慶二・二・一九	応長元・一・一七	叙従四位下	
葉室成隆	正五位下	応長元・一・一七			
勘解由小路光業	正五位下	正和元・一〇・一二	正和二・九・六	任治部大輔	
平行高	正五位下	正和四・二・二一	正和四・五・一八	任勘解由次官	
勧修寺経顕	従五位上	文保二・一・二三			
柳原資明	正五位下	文保二・一〇・二三	元亨元・三・一九	止む	
葉室長光	正五位下	正中元・四・二七	嘉暦元・一二・二一	止む	
吉田為治	正五位下	嘉暦二・一一・一〇	元徳二・三・一	任勘解由次官	
甘露寺藤長	正五位下	元徳三・三・一八	元弘三・一一・二九	止む	
岡崎範国		元弘三・一一〜一二・一	建武二・四・八以後		大徳寺文書、宗像文書
朝光		建武二・一一・一以前			朔旦冬至部類記
柳原宗光		暦応三・四・一	暦応三・九・二三	転左衛門佐	職事補任
勧修寺経方	正五位下	貞和五・二・一五	観応元・一〇・二八	辞す	
柳原忠光	正五位下	文和二・七・二五	文和四・一二・二三	辞す	

勧修寺経重	正五位下	応安七・一二・一九	永和元・一〇・二	任右少弁	弁官補任
柳原資衡		永和四・一二・一三	康暦二・一・二〇以後		後深心院関白記、鹿苑院殿御直衣始記
日野重光		至徳二・八・二八以前	康応元・以降		荒暦、弁官補任
勧修寺経豊	正五位下	明徳三・閏一〇・一二			
日野有光		応永八・一・七以前			吉田家日次記
裏松資方		応永一四・三・五			荒暦
柳原行光		応永一九・一〇・一四以前			兼宣公記
勧修寺経興	正五位上	応永二一・一一・四	応永二三・一二・五以後		経覚私要鈔
広橋兼郷	従五位上	応永二三・一・三〇	応永二六・四・四	辞す	
藤原光長		正長元・七・二八以前			薩戒記
日野資親		永享元・一〇・一六			弁官補任
裏松政光	正五位上	永享二・七・一七	永享六・六・		歴名土代、弁官補任
甘露寺親長		嘉吉二・一一・一三以前	文安元・三・一一以後	任右少弁か	康富記
四条房郷		文安元・一〇・一五以前			康富記
勧修寺教秀		文安二・四・二八以前	文安五・四・三	辞す	師郷記、康富記
広橋兼顕	正五位下	文正元・九・二四	応仁元・三・二七	辞す	広橋家譜
中御門宣治		享禄五・一・二六	天文三・四・九以前	転右衛門佐か	広橋兼秀符案留、勧修寺家文書
中御門宣光	従五位下	天正六・三・一八	天正七・一・一四	任右少弁	弁官補任
薄諸光	従五位下	天正八・一一・一			歴名土代

右衛門佐

高階経時	従五位上	正治三・一・二九	元久元・一一・一	叙正五位下	
藤原資能	従五位下	嘉禄二・一二・一六			
藤原雅平	従五位下	天福元・一二・一五			
坊城俊定	従五位上	正元元・一二・一六	弘安六・三・二八	任右少弁	
高階泰継	正五位下	弘安八・一一・三			
平惟輔	正五位下	正応四・七・一七	正応五・八・一四	止む	
飛鳥井雅孝	正五位下	正応五・八・一四	永仁元・六・二四	止む	
勧修寺経顕	従五位上	文保元・二・五	文保二・一・二二	転左衛門権佐	

北畠具行	正四位下	元亨元・八・一三	元亨二・五・二三	転左衛門佐	
冷泉定親	従五位上	嘉暦元・一一・二二	元徳二・三・一	止む	
藤原信光		建武四・一二・二八以前	建武五・一二・一四以後		御即位職掌人事、後愚昧記
東坊城長綱		暦応二・二・二	暦応二・九・一四以後		師守記
万里小路仲房	正五位下	暦応三・一二・二七	康永元・一二・二一	任右少弁	
高階泰成		康永四・四・一六			園太暦
藤原邦茂		貞和三・四・一九以前			師守記
武者小路教光	正五位下	貞和三・一一・一六	貞和四・八・一〇	任右少弁	
藤原邦茂		貞和四・一一・一〇以前			園太暦
平惟清	正五位下	貞和五・一二・二三			
平惟清	正五位下	貞和五・一二・二三	文和二・九・一七以後		敏満寺文和臨幸記
安居院行知	正五位下	文和三・三・二六以前			後深心院関白記
菅原秀長		文和五・三・三以前	延文二・一二・二九以後		師守記、園太暦
菅原在敏			貞治元・一一・一五以前		師守記
（葉室宗顕？）		貞治四・四・一七以前			師守記
坊城俊任		貞治五・三・四以前	貞治六・四・六以後		香取文書、師守記
九条氏房			応安四・五・七以前		師守記
柳原資衡	右兵衛権佐？	応安三・七・三以前			応安三年宸筆御八講記
安居院知輔		応安三・一一・二九以前	応安四・一二・一一以後		後愚昧記、吉田家日次記
東坊城言長		応安七・二・二以前	永和元・一〇・二八以後		師守記、永和大嘗会記
万里小路頼房		永和四・四・一七			後深心院関白記
日野重光		康暦元・一・四以前			後深心院関白記
安居院知兼		康暦二・四・二三			迎陽記
日野資藤		永徳元・八・三以前			後深心院関白記、官か人名誤記
日野有光		応永二・四・九以前	応永五・一・四以後		相国寺御八講第五巻、兼宣公記
日野持光		応永六・九・一五以前			相国寺塔供養記
東坊城長頼		応永七・六・一五以前	応永九・一一・一九以後		兼敦朝臣記、福照院関白記
清閑寺家俊		応永一〇・六・以前	応永一三・一二・二八以後		職事補任、口宣綸旨院宣御教書案

向家熈		応永一二・五・一九			教言卿記
勧修寺経興	従五位下	応永一四・三・五	応永二一・一一・四	転左衛門権佐	荒暦
慈光寺師仲		応永二二・一〇・二八以前	応永二三・五・八	死去	応永度大嘗会関係文書、看聞日記
坊城俊国		応永二四・八・一五以前	応永二六・五・七以後		建内記、康富記
東坊城元長		応永二六・八・七以前			薩戒記
西洞院時基		応永三〇・二・二四以前			師胤記
慈光寺持経		応永三二・一・三〇			看聞日記
岡崎範景		応永三五・一・一二以前	正長二・八・一四以後		建内記、康富記
輔景		永享三・三・四以前			建内記
裏松重政		永享三・一二・八以前			東寺長者補任
高倉永国		永享九・九・一〇	永享九・一〇・二六以後		薩戒記目録、永享九年行幸記
柳原資重		嘉吉三・六・一五以前			師郷記
武者小路資世		文安二・六・一五以前	文安四・一一・二七以後		師郷記、康富記
柳原資言		文安五・一・二七以後			師郷記
中御門宣胤	従五位下	文安五頃			
勧修寺経熈ヵ		享徳四・四・一二以前			康富記
烏丸季光		文正二・三・一一以前			宗賢卿記
高倉		文明四・五・一九以前			山科家礼記
竹屋治光	従四位下	文明七・九・一七			
中御門宣秀	従五位下	文明一〇・一二・二九	文明一五・二・一三以後		親長卿記
広橋守光	従五位上	長享元・九・一一	長享三・二・七以後		宣胤卿記
五辻富仲	従五位下	延徳三・二・	文亀二・一・一〇以後		宣胤卿記
竹屋光継		永正一〇・一〇・七以前			関白宣下別記
中御門宣綱	従五位下	永正一六・一一・一七	大永四・七・四	任右少弁	歴名土代、弁官補任
唐橋在満		大永七・一二・三〇			広橋兼秀符案留
中御門宣治	従五位上	享禄五・一・二六	天文四・三・二一	任右少弁	弁官補任
葉室頼房	従五位上	天文四・三・二一	天文七・一二・一九ヵ	任権右少弁	歴名土代、弁官補任
高倉永相	従五位上	天文九・八・二九	天文一二・閏一・九	転右衛門督	

薄以清	従五位下	天文二二・閏一・九			歴名土代
葉室長教	従五位上	元亀三・閏一・九	元亀四・一・一六	任右少弁	歴名土代、弁官補任
高倉永孝	正五位下	天正二・二・三	天正一一・一・二四	転右衛門督	歴名土代、お湯殿の上の日記
勧修寺経遠	従五位上	天正一一・一一・二八	天正一四・一一・四	任右少弁	歴名土代、弁官補任
富小路秀直	従五位下	天正一六・一・二八			歴名土代
右衛門権佐					
平親長	正五位下	正治元・一・二三	建仁元・八・一九	転左衛門佐	
藤原親房	従五位上	建仁元・八・一九	元久元・四・一二	転左衛門権佐	
平経高	正五位下	元久二・四・一〇	承元五・一・一八	任右少弁	
藤原成長	正五位下	承元三・四・一四			
藤原頼資	正五位下	建保三・七・一二	承久元・一・二二	任右少弁	
平範輔	正五位下	承久三・閏一〇・一八			
藤原親俊	従五位上	貞応二・一・二七	嘉禄二・一・二三	転左衛門権佐	
藤原信盛	正五位下	嘉禄二・一・二七	嘉禄二・一一・四	転左衛門佐	
藤原経光	正五位下	天福元・一二・一五	文暦元・四・二		
葉室定嗣	正五位下	文暦元・四・二	嘉禎二・四・一四	転左衛門権佐	
藤原定頼	正五位下	暦仁元・四・二〇	仁治二・四・二三		
藤原宗経	正五位下	建長三・三・六	建長四・一二・四	任蔵人	
葉室頼親	正五位下	建長四・一二・四	正嘉元・一一・一九	転左衛門権佐	
中御門経藤		弘長二・四・八			
藤原経業		弘長三・一・二八	弘長三・一〇・二六？		
葉室定藤	正五位下	文永七・二・一	文永八・一一・二九	転左衛門権佐	
坊門忠世	正五位下	文永八・一一・二九	文永一〇・五・三	転左衛門権佐	
中御門為方	正五位下	文永一一・九・一〇			
堀川顕世	正五位下	弘安三・七・一一	弘安六・三・二八	転左衛門権佐	
日野俊光	正五位下	弘安六・三・二八	正応二・一二・一五	辞す	
高倉経守	正五位下	正応二・一二・一五	正応三・六・八	転左衛門権佐	
中御門為行	正五位下	正応三・六・八	正応四・七・二九	任右少弁	

中御門光方	正五位下	永仁五・六・七	正安元・九・三〇	任右少弁	
藤原藤朝	正五位下	正安元・九・三〇	正安二・五・二九	転左衛門権佐	
葉室長隆	正五位下	徳治二・八・四	延慶元・一二・一〇	任治部大輔	
平親時	正五位下	延慶元・一二・一〇	延慶二・二・一九	転左衛門権佐	
日野資名	従五位下	延慶二・二・一九	応長元・一・一七	止む	
勘解由小路光業	正五位下	応長元・一・一七	正和元・一〇・一二	転左衛門権佐	
平行高	正五位下	正和元・一〇・一二	正和四・二・二一	転左衛門権佐	
中御門経季	正五位下	元応二・三・二四			
葉室長光	正五位下	正中元・一・一三	正中元・四・二七	転左衛門権佐	
葉室光顕	正五位下	正中二・一二・一八	嘉暦三・六・一四	止む	
高階寛経	正四位下	元徳二・三・一	元徳二・八・四	止む	左衛門権佐ヵ
甘露寺藤長	正五位下	元徳二・三・一	元徳三・三・一八	転左衛門権佐	
安居院行兼	正五位下	元徳三・三・一八	元弘三・	止む	
高倉光守		元弘三・六・一五以前			金剛寺文書
葉室高雅					
定世		建武二・一一・一以前			朔旦冬至部類記
葉室長顕	正五位下	建武三・三・二	建武四・一一・七以後		醍醐寺文書
日野朝光		暦応二・四・一八以前			職事補任
日野時光		貞和四・一二・三〇	観応元・八・一六	任右少弁	園太暦
日野資教		応安四・閏三・二一以前	永和元・一〇・二	任権右少弁	後深心院関白記、弁官補任
日野資教		永和元・一〇・二八以前	永和二・一一・六	叙正五位上	永和大嘗会記、職事補任
柳原資衡		康暦元・七・二五以前			花営三代記
勧修寺経豊	正五位下	明徳元・四・一四	明徳三・閏一〇・一二	転左衛門権佐	弁官補任
清閑寺家俊		応永九・一一・二五			
範信		応永一〇・一一・二〇以前			吉田家日次記
裏松義資		応永一九・九・二七以前	応永二一・四・一九	辞す	弁官補任、兼宣公記
広橋兼郷	従五位下	応永二二・九・二三	応永二三・一・三〇	転左衛門権佐	
徳大寺		応永二五・一・二二以前	応永二八・九・二一以後		看聞日記

烏丸資任		永享四・六・二三	永享一〇・六・九	辞官申入れる	師郷記、薩戒記目録
勧修寺		嘉吉四・一・一以前			康富記
日野勝光		文安二・四・二八以前	文安四・一一・一五以後		師郷記、康富記
烏丸益光	正五位上	康正二・七・二三	長禄元カ		弁官補任
薄以量		文明三・一・一〇以前			宗賢卿記
西洞院知広		文明一二・一二・			
広橋守光	従五位上	文明一八・七・二四	長享元・八・一一	転右衛門佐	
中御門宣治	従五位下	享禄二・一一・二九	享禄五・一・二六	転左衛門権佐	広橋兼秀符案留
左兵衛佐					
藤原知家	正五位下	元久元・三・六			
藤原範茂	正五位下	元久二・一・二九			
園基氏	従五位上	承久三・一二・一二			
藤原光成		寛喜三・四・一四			
藤原親朝	従五位上	寛元元・九・二			
四条隆康	従五位上	正嘉元・一・二六			
坊門頼基	従五位上	文永三・四・二一			
坊城定資	正五位下	弘安八・八・一一	正応四・一〇・一五	転左衛門権佐	
日野資名	従五位下	永仁四・三・一三	徳治二・一二・二	止む	
園基成	正五位下	徳治三・四・五			
大宮氏衡	従五位下	嘉暦元・二・一九			
致治		元弘三・八・三以前			市河文書
葉室長顕	従五位上	元弘三・一一・九	建武元・八・一〇	止む	
柳原宗光		建武二・一一・以前	暦応二・八・一二カ	任左少弁	朔旦冬至部類記、弁官補任
藤規			暦応三・三・二九以前		師守記
武者小路教光	従五位上	暦応二・九・二三	貞和三・一一・一六	転右衛門佐	
藤原光教		貞和三・一一・一六			園太暦
坊城俊任		文和四・八・一三			園太暦
藤原資康		延文四・三・二五			園太暦

日野資教		貞治六・三・一七以前	応安四・三・一九以後		後深心院関白記
万里小路頼房		応安四・四・一四	応安四・一〇・一以後		後愚昧記、吉田家日次記
甘露寺兼長		応安七・一二・一三	永和二・七・二以後		後愚昧記、九条家文書
日野重光		永徳元・八・三以前			後深心院関白記
葉室定顕		明徳三・八・二八以前	応永三・一二・二五以後		相国寺供養記、御神楽雑記
山科教高		応永一二・五・二六以前			教言卿記
坊城俊長		応永一四・三・二〇以前	応永一五・三・八以後		建内記、看聞日記
藤原信長	正五位下	応永一六・閏三・二三			職事補任
裏松義資		応永一七・三・八以前			
坊城俊長		応永一七・八・一九以前	応永一八・四・一一以後		公宴部類記、東寺寺務并別当方雑記
日野量光		応永二四・八・一五以前			建内記
冷泉永基		応永三〇・三・二〇	応永三三・八・二二以後		除書部類、薩戒記
高倉永盛		永享元・一〇・二以前	永享元・一二・七以前		薩戒記
冷泉永基		永享二・二・二五以前	永享六・一二・二六以後		薩戒記
永泰		永享九・八・二七以前			薩戒記
葉室教忠		永享九・九・一〇	永享一一・一〇・一九以後		薩戒記、建内記
松殿忠輔		永享一三・一・一六以前			師郷記
葉室教忠		嘉吉元・二・四以前	嘉吉元・一二・一以後		建内記
日野勝光		嘉吉二・一一・七以前	嘉吉三・七・二九以後		師郷記、建内記
冷泉永親		文安三・三・二九	宝徳二・一一・以後		除書部類、宝徳歌合
坊城俊顕	従五位上		康正三・二・一七	任右少弁	弁官補任
西洞院時顕	従四位下	寛正元・五・二八			歴名土代
日野資基			文明元・一一・二ヵ	任右少弁	弁官補任
坊城俊名	従五位下	文明			
清閑寺家幸		文明一二・四・二一	文明一三・一・四以後		衛門兵衛督佐等宣下、後法興院記
高倉永康	正五位下	文明一三・九・八	文明一八・八・四以後		長興宿禰記
高倉永康		文明一九・一・二四	延徳二・七・七	転左兵衛督	親長卿記
五辻富仲	従五位下	延徳二・七・	延徳三・一・二八	転右衛門佐	歴名土代、衛門兵衛督佐等宣下

五条為学	従五位下	延徳三・一・一九			
高倉永宣	従四位下	明応二以後			
吉田兼致		明応七・二・一一	明応八・七・二四	死去	実隆公記、鹿苑日録
高倉永宣		文亀二・一・一〇以前			宣胤卿記
世尊寺行季		大永元・一二・一五			歴名土代
冷泉範遠	正五位下	大永元・一二・二七	大永六・一・一八ヵ	任左馬頭	歴名土代
冷泉範遠	従四位下	大永七・五・一	大永七・七・七以後		歴名土代、公頼公記
万里小路惟房	従五位下	大永八・六・二八	享禄二・八・四	任右少弁	広橋兼秀符案留
町資将	従五位上	享禄三・一・二〇	天文二・九・二六	任右少弁	広橋兼秀符案留
高倉永綱	従五位上	天文二・一二・二五			歴名土代
向貞煕	従五位下	天文七・四・二三			歴名土代
藤原基豊	従五位下	天文一一・二・六			歴名土代
吉田兼右	正四位下	天文一五・八・一三	（天文二二・一〇・九？）	（叙従三位）	
勧修寺晴豊	従五位下	天文二二・一二・一七	天文二四・九・二八ヵ	任右少弁	
薄以継	従五位下	永禄元・六・二三			勧修寺家文書
竹内長治	従五位下	永禄六・八・二〇	天正二・一一・二〇	転左兵衛督	
左兵衛権佐					
三条公氏	従五位下	建久三・一〇・二六			
藤原経行	従五位上	建保五・一二・一二	貞応元・四・一三	叙従四位下	
藤原顕氏	従五位下	承久三・八・二九			
藤原光成	従五位上	寛喜元・一・三〇			
藤原顕名	正五位下	建長六・八・五	正元元・九・一五	任右少将	
藤原盛家	従五位上	康元元・一二・一三	正嘉元・一・二六	転右兵衛権佐	
高階重経	従五位上	文永八・一一・二九			
五条為実	正五位下	文永一一・二・二〇	建治二・一・五	叙従四位下	
藤原維成	従五位上	永仁六・六・二三	正安元・三・一六	止む	
園基冬	従五位上	嘉元二・四・一	嘉元二・一〇・七	任左少将	
世尊寺行尹	正五位下	応長元・三・一五	応長二・三・一五	止む	

日野邦光		建武三・三・一九以前			石清水臨時祭記
安居院行知	従五位下	暦応元・一二・一		転右衛門佐	
隆郷		暦応二・一二・以前	暦応三・三・二九以後		石清水臨時祭記、師守記
藤原光資		暦応三・一一・二〇			中院一品記
藤原経清		貞和三・一一・一六			園太暦
柳原忠光	正五位下	貞和四・一〇・二七	文和二・七・二五	転左衛門権佐	
藤原長衡			文和五・三・三以前		師守記
藤原基信		延文四・三・二五			園太暦
粟田口豊長			貞治元・一〇・二二		
葉室宗顕		貞治元・一〇・二二	貞治五・八・一一以前		師守記、吉田家日次記
勧修寺経重		応安四・五・七以前	応安七・三・一八以後		師守記、保光卿記
藤原親教		応安七・一二・一三			後愚昧記
清閑寺家房		永和元・一〇・二八以前			永和大嘗会記
町資藤		康暦元・七・二五以前	永徳三・一・四以後		花営三代記、後深心院関白記
高倉永行		永徳三・六・三以前	応永元・九・一一以後		吉田家日次記、日吉社室町殿社参記
甘露寺清長		応永二・一・七以前			荒暦
高倉永行		応永二・四・九以前	応永五・三・八以後		相国寺御八講第五巻、吉田家日次記
広橋定光			応永一〇・一〇・二三以前		吉田家日次記
裏松資方			応永一四・三・五	転左衛門権佐	荒暦
山科持教		応永一四・三・二九			除書部類
広橋資光		応永一五・二・二四	応永二一・三・	任右中弁	教言卿記
広橋兼郷		応永二一・三・一六			除書部類
葉室宗豊		応永二二・一〇・二八以前	応永二六・一・六以後		応永度大嘗会関係文書、薩戒記
藤原良長		応永二六・三・一〇			康富記
西洞院時基		応永二六・八・四以前	応永二七・八・二五以後		師胤記、康富記
日野資親		応永二九・三・二六以前	応永三二・一・三〇ヵ	任左少弁ヵ	師胤記
日野西資宗		応永三二・一・三〇	応永三三・一〇・二四以後		薩戒記
高倉永豊		正長二・三・九以前	嘉吉三・三・一六	任右兵衛督	松田家記、建内記

四条隆量		嘉吉三・三・一六			建内記
高倉永継		康正元・八・二七以前	康正二・三・二七以後		康富記、師郷記
万里小路賢房	従五位下	文明一〇・一二・二九	文明一八・八・一八	任右少弁	弁官補任
大原政治		長享二・一〇・二四			宣秀卿御教書案
烏丸資藤	従五位下	永正六・四・二四			衛門兵衛督佐等宣下
柳原資定		永正七・一〇・一〇以前			実隆公記、鹿苑日録
資任		永正一四・閏一〇・一七以前			宣胤卿記
冷泉範遠		大永元・一二・二七			
五辻諸仲	従五位下	大永三・一一・	大永六・七・二三?	転左衛門佐	
藤原公明	従五位下	天文九・三・一二			歴名土代
柳原淳光	従五位上	天文一六・閏七・三	天文一九・二・一九ヵ	任右少弁	
五辻為仲	従五位上	永禄二・一一・一一	永禄六・一・一五	転左衛門佐	
富小路種直	従五位上	永禄七・一二・三〇	元亀元・一一・一六以後		兼見卿記
右兵衛佐					
藤原公長	正五位下	正治元・一二・九			
藤原成実	従五位上	承元元・一〇・二九			
藤原兼輔		建保五・六・二九			
藤原家清	従五位上	嘉禄元・一二・一七			
平信輔	正五位下	弘長二・四・八	弘長二・一一・一四		
藤原成能	従五位下	文永三・二・一	文永六・一二・七	止む	
中御門為方	正五位下	文永六・一二・七			
三条実躬	正五位下	文永一〇・閏五・一九			
平経親	正五位下	建治二・二・一四			
高階泰継	従五位上	弘安六・四・五	弘安八・一一・三	転右衛門佐	
平惟輔	正五位下	正応元・五・五	正応四・七・一七	転右衛門佐	
園基重	従五位下	正応四・七・一七	正応五・閏六・一六	任右少将	
勧修寺経顕	従五位上	正和二・九・六	文保元・二・五	転右衛門佐	
中御門経季	正五位下	正和五・閏一〇・一九			

唐橋在雅	正五位下	文保元・六・一	文保元・一二・二二	任兵部権少輔	御即位職掌人事
葉室光顕	正五位下	文保二・一一・三	文保三・八・二一	止む	後山階内相府記
源守賢	従五位上	元亨三・一・一三	正中二・八・一	止む	中院一品記
万里小路仲房	従五位上	建武二・一一・一二	建武四・一二・四	止む	園太暦
山科教言		建武四・一二・二八以前			園太暦、公清公記
菅原高嗣		暦応二・六・二七以前			
菅原高嗣		暦応三・一一・二〇			
藤原経音		貞和二・二・二一			
経邦		貞和五・九・一三以前	観応元・三・二六以後		
万里小路嗣房	正五位下	文和五・一・二八	延文六・三・二七	任右少弁	法隆寺文書
藤原定房		延文五・一・二七以前			
坊城俊任	従五位上	康安二・四・二七以前	貞治元・一一・二七以後		後深心院関白記、師守記
西洞院時盛			貞治六・一〇・六以前		後深心院関白記
西洞院時盛		応安元・一〇・六以前			後深心院関白記
甘露寺兼長		応安二・三・三〇以後	応安七・一二・一三	転左兵衛佐	東山御文庫記録、後愚昧記
柳原資衡		応安七・一二・一三	永和元・一〇・二八以後		後愚昧記、永和大嘗会記
中御門宣俊	従五位下	康暦二・四・二三			迎陽記
広橋兼宣	正五位下	永徳元以前			
東坊城長遠		至徳二・八・二八以前			荒暦
日野有光		応永二・一・七以前	応永二・四・九以前		荒暦、相国寺御八講第五巻
山科教右		応永五・三・二四			除書部類
万里小路時房	従五位上	応永八以降			
藤原定光(広光?)		応永一〇・三・二八以前			桂林遺芳抄
武者小路知興		応永一二・四・二七以前	応永一五・三・八以後		荒暦、看聞日記
裏松義資	従五位上	応永一五・四・二五			教言卿記
日野町藤光		応永一九・九・二七以前			兼宣公記
坊城俊国		応永二〇・二・一	応永二二・三・二八以前		除書部類
高倉永宣		応永二二・三・二八			除書部類

西洞院時基		応永二四・八・一五以前	応永二五・五・六以後		建内記、薩戒記
葉室ヵ資顕		応永二五・一〇・一以前			康富記
五条為清		応永二七・閏一・一三			康富記
平知俊			応永二九・一一・二七		
裏松政光	従五位下	応永二九・一一・二七	応永三三・一二・六以後		康富記、薩戒記
海住山高経		永享二・一〇・二六以前			看聞日記
坊城俊秀		永享六・一〇・四以前	永享九・一〇・二六以後		薩戒記、永享九年行幸記
柳原資重		永享九・一二・一三以後			薩戒記目録
万里小路成房		永享一一・三・一八	文安元・三・二九	転左少弁	除書部類、康富記
広橋綱光	従五位下	文安四・三・一七	文安四・一一・八以後		康富記
高倉永継		文安五・一・一〇以前			康富記
広橋綱光		文安五・一・二九以前	宝徳二・五・一一以前		康富記
東坊城顕長		宝徳三・二・七以前	享徳四・三・二五以後		師郷記、康富記
日野ヵ資基		康正二・三・一一以前			宗賢卿記
為仲			長禄四・九・二三	死去	大乗院寺社雑事記
柳原量光		寛正二・三・二八	寛正四・一二・六	任右少弁	弁官補任
広橋兼顕	従五位上	寛正五・四・二八	文正元・九・二四	転左衛門権佐	
勧修寺政顕	従五位下	文明二以前	文明三・八・二九	任右少弁	弁官補任
甘露寺元長		文明四以前	文明四・三・二	任右少弁	弁官補任
町顕基		文明一一・一二・七以前	文明一三・一一・一一以後		お湯殿の上の日記、後法興院記
西洞院時長	従五位下	永正二・六・一四			
万里小路秀房	従五位下	永正三・二・一六	永正四・九・七	任右少将	
柳原資定	従五位下	永正四・一一・二一	永正七・一一・一三	任左少弁	歴名土代、弁官補任
高倉永家	正五位下	永正八・一二・三〇	永正一五・八・八	転左兵衛督?	
町顕量	従五位下	永正一六・一一・一七			歴名土代
万里小路輔房	従五位下	天文一六・六・二八	天文二〇・八・一	任右少弁	弁官補任
万里小路充房	従五位下	天正元・一二・二八	天正二・三・二八	任右少弁	弁官補任
西洞院時慶	正五位下	天正三・四・一四	慶長五・一・一一	任参議	

右兵衛権佐

藤原頼氏	従五位下	貞応二・一・二七			
藤原教氏	従五位上	寛喜三・四・一四			
藤原雅平	従五位上	嘉禎元・六・一七			
藤原定頼	正五位下	嘉禎三・一・二九	暦仁元・四・二〇	転右衛門権佐	
高階邦経	従五位下	仁治二・二・八			
藤原盛長	従五位下	建長三・一二・二二	康元元・一・二一		
四条隆康	従五位上	康元元・一・二一	正嘉元・一・二六	転左兵衛佐	
藤原盛家	従五位上	正嘉元・一・二六			
藤原家親	従五位下	建治二・一・二三	建治三・一〇・二三	任右少将	
藤原済氏	従五位下	弘安五・八・一一			
藤原藤朝	正五位下	正応二・一二・一五	正応四・一二・二一	任治部少輔	
源国資	従五位下	嘉元三・一一・一六	徳治二・九・一七	止む	
平行高	従五位下	徳治二・九・一七	応長元・二・三	任勘解由次官	
庭田重資	従五位上	応長元・二・三	応長元・五・一〇	任右馬頭	
五条為視	正五位下	正和四・八・二〇	正和五・一・五	叙従四位下	
柳原資明	正五位下	文保二・七・七	文保二・一〇・二二	転左衛門権佐	
菅原在嗣	正五位下	文保二・一〇・二二	文保三・一・五	叙従四位下	
吉田為治	従五位上	元亨元・三・一九	元亨元・九・二八	止む	
冷泉定親	従五位上	元亨三・九・二八	正中二・一〇・二六	止む	
菅原高嗣	従五位上	建武四・三・二九	康永二・一・五	叙従四位下	
邦長		暦応二・一二・以前			石清水臨時祭記
菅原長衡		暦応三・七・二〇以前			師守記
藤原範英		暦応三・一一・二〇			中院一品記
勧修寺経方	正五位下	康永二・三・一九	貞和四・一二・三〇	任右少弁	
藤原定頼		観応元・三・二九			園太暦
菅原在敏		延文二・一二・二九以前			園太暦
藤原公凞		延文四・一二・九			園太暦

山科教藤	従五位上	貞治二・一・二〇			
藤原教長		貞治二・一・二八			師守記
柳原資衡		応安三・七・三以前	応安七・一二・一三	転右兵衛佐	兼治宿禰記、後愚昧記
広橋兼宣		応安七・一二・一三	永徳三・八・二八以後		後愚昧記、吉田家日次記
万里小路重房		明徳三・八・二五以前			相国寺供養記、兼治宿禰記
甘露寺清長		応永二・四・九以前	応永一二・四・二六以後		相国寺八講記、荒暦
万里小路時房	従五位上	応永一四・三・二三以前	応永一八・一一・一以後		荒暦、朔旦部類
坊城俊国		応永二一・五・六以前			不知記
高倉永宣		応永二五・一・一以前			薩戒記
葉室宗豊		応永二五・三・二四以前	応永二六・三・一〇以後		除書部類、康富記
清閑寺幸房		応永二九・三・二七			除書部類
中御門明豊		正長元・八・四以前			薩戒記
烏丸資任		正長二・四・二六以前	永享二・七・二五以前		将軍代々文書、看聞日記
唐橋在綱		永享五・八・二七以前			師郷記
勧修寺教秀		永享九・一〇・二一以前	文安二・四・一七以後		永享九年行幸記、師郷記
勧修寺経茂		文安三・三・二九	宝徳四・三・一〇以後		除書部類、結城小峯文書
中御門宣胤		享徳二・一〇・二六以前	康正元・一一・二七		康富記
甘露寺康長		康正二・四・九以前	長禄元・一二・二八以後		師郷記、宗賢卿記
町広光	正五位下	長禄四・八・二二	長禄四・一一・二一	任権右少弁	弁官補任
広橋兼顕		寛正五・四・二八	文正元・九・二四	転左衛門権佐	広橋家譜
烏丸冬光		延徳二・一・二三以前	延徳三・一・カ	任右少弁カ	蔭凉軒日録、弁官補任
勧修寺尚顕		明応二・一・二二	明応二・三・二五	任右少弁	宣秀卿御教書案、弁官補任
葉室頼継	従五位下	永正五・六・一六	永正七・一一・一三	任右少弁	歴名土代、弁官補任
薄以緒	従五位下	天文六・七・三	天文七・一一・一四	転左衛門佐	
西洞院時秀	従五位下	天文一〇・三・二六			
富小路氏直	従五位下	天文一六・閏七・二六			歴名土代

※1　武家・神官は除く

※2　基本的に出典は『公卿補任』により、空欄や出典が片方だけのは『公卿補任』に依拠する

※3　あくまで現時点での暫定的な表であることをお断りしておく
※4　三木自綱は本来武家だが、公家姉小路としての任官のため本表に入れてある

(87)　赤松則実書状案（「白国文書」『兵庫県史史料編中世二』四号）。
(88)　『実隆公記』文亀二年七月十二日条に義澄の参内に御供衆として供奉しているのが見える。
(89)　右衛門佐は本文で述べた上杉氏憲が、左衛門佐については文書・記録には見えないが、『尊卑分脈』に桃井義任が、「鎌倉大草紙」に禅秀与同の一人に宇都宮左衛門佐が見える。
(90)　宗義調官途状（東京大学史料編纂所架蔵写真帳「対馬古文書」七一）など。宗氏の官途状および与えた官途については、拙稿「対馬宗氏の官途状・加冠状・一字状」（『東京大学文学部日本史学研究室紀要』一〇号、二〇〇六年）、および木下聡編著『全国官途状・加冠状・一字状目録』（日本史史料研究会、二〇一〇年）に一覧があるのでそちらを参照。
(91)　史料編纂所架蔵謄写本「柳原家記録　資勝卿符案」。
(92)　『大日本古文書相良家文書之一』一六四号。

第三章　四職大夫

はじめに

武家権力を考える上で、軍事・経済・政治のあり方を「実」とすれば、官位・家格・書札礼など「礼の秩序」を構成する諸要素は「名」を示すと言える。「名」は実質的効果のほどが検証し難いために軽視されがちだが、近代以前の社会を考える上で重要なのは言うまでもないし、他の側面からではわからない権力のあり方・志向性を示しうると言えよう。その「名」を解明する一つの視点である武家官位の研究は近年進んでおり、様々な方向から検討が加え始められている。筆者も従来ほとんど検討されなかった官位そのものの性格とその変遷から、官位の存在意義を明らかにしようとの意図から、ここまでの第一章・第二章では左馬頭や衛門・兵衛督を対象に考察したが、武家官位総体を考える上では、さらに他の事例を検討せねばならない。

そこで本章では四職大夫に注目したい。四職大夫とは左右京大夫・修理大夫・大膳大夫の総称で、本来諸大夫層が任じる官であり、武家では上位に位置付けられていた官である。これについて述べたものとしてまず今谷明氏の研究が挙げられる。今谷氏は、右京大夫を戦国期の畿内政権が「京兆専制」であったため細川家督以外許されないとし、左京大夫は足利一門でもごく限られた、いわゆる四職家にしか許されない官で、大内氏がこの官を帯びるようになったことが濫授のきっかけと指摘した。そして修理大夫を、九州の大名が好む、鎌倉時代執権連署の重職にあった人物が受領した由緒ある官で、左京大夫と同じく大物の守護大名にのみ許される官途であったとしている。大膳大夫についてはとくに言及されていない。今谷氏の論は、濫発されたことを強調するために、「田舎小名」が僭称するようになったと、任官者の勢力規模でのみ判断し、どのような背景があって任官を求めたかには言及されてない。またこれらの官途を天皇が与えるものとしている点にも問題がある（任官の際の口宣案は天皇が出すが、任官の可否判断は基本的に幕府側にあった）が、戦国期の武家における四職大夫の性格を初めて明らかにした点で重要である。また右京大夫については吉井功兒氏が言及され(4)、筆者も別稿で検討している(5)。ただ中世から近世にかけての武家における四職大夫が、どのような性格・意義を持っていたか、それがどのように形成されたか、なぜ四職大夫への任官が求められたかは、いまだ不明な点が多く、以下ではそれを検討していきたい。

1　鎌倉・南北朝期における武家の四職大夫

まず「官職秘鈔」や「職原鈔」といった官職書から、鎌倉期以降の朝廷での四職大夫の位置付けを見ると、官位相当は従四位下・正五位上、四位の殿上人が主に任じられる官で、その中で大膳大夫は一段劣るとされる。大膳大夫も元々四位の殿上人が任じられた官だったが、鎌倉期には地下・五位の人も任じられ、とりわけ医家の丹波・和気氏が多く兼帯している。一方で左右京大夫は鎌倉期には非参議三位の任官例が殊に多く、修理大夫と共に公卿の兼官する官とされていた(6)。

同時期の武家においては、鎌倉幕府御家人の官位は叙任統制が行われたこともあり(8)、北条氏以外で四位に上るのは稀であった。そのため四職大夫も大膳大夫の大江広元(7)、大膳権大夫の中原師員以外は北条氏のみである。しかもこの両者は京都から下向の元下級官人であり、かつ一代限りである。純粋な武家では北条氏のみが四職大夫となっていたのである。なお鎌倉期の四職大夫任官者は次の通りである。

右京権大夫…北条義時(9)
左京権大夫…北条泰時(10)・政村(11)・時村(12)
修理大夫　…大仏維貞(13)
修理権大夫…北条時房(14)・金沢貞顕(15)
大膳大夫　…大江広元
大膳権大夫…中原師員

鎌倉期の武家の四職大夫でとくに問題とされるのは、大仏維貞の修理大夫である。他の四職大夫への任官事例が大江広元以外皆権大夫であるように、この時期朝廷では正官の大夫・頭は職の得分を持つため公家で重要視されていた上に、修理職は職の知行者が長官を代官とする官司知行制で運営されていたので(16)、公家側もこの任官には難色を示した。後に北畠親房は、維貞が修理大夫に任官した時「とかく加難輩候き」と述べている(17)。

それではなぜ北条一族は四職大夫となったのか。ここで想起されるのは四職大夫が諸大夫の極官であったことである。幕府内にも諸大夫は存在し(18)、京下りの諸大夫層に加え、侍層の中から五位に昇進して諸大夫となった御家人がこれに該当するが、結局公卿となることはなかった北条氏にとって、諸大夫の最高位である四職大夫となることは、公卿身分である将軍を別にすれば、官位でも幕府内秩序階層の最高位に立つことになるからである。金沢貞顕以外みな四位となっているのもその一環であろう。また鎌倉中・後期には得宗で四職大夫に昇る者がいなくなる。これについては、得宗家の家格が形成される過程には官位が重要な役割を果したが、それが成立してからは装飾的なものでしかなくなり、必要不可欠ではなくなったという細川重男氏の指摘があり[19]、得宗家の家格が揺るぎないものとなった以上、四職大夫への任官もさほど重要ではなくなったと言える。一方で庶流においては、他の一族との家格や政治関係の上からなお重要視されていたので、大仏維貞・金沢貞顕は四職大夫への任官を望み、成就させたと言えよう。

これが南北朝期に入るとどうなるか。やはり当初は権官が主だが、吉良満義の左京大夫[20]、斯波高経の修理大夫[21]を嚆矢として、観応年間以降には権官ではない四職大夫への任官が武家でも盛んに行われるようになる。ただここで留意すべき重要な点は、この時期でも基本的に武家に四職大夫がいた場合、当官は公家にはいない、重なっていてもどちらかが出家などにより前官であるという事実、いまだ武家任官が員外化されていないことである。

表1は当該期に四職大夫を名乗っていた人物を、在職時期も勘案して作成したものである。これを見ると、武家が四職大夫になっている時期に、公家ではその官に在職している者がおらず、武家も基本的に一人のみである。さらに場合によっては官を変更させる例もある。それは斯波氏経の事例である。氏経は斯波高経の子で、高経が康永元年(一三四二)から修理大夫のままであったこともあり、左京大夫となっていたが[22]、九州探題として九州に下向した後の貞治二年(一三六三)十一月に修理大夫の官にあることが見える[23]。これは高経が出家したことで修理大夫が闕官となったため、その跡を受けたのであろう。だが同四年になると再び左京大夫に復している[24]。この氏経の官途遍歴をもたらしたのは、山名時氏の北朝帰順である。時氏は南朝方として活動していた時期に左京大夫となっていたが[25]、北朝に帰した当初は「伊豆前司」と呼ばれていた[26]。それが貞治三年三月以前には「山名左京大夫」と呼ばれるようになり[27]、貞治四年四月から十月の間に出家している[28]。このことから、時氏が貞治三年に左京大夫となるにあたり、氏経は修理大夫に官を改め、時氏が翌年出家するか官を辞したことによって、氏経は再び左京大夫に復したと見受けられる。

またこの事例から、南朝により四職大夫に任官した場合、それは北朝では適用されず、北朝方からは前官と認識さ

表1―1　南北朝期の武家および公家四職大夫任官者

年号	西暦	右京大夫	公家右京	右京権大夫	公家右京権	左京大夫	公家左京	左京権大夫	公家左京権
元弘三	一三三三								葉室頼教
建武元	一三三四		三条公綱、高倉経康						吉田為治
建武二	一三三五		三条実任				九条公明		吉田為治
建武三	一三三六		三条実任				勧修寺経顕		葉室頼教
建武四	一三三七		楊梅重兼						
暦応元	一三三八				源仲治	吉良満義 →			
暦応二	一三三九	某	吉田国俊						安居院行兼、三善兼俊
暦応三	一三四〇				源長信				
暦応四	一三四一		藤原房範、山科言範		源長信				
康永元	一三四二		山科言範		某仲直				賀茂在実
康永二	一三四三		吉田国俊						賀茂在実
康永三	一三四四		菅原長嗣		某光吉				賀茂在実
貞和元	一三四五		菅原長嗣		藤原業房				賀茂在実
貞和二	一三四六	吉良貞家 →							
貞和三	一三四七								
貞和四	一三四八								
貞和五	一三四九								
観応元	一三五〇				某行忠				
観応二	一三五一								
文和元	一三五二			一色直氏 →		改左馬頭		斯波家兼 →	藤原為保
文和二	一三五三					（南朝） 仁木頼章 →			
文和三	一三五四					山名時氏			
文和四	一三五五	仁木義長				（南朝） →			

延文元	一三五六				某光之、土御門泰尚			井上俊清	
延文二	一三五七								
延文三	一三五八								
延文四	一三五九	没官				出家			森長重
延文五	一三六〇					斯波氏経			
康安元	一三六一							斯波直持	
貞治元	一三六二								
貞治二	一三六三		高辻長衡			北朝(伊豆前司)			
貞治三	一三六四		高辻長衡			改修理 任左京？			
貞治四	一三六五		高辻長衡			改左京	安居院行知		
貞治五	一三六六	これ以前出家	高辻長衡			これ以前出家	安居院行知		
貞治六	一三六七		高辻長衡		三善益衡、春日仲定	遁世	安居院行知		
応安元	一三六八		高辻長衡						某広衡
応安二	一三六九		高辻長衡						
応安三	一三七〇		高辻長衡		某宗茂				
応安四	一三七一		高辻長衡			死去	土御門有世		
応安五	一三七二						土御門有世		
応安六	一三七三						土御門有世		吉田兼凞
応安七	一三七四				賀茂清周		土御門有世		吉田兼凞
永和元	一三七五						土御門有世		吉田兼凞
永和二	一三七六						土御門有世		
永和三	一三七七						土御門有世		
永和四	一三七八	細川頼元					土御門有世		
康暦元	一三七九							大内義弘	
康暦二	一三八〇				某惟憲				
永徳元	一三八一						某惟憲		
永徳二	一三八二								
永徳三	一三八三								
至徳元	一三八四								

れる官（あるいは別の官の場合もあるか）で呼ばれていたことがわかる。これに関連して白河結城親朝の事例を見る。興国元年に親朝は南朝により修理権大夫に任官し[(29)]、康永二年に北朝方となる。だが北朝では親朝をしばらく修理権大夫のままで呼び[(30)]、貞和二年になって前官である大蔵大輔で呼ぶようになる[(31)]。これはおそらく親朝の北朝方としての旗幟が鮮明になったため、修理権大夫を改めたのであろう。これと同様の事例には山名時氏・義理が挙げられる。山名時氏は先述のように、南朝においては左京大夫であったが[(32)]、北朝に降った後は伊豆守・伊豆前司と呼ばれていたし[(33)]、山名義理も南朝では修理大夫であったが[(34)]、北朝では弾正少弼と呼ばれていた[(35)]。ただこのような現象がすべての官途で見られるかというと、そうではない。受領官途や衛門・兵衛尉などはたいていそのまま北朝で通用している。武家の四職大夫がいまだ員外化しておらず、公家もあわせて定員一人である状況だからこそ行われたと言えよう。

では、この時期武家で四職大夫となるのはどのような人物であるのか。義詮期までを見てみると、吉良・仁木・斯波・桃井・一色・畠山といった足利一門が多く、かつこれらのほとんどは一門の中でも家格が高い家であり、探題・執事を兼ねている場合も多い。または山名・土岐といった、源氏一門でもとくに勢力（武力）の強い家が任じられている。その中で越中の在庁官人出身かとされる井上俊清が[(36)]、任官時期は不明とはいえ左京権大夫となっているのはかなり異質と言える[(37)]。義満期にはこれに細川・京極・大内などが加わり、後に固定化される四職大夫となる家がここにほぼ出そろう。

武家の四職大夫の権官ではない正官での任官が南北朝期になぜ現れたのか。これについて遠藤珠紀氏の指摘[(38)]が重要である。すなわち、「職務」（知行者）と長官職の乖離により、武家が長官職に就任しても官司運営に支障をきたさず、知行者が官司を直接掌握したのが武家官途変化をもたらす要因の一つであるというものである。そしてこれに該当するのが四職大夫や左右馬頭などで、まさに南北朝期以降武家では権官ではなく、正官で大夫・頭に任官するようにな

表1―2　南北朝期の武家および公家四職大夫任官者

年号	西暦	修理大夫	公家修理	修理権大夫	公家修理権	大膳大夫	公家大膳	大膳権大夫	公家大膳権
元弘三	一三三三				葉室頼教				
建武元	一三三四		四条隆資					長井広秀	
建武二	一三三五		正親町公蔭				中御門経季	―	
建武三	一三三六		正親町公蔭	千葉貞胤（南朝）			中御門経季	―	
建武四	一三三七		正親町実寛	吉良貞家			高辻国長	―	
暦応元	一三三八		八条清季	―			高辻国長	‐‐‐	藤原朝尹
暦応二	一三三九		八条清季	―			土御門泰世	‐‐‐	源仲能
暦応三	一三四〇		八条清季	―				‐‐‐	某盛秀、基業
暦応四	一三四一		八条清季	―　結城親朝（南朝）	某行信			前官	
康永元	一三四二	斯波高経	八条清季	―					安倍国弘、源仲康
康永二	一三四三	―		―					
康永三	一三四四	―		―					
貞和元	一三四五	―		―			源仲康		
貞和二	一三四六	―		改右京　復大蔵大輔					
貞和三	一三四七	―							藤原忠成
貞和四	一三四八	―							
貞和五	一三四九	―			安倍有俊				安倍良宣
観応元	一三五〇	―		山名義理？	安倍有俊		某在顕、藤原業家		安倍良宣、惟宗貞俊
観応二	一三五一	―		畠山国清					
文和元	一三五二	―		―					
文和二	一三五三	―		―		土岐頼康			源仲光
文和三	一三五四	―		―		―			大江匡光
文和四	一三五五	―		―		―	某		
延文元	一三五六	―		山名義理		―			

年号	西暦								
延文二	一三五七			（南朝）——北朝					
延文三	一三五八					これ以前出家			
延文四	一三五九								源英長
延文五	一三六〇								
康安元	一三六一						安倍親宣		
貞治元	一三六二	これ以前出家							
貞治二	一三六三			北朝					
貞治三	一三六四	斯波氏経			藤原親尹		唐橋公煕		
貞治四	一三六五				藤原親尹				
貞治五	一三六六			一色範光	春日仲光				
貞治六	一三六七	桃井直信				結城顕朝	某為綱		和気通清、藤原業清
応安元	一三六八						某定秀		
応安二	一三六九								
応安三	一三七〇								
応安四	一三七一				某為敦		大江匡光		
応安五	一三七二								
応安六	一三七三					京極高秀			
応安七	一三七四								
永和元	一三七五			山名義理					
永和二	一三七六							毛利匡時	
永和三	一三七七			斯波兼頼					
永和四	一三七八								
康暦元	一三七九			没					
康暦二	一三八〇				高階成重				
永徳元	一三八一	斯波義種							
永徳二	一三八二								
永徳三	一三八三								
至徳元	一三八四								

るのである。この他にも兵庫・掃部・縫殿・玄蕃でも武家での正式任官を経た頭が現れる。だがこうした傾向の一方で、山科家の相伝した内蔵頭は幕府滅亡まで武家で正式な任官は見られない（地方において私称はある）。これら寮の頭・正が公家と武家との関係の中でどのように位置付けられるか今後検討される必要があるだろう。

2　室町期における武家の四職大夫

まず室町初期における状況として言及せねばならないのは、応永年間に入ると、武家だけで複数の四職大夫が現れ、これ以降四職大夫となる家もほぼ固定されることである。そしてこの頃には武家の任官者の有無に関わらず公家で四職大夫の任官が行われ、武家に対する四職大夫の員外化が行われている。なお公家の任官も、南北朝期からすでにその傾向はあったが、諸大夫層か諸道（陰陽道・医家・神官）の者がなり、公卿の兼官は無くなる。

さて、四職大夫となる家は義満～義教期にほぼ固定されるが、それは次の通りである。

右京大夫…管領細川家（細川京兆家）
左京大夫…大内・奥州探題斯波（大崎）・一色・土岐・羽州探題斯波（最上）
修理大夫…能登畠山・管領斯波庶流・一色・山名庶流
大膳大夫…京極、六角、赤松、陸奥伊達、土岐世保、信濃小笠原

このことから、右京大夫は細川京兆家のみに限定されており、一方で左京大夫は相伴衆大名の中でも家格の低い大名[39]がなっている。また奥州・羽州探題も任官した。[40]修理大夫は幕府の中で家格の高い斯波・畠山・山名氏の庶流に加え[41]一色氏がなっており、一代限りとして陸奥の白河直朝がいる。大膳大夫は侍所を務める家の者と、関東と境を接する

国の有力な者（伊達・小笠原）が任じられている。ただ足利一門がなることは無かったようである。なお応永年間を最後に、武家では権大夫は見えなくなる。これは四職大夫の武家員外化が確定したことにより、とくに権大夫である必要性がなくなったからであろう。

それでは武家において四職大夫の中に優劣はあったのか。これを考えるにあたって以下の事例が参考となろう。まず一色氏である。一色義貫は左京大夫から修理大夫になり[42]、代わりに義教側近の一人となっていた弟持信が左京大夫となっている[43]。一色義直も同じく左京大夫から修理大夫となっている[44]。一色氏では右京権大夫となった直氏以降[45]、当主の官途極官は範光が修理権大夫[46]、詮範が左京大夫[47]、満範が修理大夫と交互に京大夫・修理大夫になっていた[48]。そのため義貫は祖父詮範の左京大夫に任官したが、弟持信に譲る形で修理大夫へと転じたのであろう。そして義直の場合は義貫の官途遍歴を先例として踏襲したものと見られる。赤松氏でも、赤松満祐は父大膳大夫義則在世時に左京大夫であったが[49]、その死後には大膳大夫となっている[50]。これは先代当主が健在であるために代わりに左京大夫となっていたものである。また大内持世は家督を継いだ時に任官もしたが、左京大夫であった義弘（ただし権大夫）・盛見と先々代・先代がいずれも戦死したことから、左京大夫は家の先例として不吉であるため修理大夫に任官したいと述べ、許されている[51]。

これらの事例から武家における四職大夫は、律令官位制本来のあり方と違い差が無かったと言えるし、むしろ室町期は左京大夫が他よりもやや低く見られていたようである。

こうして固定化された四職大夫の家柄であるが、義政期になると新しく四職大夫となる者が現れる。左京大夫では信濃守護小笠原政秀[52]、伊賀守護仁木政長[53]がおり、修理大夫では陸奥葦名氏[54]、評定衆摂津之親[55]がいる。そして大膳大夫では若狭守護武田信賢[56]・国信[57]がおり、仁木氏・若狭武田氏はその後固定化している。これは土岐世保氏など絶えた家が出てくることや、武家総体での官位の上昇があった（この時期に限ったことではなく、南北朝から戦国期を通じて見られる現象であるが）ことがその背景にあったためである。

一方同時期の関東ではどうであったか。鎌倉府において四職大夫は当初おらず、持氏期になって右京大夫に佐竹義人、(58)修理大夫に千葉兼胤、(59)大膳大夫に小山広朝が(60)見える。これらは別稿で検討したように、(61)鎌倉公方から任じられたものであり、幕府を通じて正式な任官を受けたものではなかった。そして中でも佐竹義人の右京大夫は桃井憲義の左衛門督と共に管領家に、小山広朝の大膳大夫は侍所家に擬せられて任じられたと見られ、永享末年の公方足利持氏の政治姿勢が、鎌倉府を幕府の体制になぞらえようとしたことが窺える。(62)

十五世紀後半の享徳の乱頃になると次のような人物が四職大夫になっている。

まず右京大夫では、佐竹義人に加えて、岩松持国が右京大夫となっており、(63)共に享徳の乱において成氏方である。ただ岩松持国は長禄二年（一四五八）に足利政知が下向すると、京都方に転じ、その時幕府にそのまま右京大夫であることを認めるよう求めたが許されず、左京大夫となっている。(64)上杉＝幕府方には関東にも右京大夫はおらず、細川京兆家のみの官であるとの姿勢が徹底されていたのである。また岩松氏は後に成氏方に復帰しているが、その頃には成氏から左京亮と呼ばれており、(65)降格されている。いずれも成氏を支える重要な存在であったことから特別に右京大夫に任じられたとするのは、(66)別稿で検討した通りである。

左京大夫では佐竹実定が(67)いる。これは享徳の乱で京都方であったため、父義人の名乗った右京大夫ではなく左京大夫を用いたものであろう。

修理大夫には永享十一年（一四三九）十二月に扇谷上杉持朝が修理大夫に任官しており、(68)その後の政真・定正と、以降も扇谷上杉氏当主は代々修理大夫となっている。(69)これらが正式な任官であったか定かでないが、なぜ修理大夫なのかを考えてみたい。関東上杉氏では、禅秀の乱で犬懸上杉氏が没落した後は、唯一関東管領となる家柄の山内上杉氏が「棟梁」であった。[70]扇谷上杉氏は禅秀の乱後に勢力を伸ばし、永享の乱時には山内上杉氏に次ぐ立場にあった。同時期の幕府をみると、先述のように管領斯波・畠山氏の庶流第一位の家が修理大夫となっており、扇谷上杉氏はこれを踏襲して修理大夫となったと思われる。また、白河結城氏の最有力庶家小峯氏の朝脩が修理大夫に任官しているのも同様な理由であろう。[71]白河結城氏は永享〜寛正頃の当主直朝が修理大夫であったが、小峯朝脩が修理大夫に任官するのと同時期に、当主は左兵衛佐に任官するようになる。[72]当主が左兵衛佐で最有力庶家が修理大夫というのはまさに管領斯波氏と同一であり、[73]当該期の白河氏の政治的位置が南奥で最も高く、[74]幕府からも重要視されていたので、北・中陸奥の奥州探題斯波（大崎）氏と肩を並べるべく、白河氏はそのような任官を求めたとみるべきであろう。

そして大膳大夫には上杉方であった武蔵長井氏[75]・下野那須氏[76]がなっている。詳細は不明だが、長井氏は先祖の大江広元、評定衆長井広秀などの先例を受けて名乗ったものか。また那須氏は、享徳の乱時に京都方の惣領太郎系と成氏方の庶子五郎系に分かれ、大膳大夫となったのは太郎系の人物である。[77]終始鎌倉・古河公方の味方であった庶子家に対し、惣領家は幕府方であったことから、幕府から重要視され、とくに大膳大夫となったと思われる。

3　戦国期の状況と四職大夫となる意味

すでに今谷氏も言及しているが、この時期には四職大夫になる者・家が増加している（表2）。ただここで留意せねばならないのは、誰でも任官できたわけではないことである。

まず伊勢国人である長野稙藤の例がある。天文四年（一五三五）に稙藤は修理大夫任官を望み、これを受けて将軍義晴は大館常興に諮問し、常興は八月十九日に、先祖に証跡無ければ任じることはいかがなものかと返答した。[78]稙藤は証拠文書として伊勢貞宗書状を出したようだが、それがどのような文書であったかは不明である。結局稙藤はその後修理大夫になることは無く、その後『天文日記』などでも「長野宮内大輔」として見える。[79]

次に評定衆・内談衆であった摂津元造の例がある。元造は修理大夫であった祖父之親の先例をもとに天文八年修理大夫任官を望み、あわせて証拠文書として義政の袖判のある口宣案および女房奉書を提出した。[80]しかし義晴に思う所あって延期された。その後元造も結局修理大夫に任官すること無く、最後まで摂津守のままであった。

以上から任官できるかどうかはまず先例が必要であり、先例があっても任官できない場合があった。また先例が無くとも相応の家格があれば任官可能で、さらに仲介者の尽力も可否に大きく左右していた。肥前の有馬晴純は、伊勢氏の申沙汰により偏諱と修理大夫任官を受け、[81]日向の伊東義祐も、当初弾正大弼任官を望んだが、家にも武家にも先例無きにより退けられ、代わりに同じく家の先例には無い大膳大夫任官を申請しながらも、伊勢氏の取成によって任官を果たしたのである。[82]

それでは、武家にとって四職大夫になることにはいったいどのような意義・意味があったのか、戦国期に新たに四職大夫となった者の事例から検討してみたい。

まず左京大夫について見てみる。左京大夫に任官する事例がとくに多いのは東北地方で、大崎・葛西・伊達・白河・岩城氏などがこれに該当する。これは十五世紀段階で奥州の礼的秩序の最高位にあった大崎氏[83]の極官が左京大夫であったためで、左京大夫になることは陸奥では奥州探題に匹敵する礼的地位を持ち、内外に示すことができると考えたからであろう。この認識が顕著なのは伊達氏である。伊達氏は政宗以来代々大膳大夫であったが、稙宗の代になって左京大夫に初めて任官した。稙宗がその後幕府に対して奥州探題たらんと運動している事実からすれば、左京大

表2　一六世紀(織豊以降は除く)における武家の四職大夫

名前	出典	所属先
右京大夫		
佐竹義舜	那須文書	常陸佐竹氏
佐竹義昭	佐竹文書	常陸佐竹氏
小山政長	実隆公記	下野小山氏
政秀	佐八文書	下野の人
細川澄元	実隆公記	細川京兆家
細川晴元	歴名土代	細川京兆家
細川昭元	兼見卿記	細川京兆家
細川高国	実隆公記	細川京兆家
細川氏綱	歴名土代	細川京兆家
左京大夫		
葛西晴重	広橋兼秀符案留	陸奥葛西氏
葛西晴胤	蜷川家文書	陸奥葛西氏
大崎義直	歴名土代	陸奥大崎氏
伊達稙宗	伊達家文書	陸奥伊達氏
伊達晴宗	伊達家文書	陸奥伊達氏
伊達輝宗	本庄文書	陸奥伊達氏
伊達政宗	延暦寺文書	陸奥伊達氏
白河晴綱	白河証古文書	陸奥白河氏
白河義親	早稲田大学白川文書	陸奥白河氏
岩城重隆	歴名土代	陸奥岩城氏
葦名(盛輿ヵ)	伊藤本文書	陸奥葦名氏
大宝寺晴氏	歴名土代	出羽大宝寺氏
大宝寺晴時	歴名土代	出羽大宝寺氏

夫任官はその手始めと言えるだろう。稙宗は結局探題にはなれず、同じく左京大夫に任官した息子晴宗の代になって奥州探題となるが[84]、肝心の奥州探題の書札礼は得られなかった[85]。また陸奥における左京大夫任官の背景には、他氏との競争意識もあった。これは岩城氏が左京大夫任官を幕府に求めた時に、雑掌をして「奥州の伊達なとさへ任左京大夫たる事候間申上之」と述べたことによく示されている[86]。

出羽でも、大宝寺氏が晴氏・晴時と左京大夫に任官している。これも羽州探題最上氏が左京大夫を極官としていたため、陸奥の諸氏と同様な動機から任官を望んだと言える。

関東では後北条氏が氏綱〜氏直の四代の当主が左京大夫を名乗っている。これは自らが鎌倉北条氏を継ぐ存在であることを示すために左京大夫となったと言える[87]。なお後北条氏以外に関東で左京大夫であったのは天文十七年に死去した小田政治のみで[88]、それ以降左京大夫は後北条氏の独占となっている。

畿内では六角義賢が左京大夫となっている。六角氏代々の官途は大膳大夫・弾正少弼・近江守で、左京大夫はこの義賢が初例である。義賢がなぜ左京大夫になったかを考えるにあたり、義晴政権内での六角氏の占める位置に注目したい。義賢の父定頼は義晴将軍就任以降に政

佐竹義重	飯野文書	常陸佐竹氏
小田政治	秋田藩家蔵文書一〇	常陸小田氏
北条氏綱	後法成寺関白記	相模北条氏
北条氏康	浄智寺鐘銘	相模北条氏
北条氏政	集古文書七四	相模北条氏
北条氏直	後閑文書	相模北条氏
武田信虎	甲斐国志巻五六	甲斐武田氏
武田晴信	為和集	甲斐武田氏
徳川家康	歴名土代	三河徳川氏
土岐政房	御状引付	美濃土岐氏
斎藤義龍	瑞光院記	美濃斎藤氏
六角義賢	歴名土代	近江六角氏
仁木長政	大館常興日記	伊賀仁木氏
吉良持清	御内書案乾	幕府吉良氏
三好義継	言継卿記	三好氏
一色義清	御内書案乾	丹後一色氏
一色	二条宴乗日記	丹後一色氏
畠山長経	御内書引付	河内畠山氏
赤松晴政	歴名土代	播磨赤松氏
赤松(則房ヵ)	武家事紀所収文書	播磨赤松氏
大内義興	小早川家証文	周防大内氏
大内義隆	勝興寺文書	周防大内氏
大内義長	歴名土代	周防大内氏
河野通宣	臼杵稲葉河野文書	伊予河野氏
伊東義益	蜷川家文書	日向伊東氏
本田重親	本田氏文書	大隅本田氏
修理大夫		
南部(信義ヵ)	和簡礼経	陸奥南部氏

務決裁に大きく関与するようになり[89]、六角氏は当時の幕府において重要な位置にあった。ここで義澄期に細川政元の義兄弟[90]として明応の政変後の幕政を政元と共に担った赤松政則と、義稙期に細川高国と京都を統治した大内義興が左京大夫であったことを鑑みると、その例に則って細川晴元と幕府を主導してもらう意味を込めて、義賢を左京大夫にしたのではないか。後に義賢の子義治（義弼）は右衛門督に任官しており[91]、これは管領畠山氏の極官である。これも義賢同様細川氏と並び立つ存在であることからくる任官であり、義賢段階よりもさらに上昇した六角氏の幕府内における政治的重要性を示している。また三好義継の左京大夫も、この六角義賢の事例と同様な意図から行われた任官と思われる。

徳川家康は永禄十一年（一五六八）に左京大夫に任官している事が『歴名土代』からわかる[92]。これは前年足利義昭が上洛して将軍となったことで、信長同盟者として左京大夫任官を受けたものと思われる。そしてなぜ左京大夫かというのは、右に述べた畿内における左京大夫の意味からすると歴然であろう。信長を補弼する存在として、六角義賢同様に任じられたと言える。ただ家康はこの任官以後も三河守を用い続け[93]、他氏、とくに信長からも三河守で呼ばれているので、左京大

黒川稙国	留守文書	陸奥黒川氏
小峯朝脩	結城家文書	陸奥小峯氏
石川晴光	角田石川文書	陸奥石川氏
岩城	御内書引付	陸奥岩城氏
葦名盛高	読史堂古文書	陸奥葦名氏
葦名盛氏	白川証古文書	陸奥葦名氏
小山政長	秋田重季氏所蔵文書	下野小山氏
那須	那須文書	下野那須氏
那須資胤	那須文書	下野那須氏
武茂	秋田藩家蔵文書九	下野武茂氏
多賀谷重経	秋田藩家蔵文書一三	下総多賀谷氏
扇谷上杉朝興	後法成寺関白記	武蔵扇谷上杉氏
色部長実	色部文書	越後色部氏
斯波義信	天文日記	越前斯波氏
畠山義元	実隆公記	能登畠山氏
畠山義総	後奈良天皇宸記	能登畠山氏
畠山義綱	上杉家文書	能登畠山氏
今川氏親	宗長手記	駿河今川氏
三好長慶	言継卿記	三好氏
一色義辰	吉川家文書	丹後一色氏
尼子晴久	佐々木文書	出雲尼子氏
大友義長	大友家文書	豊後大友氏
大友義鑑	大友家文書録	豊後大友氏
有馬晴純	大舘常興日記	肥前有馬氏
有馬義貞	武雄鶴田文書	肥前有馬氏
相良義陽	相良家文書	肥後相良氏
名和行興	名和文書	肥後名和氏
島津勝久	島津家文書	薩摩島津氏

夫は用いなかったことがわかる(94)。とすると、この任官は信長の取次によるというよりは、義昭の独自の判断による執奏によるもので、家康も信長同様義昭からの恩典はあえて受けようとしないために、左京大夫を用いなかったのであろう(95)。

中部地方では他に斎藤義龍、武田信虎・晴信父子が左京大夫となっている。斎藤義龍の場合、左京大夫は一色氏改姓とセットになっており、これは前守護土岐氏よりも家格が上の一色氏となることで、自らを土岐氏より上の存在に置き、残存する土岐一族や、土岐氏支配影響の残る領国を円滑に支配していくためにとった施策であった。そして自分のみならず、重臣も一色氏家臣の苗字に改めさせている(96)。また武田父子については大膳大夫のところで述べる。

中国地方では、大内氏が義隆の代に左京大夫になった後に大宰大弐へ任官している。この任官については、すでに今谷氏・山田貴司氏によって九州地方の支配などの視点からの言及がなされているが(97)、ここでは義隆が家の官途である左京大夫を捨て、大宰大弐への任官を求めた理由の一つとして、すでに先々代の政弘が述べているように(98)、左京大夫であることに意義を見い出せなくなっていたため、他氏には例がない、また格上である、九州に関係するといった諸要素が大宰大弐に

島津貴久	島津家文書	薩摩島津氏
島津義久	島津家文書	薩摩島津氏
大膳大夫		
南部信直	盛岡南部文書	陸奥南部氏
本吉胤正	葛西氏考拠雑記	葛西氏家臣
田村宗顕	青山文書	陸奥田村氏
相馬盛胤	東京大学白川文書	陸奥相馬氏
大宝寺	伊勢加賀守貞満筆記	出羽大宝寺氏
土岐治英	常総遺文八	常陸土岐氏
土岐	上杉家文書	常陸土岐氏
小山	松平基則氏所蔵文書	下野小山氏
国分	随得集	下総国分氏
太田氏資	潮田文書	武蔵太田氏
武田晴信	守矢文書	甲斐武田氏
武田勝頼	上杉家文書	甲斐武田氏
小笠原長時	禅居庵文書	信濃小笠原氏
武田元光	二水記	若狭武田氏
武田信豊	和簡礼経	若狭武田氏
毛利隆元	毛利家文書	安芸毛利氏
伊東義祐	歴名土代	日向伊東氏

はあったからであることを示しておきたい。これが義隆の意図から出たのは明らかであり、大友氏から入嗣して跡を継いだ義長が、大宰大弐ではなく左京大夫に任官したのは、こうした義隆の進めた政策を否定し、本来の大内氏の家の官途である左京大夫を選択した結果である。

そして九州では本田重親（親兼）がいる。本田重親は大隅守護代本田董親の子で、天文十六年（一五四七）に島津貴久がまだ三郎左衛門尉である時期に左京大夫に任官した。[99]重親はなぜ左京大夫となったのか。おそらく本田氏の島津氏からの独立化傾向を背景にして、同等以上の家格を手に入れるための手段として左京大夫への任官を図ったのであろう。本田氏の独立化傾向は近衛氏への接近やこの叙任以後し始めた周辺の有力国人層との接触からも窺える。[100]本田父子はこの後島津氏に討たれて没落し、重親は後年島津氏に帰参して仕えたが、その時は左京大夫ではなく、大炊大夫に官途を改めている。[101]ここには島津氏の重親の左京大夫任官に対する反感が窺える。

以上から左京大夫となる意義は、東北では奥州探題大崎氏・羽州探題最上氏と同格であると内外に示すため、あるいは他氏との競争による産物であり、畿内では右京大夫細川氏と共に京都周辺を統治する最有力大名であるためと言える。また後北条氏や美濃斎藤義龍などは鎌倉北条氏・一色氏に自らをなぞらえるために左京大夫となったと言えよう（義龍は注96も参照）。その一方で九州では左京大夫はあまり重要視されていなかった。

右京大夫については、吉井功兒氏の論[102]や拙稿[103]にすでに述べられているので、簡単にまとめると、関東以外では室町幕府滅亡まで右京大夫は細川京兆家の家督にのみ任官・名乗ることが許される原則は揺るがなかった。ただ京兆家の家督が複数人によって争われている場合は、京都にいて政権に関わる者が右京大夫となり、そうでない者は、細川澄元が「六郎」[104]、細川晴元が「前右京大夫」と呼ばれたように[105]、別の呼び名で呼ばれている。関東では佐竹氏や小山政長が右京大夫として見え、これらは古河公方の権力基盤を支える最も重要な勢力の一つであったため、とくに右京大夫を名乗ることが許されたと言える[106]。

それでは修理大夫になる意味は何であったのか、まず事例の多い九州について見てみる。ここでは大友氏が他氏に先駆けて修理大夫となっている。大友氏における修理大夫の意義として、天文八年に行われた大友義鑑の、西国で四職大夫になる家は大内と大友のみであるとの主張[107]がよく知られている。これは実際にはどうだったか。大内氏については前節で見た通り、義弘以降代々四職大夫である。大友氏は修理権大夫であった南北朝期の大友親世以降代々豊後守・豊前守などを官途とし、修理大夫となるのは延徳三年の大友義右[108]以降になる。そして九州では、永正十七年に島津勝久が修理大夫になるまで大友氏以外で四職大夫は確認されない。この点から大友義鑑の主張は、大友氏自身は数十年前からとの但し書きはつくものの、概ね正しい状況を伝えている。ただこの主張がなされたのは、先述した有馬晴純の修理大夫任官を受けてである。この有馬晴純以降、九州では修理大夫任官を求める者が増加する。これは大友氏が修理大夫になる家であったことから、修理大夫になることは大友氏と同格となることを意味したからである。肥後の名和行興・相良義陽などもこの理由から修理大夫への任官を図り成就させたと言える。また島津氏が修理大夫となったのも、島津氏で最初に修理大夫となった勝久の母が大友氏でもあり[109]、多分に影響があったと思われる。そして相良義陽の修理大夫任官の時は、異議申し立てをした大友義鎮に対し、将軍足利義輝は一度下してしまったのだから承知してくれと伝えている[110]。この時義鎮はすでに修理大夫よりも格上の左衛門督であったが[111]、それでも本来麾下に属すると認識していた相良氏が修理大夫となるのには拒否反応を示しており、結局義鎮は義陽の修理大夫を認めなかったようである[112]。大友氏はこうした九州における修理大夫の増加に対して幕府へ抗議していたが、それは十分に通らなかった。そのため自らの官途の格を高めることにし、結果大友義鎮は左衛門督に、その子義統は左兵衛督に任官している[113]。この点では大内義隆と同様と言えよう。

畿内では三好長慶が修理大夫となっている。長慶は修理大夫任官と同時に相伴衆御免を受けており、同時に息子義長も御供衆御免と筑前守任官、家臣松永久秀が御供衆御免と弾正少弼任官を受けているので[114]、この任官は将軍義輝との関係を回復した後に三好氏に多く与えられた栄典の一つに含まれる。この任官の背景として、同時期に従来修理大夫であった家が京都から離れていることが見逃せない。これらの家が京都不在で修理大夫がいないからこそ、幕府としてもそれらに代わる存在として修理大夫任官を行いえたのである。

出雲の尼子晴久は、出雲守護京極氏の官である大膳大夫ではなく、石見守護山名氏の官である修理大夫となっている。これはすでに出雲支配を強固にしていたため、京極氏と同じ官になるよりは、大内と係争している石見支配をするために修理大夫を選択したと言えるだろう。無論七ヶ国守護職に補任されたことで[115]、上昇した（と自認する）自身の家格相応の官を欲したためでもあろう。

関東や陸奥では那須・葦名以外は一代限りである。これらは十五世紀の扇谷上杉氏や小峯氏と同様な意図で修理大夫となったわけではなく、礼的秩序における他氏との関係から上位官途として修理大夫を選択したと言える。また那須氏の場合は一族の大膳大夫家との関係上の所産であろうし、葦名氏も左京大夫である者がいることから修理大夫にこだわるわけでなかったようなので、両氏も同様に他氏との関係上修理大夫を用いたのだろう。

修理大夫は、九州では大友氏と同等の家格を持とうとした有馬・相良といった肥前・肥後の国人により求められ、大友氏はそれを防ごうとするも成功せず、代わりに自身の官途をさらに高めたが、なおも他の修理大夫任官を妨げようとした。一方他地域では、特別な背景があったというよりは、単に上位官途の一つとして選択されたと考えられる。

最後に大膳大夫について見ると、日向の伊東義祐の場合は、前述の通りに弾正大弼任官が叶わなかった代わりに申請したもので、大膳大夫を選んだのは、四職大夫の内で左京大夫の大内、修理大夫の大友と重ならないことを考慮した結果であろう（右京大夫は言うまでもなく任官できない）。毛利隆元の場合は、第2節で述べた武蔵長井氏と同様に、先祖大江広元の大膳権大夫に例をとったと思われる。

武田氏は信虎の時に左京大夫となり[116]、晴信も当初左京大夫に任官しながら、後に大膳大夫へと変更している。信虎の左京大夫は、甲斐を統一した信虎が、隣国である駿河今川の修理大夫、信濃小笠原の大膳大夫と肩を並べるべく新たな官途を求めた結果であろう。では晴信が大膳大夫に変更したのはなぜなのか。晴信の左京大夫としての終見は、天文十一年九月九日[117]であり、大膳大夫として見える初見は、同年九月廿四日付の願文[118]なので、天文十一年九月頃である[119]。この時すでに晴信は父信虎を追放して国主の座についており、父信虎も任官した左京大夫を改めるのは、信虎との決別の証と解釈できるだろう。そして晴信の子勝頼も大膳大夫を名乗っているが、正式な任官か不明で、敵である織田方からは終始「四郎」で呼ばれている[120]。

また太田氏資は近衛前久による執奏により大膳大夫に任官する口宣案を受け取っている[121]が、氏資はそれを全く用いることはなかった[122]。それは氏資の父資正が、同じく民部大輔任官の口宣案を受け取りながらも、従来の美濃守を使用し続けたのに歩調を合わせたことによる。[123]

戦国期に大膳大夫となる者は左京・修理と比較すると少ない。これは特定地域において政治的・礼的に利用されることがあまりなかったことに帰因するだろう。

なお十六世紀には地方の神官でも四職大夫となる者が現れる。[124]各地の神社においても、武家同様に他の神社・神官より官位で上位に立とうとする意識が窺える。こうした現象の典型的な例に桑田和明氏が検討した宗像氏貞の自称正三位中納言がある。[125]また阿蘇氏が二位にまで昇進した[126]ように、位階でも同様な動きが確認される。

4　豊臣政権以後の四職大夫

最後に豊臣政権から江戸時代以降における武家の四職大夫について触れたい。豊臣政権下で成立した武家官位制において四職大夫は、他の官途と一律の扱いとして、諸大夫となった時、すなわち従五位下に叙された時に任じられる官となっている。むろん十五世紀からすでに四職大夫は従五位下、時には無位でも任官が行われていた[127]が、そこにはすでに前代までの高い家格を示す性格は存在していない。これは豊臣政権下での武家官位制が、位階と諸大夫成・公家成・清華成の別を基調としていたことで、それまであった官途の差異が消滅したからである。

そうした豊臣期の四職大夫任官者を列挙すると、次のようになる。これは関ヶ原合戦以前に任官した、あるいはしたと思われる（中には自称もあるだろう）者で、豊臣政権が樹立する、または政権に属す以前に任官、名乗っていた者は除外している（括弧内は『寛政重修諸家譜』にのみ見えるもの）。

右京大夫…毛利秀元、水谷勝俊、津軽為信、佐竹義宣、小出吉秀、[128]（奥平家治）

左京大夫…浅野幸長(129)

修理大夫…中川秀成、京極高知、佐野信吉、大野治長、最上義康、色部長実、蜂屋謙入、有馬晴信(130)

大膳大夫…木下吉隆、奥平家昌(131)

この他それ以前に四職大夫となっていた家では、そのまま四職大夫を用い、それ以後も名乗り続けている。たとえば南部信直（大膳大夫）、岩城貞隆（左京大夫）、細川昭元（右京大夫）などである。ただこれらは前代からの名乗りをそのまま使い続けているだけであり、豊臣政権から叙任を改めて受けたわけではない。むしろ政権から従五位下に叙されていないことは、他の大名よりも扱いは低かったと言える。また右京大夫の細川氏限定も消滅している。この一方で、伊達政宗が左京大夫から越前守に改めるような場合もある。(132)

総じて豊臣期の四職大夫は、基本的に公家成を受けることのできない者が任じられるが、かといって前代のように、他の官途よりも上位に位置付けられているわけではなかった。

これが江戸時代に入るとどうなるのか。『寛政重修諸家譜』などから四職大夫を名乗った者をまとめたものが表3である。

この表を見ると、まず前代以来の家の官途として名乗っている大名家——佐竹・南部・伊達・田村・島津・毛利・伊東氏などが挙げられ、これは家の官途・伝統として使用し続けていると言えよう。これらの家では、父が四職大夫を使用して生存している場合、子はそれ以外の四職大夫を名乗っており、四職大夫の中の特定の一つではなく、四職大夫の官を名乗ることに意義があったようである。それ以外でも、丹羽・酒井・奥平といった大名や大沢などの高家にも使用が確認される。旗本などで名乗る例はごく僅かであり、それも佐野盛綱のように父祖が四職大夫であったことによる。その点からすると、四職大夫は大名かそれに準じる家格の者にのみ呼称が許されていたと言え、江戸時代の四職大夫は他の官途―受領官や京官とは一線を画していたのであり、豊臣期に一度失墜した四職大夫の復権がなされたと言えよう。

おわりに

四職大夫は元々四位相当官の極官に当たる事から諸大夫の極官ともなり、鎌倉時代の武家においては北条氏がほぼ独占的に任じるところとなる。ただこの頃は正官ではなく権官が常であった。南北朝期に入ると、足利一門を主として武家でも多く任じられるようになるが、まだ員外化することなく公家と競合していた。また武家の任官が増える一方で、公家では四職大夫に任官する階層が前代よりも低くなっている（章末表4参照）。室町期には武家の四職大夫は員外化されると共に、(133)四職大夫となる家が固定されるようになり、相伴衆クラスの者が任じられる官となる。その後戦国期にかけての武家総体の官途の上昇に伴い、徐々に四職大夫に任官する階層は広がるが、新しく四職大夫になろうとするには先例か取次ぐ者による介在が必要であり、中には任官できない場合もあった。

戦国期の四職大夫任官は、その地域における四職大夫を歴任した者の政治的立場を継承、あるいは周囲の大名との礼的秩序の対抗などを契機・目的とした。そのため地域的偏重が起き、東北では大崎氏の存在により左京大夫が、九州では大友氏の存在により修理大夫への任官が多く求められた。一方で大膳大夫は任官する積極的理由がなかったためか、他に比べて任官者は少なかった。豊臣期に武家官位制が創出されると、四職大夫はそれまでの性格を失い、他の官同様に従五位下叙位で諸大夫となる時に任官する官となるが、江戸時代には大名か高家が名乗る官であり、再び他の受領・京官とは一線を画される官となった。

死没・他官途への改称時期	身　分	備　考
安永4・2・5改兵部大輔	小倉15万石	
寛政2・12・12没	小倉15万石	安永4・閏12・11侍従
	4千石、高家	
	1400石ほど、奥高家	従四位下
	1400石ほど、奥高家	従四位下
正保4・3・28改右衛門佐	筑前43万石	
安永4・9・27没、56歳	小浜11万石	致仕九ヶ月後左京大夫
寛政9・12・9没、69歳	柳川11万石	
宝暦5・8・3没、51歳	3万石	
	3万石	
貞享2・9・19没、67歳	6万石	従四位下
明暦2・1・25没、71歳	1万4千石	
元禄14・4・11没、81歳(致仕は7・4・7)	白河10万石	改称時従四位下
元禄11・6・26没、56歳	二本松10万石	改称時従四位下
享保13・5・5没、39歳	二本松10万石	後従四位下
明和6・7・2没、63歳	二本松10万石	後従四位下
寛政8・3・27没	二本松10万石	後従四位下
	二本松10万石	改称時従四位下

	安芸42万石	叙任時父は藩主
寛永8・7・29没、26歳	赤穂3万5千石	従四位下
	奥高家	従四位下
	奥高家	
文禄元・3・4没、14歳		10歳で叙任、不審
	越後高田15万石	前官式部大輔
元禄16・6・23没、67歳	秋田20万石	
寛延2・8・10没、60歳	秋田20万石	
	秋田20万石	
宝暦8・3・18没、36歳	秋田20万石	
天明5・6・10没、38歳	秋田20万石	
	松代10万石	改称時従四位下
元禄5・12・18侍従対馬守	対馬藩主	
宝永2・1・22改因幡守	3万石	父は右京亮
天明2・2・6没、46歳	3万石	
延享4・9・14没、83歳	当初3万2千(右京大夫後7万2千石)	従四位下
宝暦6・3・11没、75歳	7万2千石	従四位下

表3　寛政重修諸家譜に見る四職大夫

名　前	改称時期
左京大夫	
小笠原忠総	明和元・5・3改左京大夫
小笠原忠総	安永4・4・9左京大夫復す
吉良義冬	記事無し
吉良(蒔田)義俊	記事無し
吉良義豊	明和4・12・11従五位下侍従、左京大夫に改める
黒田光之	寛永20・12・29叙任従四位下左京大夫
酒井忠用	致仕後宝暦7・12・改左京大夫
立花鑑通	致仕後寛政9・11・5(致仕は閏7)
田村村顕	延享2・20・32改左京大夫(前官隠岐守)
田村村資	天明2・12・18叙任従五位下左京大夫
内藤頼長	貞享元・12・25従四位下昇進改左京大夫(前官左京亮)
那須資景	慶長11・12・25叙任従五位下左京大夫
丹羽光重	寛永19・12・晦従四位下昇進改左京大夫(前官左京亮)
丹羽長次	元禄9・12・5改左京大夫(前官若狭守)
丹羽秀延	元禄16・12・21叙任従五位下左京大夫
丹羽高寛	享保13・9・7叙任従五位下左京大夫
丹羽長貴	明和3・12・19叙任従五位下左京大夫
丹羽長祥	寛政8・6・13改左京大夫(前官大炊頭)
右京大夫	
浅野斉賢	寛政元・2・23叙任従四位下右京大夫
池田政綱	元和9・7・19叙任従五位下
大沢基恒	寛文12・12・28叙任従四位下侍従右京大夫
大沢基之	寛政4・12・16叙任従五位下侍従右京大夫
奥平家治	天正16・叙任従五位下右京大夫
榊原政永	致仕後寛政元・5・21(致仕翌日)
佐竹義処	承応3・12・26叙任従四位下
佐竹義峰	正徳5・12・18従四位下侍従、右京大夫
佐竹義和	天明8・12・16叙任従四位下侍従、右京大夫
佐竹義明	宝暦3・12・18叙任従四位下侍従、右京大夫
佐竹義敦	宝暦13・12・9叙任従四位下侍従、右京大夫
真田幸弘	寛政2・4・18改右京大夫(前官弾正大弼)
宗義倫	貞享元・12・25叙任従四位下右京大夫
田村建顕	寛文10・12・28叙任従五位下右京大夫
田村村隆	天明元・10・9改右京大夫(前官下総守)
藤堂基恒	記事無し
池田輝貞	元禄7・12・9従四位下右京大夫(改右京亮)
松平輝規	延享4・11・15改右京大夫(前官因幡守)

天明元・9・25 没、57 歳	7 万 2 千石、後京都所司代	従四位下
慶長 11・6・3 没、65 歳		
慶安 3・閏 10・3 没、72 歳		
	萩藩 36 万石	叙任時は綱元嫡子として

	23 日に高家	
寛永 13・4・4 没、48 歳	日向 5 万 7 千石	
宝暦 7・8・18 没、48 歳	日向 5 万石	
	2 万石	後に佐竹義宣養子
元禄 11・7・27 改易	中津 8 万石	天和 3・1・26 遺領継
		文禄 2・10・13 従四位下侍従
寛永 13・9・13 没、30 歳	丹後 3 万五千石	
宝暦 12・7・14 没、29 歳	筑前 43 万石	父より前に死す
天和 2・7・10 没	小浜 11 万石	延宝元・12・28 侍従
享保 8・1・18 改讃岐守(15 日に大阪城代)	小浜 11 万石	
	小浜 11 万石	父は遠江守のみ
延享 4・12・23 従四位下讃岐守大阪城代	小浜 11 万石	父は備後守のみ
寛文 11・12・5 没、63 歳	秋田 20 万石	
元禄 12・6・18 没、29 歳	秋田 20 万石	父より前に死す
寛保 2・2・4 没、51 歳	秋田 20 万石	父より前に死す
元禄元・5・19 没、63 歳	3 千石？組頭、布衣	父は改易中で叙任されず
延宝元・7・18 改薩摩守(2 月に父薩摩守死去)	薩摩藩主	
宝永元・11・27 改薩摩守(10 月遺領継)	薩摩藩主	
寛政 2・5・20 没、67 歳	豊後岡 7 万石	養父は山城守、従五位下
寛政 10・9・18 没、28 歳	豊後岡 7 万石	従五位下
慶長 14 没、54 歳	6 千石	
延享 4・1・23 改大膳大夫	盛岡 8 万石(10 万石格)	
安永 9・7・27 改大膳大夫	盛岡 8 万石(10 万石格)	
享保 10・5・2 没	阿波 25 万石	父より前に死す
寛文 7・6・9 没、55 歳	後に土佐 3 万石	

慶長 19・10・10 没、38 歳		
延享 3・11・14 没、53 歳	宇都宮 9 万石	
宝暦 8・9・26 没、35 歳	中津 10 万石	
天明 6・8・3 没、24 歳	中津 10 万石	
安永 9・7・23 没、37 歳	中津 10 万石	
享保 14・5・28 没、68 歳	奥高家	

松平輝高	宝暦2・4・7従四位下右京大夫大阪城代(改右京亮)
水谷勝俊	
毛利秀元	天正18・右京大夫
毛利吉元	元禄4・12・26叙任従五位下右京大夫(秀元系藩主跡継)

修理大夫	
有馬広春	天明4・12・16叙任従五位下修理大夫
伊東祐慶	慶長7・4・10叙任従五位下修理大夫
伊東祐隆	延享元・12・28叙任従五位下修理大夫
岩城吉隆(佐竹義隆)	寛永元・12・29叙任従五位下修理大夫
小笠原長胤	天和3・12・4叙任従五位下
京極高知	記事無し
京極高三	記事無し
黒田重政	寛延元・11・28叙任従四位下修理大夫
酒井忠直	正保元・12・晦叙任従五位下
酒井忠音	宝永3・12・19叙任従五位下
酒井忠貫	宝暦13・12・9叙任従五位下
酒井忠用	元文5・12・21叙任従五位下
佐竹義隆	寛永元・12・29叙任従五位下
佐竹義苗	貞享元・12・25叙任従四位下
佐竹義堅	享保17・5・11改修理大夫(前官豊前守、9日に義峯養子)
佐野盛綱	天和元・11・21叙任従五位下修理大夫
島津綱高	寛文7・12・25叙任従四位下侍従、修理大夫と称す
島津吉貴	元禄2・12・15叙任従四位下侍従、修理大夫と称す
中川久貞	寛保3・12・28叙任従五位下
中川久持	寛政2・12・1叙任従五位下(7・12遺領継)
那須資晴	慶長9・改修理大夫(前官大膳大夫)
南部利視	享保10・12・18叙任従五位下(7・21遺領継)
南部利正	安永3・12・28叙任従五位下
蜂須賀吉武	宝永3・12・5叙任従四位下修理大夫
山内忠直	寛永7・12・29叙任従五位下修理大夫

大膳大夫	
奥平家昌	文禄4・叙任従五位下大膳大夫
奥平昌成	宝永4・12・23叙任従五位下大膳大夫
奥平昌敦	延享4・1・4改大膳大夫(前官山城守)
奥平昌男	安永9・9・22改大膳大夫(前官美作守、12に遺領継)
奥平昌鹿	宝暦8・11・17改大膳大夫(前官丹後守、14に遺領継)
奥平昌高	寛政6・12・16叙任従五位下大膳大夫
京極高甫	宝永4・12・15従五位下侍従大膳大夫

正徳5・7・19没、22歳	秋田20万石	
寛文3・12・29改遠江守	宇和島10万石	改称前日侍従となる
寛延2・2・3改遠江守	宇和島10万石	
寛政6・12・18改遠江守	宇和島10万石	改称前々日侍従となる
天明5・4・9没、41歳	高家	
慶長9改修理大夫	6千石	
元禄15・6・18没、87歳	盛岡8万石(10万石格)	
宝暦2・4・4没、45歳	盛岡8万石(10万石格)	
天明4・5・25没、33歳	盛岡8万石(10万石格)	
安永8・12・11没、55歳	盛岡8万石(10万石格)	
	盛岡8万石(10万石格)	
寛永2・11・25没、48歳	5万石	
元禄2・4・17没、51歳	萩藩36万石	
宝永4・10・13没、35歳	萩藩36万石	
致仕後天明2・9・5改式部大輔(致仕は8・28)	萩藩36万石	
宝暦元・2・4没、37歳	萩藩36万石	
寛政3・6・19没、38歳	萩藩36万石	
	萩藩36万石	

以上の検討から、武家における四職大夫の性格・意義は概ね明らかになったと思われる。だが、受領官途はどうであるのか、武家官位が公家とどんな関係にあるか、家格・書札礼・官位を総合的に見ての中世の「礼の秩序」のあり方とは、など多くの問題がなお残されている。次章では受領官途について見ていきたい。

注

(1)　受領官途は比較的多くなされており、今谷明『戦国大名と天皇』(福武書店、一九九二年、後に講談社学術文庫、二〇〇一年)、田中修實『日本中世の法と権威』(倉科書店、一九九三年)、堀新「戦国大名織田氏と天皇権威—今谷明氏の「天皇史」によせて—」(同『織豊期王権論』校倉書房、二〇一一年)、山田貴司「大内義隆の大宰大弐任官」(『地方史研究』三一九号、二〇〇六年)などがあるが、ほとんどは在地効果を論じるのが主眼のため特定地域に限られている。

(2)　拙稿A本書第一部第一章「左馬頭」、B本書第一部第二章「衛門・兵衛督」。

(3)　注1今谷氏著書。

(4)　吉井功兒「細川晴元・昭元父子に関する若干の基礎的考察—任官・改名時期や〝右京大夫〟などの検討を中心に—」(『ヒストリア』一二〇号、一九八八年)。

佐竹義格	宝永 5・12・18 従四位下侍従、大膳大夫
伊達宗利	慶安 3・12・28 叙任従五位下大膳大夫
伊達村候	元文 2・12・16 叙任従四位下大膳大夫
伊達村寿	安永 5・12・16 叙任従四位下大膳大夫
土岐頼方	安永 5・7・4 従五位下侍従大膳大夫
那須資晴	慶長 9・叙任従五位下大膳大夫
南部重信	寛文 4・12・28 叙任従五位下(6 日遺領継)
南部利視	延享 4・1・23 改大膳大夫
南部利正	安永 9・7・27 改大膳大夫(2・7 遺領継)
南部利雄	宝暦 8・5・27 改大膳大夫(前官信濃守)
南部利敬	寛政 8・12・19 叙任従五位下大膳大夫
古田重治	
毛利綱広	承応 2・12・11 叙任従四位下侍従大膳大夫
毛利吉広	元禄 8・8・12 叙任従四位下侍従大膳大夫
毛利重就	宝暦元・6・13 従四位下侍従大膳大夫(前官甲斐守)
毛利宗広	享保 15・12・28 叙任従四位下大膳大夫
毛利治親	天明 2・9・5 改大膳大夫(前官壱岐守、父大膳大夫改に伴う)
毛利斉房	寛政 7・8・11 叙任従四位下侍従大膳大夫

(5) 拙稿C「常陸佐竹氏における官途」(『戦国史研究』四八号、二〇〇四年)。
(6) 以上、「官職秘鈔」・「職原鈔」・「百寮訓要抄」(すべて『群書類従第五輯』)、『公卿補任』、遠藤珠紀「鎌倉期朝廷社会における官司運営の変質—修理職・内蔵寮の検討を通して—」(『史学雑誌』一一四編一〇号、二〇〇五年)所載の表による。
(7) 『吾妻鏡』正治二年五月五日条など。
(8) 『吾妻鏡』文暦二年六月廿九日条など。
(9) 北条義時書状写(「神護寺文書」『鎌倉遺文』二五四三号)など。
(10) 関東下知状(「高野山興山寺文書」『鎌倉遺文』五一五三号)など。
(11) 関東御教書(「熊谷家文書」『鎌倉遺文』九二九二号)など。
(12) 関東下知状(「熊谷家文書」『鎌倉遺文』二一六八九号)など。
(13) 嘉暦元年十二月廿三日関東下知状(「多賀神社文書」『鎌倉遺文』二九六九八号)。
(14) 関東下知状(「山内首藤文書」『鎌倉遺文』五〇三一号)など。
(15) 関東御教書(「島津家文書」『鎌倉遺文』二八三九七号)など。
(16) 注6遠藤氏論文。
(17) 二月十八日付北畠親房御教書(「松平結城文書」『白河市史五古代・中世資料編2』〈以下『白河』と略す〉一八五号)。
(18) 遠山久也「鎌倉幕府における諸大夫について」(中野栄夫編『日本中世の政治と社会』吉川弘文館、二〇〇三年)。
(19) 細川重男「得宗家の先例と官位」(同『鎌倉政権得宗専制論』

吉川弘文館、二〇〇〇年）。

(20)　建武五年八月五日付幕府御教書（「豊後士居寛申蒐集文書」『南北朝遺文九州編第一巻』一一二六号）が初見となる。

(21)　『公卿補任』によると前任者の八条清季は暦応五年正月十五日に修理大夫を辞しており、斯波高経の修理大夫の初見である暦応五年二月廿五日付斯波高経判物（「尊経閣文庫所蔵文書」『福井県史資料編2中世』二三号）から、この間に任官した。

(22)　延文五年三月十四日付足利義詮御判御教書（「大友家文書」『大分縣史料（26）』三〇一号）。

(23)　貞治二年十一月二日付足利義詮御判御教書案（「石清水八幡宮旧記抄」『南北朝遺文九州編第八巻』七〇八七号）。

(24)　貞治四年八月三日付後光厳天皇綸旨案（「大鳥居文書」『南北朝遺文九州編第四巻』四五七九号）。なお文書では「右京大夫」とあるが左京大夫の誤りであろう。

(25)　正平十年四月十五日付山名時氏巻数請取状（「神護寺文書」『南北朝遺文中国・四国編第三巻』二七二五号）。

(26)　『師守記』貞治三年八月廿五日条、同年九月廿日条など。

(27)　貞治三年三月廿日付足利義詮御判御教書（「井上泰輔氏所蔵文書」『兵庫県史史料編中世一』四号）に「山名左京大夫」として見える。

(28)　貞治四年四月廿九日付足利義詮御判御教書案（「天龍寺重書目録」『大日本史料第六編之二十六』八一三頁）に「山名左京大夫」、貞治四年十月七日付丹波守護山名時氏遵行状（「保阪潤治氏所蔵文書」『大日本史料第六編之二十七』五四頁）に「沙弥」とあり、この間に出家したことがわかる。

(29)　興国元年十一月廿四日付後村上天皇口宣案（「秋田藩家蔵白川文書」『白河』一七九号）。

(30)　康永三年正月十三日付高師冬奉書（「榊原結城文書」『白河』二八七号）。

(31)　貞和二年六月廿七日付畠山国氏書下（「結城家文書」『白河』二九六号）。

(32)　前注25参照。

(33)　前注26参照。

(34)　正平十二年七月十三日付山名義理宛行状写（「萩藩閥閲録巻一二一ノ一」『萩藩閥閲録第三巻』五五号）。なお義理は北朝方であった時にすでに修理権大夫になっている可能性がある。観応元年カとされる十一月十七日付山名義理挙状写（「美作赤堀洋氏所蔵文書」『南北朝遺文中国・四国編第二巻』一八九六号）に「修理権大夫義理」とあり、この時期修理権大夫は武家にはおらず、公家でもこの年九月十九日に安倍有俊が確認できる（『園太暦』同日条）がそれ以降は不明だからである。
(35)「花営三代記」応安三年六月十八日条。なお後に修理権大夫になる。
(36)『室町幕府守護職家事典　上巻』（新人物往来社、一九八八年）井上氏の項。
(37)ただ南朝で左京権大夫となり、入道後に北朝に帰順した（または帰順後すぐ出家）ことで、左京権大夫入道の名乗りがそのまま用いられていた可能性もある。
(38)注6遠藤氏論文。
(39)「第二条数写之」・「武家儀条々」（共に『ビブリア』八五号、一九八五年）によると、両史料に細川讃州の順に異同があるが、相伴衆七家の着座次第として一番が山名、次に一色、その次が赤松・京極、次に大内・土岐というのは共通している。これが相伴衆大名の家格序列となっていたと思われる。
(40)永享四年五月二日付足利義教袖判後花園天皇口宣案（「白河証古文書」『白河』四九三号）。
(41)土岐世保氏はいわゆる四職家ではないが、侍所頭人であった土岐頼康の子孫である。
(42)義貫（義範）は応永二十五年頃に左京大夫となり（『看聞日記』応永二十五年十月廿四日条）、永享二年頃修理大夫となる（『建内記』永享二年二月十七日条）。
(43)『満済准后日記』永享三年七月五日条など。
(44)義直は長禄四年頃から左京大夫として見え（『蔭凉軒日録』長禄四年六月十八日条など）、文明十五年に従四位下に叙せられると同じ頃修理大夫になったようである（『実隆公記』文明十五年七月十二日条）。
(45)四月十日付足利尊氏御内書（『大日本古文書醍醐寺文書之一』二五号）など。
(46)『師守記』貞治六年七月廿六日条など。
(47)「荒暦」応永二年七月廿三日条など。
(48)「吉田家日次記」応永八年四月五日条など。
(49)「花営三代記」応永二十九年九月十八日条など。
(50)『建内記』永享十一年六月十九日条など。
(51)『満済准后日記』永享四年四月四日・同十四日・同廿六日条。

(52) 二月廿一日付足利義政御内書（「小笠原文書」『信濃史料第九巻』八八頁）。
(53) 『後法興院記』延徳二年六月廿八日条。
(54) 「昔御内書符案」（『ビブリア』八〇号、一九八三年）。
(55) 『斎藤親基日記』文正元年十二月廿九日条。
(56) 『蔭凉軒日録』寛正三年十月廿五日条など。
(57) 『実隆公記』文明六年九月十六日条など。
(58) 十一月廿一日付足利持氏書状写（「秋田藩家蔵文書巻七」『茨城県史料中世編Ⅳ』二二一頁三号）。ただ拙稿Cでも言及したように、幕府からは左京大夫で呼ばれている。
(59) 応永二十五年十一月廿八日付千葉兼胤寄進状（「龍尾寺文書」『千葉県の歴史資料編中世3』九六三頁）。
(60) 『看聞日記』嘉吉元年六月十四日条、「結城戦場物語」（『群書類従第二十輯』）。なお佐藤博信「室町・戦国期の下野小山氏に関する一考察―特に小山大膳大夫家を通じて―」（同編『中世東国の政治構造』岩田書院、二〇〇七年）がある。
(61) 拙稿BおよびC。
(62) 拙稿B。なお千葉兼胤の修理大夫は時期が禅秀の乱後すぐで、佐竹義人や小山広朝の場合とは事情が異なる。なぜ修理大夫となったかは不明だが、南北朝期に千葉貞胤が南朝方にいた時修理権大夫であったこと（「香取文書」『大日本史料第六編之三』一〇九頁、「竹内文平氏所蔵文書」『三重県史資料編中世2』三号）によるか。
(63) 享徳四年七月十三日付岩松持国所領注文（「正木文書」『群馬県史資料編5中世1』六七号）など。
(64) 二月七日付布施為基書状（「正木文書」『群馬県史資料編5中世1』一三〇号）。
(65) 卯月十一日付足利成氏書状案（「正木文書」『群馬県史資料編5中世1』一六五号）。なおこれは持国ではなく、その息子成兼の可能性が高いが、それまでの大夫から亮への降格がなされていることに変わりはない。
(66) 拙稿C参照。
(67) 四月廿八日付足利義政御内書案写（「御内書案」『続群書類従第二十三輯下』二九八頁）。
(68) 「薩戒記目録」永享十一年十二月四日条で正五位下修理大夫任官事が申されており、この月の内に勅許が下りたであろう。おそらくは永享の乱での軍功による。

(69) 治部少輔に留まった朝良と早世した顕房・朝定以外はみな修理大夫となっている。朝良は山内上杉氏と争い、同時に古河公方も敵に回していたため、それまでの修理大夫の意味でいることを失っていたから治部少輔のままであったか。そうすると、朝興の代には山内上杉氏との協調がなっていたので修理大夫に復したことになる。
(70) 十二月日付大森奇栖庵書状写（「古今消息集」『群馬県史資料編7中世3』一八〇三号）。
(71) 延徳二年九月廿一日付足利義稙袖判後土御門天皇口宣案（「結城家文書」『白河』六五八号）。
(72) 顕頼・義綱といった明応～大永の白河氏当主は左兵衛佐に任官している（明応四年九月廿日付足利義澄袖判後土御門天皇口宣案「白河証古文書」『白河』六六二号、大永二年十一月卅日付足利義晴袖判後柏原天皇口宣案「近津文書」『白河』七三四号）。
(73) 奥州探題大崎氏は左衛門佐→左京大夫となり、左兵衛佐になることはないので、やはり白河氏は管領斯波氏になぞらえたものとみるべきだろう。
(74) 黒嶋敏「奥州探題考―中世国家と陸奥国―」（『日本歴史』六二三号、二〇〇〇年）。
(75) 十一月廿六日付簗田成助書状写（「古簡雑纂」『千葉県の歴史資料編中世4』二号）。
(76) 十月廿一日付足利義政御内書案写（「御内書案」『群書類従第二十三輯下』三〇三頁）。
(77) 江田郁夫「享徳の乱と那須氏」（『戦国史研究』二九号、一九九五年）、荒川善夫「鎌倉～室町期の那須氏と一族・家臣」（『戦国期東国の権力構造』岩田書院、二〇〇二年）。
(78) 「雑条」（『ビブリア』八八号、一九八七年）。
(79) 『天文日記』天文五年十月十八日条、『親俊日記』天文七年正月十四日条。
(80) 『大館常興日記』天文八年十二月廿五日条。
(81) 『大館常興日記』天文八年七月十六日条など。
(82) 『大館常興日記』天文九年三月五日条、伊勢貞孝書状写（「伊東文書」『宮崎県史史料編中世2』一九号）など。
(83) 「奥州余目記録」（「余目家文書」『仙台市史資料編1古代中世』一六号）による。
(84) 九月廿四日付足利義輝御内書（『大日本古文書伊達家文書之一』二一九号）。
(85) 黒嶋敏「はるかなる伊達晴宗―同時代史料と近世家譜の懸隔―」（『青山史学』二〇号、二〇〇二年）。

(86)『大館常興日記』天文十年八月十二日条。

(87)長塚孝「戦国武将の官途・受領名―古河公方足利氏と後北条氏を事例にして―」(『駒沢史学』三九・四〇号、一九八八年)。なお大藪海「後北条氏歴代当主と左京大夫・相模守官途」(第41回日本古文書学会大会報告、二〇〇八年)が、後北条氏の左京大夫は執権北条氏を意識したのではなく、扇谷上杉氏と同格であることを示すための所産であり、執権北条氏と繋がりが深いのは相模守・武蔵守で、氏綱はそれを意識して自ら「相州太守」を称したとしている。扇谷上杉氏に対抗して、という点には首肯できるが、これではなぜ左京大夫なのかの説明ができない。関東ではこれ以前に、鎌倉公方・古河公方方の人物で左京大夫となった者がいないこと、鎌倉北条氏の中でとくに代表する人物である泰時が左京権大夫であり、義時の右京権大夫は管領細川氏のみに限定される官途であったこと、「相州太守」がそのまま相模守を指すわけではない(扇谷上杉氏は相州太守・武州太守と呼ばれているが、相模守・武蔵守であったわけではない)ことからすれば、左京大夫を選択したことには、やはり鎌倉北条氏への意識があったと言えるのではないだろうか。

(88)寺島誠斎『土浦史備考第三巻』(土浦史教育委員会、一九九四年)所収の小田氏の諸系図では一様に天文十七年二月二十二日没としている。

(89)奥村徹也「天文期の室町幕府と六角定頼」(米原正義先生古稀記念論集『戦国織豊期の政治と文化』続群書類従完成会、一九九一年)、西島太郎「足利義晴期の政治構造―六角定頼「意見」の考察―」(『日本史研究』四五三号、二〇〇〇年)。

(90)明応の政変直前に政元姉が政則に嫁した(『後法興院記』明応二年三月十六日条)。

(91)『言継卿記』永禄十三年五月廿二日条など。

(92)湯川敏治編『歴名土代』(続群書類従完成会、一九九六年)二九一頁。

(93)徳川家康制札(「大樹寺文書」『愛知県史資料編11織豊1』六六九号)。

(94)織田信長朱印状(「瀧山寺文書」『愛知県史資料編11織豊1』六三二号)、織田信長書状写(「松濤棹筆」『愛知県史資料編11織豊1』七六二号)など。

(95)なお『言継卿記』永禄十一年十一月十日条に「徳川左京大夫」、『言経卿記』天正十四年十月廿六日条に「徳川左京大夫家康」とあり、公家側には家康が左京大夫でもあるとの認識がはっきりあったようである。また徳川家康書状(「延暦寺文書」『大日本史料第十一編之二十』二五五頁)では「左京大夫家康」と自署をしている。このことから、家康は武家に対しては三河国主であることを示す三河守を、そして公家・寺社に対しては三河守よりも格上の左京大夫を名乗っていた、呼ばせていたのではないか。

(96) 拙稿「斎藤義龍の一色改姓について」(『戦国史研究』五四号、二〇〇七年)。

(97) 注1今谷氏著書、同注1山田氏論文。

(98) 「相良武任書札巻」(宮内庁書陵部所蔵)に、大内政弘書状案で署名を「散位政弘」とすることに「此比御当官の人武家にあまた御座候間、左京大夫を辞申候て前官に如此書候」と書かれてある。

(99) 貴久の修理大夫任官は天文二十一年(『大日本古文書島津家文書之二』六二八号)。

(100) 林匡「戦国期の大隅守護代本田氏と近衛家」(『黎明館調査研究報告』一八号、二〇〇五年)。伊集守道「戦国期本田氏地域権力化の一側面—近衛家との交流を中心に—」(『富山史壇』一五五号、二〇〇八年)。

(101) 『本藩人物誌』(鹿児島県史料集第十三輯、鹿児島県史料刊行委員会、一九七三年)。

(102) 注4吉井氏論文。

(103) 拙稿C。

(104) 細川澄元は『実隆公記』永正五年正月十五日条から、右京大夫に任官し、以降右京大夫・京兆として見えるが、細川高国に敗れ没落した後は、『元長卿記』永正五年四月廿一日条、『後法成寺関白記』永正五年五月廿六日条、『拾芥記』永正十六年十一月十日条などに見られるように、京都にいる人間には「六郎」と元の仮名で呼ばれている。

(105) 『言継卿記』天文二十一年三月十二日条、同二十二年二月廿日条など。

(106) 同様な位置付けにある官途として左衛門督がある。これについては拙稿B参照。

(107) 十二月五日付大友義鑑手日記写(「大友家文書録」『大分縣史料(32)』九八二号)。

(108) 延徳三年七月十一日付足利義稙袖判後土御門天皇口宣案(「大友家文書」『大分縣史料(26)』二五六号)。

(109) 小和田哲男編『戦国大名閨閥事典第三巻』(新人物往来社、一九九七年)島津氏項。

(110) 三月五日付足利義輝御内書写(『大日本古文書相良家文書之一』五一七号)。

(111) 足利義輝袖判正親町天皇口宣案(「大友家文書」『大分縣史料(26)』二六〇号)。

(112) 大友義鎮も大友家中も結局相良義陽を「相良修理大夫」で呼んでいない。一方同等に近いと見なしていた島津義久には

「島津修理大夫」の宛所で書状を出している（大友宗麟書状写「薩藩旧記雑録」『大分県先哲史料叢書大友宗麟資料集第四巻』一四二二号）。

(113) 湯川敏治編『歴名土代』（続群書類従完成会、一九九六年）三〇五頁。

(114) 「雑々聞撿書丁巳歳」（内閣文庫架蔵写本）。

(115) 足利義輝袖判御教書（「佐々木文書」『戦国大名尼子氏の伝えた古文書―佐々木文書―』二二五号）、出雲・隠岐守護は室町幕府奉行人連署奉書（同二二九号）。

(116) 信虎の父信縄は、系図類などでは左京大夫・陸奥守とあるが、一次史料からは「五郎」の仮名でしか確認されず、おそらく実際にも五郎のままで早世したと思われる。

(117) 「為和集」（『私家集大成第7巻中世Ⅴ』五七六頁）。

(118) 武田晴信願文（「守矢文書」『戦国遺文武田氏編第一巻』一四五号）。

(119) 『お湯殿の上の日記』天文八年十二月十三日条に「たけ田。大せんの大夫申御れいとて。御むま。御たちしん上申」とある。『お湯殿の上の日記』の御礼に関する他の記述からすると、これは武田大膳大夫（この時期若狭武田元光がいる）が御礼を申して馬・太刀を進上したとは解釈できない。そもそも若狭武田氏は、毎年禁裏に進上を行ってはいるが、それは海産物や初雁などの食物であり、ただの御礼として太刀・馬を進上することは他に見られない。そして『お湯殿上の日記』の叙任記事の記述書式（たとえば同年十一月廿二日条・同四年七月廿一日条・同十年十月四日条など）からすると、この記事は武田が大膳大夫を申して、その御礼として馬・太刀を進上したとするのが妥当である。この頃の若狭武田氏は、武田大膳大夫元光が健在で、その息子信豊はこの記事の前日十二日に伊豆守に任官している（湯川敏治編『歴名土代』〈続群書類従完成会、一九九六年〉二五七頁）。この前後の他の武田氏で大膳大夫となりうる、または後に大膳大夫として見える者は武田晴信しかおらず、晴信はこの時点で大膳大夫に任官した可能性がある。ただそうなると「為和集」にその後も左京大夫で出てくる説明がつかず（単に為和が誤認したとも考えられるが）、また元光が息子信豊の叙任に御礼を進上したとの可能性も捨てきれない（この場合文章が他の箇所と比べて甚だおかしいが）。

もし天文八年に晴信が大膳大夫に任官したとすると、それはいかなる理由によるのか。考えられる背景に、この直前に後北条氏との和議がなったことが挙げられる。後北条氏にとって左京大夫は、前述のように鎌倉北条氏への意識があり、変えるつもりは毛頭無いであろうし、また弘治以降関東で左京大夫が使われなかったように、周囲でも使用させたくなかった。武田氏では左京大夫は信虎以降の新しい例であり、後北条氏は和議の条件の一つに晴信の左京大夫を変更するよう求め、武田側もこれを領掌し、修理大夫は同盟国の今川氏が任じる可能性があったので、同族の若狭武田氏が代々任官している大膳大夫を選択したのではないだろうか。なお晴信が大膳大夫を選択した理由として、平山優氏が幕府連携強化を視野に入れて、幕府を護持していた若狭武田氏の大膳大夫へ変更したと述べている（同『武田信玄』吉川弘文館、二〇〇六年）。

(120) 織田信長判物写（「古今消息集」『愛知県史資料編11織豊1』一五〇〇号）、「尋憲記」天正二年二月十七日条、『兼見卿記』天正三年五月十三日条、天正十年三月廿二日条、『晴豊公記』天正十年三月十一日条。なお『言経卿記』天正十年三月廿二日条では「武田左京大夫」と記されているが、勝頼が左京大夫を名乗った徴証は他に見られず、言経の誤認であろう。

(121) 正親町天皇口宣案（「潮田文書」『新編埼玉県史資料編6』三七九号）。

(122) 氏資はこれ以降も史料上には自称・他称共に「源五郎」の仮名のままであった。

(123) 太田資武状（「太田三楽斎家系纂考」『北区史資料編古代中世2』四九号）。

(124) それぞれ一例を挙げると、左京大夫―山城賀茂社森尊久（永禄十一年十一月十二日付幕府奉行人連署奉書写「白井家文書」『福井県史資料編中世2』五〇号）、右京大夫―伯耆多祢社渡辺氏（永禄六年閏十二月廿八日付尼子義久袖判多賀高信奉書「竹矢文書」『新修島根県史』四四八頁）、修理大夫―安芸厳島社棚守房顕（史料編纂所架蔵写真帳「永禄年中晴豊公綸旨案」）、大膳大夫―豊後奈多八幡宮奈佐鑑基（七月五日付大友宗麟書状「薦神社文書」『大分県先哲叢書大友宗麟資料集第三巻』八八八号）。

(125) これは桑田和明「戦国時代における筑前国宗像氏貞の中納言申請について」（『福岡県地域史研究』二二号、二〇〇五年）によると、大宮司の地位を正当化・権威づけると共に、家臣・神官・領民の頂点に立つ身分秩序を構成するためであった。

(126) 天文十八年八月十四日付後奈良天皇口宣案（『大日本古文書阿蘇家文書之二』三二六号）。

(127) たとえば一色義春は無位で左京大夫に任官している（史料編纂所架蔵写真帳「宣秀卿御教書案」）。

(128) 出典はそれぞれ毛利秀元―毛利輝元官途状（「長府毛利家文書」『下関市史資料編Ⅳ』一一二頁一号、）・「長府毛利家略系図」（同上書）、水谷勝俊―水谷勝俊願文（「金剛院文書」『栃木県史史料編中世一』四号）、津軽為信―後陽成天皇口宣案（「津軽家文書」『新編弘前市史資料編2（近世編1）』七六号）、佐竹義宣―孝蔵主奉書（『千秋文庫所蔵佐竹古文書』二一

表4　南北朝から天正までの公家・諸道・畿内周辺神社の四職大夫

名前	年月日	出典	任官・辞官など	備考
左京大夫				
九条公明	建武二・一・一三	公卿補任	任官	
九条公明	建武三・五・二五	公卿補任	辞官	
勧修寺経顕	建武三・五・二五	公卿補任	任官	
安居院行知	貞治四・八・二〇	職事補任	任官	
安居院行知	貞治六・四・一三	後深心院関白記		
高辻長衡	応安元・三・一五（一六カ）	諷誦文故実抄		
土御門有世	応安四・三・二三	迎陽記		陰陽家
土御門有世	永和四・四・二三	後深心院関白記		陰陽家
惟憲	永徳元・一二・三	最勝光院方評定引付		
丹波兼康	永徳三・九・一五	吉田家日次記		
津守国量	明徳二・三・二六	除書部類	任官	住吉社神主
高辻久長	明徳五・二・二五	桂林遺芳抄		
入道済仲	応永八・五・一二	廿一口方評定引付		
丹波定康？	応永一二・一〇・二〇	教言卿記		
高辻久長	応永一三・一二・一九	教言卿記		
高辻久長	応永一四・三・	集		
安倍守経	応永一八・四・四	伏見宮御所伝音楽書		陰陽家
三善富衡	応永三二・四・一四	薩戒記		
惟宗康任	永享三・二・五	建内記		近衛諸大夫
惟宗康任	永享九・三・二一	薩戒記		近衛諸大夫
勘解由小路在康	永享一〇・八・一六	薩戒記		陰陽家
惟宗相豊	文安五・五・一六	康富記		近衛諸大夫
惟宗相豊	宝徳二・七・五	康富記		近衛諸大夫
惟宗相豊	康正二・三・二七	八幡社参記	前官	近衛諸大夫

三善量衡	長禄二・一・七	師郷記		権大夫ヵ
永尚	長禄二・一・一六	宗賢卿記		三条実雅家司
某	寛正六・五・一二	大乗院寺社雑事記	死去	一条諸大夫
春前	応仁元・七・一二	経覚私要鈔		近衛諸大夫
物加波懐兼	文明五・一二・二八	歴名土代	任官	
津守国昭	文明一五・八・三	住吉大社文書	任官	住吉社神主
森貞久	(文明一八ヵ)五・二三	親長卿記	任官	賀茂社神官
久任	文明一八・七・二五	長興宿禰記		一条諸大夫
久任	文明一九・一・二五	長興宿禰記		一条諸大夫
丹波親康	長享二・九・二九	宣秀卿御教書案	任官	医家
祝部成綱	長享三・七・二六	宣秀卿御教書案	任官	
物加波懐兼	延徳三・一・二〇	実隆公記		
丹波親康	延徳三・五・一二	宣秀卿御教書案		医家
吉田兼昭	延徳三・九・九	宣秀卿御教書案	任官	吉田社
森長経	(明応五)一〇・二六	久我家文書		久我諸大夫
土御門	明応七・三・二八	言国卿記		陰陽家
錦小路頼量	明応七・六・四	歴名土代	任官	医家
賀茂在憲	明応一〇・一・一六	言国卿記		陰陽家
錦小路頼量	永正三・一・一〇	後法成寺関白記		医家
安倍長言	永正一〇・八・一二	頼継卿記	任官	
丹波頼直	大永二・三・二九	除書部類	任官	医家
丹波頼直	大永三・四・二三	叙位除目女叙位文書一会		医家
津守国賢	大永四・五・二六	歴名土代	任官	神官
源久親	享禄四・二・一三	歴名土代	任官	
源久親	享禄五・七・七	言継卿記		
五辻諸仲	天文三・二・一二	歴名土代	任官	
土御門有脩	天文二一・一〇・三	歴名土代	任官	陰陽家
土御門有脩	永禄六・一一・三〇	土御門文書		陰陽家

大沢重延	元亀二・五・五	言継卿記		山科諸大夫
左京権大夫				
葉室頼教	元弘三・六・	公卿補任	任官	
吉田為治	建武二・五・二三	公卿補任	辞官	
葉室頼教	建武三・一一・二四	公卿補任	任官	
安居院行兼	暦応二・四・一八	職事補任		
三善兼俊	暦応二・五・七	師守記	任官	
賀茂在実	康永元・七・一四	師守記		陰陽家
賀茂在実	康永四・五・一	園太暦		陰陽家
藤原為保	観応三・閏二・二一	園太暦	任官	
森長重	延文四・一・一	園太暦		
森長重	貞治五・一・一	久我家文書	前官	
広衡	応安元・八・一三	山門嗷訴記	任官	
吉田兼熈	応安六・一・	熱田神宮所蔵日本書紀		吉田社
家明	応安七・六・一	天龍寺重書目録	前官	
吉田兼熈	応安八・二・二四	後愚昧記		吉田社
惟宗行冬	永徳三・六・二七	吉田家日次記	前官	
三善景衡	応永二・一・二九	京都御所東山御文庫記録	任官	
		後愚昧記(実冬公記)		
丹波定康	応永三・四・二〇	荒暦	任官	
高階俊経	応永五・三・二四	除書部類	任官	
俊藤	応永五・九・八	東寺文書、実隆公記		二条諸大夫
賀茂定弘	応永一七・一一・一	満済准后日記		陰陽家
三善富衡	応永二七・三・二六	除書部類	任官	
惟宗相豊	文安元・三・二九	康富記	任官	
惟宗相豊	文安三・一・五	師郷記		

大江匡国	文安四・三・一七	除書部類	任官	一条諸大夫
大江匡国	宝徳二・七・五	康富記		
丹波治康	宝徳三・三・二六	除書部類	任官	
清元	長禄二・一・一六	宗賢卿記		
三善量衡	寛正二・一二・一一	公名公記	前官	
中沢重種	文亀二・八・一三	歴名土代	任官	九条諸大夫
中沢重種	永正一八・三・一七	叙位除目女叙位		久我諸大夫
森長基	大永二・三・二九	歴名土代	任官	久我諸大夫
森長基	天文四・五・三	久我家文書		久我諸大夫
右京大夫				
三条公綱	建武元・三・一五	公卿補任	任官	
高倉経康	建武二・一・一三	公卿補任	辞官	
三条実任	建武二・一・一三	公卿補任	任官	
三条実任	建武四・七・	公卿補任	辞官	
楊梅重兼	建武四・七・二〇	公卿補任	任官	
楊梅重兼	暦応二・一・一三	公卿補任	辞官	
吉田国俊	暦応二・八・一二	公卿補任	任官	
藤原房範	暦応四・五・二六	公卿補任	任官	
山科言範	暦応四・一二・二二	公卿補任	任官	
山科言範	康永二・八・一二	公卿補任	辞官	
菅原長嗣	康永三・一二・二九	園太暦	任官	
菅原長嗣	康永四・三・二二	師守記		
行忠	康安二・二・三〇	門葉記	前官	
高辻長衡	貞治二・閏一・二六	師守記		
高辻長衡	応安三・六・二四	応安三年如意輪法記		
高辻長衡	応安五・四・一八	公卿補任	前官	

藤原友清	応永二〇・二・一	除書部類	任官	
安倍守経	応永二二・	公卿補任	前官	
源信直	応永二二・九・一七	伝法灌頂記		
藤原友清	応永二三・四・二〇	広橋家史料		西園寺諸大夫
源顕親	正長元・七・一四	薩戒記		
宣忠	永享三・四・一三	看聞日記		久我諸大夫
源信直	永享三・一一・一八	看聞日記		久我諸大夫

右京権大夫				
源仲治	建武五・八・一一	後愚昧記		
源長信	暦応三・八・一二	師守記	任官	
源長信	暦応四・一・一五	師守記		
仲直	康永元・一二・一〇	光明院宸記		
光吉	康永三・九・二三	園太暦	任官	
藤原業房	康永四・八・二五	園太暦	任官	
行忠	観応元・一一・八	園太暦		
光之	延文元・八・九	園太暦		
土御門泰尚	延文元・八・二〇	園太暦		陰陽家
三善益衡	貞治六・二・一三	師守記	任官	
三善益衡	貞治六・八・一〇	師守記	辞官	
春日仲定	貞治六・八・一〇	師守記	任官	
春日仲定	貞治七・一・一	師守記	前官	
宗茂	応安三・一・一六	後深心院関白記		
宗茂	応安四・三・一九	後深心院関白記	前官	
賀茂清周	応安七・一二・一三	後愚昧記	任官	
惟憲	康暦二・一二・五	最勝光院方評定引付		
高階泰世	明徳三・八・二八	相国寺供養記		近衛諸大夫

高階泰世	明徳四・八・一五	兼治宿禰記		近衛諸大夫
高階泰世	応永一三・二・二二	長福寺文書		近衛諸大夫
賀茂定香	応永一七・一・二八	除書部類	任官	
三善重統	応永二七・閏一・一三	康富記	任官	
三善種衡	文安二・三・二三	除書部類	任官	
三善有統	文安四・一一・六	康富記	任官	転法輪三条諸大夫
三善有統	享徳四・三・一〇	康富記		転法輪三条諸大夫
鴨祐孝	延徳四・五・六	宣秀卿御教書案	任官	鴨社司

修理大夫				
三条実任	元弘三・五・一七	公卿補任		
三条実任	元弘三・九・二三	公卿補任	辞官	
四条隆資	建武元・一〇・九	公卿補任	任官	
四条隆資	建武二・一〇・一七	宗像文書		
正親町公蔭(忠兼)	建武三・三・二	公卿補任	任官	
正親町実寛	建武四・七・	公卿補任		
八条清季	暦応元・二・一七	公卿補任	任官	
八条清季	暦応五・一・一五	公卿補任	辞官	
行信	暦応四・一二・二八	東寺百合文書ユ函		
清閑寺家房	康応元・二・二一	兼宣公記		
某	永徳三・五・一三	鹿王院文書		九条諸大夫
惟教	明徳二・九・一五	室町殿春日詣記	前官	
橘俊綱	応永八・七・四	迎陽記		
藤原孝継	応永一四・七・二三	教言卿記		
藤原孝継	応永一五・三・九	看聞日記	前官	
三善興衡	応永二三・四・二〇	広橋家史料		今出川諸大夫
三善興衡	応永二七・四・五	薩戒記	前官	今出川諸大夫

高階経康	正長二・三・二	満済准后日記		二条諸大夫
高階経康	永享元・七・一	建内記		二条諸大夫
高階経康	永享三・四・二八	曼荼羅供雑記	前官	二条諸大夫
詮広	永享五・三・	総持寺文書		二条諸大夫
藤原孝長	永享五・一二・一五	公名公記		修理大夫孝経子
成輔	永享九・四・二	看聞日記		日吉社御師
唐橋在豊	永享九・八・二七	薩戒記		文章博士
源康俊	嘉吉三・三・一六	建内記	任官	一条諸大夫
橘以益	文安元・三・二九	康富記	任官	
海住山高経	文安四・一二・三	建内記		
幸徳井友幸	宝徳二・一・一三	経覚私要鈔		南都陰陽家
幸徳井友幸	享徳二・一・一九	経覚私要鈔		南都陰陽家
薄以盛	宝徳三・	公卿補任	前官	
高階頼弘	享徳三・三・二三	除書部類	任官	関白諸大夫
源康俊	享徳三・一二・二四	経覚私要鈔		一条諸大夫
高階頼弘	康正二・三・二七	八幡社参記		
友長	長禄二・一・一六	宗賢卿記		
忠弘	長禄二・一二・一六	大乗院寺社雑事記		日野諸大夫
忠弘	文正元・六・一六	大乗院寺社雑事記		日野諸大夫
忠弘	文正二・二・六	宗賢卿記	前官	日野諸大夫
某	文明四・九・三	久我家文書		久我諸大夫
某	文明五・九・二九	田中教忠氏所蔵文書		久我諸大夫
某	文明六・六・九	久我家文書	前官	久我諸大夫
幸徳井友延	文明八・四・一一	幸徳井昇進宣旨	任官	南都陰陽家
久任	文明一〇・一二・二八	大乗院寺社雑事記		一条諸大夫
永種	文明一三・一・一	実隆公記		
久任	文明一三・一・一〇	後法興院記		一条諸大夫
某	文明一三・九・二八	宝鏡寺文書		日野諸大夫

某	文明一七・六・二六	大乗院寺社雑事記		一条諸大夫
樹下	延徳二・一一・一六	伺事記録		日吉社司
某	延徳四・二・二三	蔭涼軒日録		葉室諸大夫?
岩見	明応二・二・二八	大乗院寺社雑事記		九条諸大夫
某	明応三・七・一〇	後慈眼院殿御記		日野諸大夫
鳥居大路友平	明応七・一二・二九	賀茂別雷神社文書		賀茂社
鴨光藤	永正一六・一・一六	後法成寺関白記		鴨社
春日仲康	大永二・三・二九	除書部類	任官	
季久	大永六・一・五	後法成寺関白記		
佐伯盛行	大永六・二・一四	広橋兼秀符案留	任官	神官
土御門有春	天文二・一二・一四	広橋兼秀符案留	任官	陰陽家
土御門有春	天文三・一一・二五	土御門文書		陰陽家
藤原盛継	天文五・四・一九	苗村神社文書	任官	神官
樹下	天文六・七・一	天文日記		日吉社司
藤原盛氏	天文八・二・二三	歴名土代	任官	陸奥蘆名盛氏ヵ
土御門有春	天文八・四・二七	披露事記録		陰陽家
親房	天文一〇・七・	別本賦引付		大原野神主
春日仲康	天文一五・九・三〇	久我家文書		久我諸大夫
源季治	天文一六・三・二三	歴名土代	任官	一条諸大夫
半井明英	天文二一・八・二六	歴名土代	任官	医家
半井明英	天文二二・四・一一	言継卿記	これ以前出家	医家
佐伯盛次	永禄四・一・二七	歴名土代	任官	神官
森基時	永禄八・一二・二七	歴名土代	任官	久我諸大夫
森基時	元亀三・一〇・一七	久我家文書		久我諸大夫
津守国繁	天正三・一一・一七	歴名土代		神官

修理権大夫

葉室頼教	元弘三・六・	公卿補任	辞官	
行信	暦応四・一二・二八	東寺百合文書ュ函		修理大夫、権大夫ヵ
安倍有俊	貞和五・一二・五	師守記		陰陽家
某	観応元・九・一九	園太暦		
藤原親尹	貞治三・七・二一	師守記		徳大寺諸大夫
藤原親尹	貞治四・三・二三	師守記	復任	徳大寺諸大夫
春日仲光	貞治五・一・一	久我家文書		
為敦	応安四・閏三・二一	後深心院関白記		
為敦	応安四・九・一三	後深心院関白記		
高階成重	康暦二・四・二三	迎陽記	任官	
某	永徳三・五・一三	鹿王院文書		九条諸大夫
某	明徳三・四・二七	鹿島神宮文書		
惟教	明徳四・八・一五	兼治宿禰記		
菅原在勝	応永三・八・四	荒暦		
敦忠	応永五・一・一六	柳原家記録忠定卿記	前官	柳原諸大夫
土御門泰嗣	応永八・三・五	吉田家日次記		陰陽家
土御門泰嗣	応永八・八・三	迎陽記		陰陽家
藤原孝継	応永九・三・二八	吉田家日次記		
勘解由小路在弘	応永一二・五・三〇	辰市家旧記		陰陽家
勘解由小路在弘	応永一三・	公卿補任	前官	陰陽家
高階泰世	応永一三・三・二四	除書部類	任官	近衛諸大夫
中臣盛兼	応永一五・三・四	教言卿記		
三善興衡	応永二一・三・一六	除書部類	任官	
中臣基親	応永二六・三・一〇	康富記	任官	
唐橋在豊	永享六・一〇・一九	建内記		
藤原敦国	文安元・三・二九	康富記	任官	
幸徳井友幸	文安元・四・一〇	地下家伝	任官	
友長	文安四・一一・六	康富記	任官	

友長	文安五・一・一六	師郷記		
源康俊	宝徳二・七・五	康富記		一条諸大夫
六条清栄	宝徳二・一一・七	康富記	任官	陰陽家
六条清栄	宝徳三・七・一〇	康富記		陰陽家
六条清栄	宝徳三・七・一七	康富記	前官	陰陽家
富小路俊通	文明九・七・二六	親長卿記		九条諸大夫
富小路俊通	明応二・一・二〇	親長卿記		九条諸大夫
鴨光数	天文二・四・二六	歴名土代		
某	弘治三・一一・一一	お湯殿の上の日記	任官	
大膳大夫				
藤原	建武元・一二・二七	師守記		
中御門経季	建武二・二・一一	師守記		
中御門経季	建武三・二・二九	中院一品記		
高辻国長	建武四・三・二九	公卿補任	任官	
高辻国長	暦応二・一・二	公卿補任	辞官	
土御門泰世	暦応二・九・二六	師守記		陰陽家
土御門泰世	暦応二・一二・一〇	中院一品記		陰陽家
源仲康	康永四・八・二	園太暦		
在顕	観応元・三・二二	公清公記		
藤原業家	観応元・三・二九	園太暦	任官	
某	文和四・一二・一	北島文書		
安倍親宣	康安元・六・二二	後愚昧記		
大江匡光	康安二・四・二七	後深心院関白記		
唐橋公煕	貞治三・八・一	報恩院文書		九条諸大夫
為綱	貞治六・二・一九	後愚昧記		
和気通清	貞治六・四・一三	後愚昧記	任官	

定秀	貞治七・二・三	三宝院文書		陰陽家
大江匡光	応安四・三・一九	後深心院関白記		
俊重	康応元・九・一五	兼宣公記		
俊重	明徳四・八・一五	兼治宿禰記	前官	
吉田兼世	応永五・三・四	吉田家日次記		神官
吉田兼世	応永一〇・閏一〇・一六	吉田家日次記		神官
清原頼季	応永一四・三・五	教言卿記		
清原頼季	応永一四・七・一九	大日本七―八		
重治	応永一九・三・二八	廿一口方評定引付		久我諸大夫
重治	応永二二・九・一七	伝法灌頂記		久我諸大夫
安倍季長	応永三三・一二・二七	薩戒記		
匡重	永享三・四・二八	曼荼羅供雑記		
某	永享七・一二・一九	看聞日記		陰陽家
大江匡重	永享一一・三・一八	除書部類	任官	
康俊	文安元・三・二七	康富記		
吉田兼種	文安五・一・二九	康富記	任官	
吉田兼種	文安五・六・六	康富記		
匡具	文安五・八・一七	康富記		
源行職	文安六・三・二七	康富記		大炊御門諸大夫
勘解由小路在盛	宝徳元・一一・二三	康富記	前官	陰陽家
勘解由小路在盛	宝徳二・七・二六	康富記	前官	陰陽家
源行職	宝徳二・八・一七	康富記	前官	大炊御門諸大夫
吉田兼種	享徳二・八・一八	康富記		陰陽家
源行職	享徳四・三・一〇	康富記		大炊御門諸大夫
紀行長	享徳四・七・二五	紀伊続風土記附録三		紀国造
信濃小路兼益	長禄元・一〇・一八	経覚私要鈔		九条諸大夫
土御門有長	長禄二・三・二四	除書部類	任官	陰陽家
信濃小路兼益	長禄三・二・二七	経覚私要鈔		九条諸大夫

信濃小路兼益	長禄四・閏九・一七	経覚私要鈔		九条諸大夫
某	寛正二・九・一三	大乗院寺社雑事記		
信濃小路兼益	寛正四・一〇・六	経覚私要鈔		九条諸大夫
信濃小路兼益	寛正五・八・一	経覚私要鈔		九条諸大夫
裏松	応仁二・一・二八	山科家礼記		
信濃小路兼益	応仁三・三・二三	経覚私要鈔		九条諸大夫
信濃小路兼益	文明三・九・九	経覚私要鈔		九条諸大夫
某	文明五・三・二	大乗院寺社雑事記		鷹司諸大夫
某	文明五・四・一四	大乗院寺社雑事記		鷹司諸大夫
北大路俊宣	文明八・一・六	宗賢卿記		近衛諸大夫
某	文明八・五・七	実隆公記		日野諸大夫
宣俊	文明九・五・二〇	大乗院寺社雑事記		鷹司諸大夫
某	文明一〇・六・八	大乗院寺社雑事記		鷹司諸大夫
某	文明一一・七・一二	大乗院寺社雑事記		鷹司諸大夫
大宮	文明一三・八・一六	賦引付二		
信濃小路兼益	(文明一三)一〇・一六	京都御所東山御文庫記録		九条諸大夫
紀俊連	文明一四・七・二三	紀氏文書	任官	
某	文明一六・一二・三	大乗院寺社雑事記		
祝部友房	文明一八・三・二六	宣秀卿御教書案	任官	日吉社司
北大路俊宣	文明一八・七・二五	長興宿禰記		近衛諸大夫
北大路俊宣	文明一九・一・二五	長興宿禰記		近衛諸大夫
祝部成房	長享三・七・二六	宣秀卿御教書案	任官	日吉社司
錦小路秀直	長享三・八・六	歴名土代	任官	
錦小路秀直	延徳元・一二・二四	宣秀卿御教書案		
大宮	延徳二・三・二四	北野社家日記		
大宮	明応二・九・一〇	北野社家日記		
竹内基治	明応四・一〇・一	久我家文書		久我諸大夫
北小路俊泰	明応六・三・二六	歴名土代	任官	

春原国枝	明応八・八・	御霊社文書		
某	永正三・八・一一	大乗院寺社雑事記		九条諸大夫
某	永正五・九・一三	九条家文書		九条諸大夫
竹内基治	永正七・九・一七	久我家文書		久我諸大夫
信濃小路長盛	永正七・五・八	後慈眼院殿御記		九条諸大夫
信濃小路長盛	永正九・四・二六	実隆公記		九条諸大夫
某	永正九・八・二七	九条家文書		九条諸大夫
竹内基治	(永正一〇ヵ)三・五	久我家文書		久我諸大夫
北小路俊泰	永正一二・二・一一	守光公記	任治部卿	近衛諸大夫
竹内基治	永正一四・一二・一九	久我家文書		久我諸大夫
竹内基治	永正一五・一二・二七	久我家文書		久我諸大夫
某	永正一七・二・三	実隆公記		九条諸大夫
信濃小路	大永二・一・五	経尋記		九条諸大夫
信濃小路	大永二・一一・七	経尋記		九条諸大夫
某	大永六・一二・二三	賦引付三		近衛諸大夫
竹内基治ヵ	天文四・一二・一二	久我家文書		久我諸大夫
某	天文一〇・八・四	天文日記		賀茂社関係
竹内秀治	天文一七・一・一二	言継卿記		久我諸大夫
竹内季治	天文二〇・三・二七	歴名土代	任官	久我諸大夫
北小路俊直	天文二二・	歴名土代	任官	近衛諸大夫
北小路俊直	天文二四・一・七	言継卿記		近衛諸大夫
佐伯盛英	永禄四・一・二七	歴名土代	任官	
中興	永禄六・一・一三	言継卿記		医師
某	永禄一二・一・一一	二条宴乗日記		
某	永禄一三・三・九	二条宴乗日記		
北小路俊直	元亀四・一・六	二条宴乗日記		近衛諸大夫
北小路俊直	天正一五・一〇・九	時慶記	死去	近衛諸大夫

大膳権大夫				
藤原朝尹	暦応元・一〇・二四	師守記	任官	
源仲能	暦応二・二・二八	師守記	前官	
盛秀	暦応三・二・六	師守記		
基業	暦応四・一・三	師守記	前官	二条諸大夫
源仲康	暦応五・四・一一	師守記	任官	
藤原忠成	貞和三・七・一一	園太暦	任官	
安倍良宣	貞和五・一二・五	師守記		陰陽家
安倍良宣	観応元・九・一九	園太暦		陰陽家
惟宗貞俊	観応元・一〇・一二	園太暦	任官	
源仲光	文和二・一二・一二	師守記	任官	
大江匡光	文和三・三・二八	師守記	任官	
源英長	延文四・三・二六	園太暦	任官	
和気通清	貞治六・五・二六	師守記	任官	
和気通清	貞治六・八・四	師守記	辞官	
藤原業清	貞治六・八・四	師守記	任官	
丹波盛長	嘉吉元・三・四	建内記		
匡重	嘉吉三・六・一五	薩戒記	前官	
勘解由小路在盛	宝徳二・八・一七	康富記	前官	陰陽家

※任官・辞官などの欄で空欄は当職として(史料上では)見えることを示す

号)、小出吉秀—小出吉清起請文(「衣斐文書」『岐阜県史史料編古代・中世四』一二号)。ただ津軽為信の任官は秀吉死後であり、かつ「豊臣」姓でないので、厳密にはここで挙げるべきではないが、関ヶ原合戦以前であるのでここで掲げた。

(129) 浅野長継書状(『大日本古文書伊達家文書之二』四三九号)。

(130) それぞれ中川秀成—「資勝卿符案」(史料編纂所架蔵謄写本)、京極高知—『鹿苑日録』慶長二年十月廿日条、佐野信吉—

羽柴秀吉朱印状（「佐野文書」『栃木県史史料編中世二』一号）、大野治長―羽柴秀頼黒印状（「盛岡南部文書」『青森県史資料編中世1南部氏関係資料』五六三号）および浅野幸長書状案（『大日本古文書浅野家文書』二五七―五号）、最上義康―出羽三山神社旧蔵棟札（『山形市史史料編1最上氏関係史料』金石文・その他六三号）、色部長実―後陽成天皇口宣案（「古案記録草案」『新潟県史資料編4中世二文書編Ⅱ』二〇五五号）、蜂屋謙入―九州動座之次第（『鹿児島県史料旧記雑録後編二』二三三号）、有馬晴信―羽柴秀吉朱印状（『大日本古文書小早川家文書之一』五〇一号）。なお色部長実はこれ以前にも修理大夫であったが、豊臣政権下で改めて修理大夫に任官した。また井伊直政には天正十二年に修理大夫に任官した口宣案（中村不能斎『井伊直政・直孝』彦根史談会、一九五一年、に所収）があるが、それ以後修理大夫を称した形跡が全くないので、ここでは考慮外とする。

(131)　それぞれ木下吉隆―羽柴秀吉朱印状（『大日本古文書小早川家文書之一』三八〇号）、奥平家昌―「資勝卿符案」（史料編纂所架蔵謄写本）。

(132)　伊達政宗書状（『大日本古文書伊達家文書之二』六四三号）。浅野幸長に遠慮したものか。

(133)　十五世紀以降の公家における四職大夫（表4）を見てみると、右京大夫が永享年間以降確認されない。ひょっとすると右京大夫は、武家のみならず公家をも併せて細川氏のみに限定されていた可能性もある。

第四章　在国受領

はじめに

中世後期の武家において受領官途は、その大部分の者にとって最終的に名乗る官途であった。太郎などの仮名の次に兵衛・衛門尉、または掃部・兵庫などの京官を名乗り、最後に受領へと名乗りを改めるのが通例であったからである。そんな受領官途に改める・任官する時、なぜそれを選択したのか。この問題を探る手がかりとして、本稿では在国受領を名乗ることについて検討をしていきたい。この在国受領をめぐる先行研究では、とくに在地効果の有無について争点があった。この在地効果説とは、在国する国の受領官を名乗る事によって、政治的・経済的に何らかの実利・権益を得られるとするものである。では先行研究を簡単にまとめてその問題点を見ていきたい。

まず挙げられるのが田中修實氏の論考である(1)。これは備中守および美作・備前守について検討を行ったもので、実例をもとに受領官途を名乗る意義についての提言が初めてなされた意味で重要である。備中守については、南北朝から戦国期にかけて備中において備中守を名乗る意味について検討している。氏は、南北朝期国人の在国する当該国守は、名誉的称号とは言えないほど政治的・実質的に大きな意味を持ち続け、在地効果としてきわめて有効であったとし、室町期に入ると南北朝期ほどの政治的利用は無かったが、国守になることでその権威の政治的利用と国衙・荘園支配とが連関していたと指摘し、戦国期備中守を名乗った者は「国主」への志向性を明確にもっていたと述べている。

さらに別稿では、毛利隆元の備中守は世襲官途だからではなく、備中平定の意志表現であったとしている。また、美作・備前守についても、赤松氏家中でそれを名乗ることは、本国の隣国である赤松守護管国内の在地支配を進める上で権威を浸透させるため有効であり、初めは守護代クラス、後には被官人も使用し、室町期は在国名受領よりも隣国名受領の方が自・他国でより効果的に権威が作動すると述べている。

これらについては、すでに新田氏が「実証」とは言い難く推測の域から全く出ていないと指摘されている(2)。個人的な見解を加えると、田中氏の言及する在地への威圧的効果への期待とはあくまで氏の推測であって、その効果が本当にあったかどうか、名乗ることで効果への期待を抱いていたのか、在地の人間が本当に畏怖したかどうかは、史料上に明記されているわけでなく、実際のところは全く不明である。それに在国受領の名乗りが在地の人間に特別な意味を与えるのであれば、名乗らない者はいないはずであろう。またこの三ヶ国の事例だけで普遍化できないこと、赤松氏当主は実際には播磨守を名乗っておらず、在国受領の事例として不適当であること(3)、毛利隆元の備中守の名乗りも、いまだ半国も支配のなっていない安芸や備後を通り越して備中支配を志向するのかなどの問題もある。

次に今谷氏の著作(4)が挙げられる。これは大内義隆の大宰大弐・筑前守・伊予介、織田信秀・今川義元の三河守を事例として実利的官位の存在を指摘したもので、天皇権威上昇の視点から幕府の守護職の称号は全く無力で、代わりに正統性を示すために国司だけが求められたとした。ただこれにはすでに堀氏・池氏らの批判(5)がなされており、また朝廷の権威上昇を重視するあまり、それを示すと思われた数例の事例を取捨して国司を名乗ることを意味付けているところに問題がある。

そしてこの両者とは逆に位置するのが堀氏の研究である。まず堀氏は今谷氏の提示した事例について、織田信秀は三河守に任官するも一度も使用せず（使用したのは弾正忠・備後守）、今川義元も三河守任官は尾張へ出陣する直前で、尊氏の任官履歴に自身を重ね合わせただけ（ただしこれは角田氏により否定されている）[6]としている。また徳川家康の三河守は、三河回復後なので在地効果の検証には不適当であり、大内義隆も律令官職は次善の策であって、筑前守任官も現実領有も幕府の前では効果は無かったため、在地効果を過大評価できず実利的官位として高く評価できないと結論づけている。[7]また別稿[8]では、在地効果説はまず中世史から主張されたが、先の論考から成立しないのは明らかであり、近世の受領名についても、岡山藩池田氏の事例から成立しえないことは明らかで、大名の受領名は近世では現実機能も認識も「名」であって、中世社会でも同じであると述べている。

ただ堀氏は在地効果はなかったとするも、その根拠は中世では今谷説への反証のみであり、近世でも池田氏の事例のみによるもので、たまたまそれらの大名が必要としなかったとも考えられ、中世後期の全国各地の事例をもとにした具体的な証明はされていない。近世から遡らせて中世も適用させている点でも結論は性急にすぎる。

近年では山田貴司氏が大内義隆の大宰大弐について検討している。その中で山田氏は、大宰大弐以前に任官した筑前守は筑前支配の権威を調えるものであるが、筑前守を名乗った形跡は無く、今谷氏の指摘を具体的に検証する事は難しいとし、大宰大弐任官についても、衰退著しい少弐氏への対抗というよりも、朝廷との関係および中央政局との関係や対大友戦争で不安定となった支配の正当性・公権立場を顕示するためであるとしている。[9]

また在地効果には触れていないが、受領官途に言及したものに、宇都宮氏における下野守について述べた荒川氏の研究[10]、佐竹氏における常陸介に触れた拙稿[11]などがある。

さてこれらの先行研究を踏まえた上で検討すべきことは何かとなると、まず実利としての効果の有無については、効果の度合いを直接指し示す史料が皆無であり、有無を論じるのは非常に困難である。ここで山田康弘氏の、栄典が求められたことは「効果がある」と諸大名に信じられていたことは示しているとの指摘[12]が重要になる。つまり在国受領を名乗っている事例を検討すれば、大名・領主の在国受領に対する認識がわかるのではないか。今までの先行研究は少ない、限定的な事例から普遍化されている点に問題があったので、以下ではまず全国の在国受領の実例をもとに、受領を名乗る、とくに名乗り始める時期を注目してその背景・意義を見ていきたい。なお本文中で注を付していない事例の出典は、文末の表に一括して載せてある。

1　在国受領を名乗る守護

元々鎌倉時代に守護が国守を兼ねるのは、御家人の受領任官が制限されていたこともあって少なかった。[13] 南北朝期（尊氏・義詮期）の各地の守護を見てみても、守護の国司兼任事例は次の通りで、全国の六分の一の国のみである（括弧内は守護国司兼任に準ずる、あるいは一考を要するもの）。

（奥州管領斯波家長・石橋和義…陸奥守）
下野守護…小山義政
（伊豆守護…上杉重能、ただし守護となる数年前から伊豆守になっている）
信濃守護…小笠原貞宗・長基
越後守護…高師泰
（加賀守護…富樫高家・氏春・昌家…富樫介）
（伊賀守護…仁木頼章？　伊賀守として見える建武元年頃の守護不明）
隠岐守護…塩冶高貞

美作守護…富田秀貞
備前守護…松田盛朝（権）・信重
備中守護…秋庭某
（周防守護…大内弘世…大内介）
長門守護…厚東武直
筑前守護…少弐頼尚（当初は筑後守）
肥後守護…菊池武重・武時・武光

それでは室町期に守護およびそれに準じる存在がその国の守を名乗るケースはどれほどあるのか。それは次に示す通りで、

下野…小山義政・持政・成長・高朝
　　宇都宮氏綱・基綱・等綱・成綱
常陸…佐竹実定
信濃…小笠原貞宗・長基・長秀・持長・清宗
美濃…土岐頼忠・頼益・持益・成頼・政房・頼芸
近江…六角久頼・氏綱
周防…大内盛見
淡路…細川師氏・満春・満俊・持親・成春・尚春
阿波…細川正氏

伊予…河野通義・通春・通篤

豊後…大友親繁

肥後…菊池兼朝・持朝・為邦・重朝・能運・武経・義武（武政・政朝は不明）

この中で下野・信濃・淡路・肥後は南北朝期に守護が国司を兼ねた国で、その子孫がそれを先例として使用していた。とりわけ淡路守護家細川氏は、鎌倉期の淡路守護長沼氏が淡路守を代々用いたことも大きく影響していたのであろう[14]。また下野では小山氏と宇都宮氏とが互いに名乗り合っており、両氏が同時期に名乗るケースは基綱・義政と持政・等綱とがあるが、義政の下野守任官は基綱の替であり[15]、等綱は持政が幕府から下野守任官を受けた後に「前下野守」と自ら名乗っている[16]。

一方、常陸・美濃・近江・周防・阿波・伊予・豊後については事情が異なる。

佐竹実定は左京大夫から常陸介になっている[17]。享徳の乱の中で実定は京都・上杉方として古河公方方の義人・義俊と争い、その対抗から、本来なら格上である左京大夫をあえて改め、佐竹氏当主も使用していなかった常陸介となったと思われる。

土岐氏では美濃守となるのは頼忠以降で、それ以前の本来の守護家である頼康・康行（義行）以降の土岐世保氏は左馬助・八省輔・大膳大夫を家の官途としている。そして頼忠系は守護とはなるが、いまだ土岐世保氏が惣領との認識が残り[18]、国内には土岐一族や奉公衆の所領が多く、また土岐世保氏の影響力も国内に残存している問題を抱えていた[19]。

六角久頼が近江守護となったのは、文安騒動で前守護満綱・持綱父子が自害したことによる特殊な事情があった[20]。六角氏は通常兵衛尉・大膳大夫を家の官途にしていたが、そうした内紛による当主の地位の揺らぎが近江守任官の大きな要因となったのであろう。[21] 氏綱の近江守は任官時期が不明だが、永正前半の史料では四郎として散見され、少なくとも永正十三年（一五一六）以前のことである。[22] となると伊庭氏の乱を鎮めた後であり、氏綱が近江守となったのは、父高頼が大膳大夫として健在なのもさることながら、守護代伊庭氏を討って新たな権力を確立しようとするためであったと捉えられよう。

大内氏では家督は周防介を名乗るのが通常だが、盛見のみ守となっている。これは家督を争った大内弘茂が介であったため、[23] それに対抗して「周防守」を名乗ったと思われる。なお盛見は周防守に任官しているが、[24] それより前にすでに自ら名乗っていたようである。[25]

阿波では細川清氏の子正氏が、頼之が康暦の政変で没落した後に、頼之弟頼有に代わって阿波守護となっており、阿波守も同時期に頼之派に対する意味で任官したのであろう。

そして河野通義の伊予守は南北朝以後河野氏では初例で、これは細川氏と伊予支配をめぐり対立の最中の時期の任官で、袖判口宣案の初見でもある。[26] ややもすれば劣勢に立たされていた細川氏に対し、伊予支配への志向性・将軍義満との関係強化という河野氏の意図が窺える。なお伊予分郡守護細川氏の家の受領官途は下野守で伊予守は一人もいないが、寛正年間（一四六〇〜六六）に一時期守護となった上野賢氏が伊予守を名乗っている。[27]

大友親繁は親世系と氏継系との家督交互継承争いの中家督を継ぎ、結果的にその争いを終わらせている。[28] 貞宗より後の当主が受領すら用いていなかったところに、親繁が豊後守をあえて名乗ったのは、そのような家督をめぐる紛争の中で、自身が大友家督であるとの主張を内外に示そうとしたためであろう。

室町幕府において任官は、基本的に任官者側から希望任官途を幕府に申請し、それが幕府で認められる事で成立した。それ故に右の人々も在国受領をあえて望んで選び、幕府に任官を申請した結果名乗っていたことになる。つまり彼らは、何らかの政治的理由で自らがその国の主であることを示す必要があり、それが在国受領名乗りにつながったと言える。ただそれらが支配に直接影響したのかという疑問には、それを具体的に指し示す史料が無く、効果のほどは不明というしかない。また、同様な政治立場にありながら在国受領を名乗らなかった者も多数いることにも留意せねばならないだろう。たとえば越前の朝倉孝景は、応仁の乱のさなか越前守護職を獲得しながらも、なおも主家であった斯波家との軋轢を抱え、国内でも反対勢力が健在であったが、孝景やその子孫は誰一人として越前守に任官することはなかった。(29)在国受領を名乗るかどうかは、個々人・家・政治状況などに左右されていたのである。

なおこれらの国の中で守護以外に名乗るケースがあるか見てみると、下野・美濃・淡路・阿波・伊予・豊後では事例は無く、肥後・周防では少数、信濃・近江・常陸では多くの事例が確認される（表1参照）。

2　在国受領を名乗らない守護

まず別の国守を名乗るケースがあり、それは次の通りである。

常陸守護佐竹…伊予守（義宣・義俊のみ）
上野伊豆守護山内上杉…安房守（憲方・憲定・憲基・憲実）
下総守護千葉…千葉介（鎌倉時代から代々）
　陸奥守（庶家馬加康胤のみ、例外）
越後守護上杉…相模守（房定のみ、他受領無し）
駿河守護今川…上総介（範氏・泰範・範政・範忠・義忠）

甲斐守護武田…陸奥守（信元）
伊豆守（信春）
若狭守護武田…伊豆守（元信・元光・信豊）
和泉守護細川…阿波守（下守護基之・頼久）
播磨守（上守護常有・元常）
河内紀伊守護畠山…尾張守（義深・満家・持国・政長）・伊予守（義就）
因幡守護山名…上総介（熈貴のみ、他は治部少輔・左衛門佐など）
但馬備後安芸守護山名…伊予守（満時・教豊、共に父在世時で父より先に早逝）
伯耆守護山名…相模守（教之・尚之・澄之）
播磨美作備前守護赤松…上総介（義則のみ、他は大膳・左京大夫）
摂津有馬郡守護赤松…出羽守（義祐・則秀）
上総介（元家）
備中守護細川…上総介（頼重・氏久・勝久）
安芸分郡守護武田…伊豆守（信在・信守・信繁）
阿波守護細川…讃岐守（義之・満久・持常・成之・義春・持隆）
伊予分郡守護細川…下野守（持春・教春・政春）
筑前少弐…大宰少弐（千葉同様鎌倉より代々、任官はしていないか）
対馬宗…讃岐守（貞茂・義盛・晴康・義調）

16 世紀前半	16 世紀後半	近　世
葛西晴重	×	伊達
×	最上義光、大宝寺義勝	×
×	佐竹義重、小高、行方、玉造(守)	×
宇都宮尚綱、小山成長・高朝	〔宇都宮国綱〕	×
赤堀(守)	赤堀(守)	×
多賀谷基泰・重政	多賀谷重経	×
×	×	×
×	×	里見忠義
×	×	×
×	北条氏康・氏政	×
×	×	×
〔穴山信風〕	×	×
高遠頼継、武田晴信	×	×
本間実宣・貞直	本間	×
×	上杉景勝	×
×	神保長住	×
×	×	×
〔富樫稙泰(介)〕、富樫晴泰(介)	×	×
×	丹羽長秀	松平
志賀泰宗(惣社神主)	朝比奈信置、向	×
朝比奈	×	×
×	徳川家康	×
×	織田信長	×
土岐政房・頼芸	織田秀信	×
×	三木良頼、金森長近	×
×	×	×
六角氏綱	×	×
×	×	×
×	×	×
×	×	×
二階堂有泰、関戸則長、真木島光家	二階堂晴泰、結城忠正、赤塚	×
×	×	×
遊佐順盛・長教	×	×
×	×	×

表1　在国受領の実例

	在国受領守護	南北朝期	15世紀
陸奥	×	石橋和義・棟義、葛西	×
出羽	×	×	大宝寺淳氏・寒河江知広
常陸	×	佐竹、小田時知・治久、益戸篤政	佐竹実定、長倉伊義、小栗満重、行方
下野	○(小山)	宇都宮氏綱・基綱、小山高朝・義政、県	宇都宮等綱・成綱、小山持政
上野	×	×	沼田(守)、横瀬、赤堀、彦部、(寺尾)
下総	×	千葉、大須賀	多賀谷朝経
上総	×	×	真里谷武田信高、〈某〉
安房	×	×	×
武蔵	×	〔青木〕	×
相模	×	×	×
伊豆	×	×	三島盛平(三島社)
甲斐	×	武田信武・信貞・盛信、一条信方、南部時長、逸見	×
信濃	○(小笠原)	小笠原貞宗・長基、諏訪頼嗣・直頼	小笠原長秀・持長・清宗、諏訪某・継宗、西牧満忠、守矢満実、村上政清、井上政満、海野氏幸、須田為雄・祐国・満信
佐渡	×	×	本間時直
越後	×	×	×
越中	×	×	×
能登	×	×	×
加賀	△(富樫満成)	狩野忠家、橘成秀(介)	富樫満成、立入、中島隆信、狩野家澄・某
越前	×	×	甲斐、堀江
駿河	×	今川頼貞、入江	今川某、葛山
遠江	×	今川貞秋、天野、原	今川某、原
三河	×	×	足助、佐脇明正
尾張	×	×	尾張仲清(熱田社)
美濃	○(土岐)	土岐某・頼忠	土岐頼益・持益・成頼
飛驒	×	×	×
若狭	×	蓬沢	三方忠治
近江	○(六角)	京極秀綱、高山、鏡貞氏、佐々木貞継	六角久頼、大原満信・信成、市、楢葉満清・豊清・貞連、熊谷満実・某、朝日某・教貞
伊勢	×	×	×
志摩	×	×	×
伊賀	×	仁木頼章	仁木某
山城	×	伊勢元貞、二階堂行直	二階堂之忠・忠行・政行、狛、関戸、松井直重、真木島
摂津	×	×	×
河内	×	遊佐長護、土屋宗直、楠木正成・正行・正儀	遊佐慶国・国盛・国助・長直、〔河内親行〕
和泉	×	×	×

赤沢	×	×
×	×	浅野幸長
〔細川某〕	×	×
×	島田頼次	京極高知
八木宗松	前野長泰、八木豊信	×
×	西郷	池田
×	南条元続	中村忠一
多胡	多胡久盛	松平
隠岐宗清	×	×
×	×	×
赤松某・勝範	赤松有馬則綱	×
二宮	×	×
×	×	池田
石川通経、新見国経	×	×
×	×	×
小早川弘平、宍戸隆家、小原隆言	宍戸隆家、小原隆言、乃美隆興	浅野
×	×	×
×	大庭寅景	毛利
細川尚春	×	蜂須賀
×	×	生駒、松平
×	蜂須賀家政	蜂須賀
河野通篤	×	×
賀久見宗孝	長宗我部元親・盛親	山内
益長栄輔(宇佐宮)	×	×
×	×	×
大内義隆	筑紫宣門	黒田
黒木	×	田中吉政
松浦弘定・興信・隆信、馬場頼周	松浦鎮信	鍋島
菊池武経・義武	×	加藤清正
×	×	×
×	宗義智	宗
×	×	×
×	×	島津
島津忠興・実久	島津義虎・忠辰	島津

拠地が定かでない者

大和	×	×	奥、布施、曲川通俊
紀伊	×	×	×
丹波	×	×	〔細川某〕
丹後	×	×	×
但馬	×	土師	八木宗頼、土師
因幡	×	×	×
伯耆	×	名和長年	×
出雲	×	朝山師綱、〈朝山〉	×
隠岐	×	塩冶高貞、佐々木清氏	〔佐々木〕
石見	×	三隅兼知、〈井村兼氏〉	×
播磨	×	×	赤松満政・某
美作	×	広戸、後藤基縄、佐々木秀貞	大町清量
備前	×	松田信重、〈松田盛朝〉、〈松田〉	松田
備中	×	多治部師景、秋庭、陶山	石川、雅楽、陶山某・高重・貞隆、多治部、長町、楢崎、新見、秋庭元重
備後	×	三吉秀経	
安芸	×	吉川、小早川義春・小泉宗平	厳島親頼、小早川弘景・盛景・乃美員平、武田元綱、加藤、宍戸、上山聖玖
周防	△（大内盛見）	陶弘綱	大内盛見、陶弘宣、安富正金
長門	×	厚東武直・武貞、筥田	〔安富〕
淡路	○（細川）	細川師氏・満春	細川満俊・持親・成春・尚春
讃岐	×	×	×
阿波	△（細川正氏）	細川正氏	×
伊予	○（河野）	河野通義	河野通春、上野賢氏
土佐	×	（某）	藤原宗孝
豊前	×	×	安心院
豊後	△（大友親繁）	大友貞順、田原貞広	大友親繁
筑前	×	少弐頼尚、宗像、麻生資家、三ヶ名、〈山鹿家直〉	×
筑後	×	×	某元秀
肥前	×	松浦貞、松浦平戸湛、高木高明	松浦義・正、馬場経周、有馬貴純
肥後	○（菊池）	菊池武重・武時・武光・武朝	菊池兼朝・持朝・為邦・重朝・能運、左藤秀安
壱岐	×	志佐調	志佐義
対馬	×	×	×
日向	×	×	×
大隅	×	×	×
薩摩	×	野辺盛久、渋谷重信、某忠信	島津用久・国久、野辺盛在、和田

※1　在国受領守護は義満期以降、○は数代、△は一代のみ、網掛けは南北朝期のみ
※2　〈　〉内は権守、また上野・常陸・上総は基本介で守は（守）と表記、〔人名〕は確証が弱い者或いは本
※3　×は事例無し、史料管見の差異により実際には有る可能性もある

薩摩大隅日向守護島津…陸奥守（元久・忠国・忠昌）

そして受領官途を名乗らないケースがあり、それは次の通りである。

奥州探題大崎…治部大輔・左衛門佐・左京大夫
羽州探題最上…左京大夫
常陸佐竹…左馬助・右馬頭・右京大夫
越後上杉…左馬助・民部大輔
越前尾張遠江守護斯波…治部大輔・左兵衛佐・兵衛督
能登畠山…左衛門佐・修理大夫
加賀富樫…富樫介（庶流は八省輔などで満成のみ加賀守）
伊勢世保…大膳大夫（他はまちまち、左馬助・民部少輔・刑部大輔）
伊賀仁木…左京大夫・右馬助
丹波讃岐土佐守護細川…右京大夫（武蔵守は頼之以降将軍元服時の一時期のみ）
丹後若狭三河守護一色…右馬頭・兵部少輔・左京大夫・修理大夫
飛驒出雲隠岐守護京極…治部少輔・大膳大夫（庶流は加賀守）

これらからわかるのは、家格のとくに高い斯波・畠山・山名・一色氏の当主は、受領官途を名乗ること無く、兵衛・衛門佐や督、四職大夫となり、これらと分郡守護家を除けばみな幕府内で上位に位置付けられた受領官途を名乗っているということである。この上位受領官途というのは「大館常興書札抄」(30)に見える認識で、相模・武蔵・陸奥、伊予・阿波・讃岐、上総・安房・尾張・伊勢・摂津・播磨・淡路の三段階十三ヶ国が該当する。この認識は応永後半頃に当時の国持衆などの家格から成立したものと考えられる（第二部第二章参照）。

ここで右の二つのケースに当てはまる国で、守護以外の武士が十五世紀在国受領名を使用している国、していない国を先ほどの表から見てみると次のようになる。

使用している国

出羽・常陸・上野・下総・上総・佐渡・加賀・駿河・遠江・三河・若狭・山城・河内・大和・但馬・出雲・播磨・美作・備前・備中・安芸・周防・土佐・豊前・筑後・肥前・壱岐・薩摩

使用していない国

陸奥・安房・武蔵・相模・伊豆・阿波・越後・越中・能登・越前・尾張・飛驒・伊勢・志摩・伊賀・摂津・和泉・紀伊・丹波・丹後・因幡・伯耆・石見・備後・長門・讃岐・対馬・日向・大隅

上位受領では上総・播磨が使用されているが、播磨守は赤松一族のみであり、上総も関東では独自の官位秩序が展開されていたことから、幕府の基準がそのまま適用されていたか検討を要するため除外して考えてもいい。そうなると、前節の守護が在国受領を名乗るケースとも合わせてみると、上位受領は基本的に在国受領として使用されていなかったと言える（守護を除く）。そして複数国守護の管轄国では、本拠地となる守護国以外は国人層などが在国受領を使用する事例が多いこともわかる。上位受領以外の受領官途は基本的に誰でも任じることが可能だったので、在国受領を選択する者も現れるわけである。田中氏の検討した備中・美作・備前などはまさにこうした国に該当する。なお厳島社厳島氏・諏訪社諏訪氏などの有力社官が在国受領を名乗っていることは、それらの神社の国内での位置付けなどと合わせて検討する必要があるだろう。

では自他国の者が在国受領を名乗ることについて守護・大名はどのように考えていたのか。上野守護であった山内上杉氏では、顕定が上野国人赤堀上野介宛に書状を出しており[31]、憲政も赤堀上野守の存在を容認している[32]。

　次に毛利氏を見てみると、当主は代々右馬頭・備中守で、毛利隆元の備中守も父元就の右馬頭と異なって、大内氏から任じられたものであり[33]、また任じられた時期から見て、備中守となった意義は家の官途である以上でも以下でもない。さて隆元と同じ時期に毛利元就女婿宍戸隆家が安芸守を名乗っており[34]、大内氏滅亡後に帰順した小原隆言も安芸守のまま毛利氏に仕えている[35]。その一方で備中守は毛利家中に使う者がおらず、小原と同様に大内氏から帰順した波多野興滋は備中守から大和守に改めている[36]。毛利氏が安芸守を特別意識していなかったことがわかる。ただ天正後半以降、毛利家中では安芸守はいなくなり、元和以降の秀就期には、家中から安芸・備中・周防・長門守がいなくなる。これらの国の受領に対する意識の変化が窺える。

　これらの事例からすると、自国受領を自身が用いていない場合、家臣や同国内の者が名乗っていても特別な対処をしていないと言える。ただ大友氏のように、他国の者の名乗りは容認（たとえば杉原豊後守宛大友義鎮書状[37]）していても、家中には名乗らせていない場合もある。先に見たように、在国受領の事例がない国が多いことも合わせ鑑みると、大名・地域による官途秩序や受領そのものの位置付けにより、対応は異なっていたと言えよう。

　また、ここで田中氏が言及した伊勢備中守家が備中守を名乗った理由についても考えてみたい。田中氏はその論考で「本質的には家格・地位表示の一つであっても、所領を持ち在国している者がその国の国主に任官した場合、その政治的効果を皆無とすることはできないのではないか」と述べている[38]。確かに「皆無」とは言えないが、「ある」ともただちに言えないだろう。実際の事例を見ると、奉公衆などが自身のいる国・所領を有する国の受領名、あるいは出身国・縁のある国の受領名を名乗る事例はかなりあり、次に数例を示す。

　所領・本領

奉公衆…熊谷・朝日・楢葉・佐々木大原の近江守、狩野氏の加賀守、陶山氏の備中守、小早川氏の安芸守

出身・有縁

奉公衆…大内氏の周防守、佐竹光家の常陸介、粟飯原・東氏の下総守、

奉行人…諏方・依田氏の信濃守、松田氏の丹後守、

地方　…肥前千葉氏の千葉介、和泉守護細川氏重臣松浦守の肥前守、肥後名和氏の伯耆守、駿河今川氏家臣富樫氏家の富樫介

これらの事例からすると、彼等はその受領名を名乗ることで、自身のアイデンティティを示さんとしたのではないかと考えられる。

ここで少しまとめたい。表1を作成するにあたり確認した受領官途の事例は約一万六千件、その中から抽出した在国受領の事例は三百余りであり、その中で何らかの効果を期待し名乗ったと思われる者に限ると、事例は半分以上減り全体の一パーセントを切る。在国受領に本当に「実利」をもたらす効果があれば、もっと多くの事例があってしかるべきだし、自他大名の家臣が名乗るのを認めはしないだろう。

とはいえ少なくとも何らかの効果があるという認識のもとで、在国受領を名乗っている者がいるのもまた事実である。また守護・国主が使用していなくても家臣・国衆に名乗らせていない国も多く存在する。そして在国受領のもたらす効果が何であるかは、呼称者がその国の正統な支配者であるとの意志表示であり、その規模に大小はあるが、支配をするにあたっての名目・名分であったと言える。むろんそれを名乗ることで国内の者がただちに服従するということはなく、あくまでそれを後押しする程度のものであった。そしてこの認識が強く現れるのが次に示す戦国後期以降になる。

3　戦国後期からの動向

この戦国後期からの動向として、十六世紀半ばより在国受領を名乗る例が増えることが指摘でき、尾張の織田信長、常陸の佐竹義重、三河の徳川家康などが挙げられる。彼等に共通するのは、それまで一国規模での支配を成し遂げていなかった家で、この時期一国支配を遂げた、あるいは遂げようとする者であるということである。

まず信長の場合、尾張統一後数年経ってから尾張守に改称している。(39) 当然尾張支配に直結する改称ではあり得ない。時期的に足利義昭から交渉を受け始めた後であり、そこには尾張一国支配者として、義昭周辺や京都などへ対外的に主張する意図が込められていたのではないか。

そして徳川家康は、三河守に任官しても結局使用しなかった織田信秀・今川義元とは異なり、左京大夫に任官して(40)も全く使用せず、それ以前からの三河守を使用し続けている。(41) 全国的にも遙かに格上である左京大夫ではなく、「三河守」であることを選んだところに家康の意図が窺える。

このように信長も家康もすでに一国統一後の改称であり、在国受領を内外への「国主」であることの喧伝にもしていたのではないか。

こうした一方で守護職を獲得する場合もまだ見られ、尼子(42)・大友(43)などは守護職の補任を受けている。これは受領官途よりも上位の官途をすでに有していたのと、複数国にまたがる支配のため守護に補任してもらったと言える。また武田晴信は天文十八年（一五四九）には信濃守を兼ねているが(44)、弘治三年（一五五七）末頃に信濃守護を獲得している。(45)

これは越後の長尾景虎との和睦の条件として、晴信方からの求めによって成され、信濃への景虎の軍事行動を非とし、自らに理があると主張するために獲得されたものである。

これらの事例からすると、その地域において守護職か在国受領のどちらが名分として有効かとの認識により、選択がなされたと言えよう。

こうした傾向は豊臣政権以降さらに進む。すでに関ヶ原合戦以後、国持大名が受領名を自己の領国名に合わせようとする志向性が生まれるとの指摘がなされている(46)。これは堀氏が述べられたように、在地効果があったからだとは思えないが、在国受領を名乗ろうとする姿勢があったことは事実であり、国主であることを内外に示そうとしたと捉えられるだろう。そしてただの「名」であればなおさら自己の領国に合わせようとするのではないか。

この志向性は豊臣政権下からその萌芽が見て取れる。丹羽長秀の越前守、蜂須賀家政の阿波守、南条元続の伯耆守、前野長泰の但馬守、長宗我部元親の土佐守、宗義智の対馬守などがそれに該当し、いずれもほぼ一国を領した大名であった。

そして江戸幕府成立後、加藤清正(47)らが在国受領に任官する慶長八年(一六〇三)以降この意識は確立する。これ以後、中には拘らない大名もいたが、基本的に国持大名は在国受領を名乗る(48)。また遠国奉行が支配地の受領名を名乗るのは憚りがあるとされていた(49)。ここには在国受領を名乗ることは、少なくともその国の支配者であるとの認識が存在していたのである。

おわりに

はたして在地効果といわれるものはあったのかという問に対しては、実利性の有無は実質検証不可能であるが、名乗ることによって即効的に得られるような効果はないと言っていい。ただし自身の政治的志向性を内外に示し支配を有効に進めるための名分の一つという意味での「効果」はあったと言える。これは室町期に一部の守護などに見られたものであり、十六世紀半ば以降、とくに新興勢力として台頭した存在に受け入れられ、各地に広がり、こうした認識の存在が江戸時代国持大名の官途、各地奉行への名乗り禁止につながったと言える。ただ留意せねばならないのは、あくまでこれらは当人の主張であって、それを受け入れるかどうかは受取手に委ねられるということであり、一国規模の支配を図る者が名乗る場合、往々にしてそれは他氏との関係上用いられることである。その点からすると、彼等が在国受領を名乗る意義は、四職大夫などの上位官途への任官や相伴衆などの幕府栄典を得ることと同列にあったとも言えよう。

それでは受領を名乗る時、それをどういった理由で国を選択するのか。まず自らの先祖や出身地に由来するといった由緒が挙げられよう。たとえば奉公衆後藤親綱が蔭涼軒主亀泉集証に対して、父祖三代が能登守であった（実際その父清正と祖父は能登守であることが史料から確認される）が、自分は先祖「佐渡守大夫判官基」（後藤基綱）の名乗った佐渡守を名乗っていると述べている。[50]また長塚孝氏が指摘した北条氏邦・真田昌幸の安房守や[51]、由良国繁の秋田城介[52]は、上野支配のために、室町期の上野守護山内上杉氏＝安房守、鎌倉期の守護安達氏＝秋田城介と同じ官途を名乗ったものであり、かつての支配者の官途に由来する事例である。また桂元澄が、その弓射のめざましい軍功により平能登守教経に比して能登守を与えられたように[53]、政治的意味とは別に、かつてその官途を名乗っていた高名な武士に由来する場合もあった。むろん上記の各由来とは全く異なり、特別な意識も無く、なんとなく選択される場合もあっただろうが、官途は家を指し示す指標でもあるので、どの国守を名乗るかにも、基本的にはその人物なりの理由があって選択されたと言えよう。

また受領の選択として、本文中では触れなかった他国受領を名乗る場合、近国か遠国かを選ぶ傾向はあったのか。これについては荒川善夫氏が、下野宇都宮氏の家臣の受領名の検討から、「宇都宮氏は家臣に対して与えても影響の出ない西国諸国の受領名を付与したと思われる」としている。[54] ただこれが果たして全国的な傾向となるのか。十六世紀の実例（参考として第二部第二章の表2・3・4）をもとに見た傾向としては、関東では東海・畿内とその周辺・北九州に集中し、関東と四国周辺・南九州はあまり使用されていない。九州では東海・北陸・北九州・畿内から中国地方にかけて集中し、関東・甲信・南九州が少ない。陸奥では事例数に極端な差異は無いが、関東・南九州が比較的少ない。まとめると、近国よりも遠国を選ぶ傾向にある。ただし関東と南九州はいずれの地域も事例が相対的に少ないことには注意を要する。

これらはあくまで傾向であり、個々の事例に当てはめきれないのは当然だが、それでも地域によって名乗りに使われやすい・にくい国があるのは確かである。たとえば十五世紀段階では、紀伊・志摩守は全国的にほとんど使用されておらず、大隅・日向守は九州以外使われていなかったが、十六世紀に入るとこれらもかなり使われるようになっている。信濃守も東北・関東では非常に多く使われているが、九州ではあまり使われていない。そして地域だけでなく、各大名家においてもこうした多寡傾向は確認される。つまり、時期・地域・大名家によって、受領国の選択には明確に差異があったと言えるだろう。

受領官途を選択する意義とは何であったかというと、自己表現の一つであり、所領のある国・縁のある国の受領、または先祖や昔の支配者・高名な武士の受領を名乗るなど、家自身やその受領が持つ由緒により選択されたと言える。むろんさしたる理由もなくただ選んだ場合もあったであろうが、官途の選択は由来・由緒・周囲との関係・その時々の政治的志向により、官途秩序の中で名乗ることのできる範囲の官途から選択されたのである。

注

（1）田中修實「中世後期受領名官途の在地効果―備中守の事例を中心に―」・「赤松氏守護管国における在国・隣国受領名官途の権威と構造―美作守・備前守の事例を中心に―」（共に同『日本中世の法と権威』高科書店、一九九三年）、「毛利備中守隆元の官途と備中国侍の動向―いわゆる中世受領名官途「在地効果」論の立場から―」（『就実論叢　其の一（人文篇）』三六号、二〇〇六年）。
（2）新田一郎「書評　田中修實著『日本中世の法と権威』」（『歴史評論』五六四号、一九九七年）。
（3）赤松則祐・義村・晴政が播磨守だったとあるが、確実な史料には彼等が播磨守を称した徴証は無い。赤松氏で播磨守だったのは庶流の大河内家である。また渡邊大門「播磨国赤松氏および被官人の官途について―隣国受領名官途の在地効果説をめぐって―」（同『中世後期の赤松氏―政治・史料・文化の視点から―』日本史史料研究会、二〇一一年）も同様の批判を加えている。同論文は隣国受領名についても批判を加えている。
（4）今谷明『戦国大名と天皇』（福武書店、一九九二年、後に講談社学術文庫、二〇〇一年）。
（5）堀新「戦国大名織田氏と天皇権威―今谷明氏の「天皇史」によせて―」（同『織豊期王権論』校倉書房、二〇一一年、初出一九九三年）、池享「戦国・織豊期の武家・天皇関係を見る目―今谷明著『戦国大名と天皇』・『信長と天皇』を読む―」（同『戦国・織豊期の武家と天皇』校倉書房、二〇〇三年）、永原慶二「応仁・戦国期の天皇」（『講座前近代の天皇　第二巻』青木書店、一九九三年）など。
（6）角田朋彦「足利尊氏と今川義元の官途・受領」（『戦国史研究』四八号、二〇〇四年）。
（7）注5堀氏論文。
（8）堀新「大名の官位と「家政」「国政」―武家官位の在地効果説をめぐって―」（岡山藩研究会編『藩世界の意識と関係』岩田書院、二〇〇〇年）。
（9）山田貴司「大内義隆の大宰大弐任官」（『地方史研究』三一九号、二〇〇六年）。
（10）荒川善夫「宇都宮氏と家臣団」（同『戦国期北関東の権力構造』岩田書院、一九九七年）。
（11）拙稿「常陸佐竹氏における官途」（『戦国史研究』四八号、二〇〇四年）。

(12) 山田康弘「戦国期栄典と大名・将軍を考える視点」(『戦国史研究』五一号、二〇〇六年)。
(13) 青山幹哉「王朝官職からみる鎌倉幕府の秩序」(『年報中世史研究』一〇号、一九八五年)、金子拓「鎌倉幕府・御家人と官位」(同『中世武家政権と政治秩序』吉川弘文館、一九九八年)など。
(14) 淡路守護長沼氏は宗政・時宗・宗秀が淡路守となっている。なおこれについては青山幹哉「中世武士における官職の受容—武士の適応と官職の変質—」(『日本歴史』五七七号、一九九六年)に指摘がなされている。
(15) 『師守記』貞治六年七月五日条。なお「藤氏綱替」とあるが、宇都宮氏綱の下野守任官は貞和五年八月十四日(『園太暦』同日条)で、息子の基綱が貞治二年に下野守として見える(足利基氏御教書写「額田小野崎文書」『神奈川県史資料編3古代・中世(3上)』四四七〇号)ので、基綱の誤記であろう。
(16) 宇都宮等綱寄進状写(「中里家文書」『栃木県史史料編中世四』四五二頁)は「前下野守等綱」で文書を出している。なお宇都宮成綱と小山成長も世代的に重なるが、成綱が「宇都宮下野権守」と呼ばれていた(足利政氏書状「茂木文書」『茨城県史料中世編V』八四号)ことからすると、これも重複が避けられていた可能性が高い。なお下野守については、拙稿「武家における「下野守」」(『栃木県立文書館研究紀要』一五号、二〇一一年)で詳しく検討している。
(17) 「御内書案」(『続群書類従第二十三輯下』)より、寛正元年では「佐竹左京大夫」と呼ばれていたが、寛正四年には「佐竹常陸介」と呼ばれている。
(18) 『看聞日記』応永三十一年五月六日条。
(19) 谷口研吾『美濃・土岐一族』(新人物往来社、一九九七年)。
(20) 下坂守「近江守護六角氏の研究」(『古文書研究』一二号、一九七八年)など。
(21) 任官は『建内記』文安四年二月十八日条による。
(22) 六角氏綱安堵状(「永源寺文書」史料編纂所架蔵影写本)。
(23) 管領畠山基国奉書(『大日本古文書益田家文書之一』一一号)など。
(24) 応永十三年十二月廿八日付後小松天皇口宣案(「口宣綸旨院宣御教書案」史料編纂所架蔵写本)。
(25) 応永十三年閏六月八日付管領斯波義教奉書写(「当宮縁事抄」『大日本史料第七編之八』七六頁)。
(26) 足利義満袖判後小松天皇口宣案(「臼杵稲葉河野文書」『愛媛県史古代中世資料編』一〇六六号)。ただ義満の袖判口宣案

はこの一通しか確認されず、時期的にも義満の朝廷政策とも関わる問題であるのでなお検討すべき点があるだろう。
(27) なお細川氏には系譜関係は不明だが細川伊予守信之（「観音寺文書」『香川県史8資料編古代・中世』二号）もいる。
(28) 橋本操六「大友親繁改名と家督相続」（渡辺澄夫先生古稀記念事業会編『九州中世社会の研究』、一九八一年）。
(29) 朝倉孝景が「国司」を自称したことが『大乗院寺社雑事記』文明三年八月五日条に見えるが、この「国司」が越前守であったのか不明である。なぜなら飛驒国司姉小路氏、伊勢国司北畠氏共に飛驒守・伊勢守を名乗ってはいなかったからである。むしろ殿上人の振る舞いをしたことから、越前守というよりは姉小路・北畠氏と同格の国司という意味合いであったかもしれない。なお現在孝景が「越前守」を名乗った徴証は確認されない。孝景が国司の自称を短期間で止めたためか。またこれは尋尊の伝聞であることも注意せねばならない。なお本文で述べたように、朝倉氏では孝景以降誰一人として越前守にはなっていない。またこの孝景の「国司」自称については、大薮海「戦国期における武家官位と守護職」（『歴史学研究』八五〇号、二〇〇九年）がある。
(30) 『群書類従第九輯』。
(31) 「赤堀文書」（『群馬県史資料編7』一七七四号）。
(32) 上杉憲政書状（「赤堀文書」『群馬県史資料編7』一九九一号）。
(33) 大内義隆官途挙状（『大日本古文書毛利家文書之一』三〇四号）。大内義隆が官途挙状を出した者で朝廷から正式な任官を受けた者は一人として確認されず、一方で『歴名土代』（湯川敏治編、続群書類従完成会、一九九六年）や口宣案などで朝廷から任官を受けた者に対して義隆の官途挙状が出された事例が一つも無いことから、隆元の備中守も義隆から任じられたものである。
(34) 宍戸隆家・同元孝連署起請文（『大日本古文書山内首藤家文書』二八四号）。
(35) 小原隆家奉書写（「萩藩閥閲録巻一一一」『萩藩閥閲録第三巻』三七三頁）、毛利氏奉行人連署奉書写（「萩藩閥閲録巻三六」『萩藩閥閲録第二巻』四頁）。
(36) 弘治二年五月廿八日付大内氏奉行人連署奉書（「国分寺蔵周防国分寺文書」『山口県史史料編中世2』四三一頁）で備中守、弘治三年十月二日付毛利氏奉行人連署奉書（「武内大宮司古文書」『長門国二ノ宮忌宮神社文書』三九号）で大和守。
(37) 「相原文書」（『大分県先哲叢書大友宗麟資料集第二巻』四四二号）。

(38) 注1田中氏論文「中世後期受領名官途の在地効果」。

(39) 織田信長禁制（「成菩提院文書」奥野高広編『改訂増補織田信長文書の研究　上』九六号）。また信長が尾張守から弾正忠へ改めるのは義昭を奉じて上洛する前である。これは美濃を手に入れて、尾張守では信長の政治的立場を示しきれなくなったこと、弾正忠は父信秀の官途でもあると共に、この頃弾正少弼六角定頼、弾正忠・少弼松永久秀が幕府の京都支配に関わっていたことによるのであろう。信長の京都支配に関与せんとする意図がそこに見える。信長の官途変更は自身の政治的立場に応じてなされたと言えよう。なお松永久秀は信長上洛後にその麾下に入り、弾正忠の上官である弾正少弼を山城守に改めている。また堀新「織田信長と武家官位」（同『織豊期王権論』校倉書房、二〇一一年）は、信長の上洛までの官途について、特別な効果を期待していたことはうかがえないとしているが、ただ縁のある官途を名乗ったのではなく、前述の通り極めて政治的な意図から選択したと考えられる。ただ上総介については不明である。駿河今川氏の家の官途の一つが上総介で、当時義元が治部大輔のままであったことから侵したものか。

(40) 湯川敏治編『歴名土代』（続群書類従完成会、一九九六年）二九一頁。ただし、すでに第一部第三章でみたように、公家からは左京大夫で呼ばれている事例が散見される。

(41) 織田信長朱印状（「瀧山寺文書」『愛知県史資料編11織豊1』六三三号）。

(42) 足利義輝袖判御教書（「佐々木文書」『出雲尼子史料集　上巻』七七三号）。

(43) 足利義輝袖判御教書（「大友文書」『大分県先哲叢書　大友宗麟資料集第二巻』五八四〜五八六号）。

(44) 熊野神社本殿棟札銘写（「熊野神社由緒書上」『戦国遺文武田氏編第一巻』二九一号）。

(45) 今井昌良書状（「大館文書」『戦国遺文武田氏編第一巻』五八六号）・武田晴信書状写（「編年文書十一」『戦国遺文武田氏編第一巻』六〇九号）。

(46) 笠谷和比古「「国持大名」論考」（上横手雅敬編『古代・中世の政治と文化』思文閣出版、一九九四年）。

(47) 後陽成天皇口宣案（「本妙寺文書」『熊本縣史料中世編第三』一六七頁）。

(48) 小川恭一「近世武家の通称官名の制約」（『風俗』三〇—四、一九九二年）。

(49) 「青標紙　三編」（『古事類苑　官位部三』六七頁）。ただし通常「青標紙」として知られる大野広城「青標紙」前後編にはこの記述は無く、別の書からとったものか。本当の出典元がどこであるか今後検討する必要がある。

表2　本文中および表1の事例の出典典拠

	名前	史料名
陸奥	斯波家長	相馬岡田文書
	石橋和義	岩城文書
	石橋棟義	名取熊野堂文書
	葛西(満良ヵ)	伊達家文書
	葛西晴重	広橋兼秀符案留
	千葉康胤	武家事紀所収文書
	武田信元	小笠原文書
	武田信虎	逸見文書
	島津元久	鹿屋氏文書
	島津忠国	島津家文書
	島津忠昌	島津家文書
出羽	大宝寺淳氏	御内書案
	寒河江知広	安仲坊系図所収文書
	最上義光	須田信蔵所蔵文書
	大宝寺義勝	本庄俊長氏所蔵文書
	赤松義祐	相国寺供養記
	赤松則秀	常徳院御動座当時在陣衆着到
常陸	佐竹	御的日記
	小田時知	詫磨文書
	小田治久	園太暦
	益戸篤政	円覚寺文書
	佐竹実定	御内書案
	長倉伊義	飯野文書
	小栗満重	市河文書
常陸	行方入道	鳥名木文書
	佐竹義重	歴名土代
	小高	喜連川家文書案
	行方	喜連川家文書案
	玉造	佐竹書札之次第
	佐竹光家	十輪院内府記
下野	宇都宮氏綱	園太暦
	宇都宮基綱	額田小野崎文書
	小山高朝	園太暦
	小山義政	師守記
	県入道	保坂潤治氏所蔵文書
	宇都宮等綱	中里家文書
	宇都宮成綱	小田部庄右衛門氏所蔵文書
	小山持政	松平基則氏所蔵文書
	宇都宮尚綱	佐八文書
	小山成長	秋田藩家蔵文書一〇
	小山高朝	小山氏文書
	宇都宮国綱	中里家文書
	細川持春	満済准后日記
	細川教春	細川文書
	細川政春	蔭涼軒日録
上野	沼田	赤堀文書
	横瀬	蔭涼軒日録
	赤堀	埼玉県立文書館所蔵文書
上野	彦部	黄梅院文書
	寺尾	松平文庫所蔵文書
	赤堀	埼玉県立文書館所蔵文書
	赤堀	歴代古案
下総	千葉	熊谷家文書
	大須賀	香取神宮文書
	多賀谷朝経	安穏寺文書
	多賀谷基泰	千手観音座像胎内銘
	多賀谷重政	光明寺文書
	多賀谷重経	大宝八幡宮所蔵
	粟飯原胤慶	賦引付一
	東氏数	記録御用所本古文書
	東師胤	下つふさ集
千葉介	千葉元胤	蔭涼軒日録
上総	武田信高	松平文庫所蔵文書
	某	上杉家文書
	今川範氏	今川家古文章写
	今川泰範	花営三代記
	今川範政	東光寺文書
	今川範忠	美作伊達文書
	今川義忠	今川家古文章写
	山名熈貴	楞厳寺文書
	赤松義則	八塔寺文書

国	名前	史料名
上総	赤松元家	蔭凉軒日録
	細川頼重	満済准后日記
	細川氏久	九条満家公引付
	細川勝久	蜷川家文書
安房	里見忠義	龍大夫文書
	上杉憲方	円覚寺文書
	上杉憲定	上杉家文書
	上杉憲基	明月院文書
	上杉憲実	上杉家文書
武蔵	青木	後鑑所収青木文書
相模	北条氏康	服部玄三氏所蔵文書
	北条氏政	鰐淵寺文書
	上杉房定	大館記所収昔御内書符案
	山名教之	康富記
	山名尚之	北野社家日記
	山名澄之	日御碕神社文書
伊豆	上杉重能	熊谷家文書
	三島盛平	三島神社文書
	武田信春	万福寺文書
	武田元信	蔭凉軒日録
	武田元光	実隆公記
	武田信豊	歴名土代
	武田信在	相国寺供養記
	武田信守	吉川家文書
	武田信繁	御前落居奉書

国	名前	史料名
甲斐	武田信武	毛利家文書
	武田信貞	尊卑分脉
	武田盛信	師守記
	一条信方	一蓮寺文書
	南部時長	建武記
	逸見	観応二年日次記
	穴山信風	平塩寺過去帳
信濃	小笠原貞宗	御的日記
	小笠原長基	小笠原文書
	諏訪頼嗣	守矢文書
	諏訪直頼	観応二年日次記
	小笠原長秀	小笠原文書
	小笠原持長	小笠原文書
	小笠原清宗	諏訪御符礼之古書
	諏訪	小笠原文書
	諏訪継宗	諏訪御符礼之古書
	西牧満忠	諏訪御符礼之古書
	守矢満実	守矢文書
	村上政清	諏訪御符礼之古書
	井上政満	諏訪御符礼之古書
	海野氏幸	諏訪御符礼之古書
	須田為雄	市河文書
	須田祐国	諏訪御符礼之古書
	須田満信	諏訪御符礼之古書
	高遠頼継	天文二年信州下向記
	武田晴信	熊野神社由緒書上

国	名前	史料名
信濃	諏方忠郷	康富記
	依田入道亨信	斎藤基恒日記
佐渡	本間時直	本田寺所蔵文書
	本間実宣	山田本間文書
	本間貞直	佐渡真野宮文書
	本間	佐竹文書
越後	高師泰	薩藩旧記雑録
	上杉景勝	三千院文書
越中	神保長住	歴代古案
富樫介	富樫高家	如意宝珠御修法日記紙背文書
	富樫氏春	如意宝珠御修法日記紙背文書
	富樫昌家	臨川寺重書案文
	富樫氏家	為和集
加賀	狩野忠家	諸家文書纂九
	橘成秀	両足院文書
	富樫満成	教言卿記
	立入入道	官地論
	中嶋隆信	蜷川家文書
	狩野家澄	諸家文書纂九
	狩野	親元日記
	富樫植泰	宣胤卿記
	富樫晴泰	善性寺文書

	名前	史料名
越前	甲斐入道	大徳寺文書
	堀江	大乗院寺社雑事記
	丹羽長秀	京大所蔵蓮生寺文書
駿河	今川頼貞	広峰文書
	入江	美作伊達文書
	今川	看聞日記
	葛山	足利将軍御内書并奉書留
	志賀泰宗	宗長手記
	朝比奈信置	土佐国蠹簡集残編四
	向	甲州古文集
遠江	今川貞秋	相国寺供養記
	天野入道	冨田仙助氏所蔵文書
	原	東寺百合文書サ函
	今川	満済准后日記
	原入道	東大寺文書
	朝比奈	言継卿記
三河	足助	大乗院寺社雑事記
	佐脇明正	親元日記
	織田信秀	外宮天文引付
	今川義元	瑞光院記
	徳川家康	歴名土代
尾張	尾張仲清	鶴舞中央図書館所蔵資料
	織田信長	多聞院日記
	畠山義深	園太暦
	畠山満家	相国寺供養記
尾張	畠山持国	満済准后日記
	畠山政長	蔭凉軒日録
美濃	土岐	京都大学所蔵文書
	土岐頼忠	醍醐寺文書
	土岐頼益	秋田藩家蔵文書一八
	土岐持益	秋田藩家蔵文書一八
	土岐成頼	蔭凉軒日録
	土岐政房	後法成寺関白記
	土岐頼芸	後奈良天皇宸記
	織田秀信	龍福寺文書
飛騨	三木良頼	歴名土代
	金森長近	東京国立博物館誓詞一巻
若狭	蓬沢入道	東寺百合文書ハ函
	三方忠治	満済准后日記
近江	京極秀綱	園太暦
	高山	常楽記
	鏡貞氏	師守記
	佐々木貞継	朽木文書
	六角久頼	建内記
	大原満信	放生会記
	大原信成	石清水放生会記
	市	東山殿時代大名外様附
	楢葉満清	御前落居記録
	楢葉豊清	宝鏡寺文書
	楢葉貞連	賦草案之引付
近江	熊谷満実	花営三代記
	熊谷	蔭凉軒日録
	朝日	花営三代記
	朝日教貞	康富記
	六角氏綱	永源寺文書
伊賀	仁木頼章	御的日記
	仁木	蔭凉軒日録
山城	伊勢元貞	朽木文書
	二階堂行直	常楽記
	二階堂之忠	普広院殿御元服記
	二階堂忠行	斎藤基恒日記
	二階堂政行	実隆公記
	狛	大乗院寺社雑事記
	関戸	離宮八幡宮文書
	松井直重	賦草案之引付
	真木嶋	蔭凉軒日録
	二階堂有泰	九条家文書
	関戸則長	井尻松子文書
	真木島光家	大徳寺文書
	二階堂晴泰	言継卿記
	結城忠正	言継卿記
	赤塚	言継卿記
河内	遊佐長護	猪熊信男氏所蔵文書
	土屋宗直	土屋氏文書
	楠木正成	和田文書
	楠木正行	金剛寺文書

国	名前	史料名
河内	楠木正儀	大伴文書
	遊佐慶国	且来八幡神社文書
	遊佐国盛	石清水文書菊大路家文書
	遊佐国助	康富記
	遊佐長直	小早川家証文
	河内親行	実隆公記
	遊佐順盛	後慈眼院殿御記
	遊佐長教	歴名土代
大和	奥	御教書引付
	布施	大乗院寺社雑事記
	曲川通俊	経覚私要鈔
	赤沢	厳助往年記
紀伊	浅野幸長	盛岡南部文書
丹波	細川	護国寺文書
	細川	親俊日記
丹後	島田頼次	岩ヶ鼻日吉神社所蔵
	京極高知	田辺文書
	松田満秀	鹿王院文書
但馬	土師入道	鹿王院文書
	八木宗頼	親元日記
	土師	石清水文書菊大路家文書
	八木入道宗松	日光院文書
	八木豊信	吉川家文書
	前野長泰	吉川家文書

国	名前	史料名
因幡	西郷	因幡民談記所収北村六郎左衛門所蔵文書
伯耆	名和長年	鞍馬寺文書
	南条元続	小早川家文書
	名和顕忠	相良家文書
出雲	朝山師綱	相国寺供養記
	朝山	朝山系図勘記
	多胡	平浜八幡宮文書
	多胡久盛	毛利家文庫諸臣証文
隠岐	塩冶高貞	出雲大社諸社家所蔵古文書
	佐々木清氏	常楽記
	佐々木	東山殿時代大名外様附
	隠岐宗清	清安寺文書
石見	三隅兼知	萩藩閥閲録巻一二一ノ四
	井村兼氏	小早川家証文
播磨	赤松満政	満済准后日記
	赤松	大乗院寺社雑事記
	赤松	実隆公記
	赤松勝範	正法寺文書
	赤松有馬則綱	教行寺文書
	細川常有	永源師檀紀年録
	細川元常	再昌草
美作	広戸	天理大附属天理図書館所蔵文書

国	名前	史料名
美作	後藤基縄	蔭凉軒日録
	佐々木秀貞	安東家文書
	大町清量	益田家文書
	二宮	披露事記録
備前	松田信重	額安寺文書
	松田盛朝	大徳寺文書
	松田	花営三代記
	松田	大乗院寺社雑事記
備中	多治部師景	東寺百合文書ホ函
	秋庭	東寺百合文書ホ函
	陶山	御的日記
	石川	吉備津神社文書
	雅楽入道	造内裏段銭并国役引付
	陶山	長福寺文書坤
	陶山高重	花営三代記
	陶山貞隆	長興宿禰記
	多治部	東寺百合文書さ函
	長町	東寺百合文書ツ函
	檜崎	東寺百合文書さ函
	新見	蔭凉軒日録
	秋庭元重	親元日記
	石川通経	吉備津神社文書
	新見国経	東寺百合文書ヌ函
備後	三吉秀経	鼓文書

国	名前	史料名
安芸	寺原吉川	吉川家文書
	小早川義春	小早川家文書
	小泉宗平	小早川家証文
	厳島親頼	毛利家文書
	小早川弘景	小早川家文書
	小早川盛景	小早川家証文
	乃美員平	小早川家証文
	上山聖玖	小早川家文書
	武田元綱	小早川家証文
	加藤入道	平賀家文書
	宍戸(興家ヵ)	毛利家文書
	小早川弘平	小早川家証文
	小原隆言	萩藩閥閲録巻三六
	宍戸隆家	山内首藤家文書
	乃美隆興	本宮八幡神社文書
周防	陶弘綱	興隆寺文書
	大内盛見	口宣綸旨院宣御教書案
	陶弘宣	紀伊続風土記附録五
	安富入道正金	大内家御判物并奉書写
	大内弘幸	平野文書
	大内弘世	小早川家証文
	大内政弘	天野毛利文書
	大内義興	口宣綸旨院宣御教書案
	大内義隆	歴名土代
	大内晴持	歴名土代
	大内義尊	歴名土代
周防	大内義長	山口文書
	大内	花営三代記
	大内直貞	宣秀卿御教書案
長門	厚東武直	長門国守護職次第
	厚東武貞	山口県山陽町大字厚狭松嶽畑
	宮田入道	長門正法寺所蔵
	安富	看聞日記
	大庭寅景	萩藩閥閲録巻三一
淡路	細川師氏	小早川家証文
	細川満春	小早川家文書
	細川満俊	石清水文書田中家文書
	細川持親	文安六年足利義成元服記
	細川成春	親元日記
	細川尚春	蜷川家文書
讃岐	細川義之	東寺百合文書て函
	細川満久	看聞日記
	細川持常	満済准后日記
	細川成之	尊経閣文庫所蔵為自然写之
	細川義春	蔭涼軒日録
	細川持隆	白峯寺文書
	宗貞茂	給人并寺社足軽百姓御代々御判物写帳
	宗義盛	御内書案乾
	宗晴康	親俊日記
	宗義調	横岳家文書
阿波	細川正氏	小山文書
	蜂須賀家政	吉川家文書
	細川基之	醍醐寺文書
	細川頼久	康富記
伊予	河野通義	臼杵稲葉河野文書
	河野通春	善応寺文書
	河野通篤	愛媛面影
	細川上野賢氏	観念寺文書
	畠山義就	康富記
	山名満時	看聞日記
	山名教豊	長禄四年記
	佐竹義宣	正宗寺文書
	佐竹義俊	御内書符案
土佐	某	大野太郎氏所蔵文書
	藤原宗孝	大乗院寺社雑事記
	賀久見宗孝	土佐国蠧簡集拾遺
	長宗我部元親	土佐国蠧簡集
	長宗我部盛親	鈴木文書
	細川常仙	御前落居奉書
	細川	護国寺文書
豊前	安心院入道	宇佐宮司造営並神事法会再興日記目録
	益永栄輔	益永文書
豊後	大友貞順	大友家文書
	田原貞広	入江文書
	大友親繁	大友家文書録

	名前	史料名
筑前	少弐頼尚	宗像神社文書
	宗像	吉川家文書
	麻生資家	麻生古証文古書類写
	三ヶ名	麻生文書
	山鹿家直	
	大内義隆	お湯殿の上の日記
	筑紫宣門	田村大宮司家文書
筑後	元秀	太宰管内志
	黒木	田尻家文書
	田中吉政	竹生島文書
肥前	松浦貞	武雄神社文書
	松浦平戸湛	青方文書
	高木入道高明	河上神社文書
	松浦正	蔭凉軒日録
	松浦義(一庵)	蔭凉軒日録
	馬場経周	杠家文書
	有馬貴純	正任記
	松浦弘定	松浦文書類一
	松浦興信	松浦文書
	馬場頼周	大永享禄之比御状並書状之跡付
	松浦隆信	松浦家旧記
	松浦鎮信	松浦文書類三
	松浦守	実隆公記
肥後	菊池武重	龍造寺文書
	菊池武時	広福寺文書

	名前	史料名
肥後	菊池武光	大友家文書録
	菊池武朝	相良家文書
	菊池兼朝	正観寺文書
	菊池持朝	阿蘇家文書
	菊池為邦	相良家文書
	菊池重朝	蔭凉軒日録
	菊池能運	清源寺文書
	左藤秀安	阿蘇家文書
	菊池武経	清源寺文書
	菊池義武	津野田文書
対馬	宗義智	島井文書
壱岐	志佐調	山代文書
	志佐義	松浦文書類一
薩摩	野辺盛久	祢寝氏正統世録系譜
	渋谷重信	入来院文書
	忠信	皇徳寺文書
	島津用久	鹿屋権左衛門文書
	島津国久	感応寺文書
	野辺盛在	鹿屋氏文書
	和田	行脚僧雑録
	島津忠興	久志浦久玉大明神棟札
	島津実久	樺山玄佐自記
	島津義虎	相良家文書
	島津忠辰	上井覚兼日記

※網掛けは「介」、**太字**は「権守」を示す

(50)『蔭涼軒日録』文明十七年九月五日条。
(51) 長塚孝「戦国武将の官途・受領名―古河公方足利氏と後北条氏を事例にして―」(『駒沢史学』三九・四〇号、一九八八年)。
(52) 天正九年御年頭中上衆書立写(「喜連川家文書案」『古河市史資料中世編』一二五八号)。
(53) 史料編纂所架蔵謄写本「新裁軍記」天文四年の項。これは『萩藩閥閲録』編纂に関わった永田政純の手によるもので、事実とまでは言えないが、桂家系図(「萩藩閥閲録巻一二桂能登」『萩藩閥閲録第一巻』二九二頁)の元澄のところに「天文年中依射功受領能登守」とあるように、元澄子孫の桂家ではそうした伝承があったのは確かである。
(54) 前注10荒川氏論文。

第五章　位　階

はじめに

近世武家官位制では、五位・四位・三位の各位まで昇進できるかどうかが、家格と密接な関係があり、そのため他の大名との比較において自己の位階が上回ることを意図し、様々な運動が幕府に対して行われた事例が多く知られている。(1) 侍従・少将に任じられることも重要であったが、これらの官に任じられる家はほぼ固定されていたので、基本的には位階に重点が置かれていたと言える。ではその前時代である中世ではどうであったか。武家官位「制」と見なせる、近世のような明確な基準はなかったが、こと官途においては、「大館常興書札抄」(2)の記述や二木氏等の先行研究(3)によって、ある程度の基準・秩序があったことが指摘されている。しかし一方で位階については、官途と違って明確な基準・序列格付を指し示す史料がないこともあって、よくわからないのが現状である。これは金子拓氏の「室町～戦国期の武家官位において、位階よりも官職に関心が向けられるようになってくることである」という指摘(4)があるように、当時の武家には、位階の昇進よりも、どの官途に任官できるか、より上位に位置付けられる官途に任官するかが重要である傾向が、様々な史料から見て取れるからであり、従来の研究もそれに則って武家官途の意義やあり方を検討しており(5)、ここまでの第一～四章でも検討してきた。しかし、中には位階の昇進を単独で望む事例もいくつか確認される。またいかに中世後期の武家が官途を重視して、位階を軽視していたとしても、当該期の武家における位階の性格を明らかにしなければ、なぜ官途を優先していたかが明確にされない。中世武家の身分秩序のあり方や、武家官途、および近世武家官位制との相違・類似点などを見るためには、中世武家における位階の意味を明らかにする必要がある。そこで本稿では中世の武家において位階がどのような意義を有し、また役割を果たしていたかについて検討したい。(6)

1　中世武家と位階

平安期の武士の位階は低く、桓武平氏や清和源氏などの嫡流を除くと六位・七位が常であった。源平の争乱期には、平清盛以下平家一門の官位が著しく上昇していたのは、ここであえて言うまでもないが、その家人の位階はとくに上昇してはいなかった。

源頼朝は自身正二位まで昇進したが、兄弟や源氏一族の要人には従五位下を許すのみであった。鎌倉時代の将軍家は総じて二位以上の高位まで上った（表1）が、御家人のほとんどが五位・六位の侍品であり、諸大夫(7)となる階層はほんの一握りであったことを考えると、公卿相当である将軍家との差は歴然としていた。それでは御家人の中で最も官位の高かった北条氏はどうであったか。泰時・政村などが正四位下になったように(8)、北条氏では四位に上る者が多く見られる（表2）が、こと得宗家に限ると、時頼以降は貞時を除き五位に留まる。これは得宗の家格・優位が成立した時頼以後の得宗にとって、位階は幕府政治職と共に必要なものではなくなったからとの指摘があり(9)、まさにその通りであろう。なお貞時の場合は平頼綱の内管領専制期による産物と見られる(10)。御家人については、幕府による叙任統制政策(11)により、評定衆・引付衆になる者・家以外では、五位に昇る者もほとんどいなかった。

南北朝期になると、叙位を受ける事例が格段に増える。それは成功などで名国司の任官を受ける場合、従五位下にも同時に叙せられているからである。[12] しかも大国・小国といった国による差異はなかった。また兵庫助や左近将監でも叙せられる場合がある。[13] 任官する者すべてが叙せられるわけではなかったが、この背景には何があったのか。鎌倉時代に幕府によって、侍・凡下の差別が図られていたが、鎌倉末から従来の侍・凡下身分を破って、身分的上昇を求める者が増加し、侍品を自称する者が多くなっていた。[14] 南北朝後半以降全国的に官途を持つ者が飛躍的に増加するのは、この動きと大きく関わっていると思われるが、武家で従五位下に叙せられる事例が増えるのは、こうした侍品身分の揺らぎにより、それより上の諸大夫身分へと上昇しようとする動きが生まれたからではないだろうか。五位・六位の違いは公家法などでも厳然として存在しており、[15] 諸大夫と侍との間にも明確な差があり、また侍品と違って従五位下に叙されなければ諸大夫になることは不可能だったからである。そして義満期以降は、こうした武家の従五位下への昇進が恒常化し、四位、果てには三位まで昇進するようになるのである。なお成功任官消滅後は、武家はほとんど除目・叙位に載せられなくなる（将軍家は別）。消滅前後の従五位下昇進がどのように行われていたかは定かではないが、おそらく任官と同様に申状や挙状が出されていたと思われる。義持期頃には武家の叙任は次第の下知（宣下）におよばなくなり、職事により口宣案が作成されるのみで叙任が完結する手続きも取られるようになった。[16]

表1　鎌倉将軍の位階

源頼朝	正二位
源頼家	従二位
源実朝	正二位
藤原頼経	従二位
藤原頼嗣	従三位
宗尊親王	一品親王
惟康親王	二品親王
久明親王	二品親王
守邦親王	二品親王

表2　北条得宗の位階と四位となった庶流

北条時政	従五位下
北条義時	従四位下
北条泰時	正四位下
北条時氏	従五位下
北条経時	正五位下
北条時頼	正五位下
北条時宗	正五位下
北条貞時	従四位上
北条高時	正五位下
北条時房	正四位下
北条重時	従四位上
北条政村	正四位下
北条時村	従四位下
大仏宣時	従四位下
大仏宗宣	従四位下
大仏維貞	従四位下
名越朝時	従四位下
北条師時	従四位下
赤橋守時	従四位下

※「関東評定衆伝」、「鎌倉年代記」、「武家年代記」などによる

これが室町期にはどうなるか。まず将軍については、義満以降義政まで従一位にまで昇進するようになる（表3）。だが義澄以降際だった位階昇進は見られなくなり、義輝は三位に上ることなく横死し、義栄は従五位下叙爵を受けただけであった。将軍家の昇進が滞るようになった理由は定かではないが、おそらく将軍家が叙任する際には、必ず除目・叙位を行うため、それまでその費用を賄った守護役を課せなくなったという、経済的な部分が大きかったのではないか(17)。

表3　足利将軍・一族の位階

足利尊氏	正二位
足利直義	従三位
足利義詮	正二位
足利義満	従一位
足利満詮	従二位
足利義持	従一位
足利義嗣	正二位
足利義量	正四位下
足利義教	従一位
足利義勝	従四位下
足利義政	従一位
足利義凞	従一位
足利義視	正二位
足利義稙	従二位
足利政知	従三位
足利義澄	従三位
足利義晴	従三位
足利義輝	従四位下
足利義昭	従三位
足利義維	従五位下
足利義栄	従五位下

次に幕府の各階層はどうであったのか。まず二木氏によると、総体的に守護家には四位と五位の格とがあって、それ相応の官途を有しており、奉公衆もほとんどは六位以下であったという(18)。

守護家は通常四位・五位で、相伴衆となる家柄の者が四位、その他が五位であった。四位も大概が従四位下で、時に従四位上まで上るぐらいであったが、その中でも斯波・畠山氏は、第2節で述べるように三位まで上りうる家として別格であった。御供衆・外様衆・奉公衆などでも、摂津氏(19)や評定衆に列せられる奉行人には四位になる者がいた(20)が、大部分は従五位どまりであった。行列時に衛府侍を務める者には六位であった者もかなりおり、たとえば康暦二年（一三八〇）の義満直衣始参内では十人の内八人(21)が、宝徳二年（一四五〇）の義政直衣始参内では十人の内四人(22)が、文明十九年（一四八七）の義凞直衣始参内では五人の内四人(23)が六位で、二木氏の指摘もそれを念頭に置いたのであろう。ただ、彼等は六位に叙されていたのではなく、従五位下叙爵を受けていないため、六位と呼ばれたと思われる(24)。それは、室町幕府の叙任関係史料の中で、六位への叙位が全く見当たらない(25)からである。奉公衆では、東常縁(26)と本郷信富(27)が口宣案に正六位上と記されているが、これはおそらく後述の越階のように、実際に正六位上であったのではなく、口宣案の執筆者によって書き入れられた情報であったのではないだろうか。[28]口宣案の書式は、執筆する職事によって若干異なる場合があり、六位との書き入れも、執筆者によって異なっていたため、こうした事例も出てくるのであろう。そしてこれらから鑑みるに、奉公衆は五位・六位というよりも、正確には五位か無位かであり、無位の者が六位の扱いを受けていたと見るべきだろう。ただ、奉公衆のどれだけの割合が五位であったかは不明というしかない。

奉行人は、先述のように評定衆に加えられる者には四位になる者がいたが、それ以外は五位が通常であった。奉行人は、飯尾元行（兼連）が当初左衛門少尉（新左衛門尉）であったのが、従五位下大蔵少丞に叙任されたように、[29]最初左衛門少尉・弾正忠などに任官するが、同時には叙されず、八省丞・近衛将監などへの任官をきっかけに、あるいはそのままで従五位下に進み、「～大夫」と呼ばれるようになり、その後受領官途を受けるなどしていた。

さて、室町期以降の武家の位階の特徴として、段階をふまえない昇進である越階が恒常的に見られることが挙げられる。[30]とくに従五位下から従四位下への越階がよく行われている。たとえば天文四年六月には、細川尹隆が従五位下から従四位下に叙されている。[31]この場合口宣案には本来まだなっていない「正五位下」と記され、従四位下への昇進が通常通り行われたように操作されている。[32]このような越階について『歴名土代』[33]を見てみると、五位の記載がないのに四位に名を連ねている例が多々見られる。むろん実際には従五位下・従五位上・正五位上に叙されていながら、それが書き記されていない場合もあり、すべてが越階であったわけではないが、明らかに越階としかいえない場合もある（表4）。

こうした場合、どのような手段がとられたのであろうか。武田元信の事例を例に挙げると、武田元信は文亀元年（一五〇一）に叙爵を受けず、いきなり従四位下に叙されている。この時は職事が口宣に従五位下と記した[34]が、実際に従五位下になっていたわけではない。先ほどの細川尹隆の時のように、便宜的に従五位下に叙していたことにして、従四位下への越階がなされたことにしていたわけである。公家側は五位から四位への越階ならともかく、従四位下へ

表4　『歴名土代』に見える越階したと思しき事例

年　代	名　前	元の位	昇進後	備　考
宝徳元年	細川勝元	従五位下	従四位下	義成元服に伴う
文亀元年	武田元信	従五位下	従四位下	実際には無位から
大永元年	細川高国	従五位下	従四位下	義晴元服に伴う
大永6年	大友義鑑	無位	従四位下	従三位所望の結果
享禄4年	菊池義武	無位ヵ	従四位下	
天文4年	細川尹隆	従五位下	従四位下	『後奈良天皇宸記』による
天文6年	高梨政頼	不明	従四位下	
天文9年	佐竹義篤	従五位下	従四位下	実際には無位からか
天文11年	伊東義祐	従五位下	従四位下	記述は六年だが実際は十一年
天文22年	三好長慶	不明	従四位下	
天文22年	二階堂照行	無位ヵ	従四位下	
永禄2年	朝倉義景	従五位下	従四位下	
永禄3年	三木良頼	従五位下	従四位下	越階との記載、実際は無位からか
永禄3年	三好長逸	不明	従四位下	
永禄4年	三好義長	従五位下	従四位下	
永禄4年	松永久秀	従五位下	従四位下	
永禄5年	毛利隆元	従五位下	従四位下	永禄3年従五位下
元亀元年	上泉信綱	従五位下	従四位下	元従五下と記載、実際は無位からか
元亀3年	三木自綱	従五位下	従四位下	

直接叙されるのは形式的に受け入れがたく、このような手段をとったのだろう。東坊城和長はこの叙位について「事之儀余不可然歟」と述べ、さらに「又越階雖過分、於武家之輩者、次第加級先々無其沙汰歟、不守次第猥昇進、却可為武家様歟、近例間又如此歟、雖然於四品者、先叙爵之儀簡要歟、其後次第加級者不厳重之段、云近例云事議、不可苦哉」と評しており[35]、次第の加級を守らない武家様と称している。豊後の大友義鑑に至っては、従四位下を通り越して従三位への昇進を幕府に申請している[36]。ただこれは実際には退けられ、結局従四位下への叙爵に留まっている[37]（とはいえこれも五位を通り越した越階であるが）。なお越階の中でも、武家では正五位下から正五位上を通り越して従四位下に叙されるのが本来の通例であった。室町以降の武家で正五位上となったのは、確認される中では二階堂政行ただ一人である[38]。また近世では従五位下から従四位下へと昇進するのが通例であり[39]、そのため単に五位・四位との別しかなく、従五位上・正五位下への昇進をした上で、従四位下に叙されるのが通

常であった中世と大きく異なる。

また任官と叙位はセットで行われることが多いが、任官は許可されながら叙位は許されない場合もあった。長野政藤の場合がそれで、政藤は延徳三年(一四九一)宮内大輔への任官を受け、その口宣案も作成されているが、従五位下に叙されることは許されなかったという(40)。

この従五位下叙爵についても、色々な問題がある。たとえば、古記録・文書の中での位階に関する記述は、任官記事に比して圧倒的に少ないが、その記述も四品・加級について述べたものが大部分を占めている。そして基本的に任官に対しては御礼が行われているが、従五位下叙爵に対して御礼をしていたことは見えず、四品・加級の場合は御礼が行われている。『歴名土代』の記載で、従五位下に名前が無いのにかかわらず、従五位上や正五位下に叙された時に名前が記載される例がいくつも見られるのも、こうした武家の従五位下叙爵に対する意識の希薄さによるのではないか。ただ、任官と叙爵が同時に行われた時は、任官に対して御礼が出されたようだが、前述した奉公衆・奉行人のように、任官から少し時期をおいて従五位下に叙される時もあり、その場合は御礼が出された可能性が残る。

では、こうした位階昇進をする契機は何であったのか。まず当然のこととして、最初の任官時に同時に叙爵を受ける場合である。ただこれは前述のように、任官のみで叙爵が行われない場合も数多くあった。

これとは別に挙げられるものに儀式上の先例がある。たとえば畠山持国・細川勝元はそれぞれ足利義教・義政の元服時に加冠役を務めたが、それは義満の先例に基づくものであった。そして義満の時に加冠役細川頼之が従四位下であったことから、加冠役は従四位下であるべきとの理由で叙されている(41)。

また恩賞による場合もあった。摂津之親が文正元年(一四六六)大嘗会の惣奉行を務めた時(42)、朝廷はその恩賞として従四位下に昇進させようとしている(43)。実際には康正二年(一四五六)にすでに叙されていたため修理大夫への任官となっている。なおこの康正二年の従四位下昇進は、義政右大将拝賀の惣奉行を務めるに当たっての措置と見られ、摂津氏の任官・昇進は、概して将軍の元服・拝賀などに際して行われることが多く、儀式上の理由で昇進が行われた事例に該当する。また後述する畠山持国の正三位・大内義興の従三位も恩賞であった。ここで挙げた事例はみな天皇からの恩賞という形であるが、将軍からの恩賞も、史料上に確認されないだけで、当然あったと思われる。

では位階が武家において果たしていた役割とは何だったのか。

まず挙げられるのが序列の目安である。幕府における身分秩序は、官位の上下によらず、三職・相伴衆・国持衆・御供衆などの家格が身分序列の基本であった(44)。ただ、評定等の儀礼の場では、同等の格にある場合席次が位階の優劣で決められていた。たとえば、康暦元年六月二十五日の評定始では、十一日に四品に叙せられた摂津能直が中条元盛の座を超えているし(45)、明徳四年（一三九三）の評定始では、京極高詮が正五位下に叙せられたことで臈次を越された摂津能秀が、父能直がかつて京極高秀に臈次を越された時に、四品に叙せられて再び高秀を超えた先例を出して、叙四品を求めている(46)（ただし却下されたという）。嘉吉二年（一四四二）には、評定衆家でその時の評定の頭人であった波多野通定と、奉行人で評定衆に加えられていた飯尾為種が席次を廻って論争している(47)。これは位階が上である為種が通定の上座に座るべきと主張し、通定が為種は評定衆の一員であっても奉行人であるから、頭人である自分より上に座るべきでないと主張したことによるもので、位階上首の者が評定衆にいれば頭人の上座につく先例があると、奉行人衆が口を揃えて述べたため、通定が俄に加級して為種の上座について決着を見ている。長享元年（一四八七）には二階堂政行と摂津政親とが改元評定始での座次相論をしている(48)。同じ評定衆同士で、かつこの時政行は従四位下、政親は従五位下であったにもかかわらず、政親は摂津氏が二階堂氏の次に列する先規無しと言い立てたためである。結局この時は政行の主張が通ったようで、政親は評定に不参した。

これらの事例を通してみると、位階の序列が相伴衆・奉行人などの幕府による身分規定の序列より優先されることはないが、同程度の身分にある者の場合、とくに座次などに関して影響をおよぼしていたと言えよう。さらに服装・衣装具などの使用にも大きく影響していた。位階・身分による装束の区別は、江戸時代はより厳密であったが、室町・戦国期でも、たとえば狩衣は五位以上が身につけることが許されるなどの差異が設けられていた[49]。

また書札礼上の変化はあったのか。室町戦国期の武家の書札礼は、公家・僧侶に対しては弘安書札などの例に従っていた。一方同じ武家に対する書札礼では、五位六位の諸侍からは恐々謹言ではなく、恐惶謹言とすべきであるなど、四位の大名にはいくらか配慮がなされていたようであるが[50]、基本的には相伴衆・御供衆・奉公衆、あるいは被官層といった家格階層によって武家の書札礼は定まっていた[51]。たとえば三好長慶が相伴衆に加えられ、修理大夫に任官するなどの種々の特典を与えられた時、書札礼も改められたが、この変化は主に相伴衆になることによってもたらされた[52]ものだった。

最後に位階が私称されたかについて触れたい。十四世紀後半以降、武家では地方で私称官途が通用するようになっている。これは幕府将軍から見て陪臣に当たるような者で、彼等は主君や上位権力からの認証を得ることで、一定範囲内の官途を名乗ることができたのである。一方位階の私称は、文書・記録などには基本的に見られない。宗像氏貞の正三位自称があるが、これは中納言自称とセットになったものである[53]。自称の官途が容認されていたのに対し、位階の自称があまり見られないのは、幕府の方針として、官途私称は限定的に黙認・承認するが、位階は公家をも含めた日本全国の律令官位秩序の中に公的に位置付けられるため、その限りでなかったからと推測される。なお同時代ではなく、系図類で後世付与される例は多く散見される。これらは後代の人間が自身の家を飾るために付したもので、実際にはそのほとんどは実態とかけ離れ、無位であったと考えられる。

十六世紀に入ると武家に高官を有する者が多く現れるとの指摘がすでになされているが、[54]位階についても十五世紀末から同様な現象が確認できる。とくに三位への昇進は、室町期には室町将軍を始めとする足利氏以外に斯波・畠山氏しか昇進できなかったが、表5にあるように、十五世紀末より赤松・大内・若狭武田氏などが三位に昇進するようになり、ついには大内義隆が将軍義晴をも飛び越えて従二位まで昇ることになる。

それでは三位に対する武家の認識とはどのようなものであったのか。

2　武家における三位の意義について

十五世紀後半、大内政弘が父教弘の贈三位獲得運動を行った時に、足利義政は「武家者三位事不可有先規」と述べているが、[55]明応五年（一四九六）に赤松政則が従三位に昇進した時に、東坊城和長は「於武家輩者、武衛・畠山之外者、其例不打任歟、三管領輩細川猶未上階」と述べており、[56]三職は三位になりうるが、細川氏のみいまだ三位にはなっていないとしている。実際にこれ以前に細川氏が三位になった例は皆無である（以後もないが）。これは元々足利一門の中で斯波・畠山に比べて細川氏は家格が低いためで、官途の上でも左衛門督・左兵衛督となる畠山・斯波と異なり、細川氏は一段低い右京大夫止まりであった。このことは明応の政変以後管領家の中で細川氏のみが幕府に留まるようになって、事実上細川氏が幕府内での家格が最上位となっても変わらなかった。細川高国が位階昇進を一度断ったように、[57]元々細川氏が位階にこだわりを持たなかったこともあるだろうが、[58]すでに「右京大夫」・「管領家」と他に異なる家格・特徴を備えていた細川氏にとっては、三位になる意義をとくに見出していなかったのだろう。

それでは将軍以外で武家で三位になった者についてまず検討したい。事例は表5にあるが、『公卿補任』[59]に掲載されているのは畠山持国と赤松政則、そして大内義隆のみである。他の者が『公卿補任』に掲載されないのはなぜか。この問題を解く鍵は、『公卿補任』は基本的に出家したら名前を載せなくなることである。畠山持国が従三位に叙された時の様子を見てみると、持国は嘉吉元年十二月二十七日に左衛門督に任官した(60)。この時持国は僧体であったが、在俗であった二月に遡って宣下を受けたのである。持国はこの時同時に位階昇進も望み、結果は記されていないが容認されたと思われる。それは『薩戒記』嘉吉三年六月十五日条などに、「三位入道徳本」として見えることからも裏付けられる。つまり出家後であっても、同年のことであったので『公卿補任』に記載されたのであろう。持国は『斎藤基恒日記』嘉吉三年九月廿五日条に、禁闕の変が起きた時に持国が申沙汰をして静謐をもたらした功により、勅定で三位に叙せられたことが見える。そうすると持国はこの時正三位に叙せられたことになり、これも先と同様に在俗の日で叙されたのだろうが、これは『公卿補任』には記載されていない。他の者についても、詳細は後述するが、武田・摂

表5　武家で三位になった者

名　前	身　分	位	出　典
斯波義教	管領	正三位	『建内記』文安4・5・28条
斯波義淳※	管領	正三位	『尊卑分脉』
畠山満家※	管領	従三位	『尊卑分脉』
畠山持国	管領	従三位	『公卿補任』嘉吉元・2・27
畠山持国	管領	正三位	『斎藤基恒日記』嘉吉3・9・25条
山名持豊	守護	従三位	「東寺執行日記」文明5・3・18条
斯波義敏	管領	従三位	『親元日記』文明17・7・8条
赤松政則	守護	従三位	「和長卿記」明応5・3・3条 『公卿補任』明応5・閏2・29
大内義興	守護	従三位	『公卿補任』永正9・3・26
武田元信	守護	従三位	「和長卿記」文亀元・1・14条
大内義隆	守護	従三位	『公卿補任』天文10・12・27
大内義隆	守護	正三位	『公卿補任』天文13・
大内義隆	守護	正二位	『公卿補任』天文17・
摂津元造	評定衆	従三位	『歴名土代』天文19・4・14
三木良頼	飛驒国司	従三位	『公卿補任』永禄5・2・11
伊東義祐	日向国人	従三位	『お湯殿の上の日記』永禄4・8・18条
大和晴完	奉公衆	従三位	永禄8・4・26口宣案
足利持氏	鎌倉公方	従三位	『公卿補任』応永27年より
足利政知	堀越公方	従三位	『公卿補任』文明7・9・9
大内教弘	守護	贈従三位	『蔭凉軒日録』文明19・2・3条
大内政弘	守護	贈従三位	「拾芥記」永正5・10・14条

※斯波義淳と畠山満家の三位は疑わしいが一応提示をする

津・大和・伊東などは出家後しばらくしてから三位昇進しているので、同様に在俗の日付で三位昇進し（後述の吉良義尚も在俗の日付で叙位を望んでいる）、そのため『公卿補任』には記載されることがなかったと言える。

ではなぜ三位になったのか、あるいはなることを欲したのであろうか。それを知るためにまず三位になった者達の、昇進した、望んだ背景や意味についてそれぞれ見ていきたい。

まず斯波義教は足利義満の猶子分として叙位されたようである。[61]ただいつ三位になったか不明で、応永九年（一四〇二）正月に従四位上に昇進しているので、[62]それ以降から義満の死ぬ同十五年五月以前であろう。叙日が不明なので三位となった背景も定かでないが、あるいは義嗣の元服時に同時に昇進したのかもしれない。また斯波義敏が従三位となったのは『親元日記』より確認されるが、[63]天正後半〜慶長年間に記されたと思しき「大和大和守晴完入道宗恕筆記」に所収の武衛系図では、義敏に正三位、義良（義寛）に従三位との脇注を付している。[64]この系図は秀吉家臣になっていた斯波（津川）義近までを記しており、義達・義統・義近には三位との記述が無いこと、また晴完が大館常興や山科言継・言経父子などとの交流から多くの武家故実を収集していたことや、[65]後述のように晴完自身三位になっていることを加味すると、義敏・義寛は正三位・従三位にそれぞれ昇進していた可能性がある。[66]

畠山持国は『公卿補任』では嘉吉元年二月廿七日に従三位とある。だがこれ以前の正月に義教の意に違い河内に没落し、[67]二月時点での家督は弟持永が継いでいた。持国は嘉吉の変後の七月に上洛して幕政復帰したことから、二月での昇進はあり得ない。先述のように在俗の日を以て三位昇進したのであろう。嘉吉元年の時点で三位となったとすると、それは幕府内・畠山家中での自身の立場を確立するためと見る事ができるだろう。また嘉吉三年の昇進は朝廷からの恩賞でまず間違いない。

大内氏は、政弘の時から三位を意識しており、教弘・政弘は贈三位である。義興が在世時に三位となり、義隆に至っては同時期の将軍義晴が従三位、義輝が従四位下止まりである（『公卿補任』による）のに対し、従二位まで上っている。

教弘の贈従三位の背景については、政弘の家督に正統性をもたらし、領国と家臣団の結集・一体化を演出するためという山田氏の指摘[68]がある。その政弘も死後に贈三位を受けており、これは義稙を擁して上洛した義興の申請に基づくもので、自家の家格を高めると同時に、父を顕彰する意味があったのであろう。また義興自身の三位は、舟岡山合戦の戦功による天皇からの恩賞であった[69]。

義隆は将軍の位階をも超越したわけだが、それには草名・位署書・大府宣発給・文化・公家との交流を重んじた、義隆の個人的趣向による部分が大きかったと思われる。ただそれだけに帰結できるわけでもない。義隆が自身を従二位まで昇進させた背景には何があったのか。注目すべきは天文十三年に侍従に任官したことである[70]。これは武家の侍従任官の初例であり、足利氏でも侍従に任官したのは義政のみで、前代未聞であった。そして侍従は羽林・名家などの公家が元服後に最初に任官する官であった[71]。この侍従任官後に義隆は、正三位昇進・兵部卿任官・従二位昇進と昇叙を重ねる[72]。この兵部卿を含めた八省卿も武家では先例の無い任官である（鎌倉時代の親王将軍に例はあるが、親王だからこそ任官できた）。つまりこれらの叙任事実からすると、義隆は自らを公家になぞらえるのではなく、公家になろうとし、実際に列せられていたと言えよう。そしてそれをもたらした背景には、公家との婚姻関係[73]や、山口に下向してきた公家を庇護したことによる、朝廷との太いパイプがあった。では義隆にこうした行動をとらせた要因はなんであったのか。義隆は天文十二年に尼子氏攻撃に失敗して息子晴持を失った後に、官途挙状の文言を「挙申京都」から「可令挙敷奏」へと変更している[74]。この天子に奏上する意である「敷奏」への文言の変化は、幕府の介在を撤し、天皇との直接の結びつきを示すものであり、大敗により失墜した自身の権威を強化する手段の一つであった。そして侍従への任官もその延長線上に置けるのではないか。つまり「公家」になることで、大内家と朝廷・中央との密接な関係を知らしめようとしたのであろう。そしてそれに歯止めがきかなくなって、最終的に従二位までの昇進をするに至った。むろんこれはあくまで義隆の意図であって、大内家総体としての動きであったかはさらに検討する必要がある。なお後述の三木良頼・自綱も公家に列せられ、とくに自綱は義隆同様侍従になっているが、これは公家である飛驒国司姉小路氏の名跡を襲った形であり、やはり大内義隆のあり方は非常に特異である。

赤松政則が三位となったのは、幕府―この場合は細川政元―による優遇策によるものであろう。明応の政変後、細川氏の同族体制もすでに崩壊しつつあった。[75]その中で細川政元は、当時断続的に在京し、畠山氏を除くと最も有力な勢力である赤松氏との関係を強め、明応の変直前には自身の姉を政則に嫁がせている。[76]そして明応四年四月に政則は播磨に下向していたが、[77]この頃毎年義稙に呼応して大内氏が上洛すると取沙汰されている。[78]また畿内でも、畠山義豊が畠山尚順との合戦で紀伊などを転戦しており、[79]明応四年十月には細川一族である和泉両守護が尚順方に転じて政元の敵となったため、[80]政元は翌月両畠山の和与を図っている。[81]このような政治状況のもと、政元としては政則への期待は大きかったと思われる。そのため管領家の斯波・畠山以外には例が無いという三位への昇進を取り計らった、または管領家に准じた扱いとしたと見てよいのではないか。

武田元信の場合も、幕府の優遇策の産物であろう。元信は若狭武田氏として初の相伴衆にも列せられているが、[82]従三位に叙せられたのは、義稙が四国へ落ち、入れ替わりに上洛した義晴が将軍になる直前である。当然朝廷への執奏は幕府を主導する細川高国によるものであり、元信が息子元光を上洛させて、高国・義晴への協力を示したことへの返礼にあたると思われる。[83]当時の高国の状況は、義稙が去ったことで義晴を擁立したものの、晴元勢力が京都を窺い、赤松氏も浦上村宗の協力は得られているが、当主義村の生害の影響で家中が乱れる可能性があった。[84]その中で若狭武田氏の協力を得られるのは高国にとって非常に心強いものがあったことは想像に難くなく、それ故の叙従三位であったと思われる。元信はすでに出家していたので、『公卿補任』にも載せられなかったのだろう。ただ元信自身はこの後間もなく没している。(86)

伊東義祐が三位になったのは、「日向記」では天文十五年十二月三日としているが、(87)おそらく永禄四年であろう。(88)また四位になった時期も『歴名土代』には混乱がある。(89)ただ三位となったのは確かで、相伴衆にも列せられている。(90)義祐は、永禄三年十月に飫肥をめぐる島津氏との抗争の調停に、幕府から伊勢備後守が下されたのをきっかけとして、義輝に対してその命に応じたことと、さらなる奉公をすると申して三位を求めたと考えられる。その背景には、永禄三年に大友義鎮が左衛門督になっており、(91)また敵対していた島津貴久が天文二十一年に修理大夫となっていたことで、(92)官途の上で義祐と同格かそれ以上となったことに対する対抗があったと思われる。そして一応は幕府の調停を受け入れて島津氏と和睦していたので、軍事的な手段に訴えるのを控えなければならないから、義祐は息子義益に左京大夫への任官をさせ、(93)自身は三位・相伴衆という家格を得ることで、まず礼的な関係で島津氏を上回ろうとしたのであろう。

次に摂津元造である。摂津氏は評定衆の中でも之親が修理大夫に任官したり、(94)正月の年始出仕の式日が異なるなど、(95)元々評定衆の中で家格が随一の家である。(96)元造は義晴の内談衆を務めるなど政務に深く携わっており、(97)三位になった時は数えで七十歳だったので、(98)義晴の死去をうけて出家したのに対し、義輝からそれまでの功労の褒賞の意味で叙せられたのではないか。義晴を支えた内談衆が、その頃には大館晴光・本郷光泰以外姿を消しているのも関係あるだろう。

大和晴完は、実際には後述するように幕府滅亡後三位となったのであるが、口宣案の日付は幕府健在時であるので便宜上ここで検討する。大和氏はその祖の娘が足利尊氏の側室となって「御父」と呼ばれたという伝承を持っており、(99)その真偽はさておき、十六世紀では幕府でも信じられていたようである。(100)ただ室町期を通じてとくに家格が高かったというわけでなく、親交があった山科言継の『言継卿記』にも頻繁に登場するが、大和氏自体の格には何も触れられていない。現在伝えられている晴完の従三位昇進口宣案写の日付は永禄八年四月廿六日付だが、(101)これは在俗の日をもって出されたものである。晴完は同年五月の義輝の死を契機に出家し、『言継卿記』にも、これ以後「大和宮内大輔」・「大和宮内入道道恕」として出てきている。(102)三位になったのは天正十四年(103)（一五八六）であるので、その時に日付を遡らせて口宣案が出されたのである。三位となったのは、八十歳であるをもってとの説(104)もあるが、秀吉御料人の病を治した功(105)によるものと思われる。

そしてこれらと一線を画するのが三木良頼（嗣頼）である。良頼は飛騨を掌握する過程で、当時絶家となっていた飛騨国司古川姉小路氏の名跡を僭称した。姉小路氏は十五世紀には古川・小島・向の三流があったが、(106)古川流は他の二家と異なり、基綱が十一代ぶりに権中納言まで昇進し、(107)十五世紀後半から十六世紀前半にかけての姉小路氏で、最も高い家格を有していた。良頼は公家としても体裁を整えるために公卿になることを望み、三位昇進を幕府を介して朝廷に申請した。この時良頼は無位→従四位下→従三位と越階を重ね、更に中納言を望んだが、これは拒まれて自称した。(108)息子自綱も宰相と自称しているが、禁裏小番には名を連ねていて、(109)名ばかりとはいえ朝廷でも廷臣の一人として扱われていた。良頼が三位にまで上階したのは、公家として体裁を整えるためと言ってもいいだろう。

飛騨は十六世紀に入っても公家姉小路氏の勢力が残っていた。古川姉小路氏は小島・向両流と争い、あるいは和しながら勢力を保持していたが、享禄年間に三木氏により事実上滅びていた（家名は残る）。他の二家小島・向はなお存続していたので、三木氏は古川姉小路氏の名跡を継いだのである。この一連の昇進や自称について、良頼の貴族趣味・叙位任官への欲望に帰結させる見方もあるが、[110]これは飛騨支配のために行った政策の一つと見るべきである。少なくとも、いまだ健在であった小島・向の両姉小路氏には、効果的であるとの目論見はあったと考えられる。[111]それは申請しながら却下された中納言が、姉小路氏の極官である権中納言よりも上であり、そこにそれまでの姉小路氏を上回ろうという意図が見えることからも窺えよう。

なお三位を望みながら退けられた例として、前節でも取り上げた大友義鑑が挙げられる。これは前述のように、四位・五位を飛び越えた、武家でも非常識な越階であったため却下されている。義鑑が三位を望んだのは、大内氏に対抗するためと思われ、この当時大内義興は従三位であった。後に義鑑は従四位上に昇進しているが、[112]これも前年に実弟であり、不和であった菊池義武が従四位下になった[113]ことがきっかけであろう。その後大友氏では三位への昇進を図った形跡は見られないが、これは大内義隆滅亡後、位階で対抗するような相手が周囲におらず、修理大夫任官をする相良氏などへ対処するぐらいであったからである。

また三位になった可能性のある者[114]として吉良義尚がいる。『薩戒記』嘉吉元年八月三日条によると、義尚は嘉吉元年七月四日に出家し、この三日に在俗の日をもって三位への上階を望み、中山定親に打診した。この時義尚は正四位下で、従三位所望の折紙を定親に渡している。定親はこれに対し、この時点で武家で従三位に昇進したのは斯波義教のみで、従三位ではなく正四位上への昇進ならよいかもしれないが、今は子細述べずと記し、その後この上階については触れられていないので、義尚が望み通り従三位となったか不明である。

以上から、三位昇進も上位官途と同様に、幕府の優遇策、自身の地域礼的秩序内での上昇、他大名との対抗などといった要因の産物であったと言えよう。

また、三位以上になった存在として織田信長がいるのも忘れてはならないだろう。

信長は天正三年従三位権大納言に叙任される。(115)これには四位・五位を飛び越えるために、公家側が前年に正四位下参議・従三位へ昇進したとの後付がされている。この叙任の背景には、参内の名目を得るのと、足利義昭への対抗（義昭の当官は権大納言）があった。(116)その後天正六年四月右大臣を辞職するが、正二位はそのままであり、官制から離れることはしなかった。これは天下の定まった後に、朝廷から何らかの官途を得る余地を残すためであり、いわゆる三職推任も信長が正二位にあったから行い易かったのである。信長にとって位階（および官途）はある程度の利用価値は認める程度のものであった。

その後豊臣政権下では、関白となった秀吉の下に清華家が創出され、徳川家康・前田利家・毛利輝元等が三位を越えた。だが江戸幕府では、豊臣期とは異なり、三位まで昇進する家は厳密に限定され、四位・五位の別も峻別されていた。

おわりに

武家の位階は、平安期には低く、清和源氏や平氏嫡流でも四位が最高であった。平清盛により平氏一門が一時的に高位・高官を占めたが、鎌倉幕府成立後は、四位となるのは北条氏やごく一部の御家人に限られ、三位以上に昇進して公卿となる将軍（源氏・藤原氏・親王）との差が歴然としてあった。

室町期でも、武家官途による秩序形成が成立すると共に、位階も四位に上りうることのできる家柄は限定されていた。ただ位階による身分序列ができていたわけでなく、位階の上下が家格による秩序を上回ることはなかった。また叙位が任官ほど重要視されておらず、叙爵を受けながらも任官の御礼のみ行うのが通常で、本来叙爵も行われるべきなのにそれがない場合や、または五位を通り越して四位に直接越階する場合もあった。ただ四位昇進の時には御礼を行うことから、四位になることは十分な意味を有していたことが窺われる。

十五世紀末から三職以外に三位になる者も増える。とはいえ特別なことではなく、それは官途同様に、幕府の優遇策や他大名への対抗などによる産物であった。

ただそれまで官途・家格ほどに秩序を形成していたわけではなかったことが、逆に豊臣政権・江戸幕府が、室町戦国期を通じて形成された、従来の家格や官途による秩序を切り捨てて、新たな秩序形成をするにあたって、位階を利用することにした大きな要因でもあったと言えよう。むろん秀吉が将軍ではなく関白になったというのも、位階を利用した要因の一つであったろう。そして豊臣期には清華成などによって、武家の官位昇進のインフレーションが起きたが、江戸幕府では三位以上となるのは御三家などに限られ、四位・五位の差も従四位下・従五位下の二つによる厳然たる差別が図られていた[117]。

武家における位階は、中世段階では官途ほど関心が持たれていなかったが、それでも従五位上・正五位下への昇進が示すように、全く無視されていたわけではなく、四位、とくに三位への昇進には、上位官途への任官と同様な政治的意義が期待されていた。また官途・位階は大小の差はあれ、共に礼的秩序を示す働きをしていたが、その秩序は江戸時代の武家官位制のように、相伴衆などの家格に応じて完全に固定されていたわけでなく、流動的であり、厳密なものではなかった。逆にそうした緩やかで段階的な秩序が、中世後期に形成されていった武家官位の特性であったとも言える。

注

（1）数例挙げると、松平（上野）秀治「仙台伊達氏の官位昇進運動について（上）（中）（下）」（『史料・皇学館大学史料編纂所報』一五・一六・一七号、一九七九年）、深谷克己「統一政権と武家官位」（同『近世の国家・社会と天皇』校倉書房、一九九一年）、橋本政宣「松平定信の官位昇進運動」（『日本歴史』六〇〇号、一九九八年）、同「江戸幕府における武家官位の銓衡」（同編『近世武家官位の研究』続群書類従完成会、一九九九年）、藤田覚「近世後期の武家官位と天皇」（同『近世政治史と天皇』吉川弘文館、一九九九年）など。

（2）『群書類従第九輯』。

（3）二木謙一「室町幕府の官途・受領推挙」（同『中世武家儀礼の研究』吉川弘文館、一九八五年）、市村高男「戦国大名研究と列島戦国史」（『武田氏研究』三〇号、二〇〇四年）など。

（4）金子拓「戦国期室町幕府・大名・国人と官位―歴名土代をめぐって―」（同『中世武家政権と政治秩序』吉川弘文館、一九九八年）。

（5）長塚孝「戦国大名の官途・受領名―古河公方足利氏と後北条氏を事例にして―」（『駒沢史学』三九・四〇号、一九八八年）、田中修實「中世後期受領名官途の在地効果―備中守の事例を中心に―」・「赤松氏守護管国における在国・隣国受領名官途の権威と構造―美作守・備前守の事例を中心に―」（共に同『日本中世の法と権威』倉科書店、一九九三年）、同「毛利備中守隆元の官途と備中国侍の動向―いわゆる中世受領名官途「在地効果」論の立場から―」（『就実論叢其の一（人文篇）』三六号、二〇〇六年）、今谷明『戦国大名と天皇』（福武書店、一九九二年、後に講談社学術文庫、二〇〇一年）、今岡典和「戦国期の地域権力と官途―毛利氏を素材として―」（上横手雅敬編『古代・中世の政治と文化』思文閣出版、一九九四年）、山田貴司「室町・戦国期の地域権力と武家官位―大内氏の場合―」（『福岡大学大学院論集』三六―一号、二〇〇四年）、同「大内義隆の大宰大弐任官」（『地方史研究』三一九号、二〇〇六年）、島津諭志「毛利家臣にとっての官途―受領書出の分析を中心に―」（『六軒丁中世史研究』一一号、二〇〇五年）など。

（6）なお中世の武家における位階についての専論研究としては、山田貴司「中世後期地域権力の官位獲得運動―大内教弘への贈三位運動―」（『日本歴史』六九八号、二〇〇六年）があるぐらいである。また位階そのものではないが、関連するものとして佐藤雄基「公卿昇進を所望した武蔵守について―鎌倉前期幕府政治史における北条時房・足利義氏・大江親広―」（阿部猛編『中世政治史の研究』日本史史料研究会、二〇一〇年）がある。

（7）鎌倉幕府における諸大夫に関しては、遠山久也「鎌倉幕府における諸大夫について」（中野栄夫編『日本中世の政治と社会』吉川弘文館、二〇〇三年）がある。

（8）『鎌倉年代記』・『武家年代記』・「関東評定衆伝」（『群書類従第四輯』）などによる。

（9）細川重男「得宗家の先例と官位」（同『鎌倉政権得宗専制論』吉川弘文館、二〇〇〇年）。ただ、得宗家が皆若年で死去したために結果としてこうなっただけで、年齢を重ねた将来的には昇進した可能性も捨てきれないところである。

（10）前注9細川氏論文。

（11）鎌倉幕府の御家人叙任統制は、時野谷滋「鎌倉御家人の任官叙位」（『政治経済史学』三〇〇号、一九九一年）、金子拓「鎌倉幕府・御家人と官位」（同『中世武家政権と政治秩序』吉川弘文館、一九九八年）など参照。

（12）三浦行連（『園太暦』康永四年八月十七日条）、梶原景寛（『園太暦』貞和四年十月八日条）など。また佐藤健一「鎌倉・室町初期の名国司―その出現と変遷―」（今江廣道編『前田本『玉燭宝典』紙背文書とその研究』続群書類従完成会、二〇〇二年）は、受領官が一律従五位下とされたことについて、名国司の成功額の一律公定や所望国名指定を禁じた文永の後嵯峨院の決定を、足利直義が原則として踏襲していたからと述べている。

（13）藤原茂宗（『園太暦』康永四年四月十六日条）、高階重直（『園太暦』康永四年八月卅日条）、大江義重（『園太暦』貞和三年十一月十七日条）、山名師義（『園太暦』貞和五年八月十四日条）など。

（14）田中稔「侍・凡下考」（『史林』五九―四号、一九七六年）。

（15）元木泰雄「諸大夫・侍・凡下」（今井林太郎先生喜寿記念論文集刊行会編『国史学論集』一九八八年）。

（16）これについては第二部第一章参照。

（17）これについては第二部第一章でも言及している。

（18）注3二木氏論文。

（19）摂津之親・政親が従四位下に叙されている（史料編纂所架蔵影写本「美吉文書」所収口宣案）し、後述するように元造は従三位まで昇進している。

（20）たとえば康正二年に飯尾為種が四品御免を受けている（『斎藤基恒日記』同年正月十日条）。

(21)「鹿苑院殿御直衣始記」(『群書類従第二十二輯』)康暦二年正月廿日条。
(22)『康富記』宝徳二年七月五日条。
(23)『大乗院寺社雑事記』文明十九年正月廿五日条。
(24)「大館伊予守尚氏入道常興筆記四」(山口県図書館所蔵「大和家蔵書四」)に「諸侍は大略六位の趣也」とあることなど。
(25)六位に叙す口宣案は少数だが残されている。たとえば天文四年十二月廿六日付の長門忌宮神社神官竹中隆国の叙任(おそらく大内義隆の執奏による)は、正六位下隼人令史であった(後奈良天皇口宣案「武内大宮司古文書」『長門国二ノ宮忌宮神社文書』二〇・二一号)。神官や下級官人、舞人・楽人などは六位に叙されていたと思われる。
(26)『康富記』享徳三年八月十三日条。
(27)足利義輝袖判正親町天皇口宣案(「本郷文書」『福井県史資料編2中世』一六三号)。
(28)他には大内氏家臣の冷泉隆豊や杉隆泰も六位であると口宣案に記されている。
(29)『親元日記』文明十七年八月五日条に「飯尾新左衛門尉兼連」として見え、「宣秀卿御教書案」(史料編纂所架蔵写真帳)には、長享元年八月九日に、「三善兼連」が従五位下に叙され「左衛門少尉三善兼連」が大蔵少丞に任官していることが見える。
(30)これについては、金子拓「中期室町幕府・御家人と官位」(『中世武家政権と政治秩序』吉川弘文館、一九九八年)に言及がある。
(31)『後奈良天皇宸記』天文四年六月八日条。
(32)「広橋兼秀符案留」(史料編纂所架蔵写真帳)。
(33)湯川敏治編『歴名土代』(続群書類従完成会、一九九六年)。以下『歴名土代』は同。
(34)「和長卿記」文亀元年正月十四日条。
(35)「和長卿記」文亀元年正月十四日条。
(36)斎藤元陸書状写(「大友家文書録」『大分縣史料(32)』七四二号)。義鑑が従三位を望んだのは、当時敵対していた大内義隆が従四位下であったことから、その対抗上によると考えられる。
(37)足利義晴袖判後柏原天皇口宣案(「大友家文書録」『大分縣史料(32)』七四一号)。

(38)『長興宿禰記』文明十八年七月廿九日条。

(39)堀新「岡山藩と武家官位―池田綱政の少将昇進をめぐって―」(『史観』一三三冊、一九九五年)、橋本政宣「近世の武家官位」(同編『近世武家官位の研究』続群書類従完成会、一九九九年)、堀新「近世中期武家官位叙任の実態―外記平田家文書を素材に―」(橋本政宣編『近世武家官位の研究』続群書類従完成会、一九九九年)など。

(40)「宣秀卿御教書案」(史料編纂所架蔵写真帳)。

(41)持国は『満済准后日記』正長二年二月廿五日条、勝元は『康富記』文安六年四月十六日条による。なお勝元は頼之の先例に任せ武蔵守に任官して義政の元服儀式の後ほどなくして右京大夫に復している。また細川高国も義晴の元服に伴い従四位下武蔵守に叙任している(『実隆公記』大永元年十二月十二日条、『二水記』大永元年十二月廿四日条)。

(42)『斎藤親基日記』文正元年十二月廿九日条。

(43)後花園天皇口宣案(史料編纂所架蔵影写本「美吉文書」)。

(44)「長禄二年以来申次記」・「年中定例記」(共に『群書類従第二十二輯』)、二木謙一「室町幕府御相伴衆」・「室町幕府御供衆」(共に同『中世武家儀礼の研究』吉川弘文館、一九八五年)など。

(45)「御評定着座次第」(『群書類従第二十九輯』)。

(46)「御評定着座次第」(『群書類従第二十九輯』)。

(47)『康富記』嘉吉二年八月廿八日条。

(48)『長興宿禰記』長享元年八月九日条。ただ町野・波多野も不参しており、この背景には義凞の側近として権力に絡む政行への反感が他の評定衆家にあったことも見逃せない。

(49)丸山伸彦『武家の服飾』(日本の美術三四〇、至文堂、一九九四年)など。なお『大乗院寺社雑事記』文明三年八月五日条にある、朝倉孝景が国司と称して立烏帽子・狩衣等を身につけて殿上人として振る舞い、それを見た越前の輩が皆これに背いた話なども、こうした身分による装束の違いを示す事例と言える。

(50)「大館伊予守尚氏入道常興筆記一　大和大和守晴完入道宗恕追加」(山口県図書館所蔵「大和家蔵書一」)には、武家方諸侍等書札事として、「武家方にても四品仕御方へハ五位六位の諸侍より恐々謹言と書事ハ無謂やうに申事にて候、恐惶謹言とあるへき事也、然をかやうにのミ相調候慮外之儀候哉」とあり、「大和大和守晴完入道宗恕筆記一」(山口県図書館所蔵

「大和家蔵書九」）には「四品の衆へハ少差別あるへし」とある。
(51)「細川家書札抄」・「大館常興書札抄」（共に『群書類従第九輯』）など。
(52)「雑々聞撿書」・「雑々書札」（共に内閣文庫所蔵写本）など伊勢貞助筆の書による。
(53)これについては桑田和明「戦国時代における筑前国宗像氏貞の中納言申請について」（『福岡県地域史研究』二二号、二〇〇五年）参照。氏貞は先祖と同じ「正三位中納言」であることにこだわったため、位階も官途も併せて私称したのであろう。
(54)前注5今谷氏著書、本書第一部第二章・第三章など。
(55)『晴富宿禰記』文明十一年閏九月八日条。
(56)「和長卿記」明応五年三月三日条。
(57)『実隆公記』永正九年四月四日条。
(58)『大乗院寺社雑事記』文亀二年六月十六日条。将軍義澄の宰相中将任官所望に対して、将軍であればよく、官位は無益で、いかに昇進しても人が御下知に従わなければ意味はないと細川政元が意見している。政元自身も姉婿で義兄弟に当たる赤松政則が三位昇進を果たす中、全く新しく官位を得ようとはしなかった。
(59)新訂増補国史大系『公卿補任』。以下同じでとくに表記しない。
(60)『建内記』嘉吉元年十二月廿七日条。
(61)『建内記』嘉吉元年十二月廿七日条。
(62)「吉田家日次記」応永九年正月六日条。
(63)『親元日記』文明十七年七月八日条。
(64)山口県図書館所蔵「大和家蔵書九」。
(65)大和晴完と武家故実については、伊藤正義「大和宗恕小伝」（『論集日本文学・日本語3中世』角川書店、一九七八年）、古川元也「故実家大和宗恕管見」（『年報三田中世史研究』三号、一九九六年）などがある。
(66)ただ義良（義寛）の横に「常徳院殿御代副将軍」との記述があり、この系図の信頼性にはまだ疑念が残り、更なる検討を要する。
(67)『師郷記』永享十三年正月廿九日条。

(68) 前注6山田氏論文。
(69) 「守光公記」永正九年三月廿五日条、『実隆公記』永正九年三月廿七日条など。
(70) 『公卿補任』。
(71) 室町戦国期の摂家や清華は近衛少将を初任の官としていた。また羽林・名家では侍従だけでなく、衛門・兵衛佐を初官とする例も多く見られる。
(72) 以上『公卿補任』による。
(73) 野澤隆一「義隆の家族」(米原正義編『大内義隆のすべて』新人物往来社、一九八八年)によれば、義隆の姉妹は土佐の一条房冬に嫁ぎ、義隆も正室に万里小路秀房の娘を迎え、側室にも小槻伊治娘・広橋兼秀娘がいる。
(74) 拙稿「官途状の形式とその地域的・時期的特徴について」(『史学雑誌』一一五編九号、二〇〇六年、後に木下聡編著『全国官途状・加冠状・一字状目録』日本史史料研究会、二〇一〇年)、山田貴司「室町・戦国期の地域権力と武家官位―大内氏の場合―」(『福岡大学大学院論集』三六―一号、二〇〇四年)参照。
(75) 末柄豊「細川氏の同族連合体制の解体と畿内領国化」(石井進編『中世の法と政治』吉川弘文館、一九九二年)。
(76) 『後法興院記』明応二年三月十六日条。
(77) 『後法興院記』明応四年四月十四日条。
(78) 『大乗院寺社雑事記』明応三年二月十七日条、同四年二月十四日条、同五年六月一日条、「後慈眼院殿御記」明応三年八月十日条など。
(79) 『大乗院寺社雑事記』明応四年三月十四日条など。
(80) 『大乗院寺社雑事記』明応四年十月廿六日条。
(81) 『大乗院寺社雑事記』明応四年十一月八日条。
(82) 『鹿苑日録』明応九年正月十七日条。
(83) 『二水記』大永元年九月三日条、『実隆公記』大永元年九月一日条など。
(84) 赤松義村の死は大永元年九月十七日である(「書写山十地坊過去帳」『大日本史料第九編之十三』二五一頁、「于恒宿禰記」大永元年九月廿七日条)。実際に赤松家中では、この翌年に別所氏と浦上氏とが合戦におよび浦上方が敗れている(「春日社司祐維記」大永二年十月六日条）。
(85)『実隆公記』永正十七年正月十七日条などによる。
(86)『大日本史料第九編之十三』大永元年十二月三日条。
(87)「日向記巻第5」（『宮崎県史叢書　日向記』一四三頁）。
(88)『お湯殿の上の日記』永禄四年八月十八日条に、伊東上階事が義輝から禁裏に申されており、過分ながら勅許とあることから、これが義祐の従三位昇進を示す記事である。「日向記」が天文十五年としたのは、おそらく義祐が従三位となった時出家していたので、口宣案の日付が在俗の時に遡って記され、それが天文十五年十二月三日付であったからである（口宣案は史料編纂所架蔵謄写本「伊東系譜」にある）。そしてそれを見た、あるいは伝えた後世の人の情報が、そのまま「日向記」の記述に反映され、実際よりも遙か以前に義祐が従三位となったとされたのであろう。
(89)『歴名土代』には、天文六年四月廿六日に従四位下となっているが、天文十年八月廿八日に従五位下大膳大夫として見える。『大館常興日記』や『親俊日記』の記述から、天文十年の叙任は動かし難い事実である。「伊東文書」（『宮崎県史史料編中世2』）の内容から、義祐が従四位下となったのは大膳大夫任官の翌年とわかるので、天文六年は天文十一年の誤りであろう。また義祐は従五位下→従四位下→従三位と二度にわたり越階していることもわかる。
(90)足利義輝御内書写（「伊東文書」『宮崎県史史料編中世2』三号、比定は天文十八年ヵとなっているが、「伊東三位入道」とあることから永禄年間である）。
(91)足利義輝袖判正親町天皇口宣案（「大友家文書」『大分縣史料（26）』二六〇号）。
(92)後奈良天皇口宣案（『大日本古文書島津家文書之二』六二八号）。
(93)左京大夫に任官した時日は不明だが、おそらく義祐の三位昇進と同時であろう。義益が左京大夫であるのは、伊勢貞孝書状案（『大日本古文書蜷川家文書之三』七七六号）などによる。
(94)『斎藤親基日記』文正元年十二月廿九日条、足利義政袖判後土御門天皇口宣案写（『松雲公採集遺編類纂巻百三十四』所収）。
(95)「長禄二年以来申次記」（『群書類従第二十二輯』）など。
(96)「貞助記」（内閣文庫所蔵写本）・「大和家蔵書」（山口県立図書館所蔵）などに、評定衆として摂津・波多野・二階堂・町野を挙げて、「此四人うちにてハ摂津もつはらの儀也」と記されている。

(97) これについては、設楽薫「将軍足利義晴の政務決裁と「内談衆」」(『年報中世史研究』二〇号、一九九五年)、同「足利義晴期における内談衆の人的構成に関する考察─その出身・経歴についての検討を中心に─」(『遙かなる中世』一九号、二〇〇一年)、同「将軍足利義晴期における「内談衆」の成立(前編)─享禄四年「披露事条々」の検討を出発点として─」(『室町時代史研究』創刊号、二〇〇二年)、羽田聡「足利義晴期における内談衆編成の意義について─人的構成の検討を通して─」(『年報三田中世史研究』六号、一九九九年)などがある。

(98) 元造の年齢は「御元服聞書」(内閣文庫所蔵)によると、明応三年十二月二十七日時点で十四歳とあり、元服任官を同日に行ったことから判明する。

(99) 「萩藩閥閲録巻一一八」(『萩藩閥閲録第三巻』五一一・五一二頁)。

(100) たとえば伊勢貞陸の手になる「常照愚草」(『続群書類従第二十四輯下』)など。

(101) 「萩藩閥閲録巻一一八」(『萩藩閥閲録第三巻』一五号)。

(102) 『言継卿記』永禄八年六月十一日条、『言経卿記』天正四年四月廿四日条など。

(103) 『言経卿記』天正十四年九月十九日条が初見。

(104) 伊藤正義「大和宗恕小伝」(『論集日本文学・日本語3中世』角川書店、一九七八年)。

(105) 『言経卿記』天正十四年七月一日条。晴完は在京していたが、秀吉に呼ばれて大坂に下向して治療を行っていたようである。

(106) 岡村守彦『飛驒史考中世編』(岡村健守、一九七九年)。

(107) 『宣胤卿記』永正十四年閏十月十九日条。

(108) 「二条宴乗日記」永禄十三年二月十五日条など。『公卿補任』には中納言に昇進したことは記されていない。

(109) たとえば『言継卿記』天正四年正月五日条や『言経卿記』天正七年二月十一日条に禁裏小番外様衆に名を連ねているのが見える。ただし実際に務めたことは無く、いつも代理が立てられていた。

(110) 前注106岡村氏著書、谷口研語『飛驒三木一族』(新人物往来社、二〇〇七年)など。

(111) 同様な視座を持つものとして、大藪海「戦国期における武家官位と守護職」(『歴史学研究』八五〇号、二〇〇九年)がある。大藪氏は良頼が「飛驒国司」になることで、姉小路氏（小島・向）を自勢力内に包摂し、国内統一を前進させようとしたのではないかと述べており、首肯すべき意見である。そしてその良頼の姿勢は三位中納言となることで完結する予定であったと思われるが、それは成らずに頓挫したのである。

(112)『歴名土代』。昇進は天文元年（享禄五年）。

(113)『歴名土代』。義武が従四位下となったのは享禄四年。

(114)三位を称している者に、斎藤妙椿がいる。ただ妙椿は権大僧都で、これが律令官位では中納言にあたり、相当位階が従三位に該当することから、署名に「従三位妙椿」（円海・泉栄・斎藤妙椿連署契約状「善恵寺文書」『岐阜県史史料編古代・中世一』五号）などと記したのであって、実際に従三位に叙せられていたわけではない。『長興宿禰記』文明十二年二月廿一日条で妙椿について「号三位」とあるのは、まさに自ら号していたことを指している。なお表5の中で山名持豊の検討をしていないが、いつ三位になったか特定できないため、三位となったかの真偽も含め、今後の課題としたい。

(115)『公卿補任』、『兼見卿記』天正三年十一月五日条など。

(116)堀新「織田信長と武家官位」（同『織豊期王権論』校倉書房、二〇一一年）。

(117)藤井讓治「日本近世社会における武家の官位」（同『幕藩領主の権力構造』岩波書店、二〇〇二年）。

第二部　統一政権と武家官位

第一章　室町幕府の官位叙任

はじめに

中世後期の武家官位を考える上で、大名の官位やその家中の官途秩序、あるいは官位の受容と認識の問題を検討することは言うまでもなく重要である。そして武家官位における室町幕府の位置は非常に大きい。なぜならば、幕府将軍から直臣に当たる者は、基本的に幕府を通じて朝廷から口宣案による正式な叙任を受けていたからである。その室町幕府における官位叙任の実態や手続きについては、現在金子拓氏の研究を筆頭に、多くの研究が積み重ねられ(1)、基本的な部分はかなり解明されてきている。むろんそれで十分ではなく、まだ多くの検討すべき点が残されている。本稿では室町幕府の存在した南北朝から戦国期にかけての、各時代における武家官位叙任に関して重要と思われる点について、いくつか考察してみたい。

なお本来ならば、武家執奏により推挙が行われた公家・寺社の叙任(2)に関しても検討すべきだが、これは南北朝から戦国期にかけての武家執奏という行為そのものや意義について、幕府の意図・目的や、公家・寺家との関係をも包摂しつつ、改めて検討すべき大きな問題であり、本論の趣旨からも逸脱するので、本稿では取り立てて言及しない。

1　尊氏・義詮期

ここでは尊氏・義詮期における叙任のあり方について見ていきたい。

まず観応の擾乱以前は、先行研究が指摘する通り(3)、直義が叙任を一手に受け持ち、叙任形態は鎌倉幕府を受け継ぐ形で、基本的に成功によった。そして成功で任官できる官途も、前代よりも拡大され、名国司・権守・八省大輔・助・少輔などが成功任官可能な官途とされていた(4)。

観応の擾乱勃発後は、尊氏・義詮によって官途挙状が出され始める。なぜこの両者が成功でない推挙を行うようになったのか。推挙行為自体は金子氏も指摘する通り、臨時・個別的性質を持つ(5)。官途挙状も恩賞として出された可能性が高く、義詮期の官途推挙が、将軍からの恩賞との性格を色濃く持つようになるのは(6)、その延長線上に位置付けられる。ただ恩賞としての任官は、北朝よりも南朝のほうがずっと早くに行われている。というよりも、現在わかる南朝の武家任官の状況を見る限り、成功による任官は全く見当たらない。これは建武政権での武家任官が基本的に恩賞の形で行われ(7)、南朝はその姿勢を引き継いでいたからである。南朝は北朝との戦いで武士層を取り込む必要があり、北畠親房・新田義興等は自陣営の武士の任官所望を吉野へ申請し、恩賞という形で官途を与えていたのである。その方式を尊氏・義詮も取り入れたと見ても差し支えないだろう。実際に尊氏・義詮の官途挙状も南朝とほぼ同一だからである(8)。またこの南朝の官途挙状も特有のものではなく、鎌倉幕府の挙状形式であったり、朝廷の申状に加判した形状をとるなど、それ以前からある文書形式を受け継いだものであった。

この一方で、直義が幕政から離れた後、貞治五年十月に吉田社召功で伊予守に任官した上杉顕定(9)を最後に、成功任官は姿を消す。その後の幕府では、金子氏の指摘するように、恩賞沙汰で官途申請が審議され、推挙が行われた。[10]

義詮期の具体的な叙任手続きは、『師守記』などに見える叙任関係記事からすると、職事に誰が何に叙任するかの詳細が武家から伝えられ（おそらくは官途奉行から）、その際に武家挙状・免状も出される。[11]職事は上卿・外記局へ伝え、位記・宣旨が作成されて幕府方へ渡され、叙任者に与えられるようなものであったと思われる。成功任官が除目によって一斉に任官できたのと比較すると、個別・単発的になっている。また任官者およびその関係者が京都にいる場合、宣下が滞りなく行われるように直接公家へ交渉することも行われている。[12]

なお私見では、こうした成功任官の消滅によって一斉同時任官の契機が失われ、かつ南北朝の争いの中で叙任する階層の拡大、官途を有する・求める者の増大が引き起こされたため、[13]私称官途が認可、あるいは横行するようになったと考える。つまり、ある一定範囲の官途に関してのみ、正式な手続きを経ず、その者が上意と仰ぐ存在から承認を受ければ、私的に名乗ってもよいと幕府・武家社会の中で暗黙に認められたのではないだろうか。[14]その対象となるのは幕府直臣ではない者・被官層であろう。実際に義満期以降官途を持つ者は前代より飛躍的に数を増やしている。

2　義満〜義政期

この時期で重要なのは、次第の宣下（下知）を経ずに、つまり口宣案を作成する職事から、上卿を経て弁官・外記への宣下が行われずに、叙任が行われるようになったことである。

『建内記』正長元年六月廿五日条によれば、斯波持有が左衛門佐に任官する際に、現任の土御門嗣光が左衛門佐を辞することを拒否したため、義教に呼ばれた万里小路時房は、「職事加次第之下知、外記局可成　宣旨之上者、自新任日来見任辞退可為勿論、然者両人在官不可叶、今以口　宣案許不及次第之下知者、日来見任之分未可有相違歟」と、職事が次第の下知を加えて外記局が宣旨を出すのならば、現任嗣光は辞退すべきだが、口宣案だけならその必要はないかと述べ、それを受けて義教は、「是ハ只持有事ハ不可及下知、此口　宣案許ニテ可事足也、可得其意、不可及下知事、退出之後仰隆夏朝臣了、又為御心得申入　仙洞了、口　宣案御覧之後、可賜二郎之由有御定」と、口宣案だけで事足りるので次第の下知にはおよばずと仰せている。

これは官途が公家と競合するケースで、かつ公家側が武家任官により辞するのを拒んだために行われた措置であったが、当時の武家官途は、『建内記』の同日条で二条持基が「公家雖有見任、武家任官無拘」と述べたように、公家とは別扱いされていた。そして口宣案のみで叙任が成り立つ場合もあったわけで、公家現任者の有無に関わらない叙任がこれに該当するのだろう。義持期に武家が任官しえた官では、四職大夫もすでに員外化しており[15]、たとえば時代は下るが、細川政元の右京大夫任官も口宣案のみである[16]。実質的には衛門・兵衛の督・佐[17]、足利氏のみの左馬頭[18]以外の官途は、公家現任と無関係扱いであった。つまり将軍家（この点は後述）を除く武家の叙任は、かなりの部分が口宣案のみで行われていた[19]のではないか。そして義満期以降除目から武家の名が見えなくなること、後の文明末〜明応の「宣秀卿御教書案」（史料編纂所架蔵写真帳、以後「宣秀」と省略）に見える武家叙任の大部分でも次第の宣下が行われていないこと、先の斯波持有の事例などからすると、かなり早い段階、義満期頃から武家では、次第の宣下を経ない叙任が行われるようになったと見るべきである。

では、こうした叙任のあり方になったのはなぜか。それを指し示す史料がないため状況推測になってしまうが、観応までの成功任官では一度に多くの希望者が任官できたが、前述の通り成功任官が消滅したため、叙任は個別に行われるようになった。そのため通常の手続きを経るには時間と手間がかかる。そうした煩瑣を厭い、このような口宣案のみで叙任が成り立つ手続きが取られるようになったと考えられる。除目・叙位から武家の名が載せられなくなることや、[20]官途の武家員外化傾向もそれに拍車を掛けたであろう。これは前節で述べた私称官途と表裏の関係にある。またこれに関連して、室町殿が口宣案に袖判を加えるようになることも重要な問題である。この袖判口宣案については次の第二章で検討しているが、義満、あるいは義持期から袖判口宣案が出されるようになったのには、[21]右で述べた叙任形態の成立とも関係があろう。

なおすでに先行研究でも言及されているが、[22]形式的には天皇から叙任を受ける形でも、口宣案の日付を武家御免の日付で所望している例に[23]象徴されるように、やはり武家にとって叙任は室町殿から許され、受けるものであった。

3　義煕期

鳥居和之氏によると、義政と義煕（「義尚」の名乗が一般的だが、最後の名乗の「義煕」で統一する）間の政務権限は文明十五年（一四八三）に雑訴沙汰・政所沙汰の裁許権が、同十八年に軍事指揮権が、そして義煕の近江出陣後に守護職補任・一般的安堵権・公帖加判権が委譲されたという。[24]ただその中で叙任権限については言及されていない。両者の間で官位叙任はどのように分掌、委譲されていったのか。[25]それを解き明かすための材料を提供してくれるのが、「宣秀」に見られる一連の記事である。

まず義煕が政治を執るようになってから、文明十六年以降二階堂政行による官途申沙汰が見られるようになる。「宣秀」に「武家御執奏之由二階堂折帋在之、同申勅許」とあるからである。

この「折帋」は次に示すように、叙任する人物と叙任官位を記し、職事に執奏を申沙汰するよう伝えるもので、二階堂政行が官途奉行としての活動を行っていたことがわかる。

史料1　二階堂政行奉書（「宣秀」紙背文書）

前宮内少輔源視冬名国司伊与、為御執　奏可有申御沙汰之由、被仰下候也、恐々謹言、

長享弐

九月十八日　政行（花押）

中御門弁殿

その一方で、同時期に摂津政親も同様な官途申沙汰を行っている。

史料2　摂津政親奉書（「宣秀」紙背文書）

右衛門尉平真康駿河守口　宣之事、可有申御沙汰之由也、恐々謹言、

長享二

六月四日　政親（花押）

蔵人左少弁殿

さて、この二人の活動は重なる部分が無く、また南北朝期の石橋和義と二階堂道本のように、どちらかが上でというわけでもなく、並び立つ存在であった。表1は「宣秀」から両者が申沙汰をした叙任事例を挙げたものだが、叙任者を見ると、政行と政親は基本的に、それぞれ義煕・義政に近い人物の叙任手続きを行っていたことがわかる。(26)このことから、叙任推挙は少なくとも文明十五～十六年の間に義煕も行うようになったが、義煕の手にすべて委ねられたわけではなく、こと叙任に関しては分掌されていたのである。ただ表1の中で、文明年間は奉公衆・奉行人の叙任しか見当たらず、守護クラスをどちらが受け持っていたか不明で、この点についても検討する必要がある。そこで文明

表1 「宣秀卿御教書案」より判明する叙任申沙汰の実行

二階堂政行分

名 前	身 分	年月日	所望の叙任	従軍
大宅光頼	不明	文明16・9・5	左京亮	?
大江元清	奉公衆(長井・毛利か)	文明17・10・22	宮内大輔	○ヵ
河内宏行	奉公衆、歌人	文明17・10・22	周防守	○ヵ
広戸直弘	奉公衆二番	文明17・10・22	因幡守	?
飯尾元行(兼連)	奉行人	長享元・8・9	従五位下大蔵少丞	○
結城政広(政胤)	義熙評定衆、奉公衆二番	長享元・8・15	従五位下越後守	○
多治比忠宗	奉公衆一番	長享元・9・23	下総守	○
長宗信	奉公衆三番	長享元・9・25	従五位下能登守	○
結城政広(政胤)	義熙評定衆、奉公衆二番	長享2・8・27	正五位下	○
広沢尚利	義熙側近、元猿楽者	長享2・8・27	従五位上	○
結城尚隆(尚豊)	義熙側近、奉公衆二番	長享2・8・27	従五位下	○
一色視冬	奉公衆五番	長享2・9・18	伊予守	○
大館尚氏	義熙評定衆、奉公衆五番	長享2・10・5	左衛門佐	○
布施知基	奉行人	長享2・10・14	弾正忠	?
一色義秀	丹後守護	長享2・11・16	左京大夫	○
本郷政泰	奉公衆一番	長享2・11・17	従五位上	○

摂津政親分

一色政具	義政申次	文明16・12・30	兵部少輔	×
長国連	奉公衆二番か三番	文明17・3・5	左衛門少尉	?
摂津政親	評定衆	長享元・8・11	従五位上	×
安東真康	奉公衆二番か	長享2・6・26	駿河守	?
摂津政親	評定衆	長享2・9・23	掃部頭	×
斎藤基聡	奉行人	延徳元・9・2	加賀守	○
諏方長直	奉行人	延徳元・9・23	若狭守	?
大内直貞	奉公衆五番	延徳2・10・5	周防守	?

※従軍とは、義熙の近江の陣に従軍しているか否かを示す

十八年に相模守に任官した上杉房定が、どちらを通じて任官が行われたのか見てみたい。この相模守任官については、相模守に任じるとの御内書が知られているが[27]、案として残されているため、実際の発給者がどちらであるかは定かでない。ただこの御内書の案が収められている「昔御内書符案」は、伊勢氏の手により作成されたもので、中でも文明十八年分は、「右筆貞誠　伊因也」とあり、伊勢貞誠が右筆として作成したことがわかる[28]。この伊勢貞誠は義凞の鈎陣に同道しているが[29]、それまでは義政の鹿苑院御成に御供をするなど義政に近侍していたので[30]、貞誠が右筆として作成したのは義政の御内書と推測される。このことから、少なくとも文明十八年の時点までは、守護への任官は義政が受け持っていたことがわかる[31]。そして、長享元年（一四八七）の近江出陣を契機に、守護職補任権を義凞が掌握したとの指摘[32]があり、同時期に守護クラスへの任官も義凞が行うようになったのではないか。実際に長享二年の一色義秀の左京大夫任官も、政行が取り次いでいる（「宣秀」）。

以上から、義政と義凞との間での叙任に関する権限は、義凞が政務を執り始めた頃には、奉公衆・奉行人などの場合、その者と近い関係の側が受け持ち、守護クラスの叙任は義政が行っていたが、長享元年にそれも義凞へ委譲され、義政は自身に関係の深い者のみ、政親を使って叙任を行っていたのだろう。また、文明十八年の吉見長家の兵部少輔任官に際し、長家は中御門宣秀の許へ自ら申沙汰を依頼に来ており、その時の様子は、「宣秀」に「当時無官途奉行、仍本人直申之」と記されている。そうなると摂津と二階堂は官途奉行ではなかったということになるが、二人の活動自体は官途奉行の職掌そのものであり、義凞・義政それぞれに官途奉行と言える立場の者がいる権限の分掌状況が、幕府の叙任手続きを一手に担う「官途奉行」が不在とされる一因となり、それが先の吉見長家の発言に表れたのではないか。

なお義凞の死後は、政行が政界から引退するので[33]、叙任関係も政親に一元化されて、政親が改めて官途奉行となったと考えられ、実際に官途奉行としての活動も確認される（「宣秀」）。ただ政親もその後何度か京都を離れている時期があり、その場合は大館尚氏のように他の誰かが官途奉行となっていた可能性が高い（第5節に後述）。ただそのつど誰が行っていたかは不明である。

4　義稙期以降の状況

叙任に関する基本的な部分はそれまでとほぼ同様だが、全体的に叙任する官位が前時代より高くなっている。この時期問題となるのは、将軍が遠征に出る、あるいは政争に敗れて京都を離れている場合が頻繁にあり、その時叙任はどのようになされていたかである。まず遠征は義熙・義稙（最終名の義稙で表記を統一）の近江出陣などが該当する。義熙の時には、叙任を担っていた二階堂政行が頻繁に近江から京都へ書状・折紙を出しているので、叙任沙汰があるごとに、政行が申沙汰を職事に対して行っていたと推測される。義稙の時も近江の陣中から赤松政則・山名豊時の四品事が取りなされているので[34]、通常通り行われていたと考えてもいいだろう。

次に政治的に京都不在となった場合はどうであったか。今谷氏は将軍の頻繁な京都不在が官位の直奏の激増をもたらしたとするが[35]、実際には京都不在の時期でも、菊池義武[36]や河野通直[37]、伊達晴宗[38]などが将軍を通じて叙任を受けている。確かに幕府を通じずに叙任するケースは増えているが、特筆するほどではなく、将軍が京都不在でも幕府による叙任は行われ、将軍方から京都への交渉も行われていたようである[39]。

ただ一方で幕府を介さずに叙任するケースが増えているのも事実で、大まかに二つのルートが挙げられる。まず一つ目は公家を介するルートで、懇意の公家を通じて叙任がなされた。代表的な事例として大内氏が挙げられ、教弘の贈従三位運動（最初失敗し、後に義政執奏により実現）、義隆の大宰大弐任官以後の叙任などは皆この手段が取られていた。大内氏が幕府を介さず叙任しようとしたのは、教弘贈従三位運動の時に、義政が「武家者三位事不可有先規」(40)と執奏を拒んだように、先例の無い官位への叙任を求めたことによるのであろう。とはいえ朝廷は将軍の許諾を重要と認識しており、教弘贈従三位の場合は結局義政の執奏により実現し、義隆の大宰大弐も、任官の後に幕府の許諾を得ていた(41)。

他にも島津氏やその関係者は、島津庄の本所たる近衛氏を通じて叙任をしている(42)。土佐国人の場合は、土佐に下向していた一条氏の推挙によって叙任した者もいた(43)。また畿内周辺でも、その地に関係の深い公家に仲介を依頼して叙任を受けた者がいる(44)。

ただ公家・天皇は幕府内での叙任の可否に関して知らず、そのために幕府で却下された叙任を朝廷で許可することもあった（逆に幕府が許可したのを朝廷が却下するケースは見当たらない）。たとえば伊予宇都宮氏は受領任官を幕府に求めたが、河野氏の横槍によって許されなかった。そこで公家を介して朝廷から直接任官を受けている(45)。大内氏も、先例のない官位を求める時や、幕府中枢と敵対している時期など、幕府を通じてでは到底許可されないと判断して、公家を介して直接交渉したと考えられる。これらから、天皇権威が上昇したから幕府を介さずに交渉したというよりも、幕府の許可が得られそうにないための方策、得られなかった場合の次善の策であったり、将軍が不在だったのでそのまま朝廷と直接交渉しただけと見るべきだろう。また近衛前久が関東滞在時の礼に太田資正・由良成繁らの任官を独自に行ったように(46)、公家側から叙任を推進する場合もあった。

なお今谷氏の言及した天皇主導の叙任(47)も、別に戦国期に見られるものでなく、室町期でも時折見られる。たとえば摂津之親は大嘗会惣奉行の功により修理大夫に任じられている(48)。

もう一つのルートは寺社を介するルートである。

大和では古市・筒井のような衆徒は律師などの僧官や播磨公などの僧名乗りを用いたが、越智・布施などの国民は官途を名乗った。彼らの叙任は興福寺を通じて奏上され、口宣案も興福寺から下された(49)。また門跡から私的に任じられることもあった(50)。

他地域ではどうであったのか。江戸重通が常陸の天台・真言両宗の絹衣相論へ関与し、また伊達政宗が比叡山の再興に関与したことで、それぞれ受領任官を推挙されている(51)。いずれも幕府滅亡後であり、また武家側から望んでではなく、寺家側から自発的に推挙を行った事例なので、あくまで参考でしかないが、少なくとも幕府健在時に寺社が地方の武家の叙任に関わった可能性は大いにある。また本願寺では僧俗共に門主から任じられ、僧は朝廷から口宣案を受ける場合もあったが(52)、侍は門主によって私的に官途を任じられた(53)。

最後に将軍家の官位が義稙以降、とくに義輝・義栄などの官位が低いままであったことについて少し触れたい。基本的に足利氏の官位は小除目・縣召除目で行われる(54)。その際の費用は幕府が出していたようで、宣旨持参者への禄物などを含めると、少なくとも百貫以上を必要としていた(55)。元々除目費用調達は国役として諸大名に賦課していたが、義稙が将軍に復帰した永正以降はそれが非常に困難になっていた。官位昇進が滞ったのは、幕府・将軍の政策・意図によるというよりも、やはり経済的な理由が大きかったのだろう(56)。

5　室町幕府における官途奉行

官途奉行(57)とは、鎌倉・室町幕府において武家の官位に関わった職である。先行研究では官途奉行をどのように捉えているか。これについて最も詳細なのが金子氏の論考である。[58]氏によれば、鎌倉期では、官途奉行は恩賞一般を扱う恩沢奉行から分離新設された職制で、分離時期は建治三年（一二七七）以前の得宗専制期であり、官途奉行は「成功任官御免御教書」発給の責任者で、御家人任官昇叙は得宗権力の核にある人々の合議に取り込まれていた。そして官途奉行は評定衆から選ばれたというよりも、得宗権力との親密関係から選ばれたとする。南北朝期では、官途奉行は足利直義管下で官途推挙を管轄し、その職務は①除目聞書・宣下類の受給、②成功銭を必要とする寺社の幕府側窓口、③御家人の官途申請の窓口、が主で、鎌倉幕府の官途奉行の職務をほぼ継承していた。この官途沙汰は直義邸で行われ、また石橋和義・二階堂道本は同じ官途奉行であっても、上下関係があった。そして義詮期に官途沙汰は恩賞沙汰に包摂されていたとする。室町期では、幕府の任官案件を公家に伝え申沙汰を促すが、これは必ずしも官途奉行の専管ではなく、窓口や申沙汰は官途奉行以外に管領・政所執事・室町殿女房など幕府有力者が行ったとし、戦国期も室町期と変わらず、官途推挙と官途奉行の役割は相対的なものであったとしている。

この他には今谷氏が、武士の官位は官途奉行の所轄として、必ず摂津氏を窓口にして通すことになっていて、官途奉行は公家の職事を通じて天皇の裁可を仰ぎ、その場合挙状を職事に出すと述べている。[59]

これらを前提として、まず官途奉行の沿革を見ていくと、鎌倉時代の官途奉行としては、金子氏の指摘する通り、最初に現れた摂津親致以降、大仏宗宣・赤橋久時・清原教元・金沢貞将・摂津高親・金沢貞冬などが挙げられる。南北朝期の官途奉行としては、二階堂行秀（道本）・石橋和義・二階堂政元・町野信方・摂津能直などで、このうち二階堂行秀（道本）・石橋和義の間には先行研究の指摘する通り、上下関係があった。ただ直義失脚後は官途奉行は一人になり、奉行となる者は評定衆の家柄出身の者に限られていたようである。

十五世紀以降は主に摂津氏が官途奉行であった。ただ摂津氏が独占していたかは不明で、問注所（太田）氏が官途奉行であった可能性もある。[60] 神宮頭人が摂津氏の独占でなく、問注所氏も務めたのと同様に、官途奉行も摂津氏の固有職であるとは限らないからである。

実際に摂津氏が地方の所領に下向して京都不在の時期は、代わりの人物が官途奉行を代行することもあった。たとえば摂津之親が文明五〜八年頃駿河に下向した時は、摂津氏の出である義政女房の左京大夫局が当初代行していたが、女性であるため活動が限られるので、大館尚氏が官途奉行を務めたという。[62]

摂津氏はこれ以降も何度か京都不在の時期があり、また当主が幼少であった場合（具体的には政親の時）なども、このように他家の人物が官途奉行を務めていたと思われる。また文明十五年から延徳元年（一四八九）三月までは、先に述べたように二階堂政行と摂津政親が、義熈・義政のそれぞれの官途奉行として活動し、政行が義熈の死により遁世した後は、政親に一元化されている。

その後の官途奉行は摂津氏の独占となったと思われ、その活動は永禄年間まで断続的に確認できる。[63] 摂津氏自体の活動は、晴門が元亀三年（一五七二）まで確認できる。[64] 義昭期の叙任手続きに関する史料が見当たらないため、官途奉行として活動したかどうかは定かでないが、室町最末期まで摂津氏が官途奉行であったことは確かであろう。

次に官途奉行の職掌について見ていきたい。

南北朝期では、①成功任官申請の取り纏めと公家への伝達[65]（申沙汰）、②除目聞書の受け渡し、が主な職掌であった。このうち除目聞書の受け渡しは、聞書を公家から付せられ、自分用に一通持ち、足利将軍へ一通を進上するのが通例であった。[66] では除目聞書を叙任者に渡すことはしたのか。貞治六年に本郷詮泰が任官した時、その父家泰が中原家に除目聞書を求めている。[67] 官途奉行から叙任者各人へは渡さず、あくまで叙任者全体を把握するため自身と将軍用に所持していたと思われる。なお室町期以降は、武家の名が除目に記載されなくなり、除目聞書の受け渡しは職掌から無くなる。[68]成功任官も第1節で述べたように消滅するので、室町期以降の官途奉行の職掌は、叙任申沙汰が主となる。

叙任申沙汰とその手続きは次の通りに行われた。官途奉行は、所望の叙任の子細を将軍、あるいは本人、または伊勢・細川などの仲介者から伝えられ、口宣発給を職事に対し申入れる。その際官途奉行は叙任の子細を公家の職事に折紙の奉書で伝え、申状折紙も渡す。職事は口宣案を作成し、官途奉行へ渡す。口宣案は勅許の日を書く場合もあれば、所望によってはそれより以前の将軍御免を受けた日付で書く場合もあった。[69]そして口宣案は叙任者に渡される。なおここで言う折紙の奉書とは、第3節で示したような書状形式の奉書で、[70]申状折紙とは、折紙に「申（所望する官位）」の文言と、叙任希望者の名前（本姓と実名を共に記す）とを書き載せたものである。[71]申状折紙は武家だけでなく公家・僧侶も叙任に際して出しており、折紙奉書は武家独自のものである。また金子氏の指摘の通り、官途奉行を介さず叙任が行われることもあり、[72]官途奉行の介在は絶対ではなかったし、細川・伊勢氏などの幕府有力者や公家を通じて個別に申沙汰をする場合も多々あったが、官途奉行が叙任に介在する原則は、室町期を通じて最後まで貫徹されていた。

さらに官途奉行は叙任者から口宣の御礼を受け取っており、[73]これがいつ頃から行われるようになったか不明だが、とくに戦国期の摂津氏にとっては重要な収入源であった。

また摂津氏は将軍宣下に際し、御所で禁裏使者から宣旨を受け取る役目をしているが、[74]これは義満が将軍となった時の先例による、摂津氏固有の役割である可能性が高い。

6　叙任に必要な費用

最後に、幕府へ叙任を申請した場合、いったいどれほどの費用が必要だったのかを見ていきたい。[75]

この問題について今谷氏は、十六世紀の贈与関係から「天皇と大名間の経済的取り引き」が行われたとし、[76]これを受けて金子氏は、室町中期における武家官途は、背後に天皇の存在を想定されない「室町殿と大名間の経済的取り引き」であったとする。[77]

今谷氏の指摘は、十六世紀に天皇への御礼進上が盛んにされるようになった視角を持ち込んだ点で重要だが、将軍への御礼も引き続き行われ、天皇への御礼はあくまで副次的であったことを考慮にいれておらず、また鎌倉時代が基本的に成功任官で、銭を払った見返りとして任官していたことからすれば、そこまで特筆すべきものでもないだろう。

金子氏は叙任に対する御礼が「〔室町殿―御家人〕間で完結しており、天皇がそのなかに入り込む余地のない」とし、「〃官途御礼〃の対象が室町殿のみであった」と述べる。実際に天皇への御礼が史料上から確認されるのは応仁の乱以降であり、それ以前に天皇へ御礼がなされていたかは不明である。ただ将軍家が叙任・元服に際し、天皇や宣旨・位記持参者へ礼物を出すことや、[78]細川成之が局務に馬・太刀を贈ったことからすると、[79]次第の下知を経た叙任の場合は天皇・公家への御礼があったが、そうでない場合は将軍（室町殿）への御礼のみで済まされていたのではないだろうか。それでは、叙任によって将軍に対し御礼をするのはいつ頃から行われ始めたのか。現在確認できる範囲では、足利持氏が位階昇進の御礼を義持にしたのが初例のようである。[80]前述の通り、義詮期から官位は恩賞として与えられる性格を持ち始める。だが南北朝期に将軍に対する御礼は見当たらず、この時期の官位は、まだ将軍から一方的に与え

表2　将軍への御礼　附天皇への御礼

年月日	相手	御礼した人	御礼対象	御礼進上物	出典
(応永三〇ヵ)四・二八	義持	足利持氏	昇進	太刀一・馬三疋	昔御内書符案
(応永三三ヵ)二・一一	義持	島津久豊	三ヶ国安堵・官途・御釼御鎧(忠国へ?)	太刀一・万疋	島津家文書
(宝徳四)九・一〇	義政	小峯直親	下野守	馬	白河証古文書
(寛正五)一二・三	義政	大内武治	弾正少弼	三千疋	親元日記
文明一〇・一〇・二	義政	砂越氏雅	信濃守	馬二疋	親元日記
(文明一二)九・二三	義政	島津忠昌	陸奥守	国光太刀・万疋	島津家文書
文明一五・六・一七	義政	六角高頼	大膳大夫	継吉太刀・五千疋	親元日記
文明一七・六・一八	義政	斯波義寛	左兵衛佐	吉次太刀・三千疋	親元日記
文明一七・六・一八	義熈	斯波義寛	左兵衛佐	太刀糸・二千疋	親元日記
(文明一八・一一・一二)	義政	葦名修理大夫	修理大夫	馬一疋	昔御内書符案
(文明一八)一二・二九	義政	上杉房定	相模守	国行太刀・馬一疋・銭三万疋	昔御内書符案
文明一九・二・三	義政	大内政弘	父教弘贈三位	硯・十万疋	蔭凉軒日録
(永正七)九・六	義稙	相良長毎	近江守	元重太刀・面皮百枚・羚羊皮五十枚	相良家文書
(永正一四)一〇・	義稙	伊達稙宗	左京大夫	国綱太刀・馬三疋・黄金三十両	伊達家文書
(大永三)三・二一	義晴	岩城修理大夫	修理大夫	成宗太刀・馬二疋・黄金三十両	御内書引付
(大永四)三・九	義晴	大友義鑑	修理大夫	太刀一・五千疋	大友家文書
(享禄四)三・一四	義晴	菊池義武	官位(左兵衛佐)	行平太刀・腹巻一	御内書私書状以下案文
(天文二・二・二〇)	義晴	河野通直	弾正少弼	吉光太刀・二千疋	御内書引付
(天文五)三・一八	義晴	畠山義総	四品	太刀一・馬一疋・千疋	御内書符案天文五年常興存知分
(天文五ヵ)六・一七	義晴	赤松九郎	官途	持太刀	赤松春日部文書
(天文七)一二・二	義晴	葦名盛舜	遠江守	吉真太刀・黄金十両	御内書符案天文五年常興存知分
天文八・七・八	義晴	有馬晴純	修理大夫	金三十両・盆一・五千疋	親俊日記
(天文八)一二・三	義晴	赤松晴政	左京大夫	太刀一・馬一疋	赤松春日部文書

(天文一〇ヵ)九・一	義晴	伊東義祐	大膳大夫	国吉太刀・五千疋	日向記所収伊東文書
天文一一・七・一三	義晴	宗晴康	讃岐守	持太刀・唐錦一端・鞍覆一	親俊日記
(天文一二)三・二〇	義晴	白河晴綱	左京大夫・「義」字	助宗太刀・馬一疋	東北大学白河文書
天文一四・三・四	義晴	安威兵部少輔	美作守	太刀一	天文十四年記
天文一四・四・二〇	義晴	三浦八板晴三	大蔵大輔	持太刀	天文十四年記
天文一四・五・五	義晴	摂津晴門	掃部頭	太刀一	天文十四年記
(未詳)六・二	義晴	新田治部大輔	治部大輔	太刀一・黄金五両	往古御内書案
(未詳)六・一七	義晴	畠山(義続ヵ)	左衛門佐	太刀一・馬一疋	往古御内書案
(天文一七ヵ)一二・一四	義輝	湯河直光	宮内大輔	太刀一・千疋	湯河家文書
天文二一・八・一八	義輝	朝倉義景	左衛門督	持太刀・馬一疋・三千疋	雑々書札
(弘治元)五・三	義輝	伊達晴宗	左京大夫	黄金三十両	伊達家文書
(永禄三)八・八	義輝	吉川元春	駿河守	太刀一・千疋	吉川家文書
(永禄三)八・八	義輝	平賀広相	蔵人大夫	太刀一・千疋	平賀家文書
(永禄三)八・八	義輝	熊谷信直	伊豆守	太刀一・千疋	熊谷家文書
(永禄三)八・八	義輝	天野元定	民部大輔	太刀一・千疋	右田毛利家文書
(永禄三)八・八	義輝	小早川隆景	左衛門佐	太刀一・二千疋	小早川家文書
永禄四・一・二八	義輝	三好義長	従四位下	太刀・馬代三百疋	雑々聞撿書丁巳歳
永禄四・一・二八	義輝	松永久秀	従四位下	太刀・馬代三百疋	雑々聞撿書丁巳歳
永禄四・一一・二八	義輝	赤松有馬則綱	式部少輔	太刀一・馬一疋	雑々聞撿書丁巳歳
(永禄六ヵ)六・一五	義輝	河野通宣	左京大夫	長光太刀・万疋	明照寺文書
(永禄八)三・五	義輝	相良義陽	修理大夫・「義」字	来国光刀・黄金百両	相良家文書
永禄八・五・一	義輝	三好義継	左京大夫	太刀一・馬一疋代・二千疋	雑々聞撿書丁巳歳
文安六・四・一六	義政	畠山義就	「義」字	鎧・腹巻・太刀・馬・料足百貫	康富記
文明九・四・一九	義政	大宝寺政氏	「政」字	太刀金・弐千疋	親元日記
文明一七・四・一六	義政	斯波義寛	「義」字	宗吉太刀・千疋	親元日記
文明一七・四・一六	義煕	斯波義寛	「義」字	太刀糸・千疋	親元日記
(永正六)一二・二四	義稙	宗義盛	「義」字	持太刀・段子二端・照布三端・油布二端・三千疋	御内書案乾

(大永二)一〇・一二	義晴	葛西晴重	「晴」字	国吉太刀・馬二疋・黄金十両	奥州葛西動乱記
(天文三ヵ)三・三	義晴	伊達晴宗	「晴」字	黄金三十両	伊達家文書
(天文三)七・五	義晴	畠山治部大輔	一字	太刀一・馬一疋	御内書引付
(天文五ヵ)	義晴	今川義元	「義」字	国吉太刀・馬一疋	往古御内書案
天文七・四・二九	義晴	伊東義祐	「義」字	三万疋	親俊日記
(天文七ヵ)一〇・一六	義晴	畠山弥九郎	一字	太刀一・千疋	代物書加折紙案
天文八・七・八	義晴	有馬晴純	「晴」字	友安太刀、沈香廿斤、馬一、(六〇〇両)	親俊日記、大館常興日記
天文八・七・一九	義晴	有馬晴直	「晴」字	鈍金一端・段子二端・太刀・馬	親俊日記
(天文九)六・二六	義晴	大友義鎮	「義」字	末次太刀・虎皮一枚	大友家文書録
天文九・七・二五	義晴	大友晴英	「晴」字	国友太刀、千疋(馬代ヵ)	大館常興日記、室町家御内書案
(天文九)八・二四	義晴	大友晴英	「晴」字	唐錦二端・豹皮一枚	大友家文書録
天文一一・七・一三	義晴	宗晴康	「晴」字	持太刀、曇金一端・毛氈一枚・虎皮一枚・鳥目三千疋	親俊日記
天文一一・七・二二	義晴	宗彦七	「義」字	持太刀・曇金一端・鞍覆一・鳥目二千疋	親俊日記
天文一四・三・一三	義晴	畠山四郎	一字	太刀一・馬一疋	天文十四年記
天文一四・四・二〇	義晴	三浦八板晴三	一字	持太刀・馬一疋	天文十四年記
(未詳)四・八	義晴	大内(晴持ヵ義尊)	一字	正光太刀・馬一疋・三千疋	飯倉晴武氏所蔵御内書要文
(未詳)六・一七	義晴	畠山(義続ヵ)	一字	助包太刀・馬一疋	往古御内書案
天文二一・八・一八	義輝	朝倉義景	「義」字	持太刀・馬一疋・万疋	雑々書札
(天文二二)一・	義輝	大内義長	「義」字	吉平太刀・馬一疋・万疋	蜷川家文書
(弘治元)五・三	義輝	伊達輝宗	「輝」字	黄金二十両	伊達家文書
(弘治元)一〇・二〇	義輝	足利義氏	「義」字	康春太刀・馬一疋・三千疋	喜連川文書
永禄三・一・一七	義輝	三好義長	「義」字	持太刀・万疋	雑々聞撿書丁巳歳
永禄八・五・一	義輝	三好義継	「義」字	太刀一・馬一・三千疋	雑々聞撿書丁巳歳
寛正六・五・二六	義政	大内武治	口宣判	太刀金・二千疋	親元日記
文明一五・六・二九	義政	六角高頼	口宣判	恒次太刀・馬一疋	親元日記

文明一五・六・二九	義熈	六角高頼	口宣判	清綱太刀・馬一疋	親元日記
文明一五・八・一	義政	伊勢貞宗	口宣判	太刀糸・千疋	親元日記
(文明一八)一二・一一	義政	上杉房定	口宣判	景則太刀・馬一疋・二万疋	昔御内書符案
(天文五)六・一八	義晴	畠山義総	口宣判	太刀一・三千疋	御内書符案天文五年常興存知分
永正一二・一一・一九	義稙	畠山稙長	相伴衆	太刀・馬一	伊勢貞親以来伝書
大永四・三・六カ	義晴	細川尹賢	相伴衆	行平太刀・馬一・五千疋	貞助記
(天文七)七・二	義晴	朝倉孝景	相伴衆	行平太刀・秋広太刀・香合一・盆一・馬一疋・十万疋	御内書符案天文五年常興存知分
(天文七)七・二	義輝	朝倉孝景	相伴衆	行平太刀・馬一疋	御内書符案天文五年常興存知分
(天文七)七・二	義晴	朝倉義景	孝景相伴衆	正恒太刀・馬一疋	御内書符案天文五年常興存知分
(天文七)七・二	義輝	朝倉義景	孝景相伴衆	景秀太刀・馬一疋	御内書符案天文五年常興存知分
天文九・四・一二	義晴	河野通直	相伴衆	太刀一・二千疋	大館常興日記
永禄三・一・一七	義輝	三好長慶	相伴衆	持太刀・万疋	雑々聞撿書丁巳歳
(永禄三)八・八	義輝	毛利元就	相伴衆	貞長太刀・黄金百七十両	毛利家文書
永禄四・一・二四	義輝	三好義長	相伴衆	太刀・馬・万疋	雑々聞撿書丁巳歳
永禄七・一・二三	義輝	三好義継	相伴衆	太刀・馬	雑々聞撿書丁巳歳
永禄三・二・三	義輝	三好義長	御供衆	太刀・馬代	雑々聞撿書丁巳歳
永禄三・二・三	義輝	松永久秀	御供衆	太刀・馬	雑々聞撿書丁巳歳
(未詳)六・三	義昭	山内隆通	御供衆	吉光太刀・盛光刀・馬一疋・五万疋	山内首藤家文書
(大永二)八・一一	義晴	三雲源内左衛門	白傘袋毛氈鞍覆	家助太刀・馬一疋・五十疋(五千疋)	御内書引付
(大永三)六・一三	義晴	浦上村宗	白傘袋毛氈鞍覆	真守太刀・馬一疋・五千疋	室町家御内書案
(天文四カ)六・二	義晴	横瀬信濃守	鞍覆傘袋	正恒太刀・秋広刀・唐織物・黄金三十両	御内書案
(未詳)七・三	義晴	長尾六郎(晴景カ)	白傘袋毛氈鞍覆	太刀一・馬一疋・三千疋	飯倉晴武氏所蔵御内書要文
(天文一九)二・二八	義輝	長尾景虎	白傘袋毛氈鞍覆	太刀一・三千疋	上杉家文書

(天文二三)一・	義輝	杉重矩	白傘袋毛氈鞍覆	近将太刀・白糸三十斤	蜷川家文書
(天文二三)一・	義輝	内藤興盛	白傘袋毛氈鞍覆	行平太刀・紅線二十斤	蜷川家文書
(永禄三)八・八	義輝	山内隆通	白傘袋毛氈鞍覆	太刀一・馬一疋・三千疋	山内首藤家文書
(未詳)四・一六	義輝	山県秀政	白傘袋毛氈鞍覆	太刀一・馬一疋・三千疋	国会図書館所蔵古簡雑纂
(未詳)四・二六	義輝	松浦肥前守	白傘袋毛氈鞍覆	太刀一・三千疋	松浦文書
(未詳)五・三	義輝	桑折播磨守	白傘袋毛氈鞍覆	大鷹一・黄金十両	伊達家文書
(未詳)九・三	義輝	新見蔵人	白傘袋毛氈鞍覆	太刀一・三千疋	竹田文書
(延徳三)一二・二	義稙	大内政弘	道服御免	太刀一・馬一疋・三千疋	御内書案
(天文四)四・二三	義晴	朝倉孝景	塗輿御免	太刀一・馬一疋・万疋	御内書引付
永禄四・二・一	義輝	三好義長	御紋	太刀・馬・万疋	雑々聞撿書丁巳歳
永禄四・二・一	義輝	松永久秀	御紋	太刀・馬・五千疋	雑々聞撿書丁巳歳
永禄四・三・二八	義輝	三好長慶	御紋	太刀一・馬一疋・三千疋	雑々聞撿書丁巳歳
永享五・八・九	義教	山名持豊	相続継目	折紙・太刀	満済准后日記
永享六・二・四	義教	斯波義郷	安堵御判	太刀・五万疋	満済准后日記
宝徳二・六・二六	義政	畠山義就	家督安堵御判	太刀一・具足・万疋	康富記
(文明八)九・二九	義政	大友政親	家督与奪	太刀一・二万疋	大友家文書録
(文明九)一一・七	義政	大友政親	家督御判	太刀一・万疋	大友家文書録
長享元・九・	義煕	土岐政房	家督	久国太刀・馬一疋・万疋	土岐家聞書
(永正五)七・一三	義稙	今川氏親	遠江守護	万疋	昔御内書符案
(永正六)閏八・二四	義稙	上杉定実	越後守護家督	国吉太刀・五千疋	御内書案乾
(永正九)九・一七	義稙	細川彦四郎	家督	太刀一・馬一疋・万疋	御内書案乾
永正一二・一一・一九	義稙	畠山稙長	元服	持太刀・馬一疋・万疋	伊勢貞親以来伝書
(天文三)八・一六	義晴	畠山長経	家督	太刀一・馬一疋・万疋	御内書引付
(天文五ヵ)	義晴	今川義元	家督	守長太刀・馬一疋・五千疋	往古御内書案
(天文七)八・二六	義晴	畠山弥九郎	家督	太刀一・馬一疋・三千疋	御内書符案天文五年常興存知分
(天文七)八・二六	義輝	畠山弥九郎	家督	太刀一・馬一疋	御内書符案天文五年常興存知分

(天文一三)八・二六	義晴	大友義鑑	肥後守護	則房太刀・清綱刀・弓一・征矢一・腰腹巻一・馬一疋・黄金三十両	大友家文書
(天文一三)八・二六	義輝	大友義鑑	肥後守護	太刀一・腹巻一	大友家文書
(天文一七ヵ)九・二〇	義輝	朝倉義景	相続継目	太刀一・万疋	松雲公採集遺編類纂一三六
(天文二二)一・	義輝	大内義長	家督	太刀一・馬一疋・万疋	蜷川家文書
(永禄二)九・一七	義輝	大友義鎮	豊前守護	太刀一・万疋	大友家文書録
(永禄二)九・一七	義輝	大友義鎮	筑前守護	太刀一・万疋	大友家文書録
(永禄二)九・一七	義輝	大友義鎮	肥前守護	太刀一・万疋	大友家文書録
(永禄二)九・一七	義輝	大友義鎮	家督	太刀一・万疋	大友家文書録
(永禄二)一二・五	義輝	草苅景継	継目	正宗太刀・信国腰物・馬一疋	萩藩閥閲録巻三四
永禄七・一・二三	義輝	三好義継	代始	太刀・馬・三千疋	雑々聞撿書丁巳歳
(未詳)九・二四	義輝	伊達晴宗	奥州採題	大鷹一・馬一疋・黄金三十両	伊達家文書

天皇への御礼

文明一九・二・七	後土御門	大内政弘	教弘贈位	三百疋	お湯殿の上の日記
延徳四・二・二四	後土御門	赤松政則	四品	五千疋	お湯殿の上の日記
明応元・八・一二	後土御門	山名豊時	四品	千疋	お湯殿の上の日記
永正元・五・六	後柏原	朝倉貞景	弾正左衛門尉	太刀金・三千疋	宣胤卿記
永正五・九・一一	後柏原	大内義興	従四位上	太刀・一万疋	実隆公記、お湯殿の上の日記
永正九・四・一四	後柏原	大内義興	従三位	家吉太刀・五千疋	実隆公記
(永正一四)	後柏原	伊達稙宗	左京大夫	太刀代千疋、馬代二千疋	伊達家文書
大永元・一一・二五	後柏原	武田元信	従三位	五千疋	拾芥記
大永元・一二・一二	後柏原	細川高国	四品	太刀・金襴一端・盆・香合・引合十帖	実隆公記
大永元・一二・一二	後柏原	細川高国	武蔵守	守家太刀・馬	実隆公記
享禄四・四・二八	後奈良	大内義隆	加級	馬・太刀・盆・香箱・金襴	お湯殿の上の日記
天文二・三・一〇	後奈良	大友義鑑	加級	馬・太刀代黄金十両余	お湯殿の上の日記

天文二・七・二〇	後奈良	大内義隆	周防介・正五位下	太刀・馬代三千疋	お湯殿の上の日記
天文三・七・一二	後奈良	毛利元就	従五位上右馬頭	太刀二代二千疋、馬二疋代二千疋	毛利家文書
天文三・一二・二九	後奈良	大内義隆	四品	くになか太刀・馬代二千疋	お湯殿の上の日記
天文三・一二・二九	後奈良	大内家臣	任官	千疋・太刀代三百疋	お湯殿の上の日記
天文四・七・二三	後奈良	畠山義総	修理大夫	千疋	後奈良天皇宸記
天文五・三・一	後奈良	畠山義総	修理大夫・四品	太刀・馬代三百疋	後奈良天皇宸記
天文五・八・二八	後奈良	土岐頼芸	美濃守	吉次太刀・馬	後奈良天皇宸記
天文六・八・一ヵ	後奈良	細川晴元	右京大夫	太刀・馬代三百疋	資定一品卿記
天文六・八・二三ヵ	後奈良	山名誠通	左馬助	太刀・馬代三百疋	資定一品卿記
天文八・一一・二二	後奈良	赤松晴政	左京大夫	太刀・馬代千疋	お湯殿の上の日記
天文八・一一・二九	後奈良	六角義賢	左京大夫	太刀・馬	お湯殿の上の日記
天文八・一二・一三	後奈良	武田晴信ヵ	大膳大夫	太刀・馬	お湯殿の上の日記
天文一〇・一〇・四	後奈良	大宝寺晴時	左京大夫	太刀・三百疋	お湯殿の上の日記
(天文一四・一二・)	後奈良	相良義滋	宮内大輔	銘物太刀一、馬代三百疋、三千疋	相良家文書
天文一八・二・一三	後奈良	今川義元	四品	太刀・二千疋	お湯殿の上の日記
天文一九・五・八	後奈良	上杉	任官	馬・太刀	お湯殿の上の日記
(天文一九・九・三)	後奈良	相良	官位	国吉太刀、馬代千疋、六千疋(黄金)	相良家文書
(天文二二)六・一四	後奈良	島津貴久	修理大夫	清光太刀、馬代千疋	島津家文書
天文二二・二・六	後奈良	大内義長	左京大夫	馬・太刀	お湯殿の上の日記
永禄元・九・二一	正親町	斎藤義龍	治部大輔	盆・香箱二・馬代・太刀	お湯殿の上の日記
永禄二・一二・二四	正親町	三木良頼	飛驒国司	太刀・三千疋	お湯殿の上の日記
永禄四・二・一六	正親町	三好義長	従四位下	三百疋	お湯殿の上の日記
天正四・六・一二	正親町	佐野	但馬守	黄金五枚	言継卿記
天正八・六・七	正親町	大友義統	左兵衛督	銀子三枚	晴豊記
(天正九)八・二九	正親町	蘆名盛隆	三浦介	黄金三十両	会津四家合考所収文書

られるものであったと思われる。ここで義満末期から義持期にかけて幕府の年中行事が形成され、御礼言上・進上が恒常的になされるようになったことを鑑みると、こうした「(御)礼」行為の定着が、叙任に対して御礼を進上する慣習のきっかけになったと見るべきであろう。(81)

さて、叙任にはいくらかかったのかを知るために、将軍への御礼をまとめたのが表2である。そこから将軍への御礼がどれほど必要だったかを見ると、概ね四職大夫が太刀・馬・五千疋、守護クラスの通常の叙任では太刀・馬・二〜三千疋、先例の無い叙任だと万疋を超える場合があった。位階については事例が少ないため判然としないが、通常従五位下叙爵には御礼が出されなかったようである。従四位下昇進時には太刀・馬と銭（千疋単位）を出していた。また奥羽の者が叙任を受ける時には、銭ではなく黄金を出すのが通例であったようである（銭を出す場合もあった）。ただ、奉公衆などが叙任を受ける時には、太刀一腰、あるいは太刀・馬を出すのみであり、守護家や地方の領主が受ける時よりもずっと少ない御礼で済んでいる。これは一字偏諱の御礼などでも同様である。応仁の乱以前の事例が確認されないため、全時代を通じてであるか不明だが、少なくとも応仁の乱後も京都に留まり将軍に仕えた奉公衆への優遇策とも言えよう（当然収入が在国者より少ないことも影響しているだろう）。

他の栄典などと比べるとどうであるか。基本的に一字偏諱の場合は、「義」字が万疋、「晴」や「政」といった下の字が三千疋で、相伴衆・御供衆が太刀・馬、白傘袋・毛氈鞍覆や御紋免許が太刀・馬・三千疋（当初は五千疋であったと思われる）が相場であったようである。なお家督相続の御礼では太刀・馬・万疋を出しており、御礼としては最上ランクにあった。

さて幕府へは将軍だけでなく、仲介をした伊勢や細川氏などとその奏者、官途奉行摂津氏などへ叙任御礼が行われた。また朝廷へも口宣案の御礼として、天皇・上卿・職事およびその奏者へ進呈しているし、使者の上洛・下向の路銀や、在京中の諸経費諸々も負担せねばならない[82]。伊達稙宗の左京大夫任官時には、幕府関係者への進物（黄金だけでも百両以上）以外に、諸所への御礼や太刀の作料、交際・交通費などで総計三百五十貫余にのぼる費用をかけている[83]。この中で稙宗の将軍への御礼が黄金三十両であった。奥羽の四職大夫任官者御礼が黄金三十両、他地域で五千疋であったことを鑑みると、御礼の上での黄金と銭との比率は三両対五百疋（五貫）となり、稙宗の幕府関係者への御礼は百六十五貫以上に相当しよう。つまり稙宗の場合、任官には将軍への御礼の約十倍の費用がかかったのである。むろんこれがすべての事例に当てはまるわけではないが、少なくとも地方の者が叙任する場合、将軍御礼の五〜十倍以上という膨大な費用を必要としたと言えよう[84]。

また畠山義総が四品に対する将軍への御礼として太刀・馬・銭千疋を出したのに対し、天皇へ太刀・馬代三百疋を出しているように、将軍への御礼のほうが厚く、重視されていた。天皇への御礼は、四品やその家に先例の無い官などの場合多額になっているが、通常は太刀と馬（代三百疋など）であったようである[85]。このことからも、天皇への御礼は副次的であったと言える。

おわりに

以上、室町幕府の官位叙任に関するいくつかの点について検討を試みた。観応の擾乱を契機として、官位は恩賞としての性格を持ち、義詮期に成功任官が姿を消すことをきっかけにして、私称官途が広まるようになった。またこの成功任官の消滅が、義満期以降に口宣案のみで武家の叙任が完結する手続きがとられるようになったことをもたらしたと考えられる。とすると、成功任官の消滅は、幕府の施策や叙任形態のみならず、その後の武家官位や武家社会に大きな影響を与えたと言えよう。

義煕期には、義政からの権限委譲が行われる中で、叙任権限は両者が持ち、それぞれの官途奉行として二階堂政行・摂津政親が活動し、長享元年の近江出陣を契機にほとんどの叙任権限を義煕が受け持つようになった。室町幕府の官途奉行は、この義煕期を除くと、先行研究でも指摘されたように、摂津氏が十五世紀以降から幕府最末期までほぼ断続的に独占していた。

義稙期以降、将軍が京都を長期間離れることが度々あり、朝廷へ直奏する事例も増えたが、それでも幕府による叙任は行われ続けた。朝廷への直奏は、天皇の権威を求め、重視したからというわけではなく、ほとんどが先例が無い叙任であるか、そこに将軍がいなかっただけの場合であった。ただ公家や寺社を通じての叙任が可能であったことは、後の江戸幕府と大きく違うところであり、室町幕府の叙任形態が不完全で多くの抜け道があったことを示す。そして叙任に対してなされた御礼は、義持期頃にされるようになり、その額も対象によってだいたい決まっていた。そして奉公衆の場合、御礼は守護家や地方の領主と比べて些少で済んでいた。

また天皇や叙任に関わった公家にも御礼は出されていたが、これはあくまで将軍への御礼の副次的なものであった。つまり幕府が存在している間は、諸国の武士は天皇・朝廷よりも足利将軍をより重く見ていたのである。となると、次に考えるべきは、こうした幕府および将軍の求心力は、とくに戦国期において、どこに淵源があったのか、そして幕府倒壊後にも叙任を求める事例はいくつも見られるが、彼等にとって幕府と朝廷とにどのような違いがあったのかである。

そして室町幕府の官位叙任に関する問題も解決したわけではなく、他にもまだ多くの検討する余地が残されている。冒頭で言及した武家執奏による公家・寺家の叙任への関わりや、従五位下叙爵や四位昇進などの位階に関する問題、公家（公卿・諸大夫・地下官人）の任官する官途と、武家の任官する官途との関係を、幕府はどのように扱っていたかなどである。また叙任を受ける側にも、なぜ多大な出費・労を強いられながらも叙任を求めたのかという大きな問題がある。今後さらに検討する必要がある。

注

（1）二木謙一「室町幕府の官途・受領推挙」（同『中世武家儀礼の研究』吉川弘文館、一九八五年）、佐藤進一「室町幕府開創期の官制大系」（同『日本中世史論集』岩波書店、一九九〇年）、今谷明『戦国大名と天皇』（福武書店、一九九二年、後に講談社学術文庫、二〇〇一年）、家永遵嗣「足利義詮における将軍親裁の基盤」（同『室町幕府将軍権力の研究』東京大学日本史学研究室、一九九五年）、金子拓「鎌倉幕府・御家人と官位」（以下金子A）・「初期室町幕府・御家人と官位」（以下金子B）・「中期室町幕府・御家人と官位」（以下金子C）・「戦国期室町幕府・大名・国人と官位―「歴名土代」をめぐって―」（以下金子D）（以上、同『中世武家政権と政治秩序』吉川弘文館、一九九八年）、池享「武家官位制再論」（同『戦国・織豊期の武家と天皇』校倉書房、二〇〇三年）、末柄豊「『宣秀卿御教書案』にみる武家の官位について」（同研究成果報告書『室町・戦国期の符案に関する基礎的研究』二〇〇六年）など。

（2）この問題に関しては、森茂暁「公武関係の諸側面」（同『南北朝期公武関係史の研究』文献出版、一九八四年）、大田壮一郎「大覚寺門跡と室町幕府―南北朝～室町期を中心に―」（『日本史研究』四四三号、一九九九年）、水野智之「家門と天皇」および「室町期の公武関係と権力構造」（同『室町時代公武関係の研究』吉川弘文館、二〇〇五年）などがある。

（3）注1佐藤・家永氏論文、金子氏B論文など。

（4）「玉燭宝典紙背文書」十一―14（今江廣道編『前田本『玉燭宝典』紙背文書とその研究』続群書類従完成会、二〇〇二年）。なお鎌倉時代成功任官可能な官途は、左右兵衛・衛門尉、八省丞、諸司助・允、弾正忠、左右馬允、諸国権守、左右近衛将監などである（上杉和彦「鎌倉幕府と官職制度―成功制を中心に―」『史学雑誌』九九編一一号、一九九〇年）。

（5）金子氏B論文。

（6）この任官の論理については、山田貴司「南北朝期における武家官位の展開」（『古文書研究』六六号、二〇〇八年）が言及している。

（7）前注6山田氏論文。

（8）拙稿「官途状の形式とその地域的・時期的特徴について」（『史学雑誌』一一五編九号、二〇〇六年、後に木下聡編著『全国官途状・加冠状・一字状目録』日本史史料研究会、二〇一〇年）。

（9）「吉田家日次記」貞治五年十月廿九日条。また『師守記』貞治六年四月十日条によれば、貞治五年に広田直重が万寿寺功により左京亮に任官している。

（10）金子氏B論文。

（11）『師守記』貞治六年八月十八日条、同年八月廿九日条など。

（12）『師守記』貞治六年八月十八日条。

（13）なぜ官途を求めるようになったかも問題となるだろう。要因はいくつか考えられるが、鎌倉幕府による御家人任官の制限が消え、障害が無くなって任官が容易になったこと、そして侍品と凡下との差がいまだ歴然とあり、官途を持つことは当時の武家社会において侍品であることを明確に示すため、皆官途をもとうとしたのではないだろうか。

（14）ただ法令として明確に規定されたわけでなく、武家社会通念として存在していたと思われる。またある一定範囲の官途とは、具体的にどの官途をさすのかも問題である。これは第二部第二章でも言及しているが、注4で示した鎌倉期に成功で任官できた官途のうち、兵庫助・修理亮・掃部助・蔵人・左右衛門兵衛尉、および一部を除いた受領官などが該当しよう。そしてこの範囲は時代が降るにつれて拡大していく。

（15）本書第一部第三章。

（16）『長興宿禰記』文明十八年（一四八六）七月廿五日条。

（17）これらがまだ員外化していなかったことは、本書第一部第一章参照。

（18）本書第一部第一章。

（19）この場合外記局は叙任の事実を知らされていなかったようである（『康富記』宝徳二年五月廿九日条など）。とはいえ宣旨・位記を伴う叙任が無くなったわけでなく、その後も宣旨・位記は出され続け、たとえば文亀元年の武田元信従四位下叙位では次第下知が出て位記が発給されている（「和長卿記」同年正月十四日条）。また宣旨作成者には御礼が出されている。

ただ宣旨の有無がどのような基準・判断に基づいて行われたかは不明である。

(20) 足利氏以外では、応永九年の斯波義教従四位上昇進が叙位小折紙に載せられている(「吉田家日次記」応永九年正月六日条)のを最後にほとんどみられなくなる。皆無というわけではなく、叙位・除目で叙任する事例も散見されるが、文明十一年に細川政国が叙爵した時に「武家之輩載小折紙事希也」と記された(『親長卿記』同年正月五日条)ように稀であった。

(21) 確認できる義満の袖判口宣案は一通のみであり、義持以降恒常化したのであろう。

(22) 金子氏B・C論文。

(23) 文明十六年の二階堂政行の任防鴨河判官、二階堂行名の任隠岐守(共に「宣秀」)など。

(24) 鳥居和之「応仁・文明の乱後の室町幕府」(『史学雑誌』九六編二号、一九八七年)。

(25) 同様な状況は義満—義持、義持—義量、義晴—義輝があるが、前二例の場合分掌は認められないので、ここではとくに言及しない。義晴—義輝も、史料の残存状況により不分明だが、義輝がまだ若いことから権限が義凞のように委譲されたとは考えにくい。ただなお検討を要する。

(26) ただ二階堂政行の四品が義政執奏で行われたように(『後法興院記』文明十九年正月廿九日条)、厳密に分けられていたわけではなかった。また注1末柄氏論文で言及されているように、伝奏勧修寺教秀も申沙汰を行っており、教秀は基本的に義凞に近い者の叙任に関わっている。ただ教秀は政行・政親とも叙任の手続き経路が異なっており、武家のみならず公家・寺家の叙任にも関わっている。

(27) 足利義政御内書案写(「昔御内書符案」『ビブリア』八〇号、一九八三年)。

(28) 「昔御内書符案」(『ビブリア』八〇号、一九八三年)。「伊因」は『親元日記』文明十七年六月十五日条に「伊勢因幡守貞誠」とあることから伊勢貞誠である。

(29) 「常徳院殿様江州御動座当時在陣衆着到」(『群書類従』第二十九輯)。

(30) 『蔭凉軒日録』文明十九年六月廿三日条、前注28『親元日記』など。

(31) 他にも斯波義寛の任左兵衛佐と叙従四位下(『実隆公記』文明十七年四月七日条)や大内教弘贈従三位(『長興宿禰記』文明十八年六月廿七日条)などが義政の執奏で行われている。

(32) 注24鳥居氏論文。

(33)「将軍義尚公薨逝記」(『群書類従』第二十九輯)。以後入道行二と称して文化的行動は行うが、政治的行動は息子尚行がするようになる。なお政行については、拙稿「二階堂政行と摂津政親」(阿部猛編『中世政治史の研究』日本史史料研究会、二〇一〇年)も参照。
(34)『お湯殿の上の日記』延徳四年二月七日条、同年八月十二日条。
(35)注1今谷氏著書。
(36)足利義晴御内書案写(「御内書私書状以下案文」『ビブリア』八三号、一九八四年)。
(37)足利義晴御内書案写(「御内書引付」『続群書類従第二十三輯下』三一六頁)。
(38)足利義輝御内書(『大日本古文書伊達家文書之一』二〇八号)。年代比定は黒嶋敏「はるかなる伊達晴宗—同時代史料と近世家譜の懸隔—」(『青山史学』二〇号、二〇〇二年)による。
(39)前述の菊池義武は『歴名土代』(湯川敏治編、続群書類従完成会、一九九六年)に従四位下左兵衛佐叙任が見える。
(40)『晴富宿禰記』文明十一年閏九月八日条。ただ三位はそれ以前に斯波・畠山などでは許されており、それを除いてとの但書きがつく。
(41)山田康弘「大内義隆の大宰大弐任官と将軍」(『戦国史研究』四七号、二〇〇四年)。
(42)日野町資将書状(史料編纂所架蔵影写本「近衛家文書十」)、『言継卿記』弘治四年二月十七日条など。
(43)『大乗院寺社雑事記』文明元年五月十五日条、同年八月十一日条。
(44)たとえば美濃の土岐康信は美濃に所領を持ち度々下向した持明院基春を通じて治部少輔に任官している(「宣秀」)し、出羽の成生頼高は松下隆久を通じて播磨守に任官している(『実隆公記』大永七年三月廿六日条)。
(45)梅仙軒霊超書状写(「臼杵稲葉河野文書」『愛媛県史古代中世資料編』一九五四・一九五七号)。
(46)近衛前久書状(「潮田文書」『新編埼玉県史資料編6古文書2』三八一号)、西洞院時当書状(「由良文書」『群馬県史資料編7中世3』二一三〇号)。ただこの時任官を受けたことが現在分かる三人—太田資正・氏資父子と由良成繁は、太田父子は受けた官途を用いず、成繁も後代になって別の契機で使用し始めており、ほとんど無視している。
(47)注1今谷氏著書。
(48)『斎藤親基日記』文正元年十二月廿九日条。

(49)『大乗院寺社雑事記』文明二年正月四日条、延徳元年九月十九日条など。
(50)『経覚私要鈔』文安五年九月六日条、宝徳四年五月一日条など。
(51)重通については、鈴木芳道「戦国期常陸国江戸氏領絹衣相論に窺う都鄙間権威・権力・秩序構造」(『鷹陵史学』二五号、一九九九年)参照。政宗については小林清治「美作守補任辞退」(同『伊達政宗の研究』吉川弘文館、二〇〇八年)参照。なお政宗は美作守任官を辞退している。
(52)『天文日記』天文十年十二月六日条など。
(53)『天文日記』天文廿年三月四日条。なお同十日条から、証如から官途を与えられた者は御礼に樽を進上していることがわかる。
(54)義煕が美作権守を兼国した時の小除目は、応仁の乱で途絶していたのを再興してまで行われている(『親長卿記』文明七年正月廿五日条)。将軍宣下は池享「戦国・織豊期の朝廷政治」(同『戦国・織豊期の武家と天皇』校倉書房、二〇〇三年)が指摘する通り、陣宣下で行われている。ただし将軍宣下以前の最初の叙任は、義稙以降消息宣下で行われている。
(55)たとえば義煕美作権守兼国の時は二万疋(『大日本史料第八編之十二』文明十二年三月廿九日条)、義煕任右大将の時は百二十五貫文(『大日本史料第八編之八』文明七年正月廿八日条)、義煕任権大納言の時は三万疋(『大日本史料第八編之十七』文明十七年八月廿八日条)、義昭任権大納言の時は百八貫余(『大日本史料第十編之二』永禄十二年六月廿二日条)それぞれかかっている。
(56)義澄(義高)の従四位下参議左中将叙任時には費用が調達できず、やむなく消息宣下で叙任を受けている(「拾芥記」文亀二年七月十二日条)が、義晴・義輝の叙任が将軍就任以後すべて小除目で行われており、将軍の昇進の際には陣儀・小除目をすることに拘っていたのではないか。
(57)なぜ「官位」奉行ではなく、「官途」奉行なのか。おそらく官途奉行が設置された鎌倉時代では、主に成功任官の取り纏めをし、叙位は稀であったからであろう。それが室町時代でもそのまま名称として残ったと言える。なお「和長卿記」明応十年正月十四日条には、摂津元親(元造)が「武家之官位奉行」として見える。
(58)金子氏A・B・C・D論文。
(59)注1今谷氏著書。

(60)『建内記』正長元年六月廿五日条。官途奉行とは記されていないが、その行動は官途奉行のものである。
(61)『蔭凉軒日録』長禄四年六月廿五日条など。
(62)「大館伊予守尚氏入道常興筆記」（山口県図書館所蔵「大和家蔵書五」）。
(63)『大館常興日記』天文八年七月十六日条、『言継卿記』永禄九年五月八日条など。
(64)『お湯殿の上の日記』元亀三年八月六日条。
(65)「玉燭宝典紙背文書」（今江廣道編『前田本『玉燭宝典』紙背文書とその研究』続群書類従完成会、二〇〇二年）七—9、十一—16など。
(66)『師守記』貞治三年四月十五日条など。
(67)『師守記』貞治六年四月廿三日条。
(68)ただ、除目・叙位の小折紙・聞書を公家が持参することは行われていたようである（「薩戒記目録」永享九年正月八日・同十年十一月廿日条など）。
(69)前注23参照。
(70)折紙奉書の発給は『建内記』嘉吉三年七月三日条など記録上に散見されるが、奉書自体が確認できるのは現在六通のみである。
(71)申状の具体的な書き方は、「雑々聞撿書丁巳歳」（内閣文庫架蔵写本）に「口　宣ノ申状、杉原ヲ折紙ニ折ルニ三ニ折テ、折目ノ内ニ申ト言字ヲ書テ、又奥ノ折目ノ奥ニ氏ト名乗書之」とある。
(72)「和長卿記」大永元年十二月廿四日条や先に見た大内氏の叙任など。
(73)たとえば永禄四年に摂津元造は三好義長から従四位下叙位の礼として太刀と馬代三百疋をもらっている（内閣文庫架蔵写本「雑々聞撿書丁巳歳」）。
(74)なお官位叙任時の位記・宣旨の請取は高倉氏が行うことが多い。
(75)これについて中世では注1今谷氏著書が、近世では藤田覚「武家官位の「価格」」（同『近世政治史と天皇』吉川弘文館、一九九九年）がある。
(76)注1今谷氏著書。

（77）金子氏C論文。

（78）たとえば『建内記』応永卅五年三月十二日条、『康富記』文安六年四月十六日条、『親元日記』文明十七年八月廿八日条など。

（79）『康富記』宝徳二年二月廿一日条。

（80）足利義持御内書案写（「昔御内書符案」『神奈川県史資料編3古代中世（3上）』五六七三号）。

（81）金子拓「室町殿をめぐる「御礼」参賀の成立」（同『中世武家政権と政治秩序』吉川弘文館、一九九八年）。

（82）地方の領主が幕府との交渉に、上洛・往来する幕府関係者・商人・宗教者・芸能者を利用したのは、こうした諸経費を節約する目的もあったと思われる。

（83）頤神軒存奭算用状（『大日本古文書伊達家文書之一』八〇号）。

（84）大名から家臣へ官途を与える場合はどうであったのかという問題もあり、今後の課題である。たとえば『親元日記』文明五年十月四日条によると、伊勢貞宗から勘解由左衛門尉に任じられた長田実俊は御礼に千疋を贈っている。なお本願寺では証如から任官を受けた時に樽や折などを進上している（『天文日記』天文六年十一月廿八日・廿九日条、注53など）。

（85）「資定一品卿記」（宮内庁書陵部所蔵）には、細川晴元が右京大夫に任官した時に、太刀と馬代三百疋を出していることが見える。なおこの時の太刀は糸巻で、これは初例で今後は改めるべきだとされている。またこの太刀と馬代三百疋とは、武家だけでなく、神官などの叙爵の御礼でも出されている（『お湯殿の上の日記』天文七年二月卅日条）。

第二章　室町幕府の官途秩序

はじめに

南北朝期以降（具体的には義詮期以降）全国で武家が官途を名乗り、用いるようになる。その最も大きな特徴は、それまで朝廷（南朝・北朝あわせて）から任官を受けて官途を名乗るのが常であったのが、私称官途が通用するようになったことである。(1)むろん引き続き幕府の執奏を経て朝廷から任官を受けることも行われ、こちらは基本的に将軍直臣の立場にある者に限られたが、そうでない者が官途を名乗る場合に、私的に官途を名乗るようになったのである。

この私称官途を使用するには、自ら名乗るだけでは意味が無く、周囲からの認定、とくに上位権力からの認定を受ける必要があった。(2)その上位権力から与えられて名乗ることも行われ、官途状や儀礼の中で口頭で与えられるのがそれに該当する。自ら名乗るのか、上から与えられるのか、どちらが通常であったかは不明だが、このようにして幕府と直結しない者でも官途を名乗るようになったのである。

ただ官途ならば何でも名乗れたわけではなかった。そこには厳然たる秩序が存在し、この「礼の秩序」は室町幕府内から各地域・大名家中にわたっていた。この「礼の秩序」は石母田正氏の指摘以降受け入れられてきているが、(3)官途による秩序が実際どのようなものであったかは不明なままで、わずかに有力守護家に関して二木氏が、(4)関東の諸領主について市村氏が(5)それぞれ一覧表を示しているのみである。そしてそれも系図を出典とするなど問題がいくらか残る。また近年盛んになっている中世の武家官位研究の中でも、武家が名乗る官途そのものに関する研究はあまりなされていない。(6)

そこで以下では、個々が名乗る官途自体の意義についても考察を加えつつ、武家における官途秩序を明らかにするため、室町幕府の直接勢力のおよぶ地域を中心にして、幕府の官途秩序を検討したい。なお以下では文書・記録による一次史料を基本とし、系図類・軍記物に記されているものは除外する。(7)

1　室町幕府の官途秩序の形成について

ここでは全国の官途秩序の前提となる幕府における官途秩序（幕府を通じて朝廷から正式な任官を受けることを前提とする）について見ていきたい。これについては次に掲げる「大館常興書札抄」(8)に見える認識がよく知られている。

一、官途等類事、武家方

左衛門督　右衛門督　左兵衛督　右兵衛督

大概おなし程の趣なり、御用如此也

修理大夫　左京大夫　右京大夫　大膳大夫　左衛門佐　右衛門佐　左兵衛佐　右兵衛佐　左馬頭　右馬頭

同程の御用なり

弾正少弼　中務大輔　中務少輔　式部大輔　式部少輔　治部大輔　治部少輔　民部大輔　民部少輔　兵部大輔

兵部少輔　刑部大輔　刑部少輔　大蔵大輔　大蔵少輔　宮内大輔　宮内少輔　兵庫頭　掃部頭　図書頭　縫殿

頭　玄蕃頭　雅楽頭　大炊頭　主計頭　木工頭　左馬助　右馬助

おなしほとの御用なり

采女正　造酒正　隼人正　市正　主水正　正親正　内膳正

同じほとの事なり

兵庫助　兵庫允　掃部助　掃部允　縫殿助　縫殿允　図書助　図書允　雅楽助　雅楽允　大炊助　大炊允　玄蕃助　玄蕃允　主計助　主計允　木工助　木工允　左馬允　右馬允　左衛門尉　右衛門尉　左兵衛尉　右兵衛尉　修理亮　修理進　左京亮　左京進　右京亮　右京進　大膳亮　大膳進　八省丞　弾正忠　采女佐　正親佐　隼人佐　造酒佐　主水佐　内膳佐　市佐　判官　蔵人　将監　監物　勘解由　帯刀

此等同程なり

一、受領事

武蔵守　相模守　陸奥守

此三ヶ国は四職大夫程の用なり、四職大夫とは修理大夫、左京大夫、右京大夫、大膳　　大夫事なり

讃岐守　伊予守　阿波守

この三ヶ国は、是は左衛門佐、右衛門佐など程事なり

尾張守　安房守　上総介　淡路守　播磨守　伊勢守　摂津守

此七ヶ国は、八省輔ほとの御用なり、

八しやうのふと云は、中務大輔、少輔、式部大輔、少輔、治部大輔、少輔、民部大輔、少輔、兵部大輔、少輔の事なり、まへにも大かた雖注之、猶以具書書載者也、

此外の受領の事は、諸侍諸家被官人に至るまて任候間、御用趣左衛門尉・右衛門尉・兵庫助以下おなし事也

この「大館常興書札抄」自体の成立は、常興の手になる他の故実書の奥書から永正〜天文の間と見られる。それ以前に書き記した可能性もあるが、その場合永正より前の故実書が現在見当たらないことから、義稙の周防からの上洛時の混乱で散逸した可能性が高い。この他にも常興が書き残した史料に似たような部分がいくつか存在している(9)。また、他の故実書でも引用されていることから(10)、十六世紀の幕閣の間の共通認識になっていたと考えられる。ここで上位に位置付けられる官途(以下上位官途と呼ぶ)は任官が限定され(11)、それ以外(通常官途)は「誰々にても任ず」というように幕府からとくに制限されていなかった。

それではこの基準はいつ頃に成立したのか。「大和家蔵書五」の「大和伊予守尚氏入道常興筆記(12)」によると、大館常興は文明五〜八年(一四七三〜七六)に京都不在の摂津之親に代わり官途奉行を務めたと自ら述べている。その経験から官途基準を知り得たので、少なくとも幕府のある時期の基準を反映する信頼すべきものといえる。また常興の知る基準も文明頃であろう(13)。

それでは上位官途個々について見てみると、まず衛門・兵衛督については、応永二年(一三九五)に斯波義将が右衛門督に任官したのが足利家以外での初例となる(14)。斯波家以外では、畠山満家の左衛門督・山名時凞の右衛門督への任官が応永二十四年頃である(15)。四職大夫については、義満初期に各家の先例となる事例が出そろい、義政(応仁以前)期までにほぼ固定している(16)。左馬頭は足利将軍家・鎌倉公方家のみである(17)。一方八省輔や諸寮頭(ここでは兵庫のみ)は、事例が十五世紀半ばまでを通じほぼ一定してあるので、確かなことは言えない。

そこで上位受領官途を検討してみると、まず言えるのが、これらはいずれも十五世紀に守護および幕府で重要な地位にあった者が使用した官途である。これを念頭に置いて、南北朝期および応永以降の使用事例を見てみると次の表1のようになる。なお成功任官が姿を消して私称官途が出てくる応安以降は、地方で将軍直臣でないものは私称の可

表1—1　南北朝期の上位受領官途を持つ者一覧

官途	名前	出典
武蔵守	新田義宗	園太暦
	青木入道	後鑑所収青木文書
	高師直	日根文書
	細川頼之	花営三代記
	渋川義行	太宰府天満宮文書
相模守	細川清氏	離宮八幡宮文書
	細川頼之	花営三代記
	行時	阿蘇家文書
陸奥守	葛西(満良ヵ)	伊達家文書
	斯波家長	相馬岡田文書
	石橋和義	岩城文書
	石橋棟義	名取熊野堂文書
	武田信武	毛利家文書
	武田信明	師守記
	高師有	金沢文庫文書
	細川顕氏	善通寺文書
	細川業氏	花営三代記
	畠山(義清ヵ)	黄梅院文書
	山名氏清	迎陽記
	毛利親衡(親茂)	毛利家文書
	今川貞臣	龍造寺文書
	島津元久	鹿屋氏文書
讃岐守	結城(朝胤)	白河証古文書上
	相馬胤頼	相馬文書
	小田孝朝	古今鐘銘集
	大島義政	集古文書
	某	六波羅密寺文書
	盛季	久我家文書
	加太実親	瑞光寺文書
	仁木頼勝	春日神社文書
	□直	永田秘録所収内田家文書
	細川頼春	東寺百合文書ア函
	(和田?)貞行	和田文書
	山名義幸	花営三代記
	吉川	吉川家文書
	天野顕氏	萩藩閥閲録遺漏巻二の三
	天野	正閏史料四之上
	天野顕忠	天野毛利家譜
	河野通直	明照寺文書
	某	臼杵三島神社文書
	大村入道	入江文書
	北郷義久	山田聖栄自記
讃岐権守	吉川入道玄龍	吉川家文書
	天野顕義	萩藩閥閲録遺漏巻二の二
	親藤	建武記
伊予守	南部	鬼柳文書
	斯波家兼	明通寺文書
	吉見	結城家文書
	佐竹義宣	正宗寺文書

官途	名前	出典
伊予守	宇都宮氏綱	村山文書
	世良田義政	鎌倉大日記
	扇谷上杉顕定	花営三代記
	木曽家信	水無神社所蔵
	斯波義種	佐野文書
	今川貞世	師守記
	今川直氏	野田文書
	土岐満貞	円覚寺文書
	桃井□清	花営三代記
	佐々木秀貞	九条家文書
	土岐直氏	洞院公定公記
	細川清氏	松尾神社所蔵
	細川繁氏	熊野早玉神社文書
	細川元氏	園太暦
	畠山深秋	宝鏡寺文書
	楠木正顕	淡輪文書
	越智	大乗院日記目録
	山名時義	興長寺文書
	秀貞	佐方文書
	某	諸家文書纂三三刀屋文書
	大内満弘	和泉堺御犬追物日記
	河野通義	臼杵稲葉河野文書
	碓井	永弘文書
伊予権守	大高重成	御的日記
阿波守	村田朝光	久我家文書
	細川和氏	国立国会図書館所蔵文書

官途	名前	出典
阿波守	細川正氏	小山文書
	畠山国清	鶴岡八幡宮文書
	頼氏	疋田家本離宮八幡宮文書
	村田	鶴岡社務記録
尾張守	浅利	鬼柳文書
	小野寺	久我家文書
	別府幸実	古今消息集
	斎藤	円覚寺文書
	斯波高経	武田健三氏所蔵文書
	斎藤	美作伊達文書
	横地長連	相国寺供養記
	高師泰	旧記雑録
	伊勢貞行	東寺文書
	二階堂長藤	建武記
	海老名	御的日記
	海老名(右と別人)	御的日記
	高入道(常珍)	続正法論
	佐々木高信	貞治六年中殿御会記
	畠山義深	園太暦
	畠山満家	相国寺供養記
	賀茂	中尾家文書
	高山	花営三代記
	熊谷直経	熊谷家文書
	熊谷宗直	熊谷家文書
	平賀弘章	平賀家文書
	多々良弘保	後愚昧記

官途	名前	出典
尾張守	陶弘長	長門国守護職次第
	下総(門司)親蓮	榊原文書
	高崎親千	田北文書
	直勝	太宰府天満宮文書
	島津資忠	旧記雑録
	千竈	千竈文書
尾張権守	糟屋	東京大学白川文書
	鹿島利氏	諸家所蔵文書
	別府幸時	別符文書
	梶原景直	建武記
	長瀬	蒲神明宮文書
	高師泰	御参御祈目録
	土肥	観応二年日次記
	荻野朝忠	黒板勝美氏所蔵北野文書
	土師	長府毛利家所蔵文書
	頼郷	八幡善法寺文書
	藤原親連	園太暦
安房守	税所	円覚寺文書
	佐野	佐々木文書
	淵辺	鶏足寺文書
	山内上杉憲方	円覚寺文書
	佐竹秋古	相国寺供養記
	大河内氏儀	石清水文書田中家文書
	岡部弘資	後愚昧記
	源光助	園太暦
	源義茂	園太暦

官途	名前	出典
上総守	二方	秋田藩家蔵文書四八
	留守	留守文書
	佐竹貞義	飯野文書
	大胡入道	上杉家文書
	千葉胤重	建武記
	氏広	安田家文書
	鹿草細川	東寺百合文書ゑ函
	今川範氏	今川家古文章写
	今川泰範	花営三代記
	矢具島忠連	庄司文書
	吉良満氏	無規矩
	吉良入道	太宰府天満宮文書
	畠山貞康	南狩遺文
	山名義治	常楽記
	赤松義則	八塔寺文書
	熊谷直忠	熊谷家文書
	小早川春貞	小早川家証文
	麻生	麻生文書
	麻生義助	麻生文書
	土師入道	岡本文書
	上津浦	史料編纂所所蔵志岐文書
	相良多良木頼仲	祢寝氏正統世録系譜
	島津貞久	島津家文書
	島津伊久	渋谷氏文書
上総権介	武石胤顕	相馬文書
淡路守	長沼高秀	結城家文書

官途	名前	出典
淡路守	国分	東京大学白川文書
	岡本隆貞	秋田藩家蔵文書一〇
	長沼宗秀	皆川文書
	長沼秀直	皆川文書
	江戸	鶴岡八幡宮文書
	杉原泰綱	浄土寺文書
	淡路細川師氏	小早川家証文
	淡路細川満春	小早川家文書
	松浦祟	青方文書
播磨守	某	東大寺文書
	高師冬	師守記常楽記
	桃井直常	園太暦
	某	寿命寺文書
	平家行	歓喜寺文書
	山名満幸	北島文書
	中原?尚時	宮成文書
	家秀	禰寝文書
播磨権守	佐竹義教	秋田藩家蔵文書一八
	高津	二階堂氏正統家譜
伊勢守	大内	陸奥新宮寺文殊堂一切経奥書
	小野崎泰通	額田小野崎文書
	光之	玉燭宝典紙背文書
	長胤連	加賀前田家所蔵天野文書
	笠間用盛	南禅寺文書
	稲垣入道	東寺百合文書ヒ函
伊勢守	土肥入道	大徳寺文書
	某	大徳寺文書
	高	諸家文書纂所収文書
	伊勢	門葉記
	伊勢貞行	相国寺供養記
	後藤	貞治六年中殿御会記
	土岐光兼	相国寺供養記
	某	益田家文書
	余戸田重秋	興隆寺文書
	原田種貞	児玉韞採集文書所収原田文書
	村櫛	太宰府天満宮文書
	松浦宮村力	青方文書
	松浦授	青方文書
	かとう	山代文書
摂津守	熱田昌能	建武記
	総領正盛	久米田寺文書
	井上光純	萩藩閥閲録巻九三
	渋谷岡本尚重	岡元文書
	宇佐美貞祐	建武記

表1―2　応永〜応仁期の上位受領官途を持つ者一覧

官途	名前	出典
武蔵守	葛西宗清	熊野速玉文書
	新田	本土寺過去帳
	細川勝元	歴名土代
	渋川満直	阿蘇家文書
相模守	留守重家	留守文書
	新田(義則カ)	鎌倉大日記
	畠山	元久参観記
	山名教之	康富記
	高瀬武楯	森文雄氏所蔵文書
陸奥守	安東	後鑑所収御内書案
	千葉康胤	武家事紀所収文書
	上杉憲直	師郷記
	武田信元	小笠原文書
	高梨朝秀	昔御内書符案
	大館	文安年中御番帳
	奥州細川満経	蜷川家文書
	奥州細川持経	康富記
	島津忠国	島津家文書
讃岐守	相馬胤弘	相馬文書
	小田	米良文書
	小田持家	鎌倉大草紙所収文書
	野田	結城戦場記
	高梨秀光	高梨文書
	井上為信	諏訪御符礼之古書
讃岐守	今井末範	諏訪御符礼之古書
	馬島昌持	諏訪御符礼之古書
	今川入道法珍	醍醐寺文書
	大喜員重	地蔵院文書
	阿波細川義之	東寺百合文書て函
	阿波細川満久	看聞日記
	阿波細川持常	康富記
	阿波細川成之	尊経閣文庫所蔵為自然写之
	天野顕房	天野毛利文書
	天野顕勝	天野毛利文書
	天野家氏	天野毛利文書
	木付	大友家文書
	某	櫛田神社文書
	宗貞茂	宗家御判写
	北郷持久	藤野氏蔵文書
伊予守	南部	親元日記
	氏家宗政	親元日記
	葦名	足利将軍御内書並奉書留
	標葉	御内書案
	楯岡満国	祥雲寺所蔵六角膳
	宇都宮家綱	輪王寺文書
	岩松満長	正木文書
	渋川	香蔵院珎祐記録
	一色	政所方引付
	犬懸上杉憲方	豊島宮城文書

官途	名前	出典
伊予守	諏訪頼満	守矢文書
	井上政家	諏訪御符礼之古書
	春日盛貞	諏訪御符礼之古書
	今川	兼敦朝臣記
	今川尾崎	満済准后日記
	土岐満貞	薩戒記
	某	保坂潤治氏所蔵湖山集
	吉見	文安年中御番帳
	細川信之	観音寺文書
	細川上野賢氏	観念寺文書
	沢井通慶	東寺百合文書を函
	森長富	久我家文書
	畠山義就	康富記
	畠山	満済准后日記
	畠山（右と別人）	蔭凉軒日録
	沢泰廉	沢氏古文書
	沢廉光	経覚私要鈔
	山名満時	看聞日記
	山名教豊	長禄四年記後法興院記
	山名	康富記
	赤松義雅	康富記
	高橋光世	吉川家文書
	深川	河津伝記
	河野通春	善応寺文書
	田原親憲	入江文書
	早田	松浦文書類四
阿波守	市村	小笠原文書
	畠山義忠	建内記
	畠山義有	康富記
	一色満直	花営三代記
	和泉下細川基之	醍醐寺文書
	和泉下細川頼久	康富記
	備中細川満之	長福寺文書
	畠山義清	吉田家日次記
	畠山義慶	松田家記
	赤松入道性宗	御前落居記録
尾張守	佐竹	結城家文書
	龍崎入道	鶴岡八幡宮文書
	惣社長尾忠政	三島神社文書
	惣社長尾景棟	報恩寺年譜
	惣社長尾忠景	親元日記
	加藤	結城戦場記
	別府入道	別府文書
	別府幸忠	別府文書
	海老名入道	秋田藩家蔵文書七
	明野国家	諏訪御符礼之古書
	大井光頼	諏訪御符礼之古書
	八木豊高	仁科神明宮所蔵
	入江	足利将軍御内書并奉書留
	斎藤仲善	大徳寺文書
	尾張仲清	名古屋市鶴舞中央図書館所蔵資料

官途	名前	出典
尾張守	高(師光ヵ)	醍醐寺文書
	置塩	長禄四年記
	光景	勧修寺文書
	畠山満家	教言卿記
	畠山	教興卿記
	畠山持国	満済准后日記
	畠山持富	建内記
	畠山政長	蔭凉軒日録
	頼冬	久我家文書
	平賀頼宗	平賀家文書
	陶弘長	長門国守護職次第
	親久	到津文書
	櫛来	大友家文書
	高崎棟治	柞原八幡宮文書
	加悦入道見阿	阿蘇家文書
	蜂須賀義助	阿蘇家文書
	野辺盛光	福昌寺文書
	千竈久家ヵ	千竈文書
安房守	山内上杉憲定	上杉家文書
	山内上杉憲基	明月院文書
	山内上杉憲実	上杉家文書
	湯河持春	国会図書館所蔵長禄文書
	戒能入道	明照寺文書
上総守	(福士)	遠野南部文書
	光秀	常福院文書
	大喜仲尚	地蔵院文書

官途	名前	出典
上総守	吉岡	大友家文書
上総介	佐竹山入与義	満済准后日記
	佐竹山入	那須文書
	小田	御内書案
	茂木治時	茂木文書
	寺尾入道	結城戦場記
	畠山	正木文書
	臼井胤盛	中山法華経寺古文書
	那波宗元	結城小峯文書
	南山入道	鎌倉持氏記
	土屋	鶴岡神主家伝文書
	小井弖	工藤文書
	浅野秀頼	諏訪御符礼之古書
	飯野信宗	諏訪御符礼之古書
	須田満繁	諏訪御符礼之古書
	伴野	親元日記
	伴野貞棟	親元日記
	禰津信貞	続日域洞上諸祖伝
	長尾	山形大学所蔵中条家文書
	今川範政	東光寺文書
	今川範忠	美作伊達文書
	麻生義助	麻生古証文古書類写
	麻生弘家	親元日記
	大館満信	花営三代記
	大館持房	蔭凉軒日録
	熊谷持直	経覚私要鈔

官途	名前	出典
上総介	備中細川頼重	満済准后日記
	備中細川氏久	九条満家公引付
	山名熈高	楞厳寺文書
	大熊入道	千家文書
	赤松有馬義祐	師郷記
	赤松有馬元家	蔭凉軒日録
	赤松大河内満政	広峯文書
	小早川船木	小早川家文書
	仁保弘有	三浦家文書
	斎藤	富来文書
	山田綱光	佐田文書
	市河	大友家文書
	板倉	宗像神社文書
	河北入道教阿	阿蘇家文書
	宗茂直	筥崎宮文書
	島津入道祐貞	旧記雑録
上総権介	某	上杉家文書
淡路守	行方	臼田文書
	長沼義秀	皆川文書
	長沼入道生空	上杉家文書
	花岡朝氏	諏訪御符礼之古書
	松崎	大井文書
	淡路細川満俊	石清水文書田中家文書
	淡路細川持親	文安六年足利義成元服記
	淡路細川成春	親元日記
	能富	円通寺文書

官途	名前	出典
淡路守	藤原能信	土佐国蠧簡集
	藤原親能	土佐国蠧簡集
	秋永入道道祥	屋形三郎氏所蔵文書
	堀	大友家文書
	疋田秀利	柞原八幡宮文書
	和田年則	福昌寺文書
播磨守	懸田入道（定勝）	結城家文書
	小笠原長将	小笠原文書
	大井持光	諏訪御符礼之古書
	大井	正木文書
	上杉	御内書案
	今川	満済准后日記
	畠山教元	在盛卿記
	畠山入道祐順	教興卿記
	畠山入道融性	建内記
	権監季蔦	大乗院寺社雑事記
	十市遠清	大乗院寺社雑事記
	布施行種	経覚私要鈔
	山名満幸	実冬公記
	赤松大河内満政	島津家文書
	戸坂信成	毛利家文書
	雄城惟泰	志賀文書
	今川貞兼	薩藩旧記所収応永記
	橘中村公頼	橘中村文書
	村山	阿蘇家文書
	阿久根良忠	福昌寺文書

官途	名前	出典
伊勢守	親経	旧蹟遺文
	石河	秋田藩家蔵文書五一
	筑波持重	諸家文書纂
	家次	正木文書
	水谷	源喜堂古文書目録
	里見	康富記
	宍戸一木持周	安得虎子
	赤須為康	諏訪御符礼之古書
	高梨国高	高梨文書
	松岡	諏訪御符礼之古書
	朝比奈入道妙光	土佐国蠹簡集残編
	矢部入道法立	円覚寺文書
	織田将広	醍醐寺文書
	伊勢貞経	廿一口方評定引付
	伊勢貞国	蜷川家文書
	伊勢貞親	康富記
	上月	日光院文書
	野坂	野坂文書
	宇佐美通重	大山積神社文書
	入道道秋	伊予国分寺文書
	渡辺	大友家文書
	曽祢崎	曾根崎元一氏所蔵文書
	本居代親	河上神社文書
	大野	小代文書
	塩都留聞	世祖実録
摂津守	跡部	塩山向嶽禅庵小年代記

官途	名前	出典
摂津守	摂津満親	斎藤基恒日記
	山名正旦	西国寺文書
	神崎	大友家文書
	宮野	大友家文書
	細川	護国寺文書
	武藤自頼	宗像神社文書
	詫摩満親	阿蘇家文書
	高城武宗	福昌寺文書

能性が高い。

個々の受領を南北朝期および応永～応仁年間の事例（出典は表1参照）で見てみると、

武蔵守

南北朝…足利尊氏と南朝の新田惣領家を除くと、高師直・細川頼之・渋川義行など執事を務める幕府要人のみ。

室町期…幕府内では細川勝元が義政元服時の期間のみ頼之先例により任官、他には陸奥葛西宗清、九州探題渋川満直がいる。

相模守

南北朝…足利直義が任官していたからか、他には幕府執事で

ある時期の細川清氏・頼之のみで、頼之に至っては任官して一年も経たずに武蔵守に戻している。(18)

室町期…但馬守護山名家の他には、応永年間の陸奥留守重家、肥後高瀬武楯がいるのみ。

陸奥守

南北朝…斯波家長・石橋和義父子といった奥州管領や高師有、細川顕氏、山名氏清、今川貞臣、武田信武父子といった幕府重職・守護にある者がなっている、陸奥では葛西氏が義満期にのみ確認される。

室町期…前代に続き甲斐武田・薩摩島津、外様衆細川奥州家がなっており、奉公衆大館氏も。また出羽安東氏（応永末）と信濃高梨氏もなっている。

讃岐守

南北朝…細川頼春・山名義幸・仁木頼勝や常陸小田・伊予河野通直といった守護層がいるが、安芸天野氏などの国人などもいる。

室町期…幕府関係では阿波細川氏がいる。ただ今川庶家・安芸天野・信濃国人・尾張大喜氏などもおり、関東・陸奥では前代に続き相馬・小田氏が、九州では宗貞茂がいる。

伊予守

南北朝…事例は多いが、いずれも守護クラスや幕府政権中枢に位置する人物である。

室町期…山名教豊・畠山義就もなっているが、基本的には赤松義雅のような有力守護の庶家（細川・畠山・山名・土岐など）がなる受領であり、関東でも渋川・一色・岩松・宇都宮氏といった家格の高い者がなっている。奉公衆では上記一族以外には見当たらない。他には大和沢、豊後田原、信濃井上・春日氏などがなっている。

阿波守
南北朝…細川和氏・正氏と畠山国清、村田朝光がいる。
室町期…能登畠山、和泉下守護細川、他には奉公衆一色満直・赤松性宗がおり、それ以外には信濃市村氏がいる。
尾張守
南北朝…斯波高経や畠山義深などが任官している一方で、中小国人クラスも多く任官・自称している。
室町期…管領畠山家が義深の先例を元に尾張守となるが、それ以外はほとんどが家臣層に見られる。
安房守
南北朝…下野佐野・淵辺氏や常陸税所氏、大内家臣岡部弘資、山内上杉憲方などがおり、他にも氏族は不明だが源義茂・光助が成功任官している。
室町期…関東では関東管領山内上杉氏のみ、幕府では奉公衆紀伊湯河氏ぐらいである。
上総介
南北朝…島津貞久・佐竹貞義といった南北朝初期の守護（子孫は庶家に見られる）や、駿河今川・赤松義則がいる。また筑前麻生や鹿草細川氏（斯波高経家臣）なども。
室町期…守護層では駿河今川や備中細川・有馬赤松・因幡山名凞高がおり、他には奉公衆麻生・大館・熊谷氏、伴野氏を始めとした信濃の諸氏がいる。
淡路守
南北朝…淡路守護家細川氏が応安の師氏以降代々任官し、関東では長沼氏が鎌倉時代から引き続き代々任官している。他には陸奥国分・岡本（斯波推挙）、武蔵江戸氏。

室町期…淡路守護細川・下野長沼氏以外に信濃松崎氏、土佐藤原能信・親能父子がいる。

播磨守

南北朝…高師冬・桃井直常・山名満幸など。他には今川了俊家臣某家秀など。

室町期…畠山祐順・融性・教元や今川貞兼・赤松大河内満政・小笠原長将といった、有力守護の庶家が任官している。他には信濃大井氏や大和の布施行種・権監季蔦・十市遠清、九州では家臣層が名乗る官となっている。

伊勢守

南北朝…高某や常陸小野崎泰通、鎌倉府某光之、加賀笠間用盛といった中小勢力の者がなっている。

室町期…伊勢貞行以降伊勢氏当主が伊勢守になると、奉公衆などでは伊勢守任官はない。ただ斯波被官織田氏や今川被官朝比奈氏、赤松被官などが伊勢守になっており、また信濃ではいくつも事例がある。

摂津守

南北朝…南朝方にいた者を除くとほとんど事例無し。

室町期…幕府では摂津満親と細川摂津守（文明頃ヵ）、山名正旦がいる。家臣層では九州地方に見られるぐらいで他ではほとんど見られず。

この中で明らかに特別扱いされているのは相模守・武蔵守である。これはすでに先行研究で指摘されているように[19]、鎌倉期の北条得宗家や連署が任官し、尊氏兄弟も任官したこともあって、前代に引き続き尊重されていた。ただ大仏氏の代々名乗った陸奥守は、他の二つよりは若干任官許容範囲が広かったようである。讃岐・阿波・伊予守も基本的に幕府中枢にいた人物が任官している。なぜこの四国の三ヶ国の受領が特別扱いされたのか。讃岐・伊予守については、鎌倉時代に足利氏当主が任官したことがあるからとも思われるが、阿波守については不明である。[21]土佐守だけなぜ除外されたのかもよくわからない。

そして伊勢守・尾張守などは、南北朝期とくに珍重された、制約があったとは思われない。それをよく示すのが、尾張守を返上して越中・信濃守を望んだ多々良弘保の事例である。[22]そして尾張守には、貞和二年の豊前の門司親蓮や観応三年の武蔵の国人（白旗一揆の家）別府幸実、永和五年に御的の射手であった海老名尾張守などがおり、伊勢守にも貞和四年の某光之、暦応二年の筑前原田種貞などがいる（以上表1参照）。これらは時期的に確実に任官をしていたと思われる。つまり尾張・伊勢守は、南北朝期はほぼ誰であっても任官できていたのが、後に管領畠山や政所伊勢が代々任官することになったため、特別扱いされるようになったのである。これは播磨守・安房守・淡路守・上総介にも通じる。唯一摂津守だけは、事例が少ない理由が不明で、有力守護などが任官したわけでもない。評定衆で最上位家格にある摂津氏の家固有官途であることから別格となったかもしれないが、この点はなおも検討を要する。

以上から、上位に位置付けられていた受領は、管領家・侍所頭人家およびその庶家、守護が任じられていた由緒を持つことから、その性格を得たのである。そして相模・武蔵・陸奥守以外は、少なくとも康暦頃までは他と同じ扱いであり、応永後半に衛門兵衛督や四職大夫となる家柄もほぼ固まるので、受領官途もその頃にほぼ固定したのであろう。つまり義持後期～義教期に確定したと考えられる。[23]家格序列が先にあって官途にその性格が付与したのか、逆に官途基準が先にあって家格序列がそれに付随したのかという家格との関係は、先の各事例からすると、家格の大まかな枠組が先にあり、その家が任じていた受領官途が重視されるようになったと見るべきだろう。そして一度官途基準が定まった後には、家格序列もそれに対応していったのではないだろうか。

なおこれらとは別に、十五世紀にほとんど使われていない受領官途もある。それが志摩・紀伊・日向・大隅守などである。志摩守は現在一次史料で使用例は見出せず、紀伊守も二、三例、大隅・日向守も九州以外にはほとんど見られない（後掲表2・3・4参照）。これらは先の上位受領のように尊重されたというよりも、むしろ人気がなくて使われなかったというべきで、どうやら十五世紀段階では、日本列島の端に当たるような国の受領名は名乗りたがらなかったようである。

ここで幕府の官途秩序（全国的秩序）を、関東・東北・九州などの各地域と比較しつつまとめると、次の図1のようになる。ここで留意せねばならないのは、基本的に幕府の官途秩序の基準が適応されるのは幕府の勢力圏内の地域であって、関東・九州・東北および信濃・大和はまた別に考える必要があることである。

なぜかというと、まず関東に関しては、おそらく氏満期以降、鎌倉府の管轄領国内で鎌倉公方独自の任官が行われるようになり、そのため同時期に幕府で形成された官途秩序とは異なる、関東独自の上位官途が形成されつつあったからである。(24)そしてそれは戦国期にも引き継がれ、古河公方を頂点とする独自の秩序が構築され、(25)後北条氏もその秩序を利用こそすれ、否定することはなかった。

次に九州・東北では、十四世紀後半に大友・島津、伊達・葛西といった有力守護・領主が上位官途に任じられている。具体的には、大友親世は、それ以前の当主が近江守・刑部大輔であったのに対し、(26)応永初年に修理権大夫となっている。(27)島津氏でも南北朝初期の惣領貞久・伊久が上総介であったのに対し、(28)元久が修理権大夫・陸奥守になっている。(29)一方東北では、伊達政宗が大膳大夫として見える。南北朝期の伊達氏では、南朝方の行朝を除くと、宗遠が弾正少弼、(30)政宗が兵部権少輔として見え、(31)この政宗が明徳二年以前に大膳大夫となっている。(32)同時期に全国で大膳大夫となっているのは、京極高秀・土岐康行のみである。(33)そして政宗と並んで葛西氏（満良カ）も陸奥守として見える。(34)これはそれぞれ征西府・鎌倉府といった、敵対・警戒勢力の存在を見据えて、幕府が彼等をとくに重視し、優遇した結

九　州	関　東
無	桃井憲儀
無　無　渋川	佐竹義人 岩松持国　小山広朝 扇谷上杉持朝　足利満貞？ 犬懸上杉氏憲
島津 渋川満直 高瀬武楯	上杉憲直
田原・早田・宗・木付 北郷	宇都宮・岩松・一色・渋川・矢部・吉見 小田・山川・犬懸上杉・宅間上杉・野田
武藤・鎰尼・相良・野辺 竹原・大友・阿蘇・渋川 秋月・志賀・伊東	佐竹山入・桃井・犬懸上杉・一色・上杉 岩松・冷泉・泉・岡谷・小野寺・筑波・南 結城・二方・真壁・名草・山川・田中
疋田・松浦・和田・木村 本居・曽祢崎・大野 塩都留・高崎・加悦・宗 蜂須賀・野辺・千竈 麻生・吉岡・斎藤・山田 市河・板倉・河北・村山 島津・神崎・宮野・武藤 詫摩・高城・雄城・今川 中村・阿久根	山内上杉・佐竹山入・小田・茂木・寺尾 上総権介・畠山・那波・南山・惣社長尾 真里谷武田・佐竹・土屋・加藤・海老名 別府・龍崎・筑波・水谷・里見・二階堂 完戸一木・行方・長沼

る叙任、また信濃・大和は除外

図1　応永(室町殿義持の頃)〜寛正頃の状況

	幕府	東北
衛門兵衛督	斯波・畠山・山名	無
右京大夫 四職大夫 衛門兵衛佐	細川 赤松・一色・京極・土岐・世保土岐・大内・小笠原・若狭武田 吉良・斯波庶家・能登畠山	無 大崎・伊達・白河・二本松・最上 足利満直
陸奥守 武蔵守 相模守	細川奥州家 細川京兆 但馬山名	安東 留守
伊予・阿波・讃岐守	畠山・細川・赤松・今川 山名・天野・吉見・河野	南部・氏家・葦名 標葉・楯岡・相馬
八省大輔	越後上杉・一色・佐々木 土岐・上野・大館・一色 小笠原・田村・細川・山名 赤松・河野・吉川・荒川 千秋・中条・長井・湯河 三吉・今川・畠山・武田 富樫・仁木・河内・桃井	大崎・猪苗代・南部 伊賀・飯野・石橋
摂津・播磨・安房・上総・尾張・伊勢・淡路守	今川・赤松・伊勢・大館 細川・畠山・高・小早川 摂津・赤松・湯河・山名 上条上杉	懸田・石川

※九州では高瀬武楯及び伊予・阿波・讃岐以下はほとんどが私称、関東では基本的には鎌倉公方によ

果の任官であろう。これが十五世紀に入ると、征西府の衰退消滅と、奥羽を管轄下にした鎌倉府の勢威増大によって、東北では従前の官途ランクを維持し、あるいは白河氏のように上昇させる家があった(35)一方で、九州では大友氏も島津氏も官途の格を下げられるようになった（島津氏は後に回復(36)）。つまり幕府にとって警戒すべき相手（具体的には鎌倉府）が存在し続けた東北では、領主の官途は幕府秩序の中でも上位の官途に任じられ、存在が無くなった九州では、逆に抑えられていたのである。

これは探題の官途でも同様で、奥州探題大崎氏・羽州探題最上氏がそれぞれ左京大夫であったのに対し(37)、九州探題渋川氏は衛門・兵衛佐であった(38)。幕府内では四職大夫と同格に位置付けられていたものの、衛門・兵衛佐は政治的に重要視される者というよりも、家格の高い者が任官する官であったことを考えると、探題においても東北のほうが優遇されていたのである。ただ幕府内の家格としては、時代は降るが越後上杉氏が伊達氏を「国人一分」と見なした認識(39)からすると、東北で四職大夫となった家は、国人としては最高位にあるが、国持大名からは格下であるとの認識があったようである。つまり幕府は家格の低さを官途で補う形で、彼等を高官に任じて優遇を示していたのである。ただ東北でも、関東と直接接する陸奥には上位官途を与えられる事例が多い一方で、出羽では官途所有の事例自体が陸奥より少ないことも割り引いても、探題一族以外に上位官途を与えられた事例はあまりなかった。そして九州では、そもそも幕府を通じて正式な任官をしたことがわかる事例がほとんどない上に、十五世紀段階で上位官途を持つ者はとくに見当たらない(40)。受領の上位官途はその限りではないが、これは前代から引き続き使用され続けているだけで、幕府で特別扱いされるようになったこととは無関係に使用・私称していたと考えられる。なお関東・九州・東北地域の官途使用状況を示す参考材料として、表2・3・4を掲げておく。

そして信濃・大和については、まず信濃では他国に比べて著しく上位受領を受けている者が多い。彼等が幕府を通

表2　関東地方の世紀別官途分布表

官途	一四世紀	一五世紀	一六世紀
陸奥守	0	3	2
出羽守	4	11	26
常陸守	0	1(1)	11
常陸介	6	11	9
下野守	8	19(1)	29
上野守	0	1	8
上野介	4	13	14
下総守	5	11	35
上総守	1	2	1
上総介	4	13(1)	17
安房守	4	3	5
武蔵守	1	1	1
相模守	0	2	7
甲斐守	1	3	16
信濃守	3	18	65(1)
佐渡守	0	3	32
越後守	3	18	24
越中守	4(1)	6	16
越前守	1(1)	14	56
能登守	2	9	22
加賀守	2(1)	10	37
若狭守	0	7	45
伊豆守	2	13	24
駿河守	7(2)	25	39
遠江守	11(2)	15	25
三河守	4	24	42
尾張守	2(3)	15	31
飛騨守	0	0	8
美濃守	0	7	30
伊勢守	2	10	34
志摩守	0	0	5
伊賀守	4	10	40
近江守	2(1)	13	24
山城守	2(1)	14	46
大和守	3	12	37
摂津守	0	0	24
和泉守	1	6	73
河内守	4	6	26
丹波守	0	0	36
丹後守	1(1)	1	48
但馬守	1(1)	17	41
因幡守	3(1)	9	37
伯耆守	0(1)	11	14
出雲守	0	3	34
隠岐守	0	1	17
石見守	1	6	31
播磨守	0(1)	0	16
美作守	5(1)	7	29
備前守	5	6	39
備中守	1	9	19
備後守	1	0	11
安芸守	10(3)	14(1)	28
周防守	1	11	30
長門守	1(1)	4	26
紀伊守	0	0	18
淡路守	3	5	21
讃岐守	3	8	19
阿波守	1	0	2
伊予守	4	9	17
土佐守	1	3	31
豊前守	2	7	39
豊後守	0	7	59
筑前守	2(1)	6	29
筑後守	3	2	34
壱岐守	1	7	4
対馬守	1	4	43
肥前守	1(1)	7	21
肥後守	0(1)	2	11
日向守	1	1	16
大隅守	1	0	20
薩摩守	1	0	1
不明守	0	0	3
受領介	0	0	4
受領掾	0	0	3
中務大輔	2	6	29

官途	一四世紀	一五世紀	一六世紀
中務少輔	2	6	24
中務丞	6	17	15
兵部大輔	2	7	16
兵部少輔	4	6	33
兵部丞	0	1	22
民部大輔	3	3	6
民部少輔	0	12	35
民部丞	1	19	24
治部大輔	1	6	9
治部少輔	2	14	34
治部丞	1	4	10
宮内大輔	0	3	17
宮内少輔	5	13	34
宮内丞	0	6	9
大蔵大輔	1	0	3
大蔵少輔	1	0	2
大蔵丞	1	2	48
刑部大輔	6	4	19
刑部少輔	6	17	24
刑部丞	3	2	17
式部大輔	1	3	11
式部少輔	1(1)	6	26
式部丞	4	20	24
式部大夫	5	8	9
八省大夫	1	2	5
弾正大弼	0	0	1
弾正少弼	4	6	10
弾正忠	5	21	65
蔵人正(頭?)	0	0	2
蔵人	25	15	31
蔵人大夫	2	2	2
蔵人佐	0	0	15
蔵人佑	0	2	13
左衛門督	0	2	7
左衛門佐	2	3	14
左衛門大夫	2	7	32
右衛門督	0	0	0
右衛門佐	0	3	19
右衛門大夫	0	1	18
左兵衛督	0	0	1
左兵衛佐	0	0	3
左兵衛大夫	1	0	0
右兵衛督	0	0	1
右兵衛佐	0	1	1
右兵衛大夫	0	0	3
監物	0	0	22
監物助・允	0	0	9
左近将監	22	23	24
左近大夫	5	2	16
左近助	0	0	3
左近允	1	0	3
左近	0	0	17
右近将監	1	1	4
右近大夫	0	0	3
右近助	0	0	2
右近允	0	0	9
右近	0	0	15
将監	0	16	59
勘解由	0	6	27
勘解由助	0	0	3
左京大夫	0	2	7
左京亮	9	24	87
左京進	0	0	11
右京大夫	0	3	5
右京亮	3	16	54
右京進	0	1	12
修理大夫	0(1)	4	9
修理亮	18	48	81
修理進	0	1	10
大膳大夫	0	3	5
大膳亮	1	2	54
大膳進	0	0	0
図書頭	0	0	1
図書助	0	3	61
図書允	1	0	0
内蔵頭	0	0	2
内蔵助	0	1?	23

官途	一四世紀	一五世紀	一六世紀
内蔵允	0	0	5
縫殿頭	0	0	1
縫殿助	0	0	49
縫殿允	0	0	6
内匠頭	0	0	1
内匠助	0	7	47
内匠允	0	0	0
大学頭	0	0	1
大学助	0	0	47
大学允	0	0	0
雅楽頭	0	0	2
雅楽助	0	11	77
雅楽允	0	0	7
玄蕃頭	0	0	2
玄蕃助	0	1	33
玄蕃允	0	0	17
主計頭	0	0	1
主計助	0	5	35
主計允	1	2	1
主税頭	0	0	0
主税助	0	1	13
主税允	0	0	0
木工頭	0	0	0
木工助	2	0	25
木工允	0	0	1
大炊頭	0	0	9

官途	一四世紀	一五世紀	一六世紀
大炊助	5	34	68
大炊允	0	0	1
兵庫頭	2	2	6
兵庫助	16	34	79
兵庫允	2	0	0
左馬頭	0（2）	0（1）	3（1）
左馬助	8	15	46
左馬允	0	0	19
右馬頭	1（2）	7	0（1）
右馬助	2	18	52
右馬允	2	3	23
主殿頭	0	0	0
主殿助	0	0	9
主殿允	0	0	0
掃部頭	0	0	2
掃部助	10	30	41
掃部允	2	0	6
内膳正	0	0	3
内膳亮	0	0	14
内膳佑	0	0	0
隼人正	0	0	0
隼人佐	2	14	65
隼人佑	1	8	28
織部正	0	0	0
織部佐	0	0	13
織部佑	0	0	5

官途	一四世紀	一五世紀	一六世紀
主膳正	0	0	2
主膳亮	0	0	10
主膳佑	0	0	0
采女正	0	0	3
采女助	0	0	3
采女佑	0	0	10
市正	0	0	0
市助	0	0	2
市佑	0	0	3
主馬首	0	0	1
主馬助	0	0	0
主馬允	0	0	1
主水正	0	0	2
主水佐	0	0	28
主水佑	0	0	5
外記	0	0	32
内記	0	0	7
外記助	0	1	7
内記助	0	0	5
舎人	0	0	3
舎人助・允	0	0	3
判官	3	0	0
靭負	0	0	6
囚獄助	0	0	5
狩野介	2	1	1
小隼人佐	0	0	1

官途	一四世紀	一五世紀	一六世紀
帯刀	0	4	28
将監允	0	0	1
勘解由次官	0	1	0
帯刀助	0	0	2
秋田城介	0	0	1
八省助	0	0	6
弾正大夫	1	0	0
兵衛大夫	0	0	1
兵庫大夫	2	1	4
三浦介	4	3	0

※1　律令官本来ならば「すけ」が無い官については使用事例が最も多い字に統一した
※2　網掛けは天正年間以降のみの事例しかない場合、また一五世紀は便宜上応永元年から
※3　主馬は主馬寮なら頭・助・允だが春宮坊主馬署なら首のみ。豊臣期の任官は主馬首のみ
※4　(　)内は権官
※5　関東での兵衛・衛門尉、〜すけ・〜じょうは約二三〇〇

じて正式な任官を受けていたかどうかは、「薩戒記目録」に見える高梨高景、[41]『親元日記』に見える伴野氏[42]の事例から可能性は高い。おそらく陸奥同様関東との境目であることが官途の向上に反映されたのだろう。また大和では、興福寺によって国人・衆徒の任官が推挙・私的授与されており、[43]幕府の関与はあまりおよんでいなかったと思われる。

このように、幕府による官途の基準が適応されている地域では、上位官途は任官のみならず私称すらも制限されていたが、幕府の直接支配領域外およびその周辺の官途秩序は、幕府による官途秩序とは若干異なる様相を呈していたのである。

最後にこの幕府の官途秩序の基準が成立する以前となる、南北朝期の秩序はどうであったのか検討したい。

まず受領は相模・武蔵・陸奥守以外にはとくに制限が無く、任官者の望みによっていたと思われる。たとえば多々良弘保は、一昨年に任官した尾張守の代わりに信濃・越中守となることを望んだと先に記したが、その時に任尾張守口宣案を返却し、結局越中守に任官している。一方で単に名国司・権守を所望する場合も[44]あり、その場合は幕府側に任されていた。ただ、当初は誰でも受領任官できたわけではなく、その家に受領任官の先例がある場合に限るなどの

表3　東北地方の世紀別官途分布

官途	一四世紀	一五世紀	一六世紀
陸奥守	4	1	2
出羽守	2（4）	4	6
常陸守	2	0	2
常陸介	1	5	10
下野守	4	6	27
上野守	0	1	7
上野介	3	0	7
下総守	1（2）	7	15
上総守	0	1	9
上総介	2（1）	1?	11
安房守	0	0	8
武蔵守	0	0	1
相模守	0	1	9
甲斐守	0	3	9
信濃守	3（1）	4	39
佐渡守	0	0	9
越後守	1	5	12
越中守	0（2）	2	15
越前守	1（1）	3	21
能登守	1（1）	0	14
加賀守	0	0	7
若狭守	3	2	16
伊豆守	1	0	15
駿河守	4（2）	4（1）	22
遠江守	0（3）	10	16
三河守	4（2）	12	20
尾張守	2（1）	0	10
飛騨守	1	1	5
美濃守	0	4	8
伊勢守	1	4	22
志摩守	0	0	3
伊賀守	5（1）	2	14
近江守	2	3	12
山城守	0（2）	1	17
大和守	0（2）	0	20
摂津守	0	0	12
和泉守	2	2	21
河内守	1	4	15
丹波守	0	1	15
丹後守	0	0	16
但馬守	2	1	19
因幡守	1	0	15
伯耆守	1	2	15
出雲守	0	2	17
隠岐守	1	2	5
石見守	0	2	18
播磨守	0	1	10
美作守	2	1	17
備前守	1（1）	5	28
備中守	0	2	20
備後守	0	1	16
安芸守	2（2）	7	7
周防守	4（1）	3	13
長門守	2（2）	5	17
紀伊守	0	1	27
淡路守	3	0	5
讃岐守	2	3	14
阿波守	0	0	0
伊予守	3	6	12
土佐守	0	1	14
豊前守	0	0	20
豊後守	0	0	12
筑前守	0	2	22
筑後守	0	2	9
壱岐守	3	0	10
対馬守	0	0	15
肥前守	1（1）	0	15
肥後守	1	1	6
日向守	0	0	9
大隅守	0	0	9
薩摩守	1（1）	1	7
不明守	0	0	2
受領介	1	1	10
受領掾	0	0	1
中務大輔	3	0	9

官途	一四世紀	一五世紀	一六世紀
中務少輔	1	3	9
中務丞	2	1	8
兵部大輔	1	0	5
兵部少輔	0（1）	4	9
兵部丞	0	0	5
民部大輔	0	1	11
民部少輔	0（1）	3	14
民部丞	0	1	5
治部大輔	1	3	7
治部少輔	2	5	24
治部丞	0	0	7
宮内大輔	3	0	1
宮内少輔	1	5	21
宮内丞	1	0	5
大蔵大輔	0（1）	0	1
大蔵少輔	0（1）	0	3
大蔵丞	0	0	13
刑部大輔	1	5	6
刑部少輔	0	3	8
刑部丞	2	3	8
式部大輔	0	3	4
式部少輔	0	1	16
式部丞	0	1	12
八省大夫	4	2	8
弾正大弼	0	0	3
弾正少弼	2	2	6

官途	一四世紀	一五世紀	一六世紀
弾正忠	2	2	22
蔵人頭	0	0	2
蔵人	14	0	29
蔵人大夫	0	0	1
蔵人佐	0	0	1
蔵人佑	0	0	2
左衛門督	0	0	3
左衛門佐	1	3	8
左衛門大夫	1	0	10
右衛門督	0	0	0
右衛門佐	0	0	5
右衛門大夫	1	0	7
左兵衛督	0	0	0
左兵衛佐	0	1	1
左兵衛大夫	0	0	0
右兵衛督	0	0	0
右兵衛佐	1	0	0
右兵衛大夫	0	0	0
帯刀	0	1	8
監物	0	0	13
監物助・允	0	0	2
左近将監	9	2	8
左近大夫	4	0	5
左近助	0	0	1
左近允	0	0	1
左近	0	0	10

官途	一四世紀	一五世紀	一六世紀
右近将監	2	0	3
右近大夫	1	0	4
右近助	0	0	0
右近允	0	0	2
右近	0	0	13
将監	1	2	29
勘解由	0	0	4
勘解由助	0	0	3
左京大夫	1（2）	3	16
左京亮	2	4	8
左京進	0	0	3
右京大夫	1	0	0
右京亮	2	4	16
右京進	0	2	8
修理大夫	1（3）	6	5
修理亮	2	6	32
修理進	0	0	4
大膳大夫	2	2	7
大膳亮	0	0	13
大膳進	0	0	0
図書頭	0	0	0
図書助	0	0	19
図書允	0	0	0
内蔵頭	0	0	4
内蔵助	1	1	19
内蔵允	0	0	2

官途	一四世紀	一五世紀	一六世紀
縫殿頭	0	0	0
縫殿助	1	0	13
縫殿允	0	0	**2**
内匠頭	0	0	0
内匠助	0	0	10
内匠允	0	0	0
大学頭	0	0	0
大学助	1	1	26
大学允	0	0	0
雅楽頭	0	0	1
雅楽助	1	0	10
雅楽允	0	0	11
玄蕃頭	0	0	14
玄蕃助	0	0	12
玄蕃允	0	0	4
主計頭	0	0	1
主計助	0	0	19
主計允	0	0	0
主税頭	0	0	0
主税助	0	0	0
主税允	0	0	0
木工頭	0	0	**0（1）**
木工助	1	0	11
木工允	0	0	**2**
大炊頭	0	0	0
大炊助	2	2	14
大炊允	0	0	0
兵庫頭	0	0	10
兵庫助	10	3	15
兵庫允	1	0	0
左馬頭	0	0	0
左馬助	4	4	34
左馬允	0	0	19
右馬頭	0（3）	0	8
右馬助	1	5	32
右馬允	0	0	16
主殿頭	0	0	0
主殿助	0	1	7
主殿允	0	0	0
掃部頭	0	0	0
掃部助	6	1	24
掃部允	0	0	3
内膳正	0	0	**4**
内膳亮	0	0	11
内膳佑	0	0	0
隼人正	0	0	**1**
隼人佐	0	1	16
隼人佑	0	0	0
織部正	0	0	0
織部佐	0	0	3
織部佑	0	0	2
主膳正	0	0	**8**
主膳亮	0	0	**7**
主膳佑	0	0	0
采女正	0	0	2
采女助	0	0	1
采女佑	0	0	2
市正	0	0	0
市助	0	0	**1**
市佑	0	0	0
主馬首	0	0	**1**
主馬助	0	0	2
主馬允	0	0	**1**
主水正	0	0	0
主水佐	0	0	7
主水佑	0	0	**2**
外記	0	0	6
内記	0	0	16
外記助	0	0	**4**
内記助	0	0	5
舎人	0	0	0
舎人助・允	0	0	0
典膳	0	0	**3**
靭負	2	0	1
囚獄助	0	0	**3**
狩野介	0	0	0
千葉介	0	0	0
三浦介	0	0	**1**

官途	一四世紀	一五世紀	一六世紀	官途	一四世紀	一五世紀	一六世紀	官途	一四世紀	一五世紀	一六世紀
大炊属	0	0	1	帯刀助	0	0	2	判官	1	0	0
将監大夫	0	0	1	中宮亮	0	0	1	美濃介	0	0	6

※1　律令官本来ならば「すけ」が無い官については使用事例が最も多い字に統一した
※2　網掛けは天正年間以降のみの事例しかない場合、また一五世紀は便宜上応永元年から
※3　主馬は主馬寮なら頭・助・允だが春宮坊主馬署なら首のみ。豊臣期の任官は主馬首のみ
※4　（　）内は権官
※5　東北での兵衛・衛門尉・〜すけ・〜じょうは約一五〇〇

制限が加えられていたようである。(45)

次に京官では表2・3・4を見てもわかるように、十四世紀段階では蔵人・修理亮・兵庫助・掃部助・左右近将監に集中している。むろん左右衛門・兵衛尉は言うまでもなく一番多く用いられている。これは鎌倉期に御家人が成功で任官を許されていたのが衛門兵衛尉・近衛将監・諸司助・八省丞であり、(46)南北朝初期もそれが引き継がれていたためである。また蔵人は六位蔵人への任官が在京御家人を中心によくなされたことによるのであろう。そして南北朝期に成功任官の範囲が拡大し、(47)観応の擾乱前後に成功で任官できなかった官への推挙がなされるようになって、(48)任官可能な官途は増大し、かつ成功任官の消滅で私称官途が黙認されるようになったが、(49)任官、名乗る官途はいまだ鎌倉時代・観応以前の傾向が色濃く残っていたと言える。その反動か十五世紀にはそれらの官途を名乗る割合は激減している。

2　戦国期における幕府官途秩序と武家官途の新展開

それでは戦国期（十六世紀）以降、この秩序はどのように変遷したのか（主に右の適用範囲において）。

表4　九州地方の世紀別官途分布

官途	一四世紀	一五世紀	一六世紀
陸奥守	2	3	2
出羽守	9	13	22
常陸守	1	4	13
常陸介	8	6	35
下野守	9（2）	17	36
上野守	1	9	14
上野介	0	4	9
下総守	2（2）	3	30（1）
上総守	0	1	22
上総介	8	16	41
安房守	0	1	13
武蔵守	1	2	26
相模守	0	2	10
甲斐守	1	3	16
信濃守	5（1）	8	16
佐渡守	3	9	47
越後守	3	15	57
越中守	2	7	74
越前守	10（3）	14	66
能登守	6	12	21
加賀守	4	23	75
若狭守	12（2）	13	46
伊豆守	8	24	57
駿河守	10（2）	17	59
遠江守	13（1）	27	29
三河守	5（3）	32	87
尾張守	5（1）	11	21
飛驒守	0	10	23
美濃守	8（2）	22	54
伊勢守	5	7	30
志摩守	0	0	20
伊賀守	4（1）	6	65
近江守	9	18	15
山城守	6（1）	31（1）	66
大和守	10（3）	37	55
摂津守	1	9	16
和泉守	0	15	87
河内守	7（2）	18	58
丹波守	1	8	23
丹後守	7（1）	18	54
但馬守	9（4）	12	64
因幡守	12（5）	25	51
伯耆守	4（1）	15	46
出雲守	5（1）	24	35
隠岐守	1	2	32
石見守	9（3）	21	33
播磨守	2（1）	9	28
美作守	4	15	48
備前守	10（4）	16	65
備中守	3	1	22
備後守	1（1）	5	56（1）
安芸守	8（4）	16	48（1）
周防守	6（1）	13	18
長門守	11（2）	27	67
紀伊守	0（1）	2	31
淡路守	2	6	29
讃岐守	2	8	38
阿波守	0	0	7
伊予守	1	6	27
土佐守	4	18	51
大宰少弐	4	6	2
豊前守	8（7）	16	37
豊後守	8（3）	12	9
筑前守	8（1）	14	43
筑後守	4（1）	4	32
壱岐守	6	2	40
対馬守	12	9	63
肥前守	14	18	37
肥後守	5	7	19
日向守	1	5	21
大隅守	5（1）	8	13
薩摩守	6（1）	11	19
不明守	1	2	5
受領介	25	14	46
佐渡介	0	0	10

官途	一四世紀	一五世紀	一六世紀
紀伊介	0	5	33
周防介	4	5	15
狩野介	0	0	18
千葉介	1	3	1
税所介	1	0	0
宇渡助	0	0	5
佐賀助	0	0	1
荒河助	0	0	1
受領掾	1	0	21
中務大輔	0	5	10
中務少輔	2	11	81
中務丞	18	11	51
兵部大輔	3	3	15
兵部少輔	3	23	122
兵部丞	8	17	72
民部大輔	0	2	31
民部少輔	0	13	87
民部丞	10	13	75
治部大輔	1	5	20
治部少輔	3	16	84
治部丞	1	11	55
宮内大輔	3	1	14
宮内少輔	2	8	79
宮内丞	4	5	55
大蔵大輔	0	0	3
大蔵少輔	1	1	19
大蔵丞	4	11	62
刑部大輔	5	9	22
刑部少輔	3	17	86
刑部丞	10	4	51
式部大輔	1	2	10
式部少輔	3	9	59
式部丞	8	14	50
八省大夫	10	9	10
兵部助	0	0	1
中務助	0	1	0
大蔵助	0	0	3
治部助	0	0	1
弾正大弼	0	0	1?
弾正少弼	3	8	11
弾正忠	21	24	129
蔵人頭	0	0	1
蔵人	44	12	40
蔵人大夫	3	0	1
蔵人佐	0	9	35
蔵人佑	0	1	5
左衛門督	0	0	3
左衛門佐	1	4	30
左衛門大夫	3	14	48
右衛門督	0	0	3
右衛門佐	1	2	33
右衛門大夫	0	8	46
左兵衛督	0	0	2
左兵衛佐	0	0	3
左兵衛大夫	0	0	0
右兵衛督	0	0	0
右兵衛佐	1	2	1
右兵衛大夫	0	0	0
帯刀	0	5	12
帯刀長	0	0	6
帯刀助	0	0	6
帯刀允	1	1	30
監物	0	0	7
監物助・允	1	0	21
大監物允	0	0	2
左近将監	43	14	54
左近大夫	9	3	35
左近助	0	0	20
左近允	1	0	43
左近	0	0	17
左近将曹	0	0	2
右近将監	3	1	8
右近大夫	0	0	8
右近助	0	0	5
右近允	0	0	35
右近	0	2	14
右近将曹	0	0	6
将監	8	17	42

官途	一四世紀	一五世紀	一六世紀
将監允	0	0	5
将監助	0	0	17
勘解由	1	4	22
勘解由助	0	2	0
勘解由允	0	4	39
勘解由大夫	2	0	0
勘解由判官	1	0	0
勘解由使	0	0	1
勘解由次官	0	0	2
左京大夫	1	3	2
左京亮	13	27	146
左京進	7	0	20
右京大夫	0(1)	0	1
右京亮	9	33	125
右京進	2	1	37
修理大夫	0(1)	1(1)	11
修理亮	24	20	42
修理進	3	3	11
大膳大夫	0	0	4
大膳亮	3	13	58
大膳進	1	0	13
図書頭	0	0	4
図書助	3	10	32
図書允	3	1	3
内蔵頭	0	0	2
内蔵助	0	1	87
内蔵允	0	1	48
縫殿頭	0	0	0
縫殿助	1	4	48
縫殿允	4	5	4
内匠頭	0	0	0
内匠助	0	0	11
内匠允	0	0	2
大学頭	0	0	0
大学助	2	6	19
大学允	1	0	4
雅楽頭	0	0	2
雅楽助	3	10	69
雅楽允	0	0	9
玄蕃頭	0	0	1
玄蕃助	0	0	21
玄蕃允	0	3	42
主計頭	0	0	2
主計助	3	5	22
主計允	4	17	59
主税頭	0	0	0
主税助	0	8	52
主税允	0	0	16
木工頭	0	0	0
木工助	6	1	54
木工允	2	0	21
大炊頭	0	0	0
大炊助	8	16	78
大炊允	0	0	2
兵庫頭	2	3	16
兵庫助	23	20	60
兵庫允	21	2	24
左馬頭	0	0	7(1)
左馬助	7	25	126(1)
左馬允	0	1	52
右馬頭	0	3	17
右馬助	5(2)	19	96
右馬允	2	6	55
主殿頭	0	0	3
主殿助	0	2	58
主殿允	1	2	13
掃部頭	0	1	8
掃部助	40	32	168
掃部允	7	2	15
内膳正	0	0	1
内膳亮	0	0	7
内膳佑	0	0	2
隼人正	1	0	1
隼人佐	8	4	50
隼人佑	4	2	13
織部正	0	0	0
織部佐	0	0	34
織部佑	0	0	25

官途	一四世紀	一五世紀	一六世紀
主膳正	0	0	6
主膳亮	0	0	12
主膳佑	0	0	5
采女正	0	1	9
采女助	0	1	6
采女佑	3	3	21
市正	0	0	6
市助	0	0	59
市佑	0	0	41
主馬首	0	0	4
主馬助	0	0	10
主馬允	0	0	35
主水正	0	1	5
主水佐	0	0	35
主水佑	0	0	19
外記	1	0	15
内記	0	0	10
外記助・允	0	0	16
内記助・允	0	0	12
舎人	0	0	8
舎人助・允	0	0	20
大舎人允	1	0	5
造酒丞	0	0	1
典薬允	0	0	3
囚獄助	0	0	2
判官	3	2	0
検非違使	1	0	0
進士允	0	0	13
平馬允	0	0	5
蔵人少輔	0	1	1
左馬大夫	0	0	14
右馬大夫	0	4	14
大炊大夫	0	0	4
内蔵大夫	0	0	3
外記大夫	0	0	1
神祇少副	0	0	1
神祇介	0	0	2

※1　律令官本来ならば「すけ」が無い官については使用事例が最も多い字に統一した
※2　網掛けは天正年間以降のみの事例しかない場合、また一五世紀は便宜上応永元年から
※3　主馬は主馬寮なら頭・助・允だが春宮坊主馬署なら首のみ。豊臣期の任官は主馬首のみ
※4　（ ）内は権官
※5　九州での兵衛・衛門尉・～すけ・～じょうは約五〇〇〇、また大内氏直臣は基本的に除外している

まず左馬頭・右京大夫については、左馬頭の足利氏・右京大夫の細川京兆家家督のみという限定が幕府滅亡まで続いている[50]。

次に衛門兵衛督・佐、四職大夫は、任官者・家は増加するが、幕府を通じて任官する関係上任官者は限られた[51]。任官できない事例も見られる。なお奥羽では左京大夫が、九州では修理大夫が、それぞれ奥州探題大崎氏・豊後大友氏の極官であったことからとくに希求されていた[52]。

次に上位受領は、幕府と密接な関係にある細川一族や奉公衆などでは新しく任官する家が出てくるが、基本的には基準はほぼ守られていたと言える。家臣層を見てみると、阿波・伊予・上総などは使用する例が散見され、京都周辺から遠ざかるにつれ上位受領の私称事例は増えてくる。また武蔵・相模・陸奥の三つについては依然として任官は限定的で、特定の家でのみ使用されていた。それも特別な意味を持ってというよりは、代々の家の官途である、あるいは上位受領であるという意味から選択されていたと言える(53)。

また先に挙げた志摩・紀伊・日向・大隅守などの人気のない受領名も、十六世紀に入ってから各地で使用されるようになる。

八省大輔に関しては、次のような記述がある。

一摂州物語云、杉三川守(大内方被官也)官途民部大輔口　宣之事、可有申沙汰之由、昨日従　御台様被仰下之間、則職事へ申之調進也云々、彼三川守八省輔事以近衛殿懇望申、可為如何哉由、去廿日内々被尋下旨、日行事承之、各相談、御返事申上訖、八省輔事、人之被官なといかゝに候、但任之も有之歟、何篇時分柄御事候間、此儀ハ可有御免哉、然者式部大輔・治部大輔此両大輔之事ハ、子細あるやうに承候き、其外たるへき歟之旨言上也、然間被任民部大輔哉(54)、

ここで摂州＝摂津元造は大館常興に対し、大内家臣杉興重が八省輔任官を望んだが、式部・治部大輔については子細あって許可できないが、その他ならば結構として民部大輔に任官したことを語っている。また常興も、別の史料で「八省の事」として、「式部大輔ハ一向に武家方衆にハ不被成之、又治部大輔ハ等持院殿様ならせましくたるとて、ぅちまかせハ不被任之、吉良殿・斯波殿なとハもつはら被任之、其外ハ不被拝任也」と述べている(55)。このように摂津元造・大館常興は式部大輔と治部大輔には限定がかけられていたと述べているが、事例を検出してみると実際にも限定

されていたようである。とくに治部大輔は基本的に足利・新田一族の中で家格の高い家が任官していた。他の六つの大輔については、少輔よりも高位の官であるため任官している者は少ないが、さほど制約はなかったようである。地方においても関東以外は十六世紀に入るまでは事例は少ない。十六世紀以降は幕府でも奉公衆でそれまでなっていなかった家の者が八省大輔になり、地方でも大名家臣層に見られるようになる（ただしこれは私称）。また地方では治部・式部大輔もさほど関係なく使われている。

そして諸寮頭については、前代から任官が行われた掃部・玄蕃・兵庫頭は任官者が増えるが、公家において官司運営と切り離されず、得分が付随した内蔵頭や主水正など[56]は武家任官が行われる事はついになかった。なお天文年間には彦部晴直が雅楽頭に[57]、永禄年間には結城某が主膳正[58]、進士某が主馬首[59]、一色信忠が市正に任官しており[60]、こちらも時代が下るにつれ制約が緩くなっていたようである。またこれらの官に関しては豊臣政権下でも任官が行われている[61]。なお『大乗院寺社雑事記』に市正・隼人正任官の事例が見えるが[62]、これは土佐一条氏の推挙により、興福寺を通じて朝廷から任官がなされたものなので、幕府による任官には該当しない。

以上から幕府の官途秩序は、任官可能官途の拡大や、上位官途になる家の増加を伴いつつも、将軍直臣にあたる階層には基本的に最後まで貫徹されていたと言える。その一方で、十六世紀以降は武家官途の新しい傾向が全国的に見られるようになる。

まず十六世紀に入ってから用いられるようになった官途がある。それは主膳、主馬、織部、造酒、主殿（除く九州）、（東西）市（正・助・佑）、主税（十五世紀末より）、内記、内膳、主水といった主に諸寮の官で、内蔵・玄蕃・監物も使用例の大半が十六世紀である。しかもこれは畿内近国では余り見られず、その大部分は関東か九州である。このような風潮は、自己表現の一つとして他者と異なる官途を名乗ろうとする意識があったからだろう。そうした例として挙げられるものに、出羽小野寺稙道の中宮亮[63]、筑後蒲池鑑広の勘解由使[64]、薩摩桂忠詮の神祇少副[65]、主に関東を中心に見られる囚獄助[66]（これは本来律令官位にある官だが、「職原鈔」によると鎌倉期にはすでに使われなくなっていた）[67]、南九州で見られる左・右近将曹[68]（将監の下）などがある。ただ さすがに少納言や弁官といった官を名乗る者はいなかったようである[69]。

また勘助・鹿助・三介・源允などといった、「〜すけ」・「〜じょう」がついた名乗りが大量に出現するのも、この時期の大きな特徴の一つである。その初出は確認できるところでは大永年間（一五二一〜二八）頃からである[70]。十五世紀以前の事例では、大内氏の新介や千葉胤将の新助[71]があるが、これらは大内介・千葉介にかかるものである。他には文明十二年（一四八〇）の梶原新介[72]（紀伊）、大和沢氏の新助[73]、楠木一族矢尾正春の新介[74]などがあるが、皆「新介（助）」のみである。これは平安末〜鎌倉期の「介」を名乗る者の子が新介と名乗ったことの名残から転じたものと思われ、すでに武家社会の通念認識となっていたから使われていたのである[75]。

なお苗字を持たない者であれば十五世紀でも確認され、たとえば嘉吉三年（一四四三）の遠江初倉庄江富郷検地目録[76]には「太郎助」「弥助」「権助」が確認される。ただ割合から見ると一割にも満たない。これは同時期の他地域を見てみても同様である。また南北朝期には受領介がよく見られたが[77]、十五世紀以降減少している[78]。これは村における官途成とも関係する問題で、今後の検討課題と言える[79]。

さらに、「かみ」・「すけ」・「じょう」も区別がつかず、曖昧にもなっているため、本来とは異なるものをつけているケースがよく見られるようになる。たとえば右馬助を右馬介・右馬亮とし[80]、左衛門尉を左衛門丞とする[81]、または治部助[82]といった事例が挙げられる。京都から離れるにつれその傾向は強まり、とくに対馬・土佐・薩摩で顕著である。またこれらの地域では、受領も紀伊介・伊予介・甲斐介・但馬掾など守でない受領名を持つ者が増えている。

つまり四等官部分を付ければ何でも官途名乗りとして通用させるようになっていた。そしてこの風潮が本来存在しない官途を名乗る者が現れる要因となった。具体的な事例を挙げると、葦名盛隆の三浦介[83]、亀井茲矩の琉球守[84]・台州守[85]、狩野介（狩野氏が使うのは勿論だが、とくに九州で普通に官途として用いられ[86]、宗氏では官途状で与えられている[87]）[88]、佐竹家臣真崎の雲井亮[89]、進士允[90]、将監助[91]、内記助[92]、外記助[93]、軍監助[94]などがある。または織田・徳川家臣などに見える小大膳[95]・小越後[96]・小刑部[97]・小隼人[98]や、対馬でのみ見られる尾崎助[99]・荒河助[100]・佐賀助[101]などもある。また、十六世紀後半から伊織[102]・左門[103]・典膳[104]が、文禄慶長から数馬[105]が、寛永頃から求馬[106]が見られるようになる。これらは近世に現れる名乗りの先駆けとも言えよう。

こうした傾向の一方で官途を用いない家もあった。それは山内上杉氏[107]・出羽下国安東氏[108]・筑後五条氏[109]である。山内上杉氏は顕定以降の当主が関東管領であることにより、安東氏は日の本将軍であることによる。五条氏は「御家之名字」を名乗る在国公家衆[110]であることによるものか。

最後に十六世紀以降にこのような官途の上昇・使用拡大傾向がなぜ現れたかについて考察したい。まず官途の上昇については、基本的に武家にとって官途が「イエ」および自身を示すものである性格を持ち、とくに上位官途が政治的な理由から求められたことは、本書第一部でも述べたところである。そして往々にしてそれは、他氏との関係――友好的であれ敵対であれ――から、競うようにして、より上位に位置付けられる官途を求めたのである。むろん官途自身は実質支配に名目を与えこそすれ、全く経済や軍事に直接的に役立たないのは言うまでもない。官途はあくまで礼的な性格を超えて作用することはなく、また自身・家の身分的格を直接的に向上させることはなかったが、四職大夫に任官する者に見られるように、家格の高い者と同じ官途につくことで、表面的に同格となりえたのである。そのため、幕府の全国的な影響力が弱まった十五世紀末以降、各地域の従来の秩序も崩れる中で、新たに台頭した者は、自身の礼的身分を上昇させるため、上位官途や幕府からの栄典[111]などを求めたのである。

使用拡大については、冒頭で掲げた「大館常興書札抄」の官途認識が鍵を握っているのではないか。この常興による官途の認識は、大和晴完・伊勢貞助の故実書にも引用[112]されている。また常興の故実書は永正年間以降とくに幕府関係者に多く筆写されている。[113]そしてここには十六世紀以前までは使用されていなかった、幕府が私称を黙認していなかった官途が、私称可能な官途と共に誰々でも任じられる官として併記されている。そのためこの官途認識を知った者は、これらの官途が使用可能であると当然思うであろう。つまり幕府内で、公家側の官途認識を取り入れつつ、武家における官途の序列を文字で書き記した事が、それまで武家社会としての共通認識としてあった官途の認識を変え、結果として武家官途の拡大を招いたのではないか。そしてもう一つ、「職原鈔」の存在も忘れてはならないだろう。たとえば先に言及した囚獄助は、囚獄司の官自体が鎌倉期にはすでに使われていないと「職原鈔」に記されており、[114]実際に室町期でも朝廷で全く使用された形跡が無く、「大館常興書札抄」にも全く言及が無い。そうした官が武家によって使われるようになったのは、安保本[115]の存在に見られるように、「職原鈔」が東国でも流布しており、[116]それによって囚獄の官の存在を知ったからではないか。むろんこれらは推測に過ぎず、また要因の一つでしかないが、少なくとも先に述べた、十六世紀に入ってから用いられる官途が現れ、増加した理由になるのではないか。

ただこれでは四等官を付けた名乗りや、律令官位制度にない官途が現れたことを説明することはできない。これらについては別に考える必要がある。四等官付き名乗りに関しては、前述の通り村の官途成の影響も想定される。本稿では村落官途についてとくに検討していないので詳述はしないが、前述の村で受領介の使用が室町期以降減少していることや、十六世紀以降村落で衛門・兵衛を含む名乗りが増加しているのは、武家官途の広がりとの関係があるのではないか。とすると、逆に村落官途が武家官途にも反映されることは想定され、それが四等官付き名乗が広く流布するようになった一因とも言える。また「貞助記」に次のような記述がある。

一就観世四郎官途儀、内々被尋下候旨、畏而承候、仍四郎左衛門ニ被成候哉御事不苦候、同事なから左衛門尉と尉字をハそへられ候ハて、たゝ四郎左衛門とハかり可然存候、此趣御心得候て可被申入候、仍被懸　御目候ニ付て、為上意官途させられたる先例の事おほへ不申候、但観世座ニ春と申きやうけん候や、一段の上手にて物ハ彦次郎と申候つるを慈照院殿様御代応仁乱前にて御座候、春と被仰候由承及候つる、別而被懸　御目候やうニハ御座候ハす候つる、其時の観世大夫如此申さた仕たる事哉、いかさま其已後は春と申キ、かやうの御事も御座候間、四郎事被懸　御目と申、如此御儀不苦奉存候、乍去四郎左衛門の尉とハ被成候ハて、たゝ四郎左衛門とハかり可然奉存候、(117)

これは能楽者の観世四郎に将軍から官途を与えるに当たって、大館常興に対して諮問があり、常興は官途を与えるのはいいが、四郎左衛門「尉」ではなく、四郎左衛門とするのがよろしいと返答したものである。残念ながら「尉」をつけなければ官途を与えてもよいことの理由は記されていないが、この「尉」の部分をつけるかどうかという問題は、室町期以降「〜左衛門」・「〜兵衛」と「尉」の無い官途名乗りが増えることと密接な関係にあるだろう。とくに村落では「尉」を付けない「〜左衛門」・「〜兵衛」が通常であった。本来の律令官から四等官部分を省いた官途名乗りと、仮名などに四等官を付けた官途名乗りが現れるのは、おそらくさほど時代の離れない現象と思われる。そして江戸幕府の官途統制政策によって四等官部分を失った近世の武家官途名乗り(118)（除く大名）が、ただの「名」となる要素はここにあると思われる。何故こうした認識が成立したか、広まったかについては、村落構成員の名乗りがどのように変遷していったか地域・時代ごとに検討する必要もあり、今後の検討課題である。

律令官位に無い官は、そのほとんどが後に東百官と呼ばれる称号の中に含まれる。これは俗説では平将門によって定められた官であるとされ、実際には天正年間以降関東で流行したため東百官と呼ばれたという(119)。史料上では伊織・左門などは織田・徳川・武田領国下でも早くに見られるので、関東というよりは東国とすべきであろうが、畿内では十六世紀段階で見られない（織田・羽柴家臣は除く）ので、後に東百官に分類される官は、天正前後から関東から東海地方にかけて使用されるようになったと言える。そしてその地域から出た織田・羽柴・徳川氏が全国政権となるにおよんで全国に波及したのだろう。ただこうした官が誰によって創出され、なぜ用いられ始めるようになったかは依然不明である。

おわりに

鎌倉時代は幕府によって御家人の任官が制限されていたが、南北朝の内乱を経て、任官は室町殿からの恩賞としての性格を帯び、また成功任官が消滅することで私称官途が増えるが、十四世紀段階では成功によって任官できた官途を名乗る者が多かった。それが十五世紀に入ると名乗る官途の幅が広がり、また幕府内では義持段階にほぼ確定した家格に応じた官途秩序が成立した。この官途秩序は、衛門兵衛督・佐や四職大夫のような元々官位相当の高いものに加え、有力守護などが任官していた受領官を上位に位置付けるもので、四位相当・五位相当といった、本来の官位相当と全く関係ない秩序であった。これに関して、大名の名乗った官途について述べる場合、従四位下相当であるなどと述べる研究が従来少なくないが、室町期以降の武家の官途には官位相当の認識は全く存在しておらず、幕府の官途秩序・地域における由緒に基づく上位官途として、あるいは家の官途として名乗っただけであることは注意せねばならない。

一方地方では、私称官途は上位権力・周囲によって認定される性格上、京都から地理的・政治的に離れた地域で京都とは若干異なる秩序も形成された。それが関東と九州である。そして関東では鎌倉府段階で用いられた官途は十六世紀になっても名乗られるが、そうでない高官は使われずじまいであった。また幕府から見て、南朝のような敵対者や鎌倉府のような潜在的敵に対する意味で、その境界にある者へ、幕府への求心力を持たせる優遇処置として上位官途に任じる場合があった。それが信濃や東北（厳密には陸奥）である。

十六世紀に入ると官途の幅はさらに広がり、他者とは異なる事を示すために武士では本来任官できない官・すでに失われていた官・存在しない官を名乗る者も現れ、四等官部分を付ける事で官途として通用させる事も行われた。室町幕府による官途秩序も、徐々に任官可能な官途を増やし、また上位官途に任官する階層を拡大させていたが、その秩序そのものは異なる秩序が展開した関東を除き、大枠では全国規模で保持されていた。その一方で、地域・大名・家中ごとに形成されていた官途秩序も、諸大名の勃興・没落によりいくぶん変容させながら、これも保持されていたと言えよう。

ではそうした官途秩序は、室町幕府の衰滅と織田・豊臣という新たな統一権力の下でどのように変質していったのか、江戸幕府による近世武家官位制下で保持された部分や姿を変えた部分はどこなのかということが、中近世移行期を考える上でも新たな問題となろう。今後の課題としてさらに検討を進めていきたい。

注

（1）　この問題は室町期の武家における官途認識を考える上で非常に重要であるが、ある者の名乗る官途が、実際に正式な任官を受けたかどうかを判別するのは不可能であるため、観応の擾乱の後に官途を有する者が増大するという状況証拠からしか判断できない。ただこうした私称官途の発生・拡大増加は、官途が凡下とは違う侍身分であることを示す一つの標識であったために希求されたことや、成功による叙任が無くなるという、室町幕府の叙任形態の変化などによる部分が大きいだろう。また村落の官途成とも併せて考えるべき問題でもある。なおこの問題については第二部第一章でも触れている。

(2) たとえば北畠親房事書「相良結城文書」(『白河市史五古代・中世資料編2』二三〇号)には、小田治久が延元元年秋以降、「官位ハ依二同之法、悉以停廃」していたのに「如昔称宮内権小(少)輔」したが、「一族家人官途悉不呼之」状況だったことが見える。また大館尚氏は、「大館伊予守尚氏入道常興筆記五」(山口県図書館所蔵「大和家蔵書五」)の中で、先祖には例のない八省輔などになりがたい時に、「随而上より不被成をわれとなり候ハ自任官とてとかの一にて御成敗之様躰有之事也」と述べている。この場合は将軍からの任官であろうが、官途は自分よりも上の身分・立場にいる者から認定を得なければならないという認識があったことが窺える。

(3) 石母田正「解説」(『中世政治社会思想　上』岩波書店、一九七二年)。

(4) 二木謙一「室町幕府の官途・受領推挙」(同『中世武家儀礼の研究』吉川弘文館、一九八五年)。

(5) 市村高男「戦国大名研究と列島戦国史」(『武田氏研究』三〇号、二〇〇四年)。

(6) そのため行ったのが、本書第一部第一章「左馬頭」・第二章「衛門・兵衛督」・第三章「四職大夫」である。

(7) これは系図・軍記類の記述を全く信用していないからというわけではなく、こと官途に関してそれらには、後世の潤色や推測などが入り交じっているため、一次史料から実際に確認できる官途はともかく、確認できない官途に関しては後世の推定と見なして除外するものである。

(8) 『群書類従第九輯』。

(9) 「大館伊予守尚氏入道常興筆記」(山口県図書館所蔵「大和家蔵書」)。

(10) 伊勢貞助による「雑々聞撿書丁巳歳」(内閣文庫所蔵写本)。

(11) たとえば「長禄四年記」長禄四年十二月卅日条に、奉公衆大田大炊助(光)が上総介任官を望んだが、官途奉行摂津之親と伊勢貞親が談合した結果、上総介は斟酌あるべきとして上野介を御免している。

(12) 「大和家蔵書」は山口県図書館所蔵の写本で、全十二冊からなる。

(13) ただ常興は「長禄二年以来申次記」を記したように、応仁の乱以前、長禄〜寛正期の基準も踏まえている可能性もあるだろう。

(14)「荒暦」応永二年七月廿六日条。

(15)満家が左衛門督となったのは応永二十四年と思われ、反乱を起こした上杉禅秀と同じ右衛門佐の官途であったことがその年の初めに取沙汰された結果、右衛門佐を忌避する意味で任官を受けたと思われる。初見は『満済准后日記』応永廿四年十月一日条。山名時熙の右衛門督任官は『看聞日記』応永廿四年正月廿三日条。こちらも前官右衛門佐であったので、満家と同様の理由によると思われる。

(16)本書第一部第三章参照。

(17)本書第一部第一章参照。

(18)頼之は応安四年十月に相模守に任官し、以後相模守と呼ばれ応安五年五月二十九日まで自署もしている(「臨川寺文書」『大日本史料第六編之三十五』三二八頁)が、同年六月二日には武蔵守で署名しており(「額安寺文書」『南北朝遺文中国・四国編第四巻』三九二七号)、以後は武蔵守で通している。なぜ頼之が武蔵守に戻したか確かな理由は不明だが、おそらく相模守は、鎌倉北条氏得宗の官であり、得宗のように将軍をないがしろにして政治を行うと周囲に思われる可能性があること、足利直義・細川清氏が幕府に背き没した不吉な例であることから、政敵を抱える頼之としては、そのような不安要素のある相模守よりは、連署の官でもあり、幕府執事であった高師直の武蔵守を名乗ることで、あくまで自分は将軍を補佐する立場にあると周囲に知らしめようとしたのではないか。

(19)前注4二木氏論文、佐藤健一「鎌倉・室町初期の名国司―その出現と変遷―」(今江廣道編『前田本『玉燭宝典』紙背文書とその研究』続群書類従完成会、二〇〇二年)など。

(20)足利貞氏が讃岐守であった(関東下知状案「金沢文庫文書」『鎌倉遺文第三十九巻』三〇六九二号など)。

(21)鎌倉時代に阿波守となった人物はほとんど見えない。武家ではわずかに、関東御教書写(「新編追加」『鎌倉遺文第十一巻』八二七四号)の宛所や『吾妻鏡』建長四年七月十四日条などに見える、姓不詳の阿波前司朝村がいるぐらいである。

(22)『後愚昧記』永和五年正月十七日・廿八日条。

(23)同時期に幕府年中行事もほとんどが成立していることも無関係ではないだろう。

(24)本書第一部第二章・第三章、拙稿「常陸佐竹氏における官途」(『戦国史研究』四八号、二〇〇四年)など参照。

(25) たとえば京都では主に畠山・細川氏が任じられた伊予守・讃岐守は、鎌倉府では何人も任じられており(口宣案を伴う任官ではなく公方による私的な任官ではあったが)、それ以降の時代でも各家で用いられている。逆に使われなかった阿波守はそのまま使われないままであった。同様に鎌倉府時代に使われた官途――右京大夫・左衛門督・右衛門佐・修理大夫など――はその後も関東では用いられ、そうでない右衛門督などは使われないままであった。そして左衛門督・四職大夫は、古河公方によって関東で重複しないように調整がされていた。こうした関東独自の官途秩序は、豊臣政権による小田原制圧以後、古河公方・後北条氏権力の滅亡により消失し、豊臣政権による官位制が全国を覆う中、政権に属した関東の諸大名もその中に取り込まれていくことになる。

(26) 近江守は大友貞宗(三原入道仏見言上状「三原文書」『大日本史料第六編之一』一〇頁)、刑部大輔は大友氏時(足利義詮官途挙状「大友家文書」『大分縣史料(26)』二九九号)。

(27) 足利義満袖判御教書(「大友家文書」『大分縣史料(26)』二八一号)。

(28) 貞久は将軍家政所下文(『大日本古文書島津家文書之一』四一号)、伊久は今川了俊書状(「渋谷氏文書」『鹿児島県史料旧記雑録前編二』二九〇号)による。

(29) 修理権大夫は足利義満御内書(『大日本古文書島津家文書之一』六六号)、陸奥守は犬追物手組(「鹿屋氏文書」『鹿児島県史料旧記雑録前編二』四四二号)による。

(30) 伊達宗遠一揆契状(『大日本古文書伊達家文書之一』三一号)。

(31) 伊達政宗一揆契状(『大日本古文書伊達家文書之一』三二号)。

(32) 管領細川頼元奉書(『大日本古文書伊達家文書之一』三三号)。

(33) 京極高秀は、「花営三代記」応安六年十二月十三日条など、土岐康行は、足利義満御内書案(『大日本古文書醍醐寺文書之四』六六六の一〇号)など。

(34) 前注32細川頼元奉書。

(35) 白河氏は南北朝期の顕朝が一例だけであるが大膳大夫として見える(貞治六年四月五日付足利義詮御判御教書「東京大学白川文書」『白河市史五古代・中世資料編2』三六八号)。顕朝は貞治六年二月廿四日付足利義詮御判御教書写(「白河証古文書」『白河市史五古代・中世資料編2』三六七号)では弾正少弼として見えるので、この間に大膳大夫に任官したか。ただこれ以降顕朝の官途が窺える史料がなく、応安二年に千代夜叉丸に所領を譲っているので（結城顕朝譲状写「白河証古文書」『白河市史五古代・中世資料編2』三七二号）、間もなく没したか引退したか。だが、伊達政宗と同時期の満朝（顕朝養子）が左兵衛尉であった（足利義満袖判御教書写「白河証古文書」『白河市史五古代・中世資料編2』三八六号）ことに示されるように、義満の頃には伊達氏と比べてさほど重要視されていなかったようである。だが鎌倉公方持氏と対立し、その地政的性格や、南陸奥における実力が幕府にも認められ、鎌倉府との関係上重要視されたことで、官途も次第に格の高いものへ移行している。白河直朝は永享四年に修理大夫へと任官しており（足利義教袖判後花園天皇口宣案写「白河証古文書」『白河市史五古代・中世資料編2』四九三号）、享徳の乱時には南陸奥の国人層の軍事指揮権を幕府から委ねられ（黒嶋敏「奥州探題考―中世国家と陸奥国―」『日本歴史』六二三号、二〇〇〇年）、ついには左兵衛佐へと任官している（足利義澄袖判後土御門天皇口宣案写「白河証古文書」『白河市史五古代・中世資料編2』六六二号）。また十五世紀後半には葦名氏が修理大夫に（足利義政御内書案写「昔御内書符案」『ビブリア』八〇号、一九八三年）、南部氏が大膳大夫になっている（大日堂棟札写「聞老遺事」『秋田県史資料古代・中世編』八一九号）。

(36)　大友氏は親世以降、持直が中務大輔（足利義教御内書案「昔御内書符案」『ビブリア』八〇号、一九八三年）、親著が式部大夫（足利義持袖判御教書「大友家文書」『大分縣史料（26）』一八四号）、親繁が豊後守（大友親繁代申状写「大友家文書録」『大分縣史料（31）』三四五号）、政親が豊前守（足利義政御内書写「大友家文書録」『大分縣史料（31）』三六六号）と、八省大輔・豊後守・豊前守で、修理大夫となるのは延徳三年に任官した義右（足利義稙袖判後土御門天皇口宣案「大友家文書」『大分縣史料（26）』二五六号）以降になる。島津氏では久豊が修理亮となっており（管領細川満元施行状写『鹿児島県史料旧記雑録前編二』九六二号）、応永二十四年以降になってようやく陸奥守に任官する（島津存忠〈久豊〉書状案『大日本古文書島津家文書之一』三三〇号）と、以降惣領家では久豊・忠昌のように修理亮→陸奥守となるのが恒例となった（忠国・立久も陸奥守として見える）。

(37)　大崎氏は満持（斯波満持官途挙状「遠野南部文書」『岩手県中世文書中巻』五一号）・教兼（大崎教兼官途挙状「遠野南部文書」『岩手県中世文書中巻』六七号）など。最上氏は義春（足利義政御内書案写「御内書案」『続群書類従第二十三輯下』三〇三頁）・義秋（史料編纂所架蔵謄写本「親元日記」文明十年年頭部分）など。

(38)　右兵衛佐は義行（幕府引付頭人奉書案「九条家文書」『南北朝遺文中国・四国編第四巻』四〇二二号）・満頼（管領斯波義

将奉書写「改正原田記附録」『大日本史料第七編之二』三八三頁）・尹繁（足利義尹御内書「渋川家文書」『佐賀縣史料集成古文書編第二十八巻』八号）、右衛門佐は教直（渋川教直書下「東妙寺文書」『佐賀縣史料集成古文書編第五巻』二九号）、左衛門佐は義堯（『歴名土代』一八六頁）。

(39) 黒田良忠書状（「反町英作氏所蔵三浦和田中条文書」『新潟県史資料編4中世二』一三一八号）。

(40) 頼尚・冬資・頼澄・貞頼・満貞・教頼・政資・資元・冬尚・政興と代々大宰少弐を名乗っているが、正式に大宰少弐に任官した徴証は見当たらない。また肥後守護菊池氏は肥後守であり、対馬宗氏も刑部少輔であった。

(41) 「薩戒記目録」永享九年六月七日条。

(42) 『親元日記』寛正六年四月八日条。

(43) 『大乗院寺社雑事記』文明二年正月四日条、延徳元年九月十九日条など。門跡が私的に任じる場合は『経覚私要鈔』文安五年九月六日条、宝徳四年五月一日条など。

(44) 「玉燭宝典紙背文書」十一—15では須賀清秀が名国司を、同十二—17でも梶原次郎衛門が名国司を所望しており、同十一—12では一色直範が権州を所望している（何れも今江廣道編『前田本『玉燭宝典』紙背文書とその研究』続群書類従完成会、二〇〇二年）。

(45) 前注19佐藤氏論文。

(46) 上杉和彦「鎌倉幕府と官職制度—成功制を中心に—」（『史学雑誌』九九編一一号、一九九〇年）。

(47) 「玉燭宝典紙背文書」十一—14（今江廣道編『前田本『玉燭宝典』紙背文書とその研究』続群書類従完成会、二〇〇二年）。

(48) 金子拓「初期室町幕府・御家人と官位」（同『中世武家政権と政治秩序』吉川弘文館、一九九八年）。

(49) これについては本書第二部第一章参照。

(50) 左馬頭については本書第一部第一章を、右京大夫については本書第一部第三章および拙稿「常陸佐竹氏における官途」（『戦国史研究』四八号、二〇〇四年）参照。

(51) 衛門兵衛督・佐については本書第一部第二章を、四職大夫については本書第一部第三章参照。なお同時期に多くの四職大夫が存在していたことになるが、これについて当事者同士はどのように考えていたのか。敵対している相手であったら、大友氏のようにそれを認めないこともあったであろうが（第一部第三章参照）、中立・友好的な関係にある者同士の場合はどうであったのか。これについて伊勢貞助は、三好長慶が同じ修理大夫である葦名盛氏に対して返事を出す時に長慶から「同官ノ儀如何」と聞かれ、「然者先々も如此在之」と述べ、問題ないとしている（内閣文庫架蔵写本「雑々書札」）。そしてこの認識は他の官途にも共通していたと考えられる。

(52) 本書第一部第三章参照。

(53) 例外的なのは後北条氏で、当主の相模守は鎌倉北条氏への意識があった。これについては長塚孝「戦国武将の官途・受領名―古河公方足利氏と後北条氏を事例にして―」（『駒沢史学』三九・四〇号、一九八八年）参照。

(54)「披露事記録天文八年」（『ビブリア』八六号、一九八六年）。

(55)「大館伊予守尚氏入道常興筆記」（山口県図書館所蔵「大和家蔵書一」）。該当部分の全文は次の通り。

八省ノ卿ハ公家方被任之、其内にても中務卿・式部卿ハ親王家ならせ給ふ間、此両卿にハ公家の人々も拝任なし云々、殊式部卿の事、取分しつしおほしめしける由承候、大輔・少輔にハもつはら武家の輩拝任候、然に御紋の衆の外ハ諸侍なとハ其家に成つけさるハ更以不被任之、其内にても猶以式部大輔ハ一向に武家方衆にハ不被成之、又治部大輔ハ等持院殿様ならせましくたるとて、うちまかせハ不被任之、吉良殿・斯波殿なとハもつはら被任之、其外ハ不被拝任也、八省丞にハ諸侍たれくも任候也、そうして八省輔の事ハしつし思召候官也、又或ハ中務大夫、或ハ式部大夫・弾正大夫・掃部大夫なとゝ申候ハけりやう中務丞・式部丞・掃部助・弾正忠なとゝ申候か五位に叙候へハ則大夫と申候儀にて候を、例式の官途を申やうに望申事、いかやうにハ候へとも武家方の申さた故実ならひにてかやうにのミ申儀にて候、将又兵部卿も親王家被任候へ共此兵部卿の事ハ中務・式部なとのやうにハ候ハて、誰々も被任候也、誰々もとハ公家方の事也、

(56) 中原俊章「諸寮司・宮廷機構と地下官人」（同『中世公家と地下官人』吉川弘文館、一九八七年）、菅原正子「山科家領荘園の研究」（同『中世公家の経済と文化』吉川弘文館、一九九八年）、本郷恵子「公家政権の経済的変質」（同『中世公家政権の研究』東京大学出版会、一九九八年）、遠藤珠紀「鎌倉期朝廷社会における官司運営の変質―修理職・内蔵寮の検討を通して―」（『史学雑誌』一一四編一〇号、二〇〇五年）など。

(57)『言継卿記』天文十六年正月五日条など。

(58)『言継卿記』永禄八年五月十九日条。

(59)『言継卿記』永禄八年正月十五日条・同年五月十九日条。

(60)『言継卿記』永禄六年二月十四日条。

(61)雅楽頭は豊臣吉勝（史料編纂所架蔵謄写本「資勝卿符案」）など。主膳正は桂元善（「長府桂家文書」『山口県史史料編中世3』九号）など。主馬首は大野信吉（内閣文庫架蔵写本「経遠口宣案」）など、なお主馬にも松野重元（史料編纂所架蔵影写本「松野文書」）がいる。市正には片桐直盛（後に且元）（「片桐文書」『大日本史料第十一編之二十一』六五頁）など。

(62)『大乗院寺社雑事記』文明元年八月十一日条。

(63)伊達稙宗書状写（「宝翰類聚　坤」『青森県史資料編中世1』一二五号）。

(64)大友宗麟感状（「尊経閣文庫所蔵文書武家手鑑」『大分県先哲叢書大友宗麟資料集第三巻』九五六号）。

(65)『上井覚兼日記』天正十一年九月五日条など。

(66)中里囚獄（大庵寺念仏日記「大庵寺文書」『栃木県史史料編中世二』一号）、津久井囚獄（北条家朱印状「北爪守雄氏所蔵文書」『戦国遺文後北条氏編第五巻』三六五三号）、渡辺囚獄助（畑昌方書状「西湖区有文書」『戦国遺文武田氏編第六巻』三七九〇号）など。なお畿内・中国地方では今のところ確認できていない。他地域では三河・出羽・信濃・薩摩などで見える。

(67)『神道大系　論説論　北畠親房（下）』所収。

(68)『上井覚兼日記』天正十二年八月廿五日条、同十三年閏八月十一日条、同年十二月十八日条など。

(69)ただし蔵人頭は、蔵人が武家で一般的であったからか、私称でのみ見られる。例を挙げると、高宮蔵人頭（京極持清老臣連署奉書案『大日本古文書醍醐寺文書之六』一一四九号）、畑物蔵人頭貞幸（「諏訪御符礼之古書」『信濃史料九』一九五頁）、福原蔵人頭（伊達政宗書状『大日本古文書伊達家文書之二』四二三号）などがいる。

(70)たとえば草賀源介宗誠（『桂宮本叢書第十一巻私家集十一再昌草第三巻』大永八年正月廿四日）、高屋弥助（『言継卿記』大永七年五月廿九日条）、南部与介（「大永四年細川亭御成記」『続群書類従第二十三輯下』）など。また永正十一年八月十日付の奥州岩城願文（「潮崎稜威主文書」『いわき市史第八巻原始・古代・中世資料』一号）に「蔵助」が見えるがこれは内蔵助の可能性もある。

(71)足利成氏書状写（「鎌倉大草紙」『戦国遺文古河公方編』四号）。

(72)「政所賦名引付」（『室町幕府引付史料集成　上巻』三四一頁）。

(73)『政覚大僧正記』長享二年九月十二日条。
(74)「広厳寺楠木一族霊牌」(『大日本史料第六編之三』四四四頁)。
(75)峰岸純夫「治承・寿永内乱期の東国における在庁官人の「介」」(同『中世東国史の研究』東京大学出版会、一九八八年)によれば、こうした「介」は在庁官人の「介」に由来する。このような「〜介」は南北朝期まで見られ、武久季幸の大介(大内氏奉行人連署奉書「武久文書」『南北朝遺文中国四国編第四巻』三三五五号)、税所祐義の税所介(一味神水契状案「祢寝文書」『鹿児島県史料旧記雑録拾遺家わけ一』三一四号)、深志介知光(市河経助軍忠状「市河文書」『大日本史料第六編之三』一〇一頁)などがある。
(76)「南禅寺文書」(『静岡県史資料編6中世二』二〇三八号)。
(77)「勝尾寺文書」(『箕面市史史料編二』六九五・七一〇・七一一・七一三・七二一・七九三号など)。
(78)同様な現象が近江菅浦庄でも確認される(坂田聡『苗字と名前の歴史』吉川弘文館歴史文化ライブラリー、二〇〇六年)。
(79)あるいは在地官途で昔から見られた「権守」などの影響もあったかもしれないが、それを要因とするには時期が遅すぎる。
(80)最上義光書状(「室岡正雄氏所蔵文書」『山形県史資料編十五上古代中世史料1』二号)に見える勝間田右馬亮や、一宮いりかけ人夫帳写(「土佐国蠹簡集木屑」『高知県史古代・中世史料編』二二二号)に見える喜多田井右馬亮・福留右馬亮、不動寺勝意等連署起請文(「後藤家文書」『佐賀縣史料集成古文書編第六巻』六九号)に見える不動寺右馬亮など。
(81)小林家次請取状(「朽木文書」『大日本史料第八編之三』三七頁)に見える小林左衛門丞家次や、北条氏政書状(「林一氏所蔵文書」『戦国遺文後北条氏編第二巻』一七一二号)に見える毛呂左衛門丞など。
(82)渡辺内儀寄進状(「妙楽寺文書」『福井県史資料編9中・近世七』二三号)に見える渡辺治部助、佐須景満官途状写(史料編纂所架蔵写真帳「反古廼裏見」所収「御旧判控」)で治部助に任じられている築城孫四郎など。他にも武田家朱印状(「諸州古文書」『戦国遺文武田氏編第一巻』六五五号)に見える野村兵部助勝政など、八省助はいくつか散見される。
(83)葦名盛隆書状案(「会津四家合考所収文書」『福島県史第7巻資料編2古代・中世資料』一二号)。
(84)羽柴秀吉書状(「亀井文書」『大日本史料第十一編之二』七九四頁)。
(85)羽柴秀吉朱印状(史料編纂所架蔵影写本「反町茂雄氏所蔵文書」)
(86)狩野介貞長(「李花和歌集」『静岡県史資料編6中世二』三七五号)、狩野介某(『満済准后日記』永享五年六月廿三日条)、狩野介某（北条氏康書状「高橋健二氏所蔵文書」『戦国遺文後北条氏編第一巻』三八六号）など。

(87) 中尾狩野介（山内衆連署起請文「後藤家文書」『佐賀縣史料集成古文書編第六巻』七三号）、東狩野介（『上井覚兼日記』天正十三年十月一日条）、春日狩野介（上杉景勝宛行状「大日方文書」『新潟県史資料編5中世三』四一一九号）など。

(88) 宗貞信官途状写（史料編纂所架蔵写真帳「反古廼裏見」所収「御馬廻御判物控」）、宗昭景官途状写（史料編纂所架蔵写本「給人百姓御判物写帳」）。

(89) 佐竹義重官途状写（「秋田藩家蔵文書一七」『茨城県史料中世編Ⅳ』四二号）。

(90) 国東郡諸給人居屋敷銀子辻注文（「柞原八幡宮文書」『大分縣史料（9）』五三六号）、田尻鑑種分捕討死手負注文（「田尻家文書」『大分県先哲叢書大友宗麟資料集　第三巻』一〇一六号）など。

(91) 宗義調書状写（「給人足軽百姓御判物写帳」『長崎県史史料編第一』一九四頁）、宗義智官途状写（史料編纂所架蔵写真帳「対馬古文書89」）など。

(92) 武田家朱印状写（「諏訪史料叢書所収諏訪家文書」『戦国遺文武田氏編第四巻』二六五五号）、結城晴朝宛行状（「神戸文書」『茨城県史料中世編Ⅵ』二号）など。

(93) 衛藤実通渡状（「沓掛文書」『大分縣史料（13）』一四号）。

(94) 上垣清成書状（「山本文書」『兵庫県史史料編中世三』六七六頁七号）。

(95) 菅沼定利手形（「岩品文書」『静岡県史資料編8中世四』一七九七号）。

(96) 石川吉次書状（「崇福寺文書」『岐阜県史資料編古代中世一』九三頁九号）。

(97) 彦坂元成判物写（「古文書一」『戦国遺文後北条氏編第五巻』四五八五号）。

(98) 北条氏照条書（「松田充雄氏所蔵文書」『戦国遺文後北条氏編第四巻』二七五八号）。

(99) 宗義智官途名字状写（史料編纂所架蔵写真帳「反古廻裏見」所収「御馬廻御判物控」）。

(100) 宗義智官途名字状写（史料編纂所架蔵写真帳「反古廻裏見」所収「大小姓御判物控」）。

(101) 根下廉吉書状写（「松浦文書類十」『平戸市史歴史史料編Ⅰ』二七二頁）。

(102) 織田信長書状（「横井文書」『静岡県史資料編8中世四』七六三号）。

(103) 川井忠遠書状写（「秋田藩家蔵文書一五」『茨城県史料中世編Ⅴ』三三三頁）。

(104) 最上義光書状写（「楓軒文書纂」『山形県史資料編十五上古代中世史料1』九二五頁四号）。
(105) 知行分目録（「蒲生家伝来文書」『蒲生町史第四巻史料』五九四頁）。
(106) 宗義成官途名字状写（史料編纂所架蔵写真帳「反古廼裏見」所収「御馬廻御判物控」）。なお「皆川家臣歴代戦場討死衆交名」（『大日本史料第十一編之十八』二二七頁）や「成田家分限帳」（『続群書類従第二十五輯上』）などの交名・分限帳の類には、天正年間でも求馬が見えているが、果たしてこれがその当時本当に使われていたか不明である。
(107) 拙稿「山内上杉氏における官途と関東管領職の問題」（『日本歴史』六八五号、二〇〇五年）参照。
(108) なお庶流の湊安東氏は官途を用いている。安東氏が官途名乗りを用いるのは秋田実季が秋田城介に任官して以降となる。
(109) 五条氏は『五条家文書』など関連史料を見る限り、応永以降官途を名乗っている事例が見当たらない。なお統康が天正末に矢部左馬頭と改め（『五条家文書』二三二号）、これ以後官途名乗りを用いることになる。ただし豊臣政権の左馬頭制限によるものか慶長五年以前に七郎左衛門に改めている（『五条家文書』三三二号）。
(110) 柏甫書状（『五条家文書』三一七号）に「御家之名字をあそはし御在国之衆」として土佐一条・伊予西園寺と並んで五条氏が挙げられている。
(111) この幕府の栄典については、二木謙一「室町幕府御相伴衆」・「室町幕府御供衆」・「偏諱授与および毛氈鞍覆・白傘袋免許」（以上、同『中世武家儀礼の研究』吉川弘文館、一九八五年）、山田康弘「戦国期栄典と大名・将軍を考える視点」（『戦国史研究』五一号、二〇〇六年）、本書第二部第三章など。
(112) 「大和家蔵書」（山口県図書館所蔵）、「雑々聞撿書丁巳歳」（内閣文庫架蔵写本）。
(113) 桑山浩然「室町幕府内談衆大館氏の残した史料—室町幕府関係引付史料の研究・序説—」（『古文書研究』三〇号、一九八九年）。
(114) 『神道大系　論説論　北畠親房（下）』二一七頁。
(115) 文明十四年頃の武蔵国人安保氏泰による書写本（加地宏江「『職原鈔』諸本の系譜」同『中世歴史叙述の展開』吉川弘文館、一九九九年）。
(116) 前注115加地氏論文。
(117) 内閣文庫架蔵写本。また「大和家蔵書三」（山口県図書館所蔵）にも同じ記述がある。

(118) これについては拙稿「官途状の形式と地域的・時期的問題」(『史学雑誌』一一五編九号、二〇〇六年、後に木下聡編著『全国官途状・加冠状・一字状目録』日本史史料研究会、二〇一〇年)、および小宮木代良「幕藩政治史における儀礼的行為の位置づけについて」(『歴史学研究』七〇三号、一九九七年)など参照。
(119) 『国史大辞典』「東百官」の項(執筆者石田祐一氏)。

第三章　室町殿袖判口宣案

はじめに

室町殿袖判口宣案とは、口宣案の袖に室町殿の花押が据えられた、室町時代にのみ見られる特異な文書である。これについて加藤秀幸氏は、口宣案に袖判を加えるという行為は将軍の御恩・優位性を示し、天皇と将軍の勢威の相対的変化に根ざしているものであり、義満が叙位任官の権を握って自ら小折紙を書き出したことに由来するとしている(1)。また二木謙一氏は、袖判口宣案を義満・義持の応永期以降における武家の地位の向上、公武の実権掌握という社会的な趨勢に応じて生まれたものとし、幕府の強大化に伴って、尊氏・義詮が発給した官途挙状の代わりとなったのではないかとしている(2)。両説に共通するのは、袖判口宣案の発生を義満・義持期に室町殿が天皇権力を吸収・超越したことによるものとし、将軍権力が天皇を凌駕している事実の反映であるとの見方である。ただ、共に袖判口宣案の存在の事実の指摘にとどまり、具体的な考察にまでは至っていない。

袖判口宣案を最初に具体的に考察したのは今谷明氏である。その論は次の三点に要約される。①足利義満の晩年から出され始め、通常口宣案との文書数比率はほぼ一対一と推定される。②通常口宣案との使い分けは未詳だが、武家執奏の過程で室町殿の意向が強く働いたケースに用いられたのではないか。③室町殿が袖判を据える行為は、官途任免権者が室町殿であることを意味する(3)。さらに金子拓氏は、この今谷氏の指摘を認めた上で、官途授与と袖判口宣案

表1 室町殿袖判口宣案の発給一覧

	年月日	任官者	官途	袖判	出典	主体	
1	嘉慶二・三・二〇	河野通義	伊予守	義満	臼杵稲葉河野文書	室町殿	△
2	応永一五・一一・三	摂津満親	左馬助	義持	美吉文書	室町殿	△
3	応永一六・七・二	安保宗繁	信濃守	義持	安保文書	室町殿	◎
4	応永一九・一一・一二	島津忠秀	左衛門少尉	義持	越前島津家文書	室町殿	△
5	応永一九・一二・一一	摂津満親	従五位上	義持	美吉文書	室町殿	△
6	永享二・七・五	摂津満親	従四位下	義教	美吉文書	室町殿	◎
7	永享四・五・二	白河直朝	修理大夫	義教	白河証古文書	室町殿	○
8	宝徳三・三・二七	畠山義就	伊予守	義政	康富記(記述のみ)	受給者	○
9	康正二・七・六	摂津之親	従四位下	義政	美吉文書	室町殿	○
10	寛正三・一一・二	富士忠時	能登守	義政	富士家文書	室町殿	△
11	寛正四・一〇・一三	小峯直常	三河守	義政	結城小峯文書	室町殿	○
12	寛正六・六・二	大内武治	弾正少弼	義政	親元日記(記述のみ)	受給者	◎
13	文正元・一二・二九	摂津之親	修理大夫	義政	松雲公採集遺編類纂一三四	室町殿	◎
14	文明五・九・一二	興津忠清	左衛門尉	義政	興津文書	室町殿	△
15	文明五・一二・一八	小早川敬平	掃部助	義政	小早川家文書	室町殿	○
16	文明一一・一二・三〇	島津忠昌	陸奥守	義政	島津家文書	受給者	◎
17	文明一四・八・一一	小早川敬平	美作守	義政	小早川家文書	室町殿	○
18	文明一五・六・一三	六角高頼	大膳大夫	義政	親元日記(記述のみ)	受給者	◎
19	文明一五・八・一	伊勢貞宗	四品	義政	親元日記(記述のみ)	受給者	△
20	文明一八・	上杉房定	相模守	義政	昔御内書符案(記述のみ)	受給者	◎
21	延徳二・九・二二	小峯朝脩	修理大夫	義稙	結城家文書	室町殿	○
22	延徳三・七・一一	大友材親	修理大夫	義稙	大友家文書	受給者	◎
23	明応四・九・二〇	白河顕頼	左兵衛佐	義澄	白河証古文書	室町殿	○
24	文亀二・五・一〇	小早川扶平	掃部頭	義澄	小早川家文書	室町殿	○
25	大永二・一一・三〇	白河義綱	左兵衛佐	義晴	近津文書	室町殿	○

26	大永六・三・二九	大友義鑑	従四位下	義晴	大友家文書録	室町殿	◎
27	天文五・	畠山義総	従四位下	義晴	御内書案天文五年常興存知分(記述のみ)	受給者	◎
28	天文八・七・一六	有馬晴純	修理大夫	義晴	大館常興日記(記述のみ)	受給者	○
29	天文一一・一〇・一九	白河晴綱	左京大夫	義晴	白河証古文書	室町殿	◎
30	天文一五・一二・三	伊東義祐	従三位	義輝	伊東系譜	受給者	○
31	天文一七・一二・三	湯河直光	宮内大輔	義輝	湯川文書	受給者	○
32	天文二一・一二・三	尼子晴久	修理大夫	義輝	佐々木文書	受給者	◎
33	弘治四・二・二	足利義氏	従四位上	義輝	妹尾文書	受給者	○
34	永禄二・一・二〇	本郷信富	左衛門少尉	義輝	本郷文書	室町殿	△
35	永禄二・一・二〇	本郷信富	検非違使	義輝	本郷文書	室町殿	△
36	永禄二・一二・二三	松田頼隆	従五位下	義輝	立入家記	室町殿	○
37	永禄三・一・二一	三好長慶	修理大夫	義輝	賜盧文庫文書	室町殿	◎
38	永禄三・二・一五	毛利元就	陸奥守	義輝	毛利家文書	受給者	◎
39	永禄三・二・一五	毛利隆元	大膳大夫	義輝	毛利家文書	受給者	◎
40	永禄三・三・一六	大友義鎮	左衛門督	義輝	大友家文書	受給者	◎
41	永禄四・一・二八	三好義長	従四位下	義輝	雑々聞撿書丁巳歳	室町殿	◎
42	永禄四・一・二八	松永久秀	従四位下	義輝	雑々聞撿書丁巳歳	室町殿	◎
43	永禄四・一一・二八	有馬則綱	式部少輔	義輝	雑々書札(記述のみ)	室町殿	○

端の記号は主体の判別の裏付けの度合いであり、根拠が強い順に◎○△となっている

発給に対して別々に「御礼」進上があることから、袖判口宣案は任官者側の室町殿権威付与の要請からも出されたこと、そして室町殿が武家官途の授与を行っていたことを可視的に根拠付けるものと指摘している。[4]

この両氏の説について検討すると、まず今谷説の③は、第二部第一章でも述べたように、義満以後の武家の官位叙任が、一部の例外を除いて室町殿を通じてなされていることから妥当と思われる。[5]次に、通常口宣案との数量比が今谷氏の言うように一対一なのかどうか、また両者がどのように使い分けられていたかという問題は未解決である。さ

表2　武家に対する口宣案一覧（嘉慶二〜天正元）

	年月日	補任者（　）内は苗字	叙任	出典	備考
1	嘉慶二・三・二〇	越智通義（河野）	伊予守	臼杵稲葉河野文書	義満袖判、伊予河野氏
2	嘉慶二・六・一二	源時熈（山名）	宮内少輔	兼宣公御教書案	山名氏
3	嘉慶二・六・一二	源義熈（山名）	伊豆守	兼宣公御教書案	山名氏
4	元中八・一・二八	右兵衛少尉橘重隆（淡輪）	左衛門少尉	淡輪文書	淡輪氏
5	明徳三・八・二三	藤原資宣（小野）	式部丞	萩藩閥閲録巻七一	小野氏
6	明徳三・一一・一三	藤原兼顕（益田）	左近将監	益田家文書	石見益田氏
7	応永二・六・二六	源季綱（田代）	豊前守	田代文書	和泉田代氏
8	応永三・八・一一	橘清平（祢寝）	山城権守	祢寝氏正統世録系譜	姓疑問、大隅祢寝氏
9	応永五・九・三	藤原頼茂（相良実長）	讃岐介	相良家文書一	肥後相良氏
10	応永六・一〇・一〇	源政康（小笠原）	右馬助	小笠原文書	信濃小笠原氏
11	応永六・一〇・一〇	源長秀（小笠原）	従五位下	広橋兼宣符案留	信濃小笠原氏
12	応永七・八・一〇	修理亮藤原秀政（天野）	安芸守	天野文書	遠江天野氏
13	応永七・九・二	三善宗連	中務丞	兼宣公口宣案	幕府奉行人？
14	応永八・六・二七	藤原範重（後藤）	左衛門尉	正宗寺蔵書桐原系図	後藤氏
15	応永九・一〇・二九	正六位上伊香盛資（大音）	左衛門少尉	大音正和家文書	若狭大音氏
16	応永一三・二・三	源範季（本間）	左衛門尉	本間文書	佐渡本間氏
17	応永一三・三・二八	従五位下多々良盛見（大内）	周防守	口宣綸旨院宣御教書案	周防大内氏
18	応永一四・一一・一六	橘氏範（山中）	左京亮	山中文書	近江山中氏
19	応永一五・八・一〇	右兵衛尉源光吉（二見）	左衛門尉	二見文書	大和二見氏
20	応永一五・一一・三	従五位下藤原朝臣満親（摂津）	左馬助	美吉文書	義持袖判、幕府摂津氏
21	応永一六・七・二	丹治宗繁（安保）	従五位下	安保文書	武蔵安保氏
22	応永一六・七・二	従五位下丹治宗繁（安保）	信濃守	安保文書	義持袖判、武蔵安保氏
23	応永一七・二・三	又七郎藤原久頼（野久尾）	刑部少輔	野久尾家文書	薩摩野久尾氏、要検討
24	応永一九・四・一〇	藤原長国（中條）	駿河守	慈眼寺文書	中条氏
25	応永一九・一一・一三	源忠秀（島津）	左衛門少尉	旧記雑録前編二	義持袖判、奉公衆越前島津氏

26	応永一九・一二・一一	従五位下藤原朝臣満親(摂津)	従五位上	美吉文書	義持袖判、幕府摂津氏
27	応永一九・一二・二四	平致高(水野)	備中守	水野文書	三河水野氏
28	応永二〇・二・六	源行近(小山?)	右京亮	小山文書	小山氏?
29	応永二〇・九・九	源義行	遠江守	万沢君泰所蔵文書	
30	応永二一・五・二五	備中守大江光房(毛利)	右馬頭	毛利家文書一	安芸毛利氏
31	応永二三・一一・一八	大蔵弘種(成恒)	兵庫助	成恒文書	豊後成恒氏
32	応永二四・三・二〇	大秦久元(牛屎)	越後守	太秦文書	薩摩牛屎氏
33	応永二五・九・九	橘氏俊(山中)	左衛門尉	山中文書	近江山中氏
34	応永二五・九・九	橘氏範(山中)	大和守	山中文書	近江山中氏
35	応永二八・二・二三	橘左衛門尉盛承(森)	安芸守	三浦文書	森氏
36	応永二八・六・二三	左衛門少尉源時直(本間)	佐渡守	佐渡本田寺所蔵文書	佐渡本間氏
37	応永二八・一〇・二七	藤原朝親(結城小峯)	参河守	結城小峯文書	陸奥結城小峰氏
38	応永二九・八・一九	修理亮源光経(八戸南部)	薩摩守	遠野南部文書	陸奥八戸南部氏
39	応永三〇・一一・一〇	中務大輔惟郷(阿蘇)	三位	阿蘇家文書一	肥後阿蘇大宮司
40	応永三一・八・三	源兼綱(田代)	豊前守	田代文書	和泉田代氏
41	応永(三二)・二・三	源政康(小笠原)	大膳大夫	小笠原文書	信濃小笠原氏、俗体日付
42	応永三三・三・五	源範季(本間)	山城守	記録御用所本古文書	佐渡本間氏
43	応永三三・八・一一	勘解由判官藤原信氏	左衛門少尉	西浦家所蔵文書	
44	永享元・一二・九	宮道親当(蜷川)	右衛門少尉	記録御用所本古文書	幕府政所蜷川氏
45	永享二・七・五	正五位下藤原満親(摂津)	従四位下	美吉文書	義教袖判、幕府摂津氏
46	永享四・五・二	藤原直朝(白河結城)	修理大夫	白川証古文書	義教袖判、白河結城氏
47	永享四・一〇・一四	源守清(南部)	刑部丞	遠野南部文書	陸奥南部氏
48	永享四・一〇・一四	左近将監源長安(南部)	遠江守	遠野南部文書	陸奥南部氏
49	永享四・一〇・一四	源清政(南部)	刑部丞	遠野新田文書	陸奥南部氏
50	永享六・一〇・二三	源家光(南部金沢)	右京亮	津軽家文書	陸奥南部氏
51	永享六・一二・六	正五位下多々良持世(大内)	従四位下	口宣綸旨院宣御教書案	周防大内氏
52	嘉吉二・二・三	従五位下多々良教弘(大内)	左京大夫	口宣綸旨院宣御教書案	周防大内氏
53	嘉吉二・七・四	従五位下藤原之親(摂津)	中務大輔	美吉文書	幕府摂津氏

54	嘉吉三・三・一三	藤原盛貞(伊藤)	兵庫助	伊藤家文書	伊藤氏
55	文安元・五・三	平熙平(小早川)	掃部助	小早川家文書一	安芸小早川氏
56	文安元・八・五	木工允藤原景長(波多野)	右衛門少尉	波多野文書	波多野氏
57	文安二・一二・二六	従五位下藤原之親(摂津)	従五位上	美吉文書	幕府摂津氏
58	文安三・一一・二四	藤原持政(小山)	下野守	松平基則氏所蔵文書	下野小山氏
59	文安四・九・五	藤原清泰(佐藤)	右兵衛少尉	佐藤文書	伊勢佐藤氏
60	文安五・一二・一七	従五位上藤原朝臣之親(摂津)	正五位下	美吉文書	幕府摂津氏
61	文安六・三・二六	中務大輔藤原之親(摂津)	掃部頭	美吉文書	幕府摂津氏
62	文安六・四・二九	掃部助平熙平(小早川)	備後守	小早川家文書一	安芸小早川氏
63	文安六・五・二六	正五位下多々良教弘(大内)	従四位下	口宣綸旨院宣御教書案	周防大内氏
64	宝徳元・八・二七	源朝臣成氏(足利)	従五位下	妹尾文書	鎌倉公方足利氏
65	宝徳元・八・二七	従五位下源朝臣成氏(足利)	左馬頭	妹尾文書	鎌倉公方足利氏
66	宝徳二・六・一九	源光康(小笠原)	遠江守	小笠原文書	信濃小笠原氏
67	宝徳三・二・二八	従四位下源成氏朝臣(足利)	左兵衛督	妹尾文書	鎌倉公方足利氏
68	宝徳三・三・一八	源家信(南部金沢)	右京亮	津軽家文書	陸奥南部氏
69	宝徳四・三・一〇	藤原直親(結城小峯)	下野守	結城小峯文書	陸奥結城小峰氏
70	享徳三・三・二九	藤原房顕(上杉)	兵部少輔	上杉家文書	上野山内上杉氏
71	享徳三・七・二六	平常縁(東)	左近将監	康富記	奉公衆美濃東氏
72	享徳三・八・一三	正六位上平常縁(東)	従五位下	康富記	奉公衆美濃東氏
73	康正二・七・六	正五位下藤原之親(摂津)	従四位下	美吉文書	義政袖判、幕府摂津氏
74	長禄四・八・二三	左衛門尉藤原親憲(田原)	伊予守	入江文書	豊後田原氏
75	寛正二・五・一八	源忠光(島津)	左衛門少尉	旧記雑録前編二	奉公衆越前島津氏
76	寛正三・一一・二	右馬助和邇部忠時(富士)	能登守	富士家文書	義政袖判、駿河富士氏
77	寛正四・四・二三	左衛門少尉源時直(本間)	大和守	佐渡本田寺所蔵文書	佐渡本間氏
78	寛正四・四・二三	左馬允源高直(本間)	近江守	佐渡本田寺所蔵文書	佐渡本間氏
79	寛正四・一〇・一三	左衛門少尉藤原直常(結城小峯)	参河守	結城小峯文書	義政袖判、陸奥結城小峰氏
80	文正元・三・三〇	大神守清(緒方)	右衛門少尉	萩藩閥閲録巻一四〇	緒方氏
81	文正元・一三・二九	掃部頭藤原之親朝臣(摂津)	修理大夫	松雲公採集遺編類纂一三四	義政袖判、幕府摂津氏

82	文正二・一・一〇	源明純(岩松)	兵庫頭	兼顕卿記裏書	上野岩松氏
83	応仁元・三・一四	従五位下行左衛門大尉藤原政行(二階堂)	検非違使	京都御所東山御文庫記録	幕府二階堂氏
84	文明元・六・六	兵庫助平家則(古市)	筑前守	大乗院寺社雑事記	大和古市氏
85	文明四・一一・三	左馬助藤原兼堯(益田)	越中守	益田家文書	石見益田氏
86	文明五・九・一二	藤原忠清(興津)	左衛門尉	興津文書	義政袖判、駿河興津氏
87	文明五・三・一八	平元平(小早川)	掃部助	小早川家文書一	義政袖判、安芸小早川氏
88	文明五・三・一九	従四位下源政長朝臣(畠山)	左衛門督	衛門兵衛督佐等宣下文書	河内畠山氏
89	文明六・一一・一三	正五位下多々良政弘(大内)	従四位下	口宣綸旨院宣御教書案	周防大内氏
90	文明六・一一・一三	新介多々良政弘(大内)	左京大夫	口宣綸旨院宣御教書案	周防大内氏
91	文明七・二・三	伴太祐(出羽)	掃部頭	萩藩閥閲録巻四三	石見出羽氏
92	文明七・三・一七	左衛門大夫藤原之経(吉川)	伊豆守	吉川家文書一	安芸吉川氏
93	文明七・三・一七	掃部助藤原経元(吉川経基)	駿河守	吉川家文書一	安芸吉川氏
94	文明八・一〇・二四	左衛門大尉藤原朝臣政行(二階堂)	兼任山城守	国守宣下文書	幕府二階堂氏
95	文明一一・三・三〇	修理進藤原武久(島津忠昌)	陸奥守	島津家文書二	義政袖判、薩摩島津氏
96	文明一四・七・四	美濃守源成頼(土岐)	左京大夫	鎌倉将軍以来宣旨古文書	美濃土岐氏
97	文明一四・八・一一	掃部助平元平(小早川)	美作守	小早川家文書一	義政袖判、安芸小早川氏
98	文明一六・七・二〇	多々良重則(大内)	修理少進	宣秀卿御教書案	太閤執申、奉公衆大内氏
99	文明一六・七・二〇	多々良胤重(大内)	左衛門少尉	宣秀卿御教書案	太閤執申、奉公衆大内氏
100	文明一六・九・五	大宅光頼	左京亮	宣秀卿御教書案	奉公衆ヵ
101	文明一六・三・二	左衛門少尉大江親尚	因幡守	宣秀卿御教書案	奉公衆
102	文明一六・三・二五	左衛門大尉藤原政行(二階堂)	防鴨河判官	宣秀卿御教書案	幕府二階堂氏
103	文明一六・三・二五	隠岐守藤原行名(二階堂)	大蔵少輔	宣秀卿御教書案	幕府二階堂氏
104	文明一六・三・三〇	源政具(一色)	兵部少輔	宣秀卿御教書案	幕府一色氏
105	文明一六・三・三〇	従五位下藤原政親(摂津)	中務大輔	美吉文書	幕府摂津氏
106	文明一六・三・三〇	源政泰(本郷)	宮内少輔	本郷文書	奉公衆本郷氏
107	文明一七・三・五	長谷部国連(長)	左衛門少尉	宣秀卿御教書案	奉公衆長氏
108	文明一七・六・一三	左馬助源元親(佐々木大原)	備中守	宣秀卿御教書案	奉公衆大原氏
109	文明一七・八・二七	源頼辰(上野)	宮内少輔	宣秀卿御教書案	幕府一色上野氏

110	文明一七・一〇・一三	大江元清(毛利)	宮内大輔	宣秀卿御教書案	奉公衆毛利氏
111	文明一七・一〇・一三	従五位下源宏行(河内)	周防守	宣秀卿御教書案	奉公衆河内氏
112	文明一七・一〇・一三	刑部少丞平直弘(広戸)	因幡守	宣秀卿御教書案	奉公衆広戸氏
113	文明一八・二・二三	平弘平(小早川)	中務少輔	小早川家文書一	安芸竹原小早川氏
114	文明一八・九・二三	源長家(吉見)	兵部少輔	宣秀卿御教書案	奉公衆吉見氏
115	文明一八・一二・一九	藤原氏和	左馬助	宣秀卿御教書案	武家直参、持明院執申
116	長享元・八・一〇	従五位下藤原政親(摂津)	従五位上	美吉文書	幕府摂津氏
117	長享元・八・一一	源政泰(本郷)	従五位下	本郷文書	幕府奉公衆本郷氏
118	長享元・九・三	従五位上藤原政茂(星野)	正五位下	宣秀卿御教書案	武家星野氏
119	長享元・九・二三	左近衛将監源忠宗(多治比)	下総守	宣秀卿御教書案	幕府奉公衆多治比氏
120	長享元・九・二五	左衛門少尉長谷部宗信(長)	能登守	宣秀卿御教書案	幕府奉公衆長氏
121	長享元・九・二七	長谷部宗信(長)	従五位下	宣秀卿御教書案	幕府奉公衆長氏
122	長享二・一・六	民部少輔藤原親直(玉置)	加賀守	宣秀卿御教書案	幕府奉公衆玉置氏
123	長享二・一・六	藤原(玉置)	民部少輔	宣秀卿御教書案	幕府奉公衆玉置氏
124	長享二・一・六	左馬助源政直	伊豆守	宣秀卿御教書案	奉公衆土岐肥田(肥田瀬?)氏
125	長享二・一・六	式部丞清原元定(清)	筑後守	国守宣下文書	幕府奉行人清氏
126	長享二・二・一三	多々良義興(大内)	周防権介	口宣綸旨院宣御教書案	周防大内氏
127	長享二・六・二六	右衛門尉平真康(安東)	駿河守	宣秀卿御教書案	奉公衆安東氏
128	長享二・八・三	前左京大夫多々良政弘朝臣(大内)	還任	口宣綸旨院宣御教書案	周防大内氏
129	長享二・八・二七	従五位上藤原政胤(結城)	正五位下	宣秀卿御教書案	幕府結城氏
130	長享二・八・二七	従五位下源尚利(広沢)	従五位上	宣秀卿御教書案	幕府広沢氏、元猿楽師
131	長享二・八・二七	藤原尚隆(結城)	従五位下	宣秀卿御教書案	幕府結城氏
132	長享二・八・二七	従五位下藤原尚隆(結城)	近江介	宣秀卿御教書案	幕府結城氏
133	長享二・九・二三	中務大輔藤原政親(摂津)	掃部頭	美吉文書	幕府摂津氏
134	長享二・一〇・五	弾正少弼源尚氏(大館)	左衛門佐	宣秀卿御教書案	奉公衆大館氏
135	長享二・一一・一六	源義秀(一色)	左京大夫	宣秀卿御教書案	丹後一色氏
136	長享二・一一・一七	従五位下源政泰(本郷)	従五位上	本郷文書	奉公衆本郷氏
137	長享三・二・一〇	従五位下源尚豊(結城)	従五位上	宣秀卿御教書案	幕府結城氏

138	長享三・二・一五	源康信	治部少輔	宣秀卿御教書案	土岐一族
139	長享三・三・一一	宮内少輔源政泰(本郷)	左衛門少尉	本郷文書	奉公衆本郷氏
140	長享三・三・一一	左衛門少尉源政泰(本郷)	検非違使	本郷文書	奉公衆本郷氏
141	長享三・三・一一	兵部大輔源国氏(今川)	左衛門少尉	宣秀卿御教書案	奉公衆今川氏
142	長享三・三・一一	左衛門少尉源国氏(今川)	検非違使	宣秀卿御教書案	奉公衆今川氏
143	長享三・三・一一	宮内少輔源尚直(土岐肥田瀬)	左衛門少尉	宣秀卿御教書案	奉公衆土岐肥田(肥田瀬?)氏
144	長享三・三・一一	左衛門少尉源尚直(土岐肥田瀬)	検非違使	宣秀卿御教書案	奉公衆土岐肥田(肥田瀬?)氏
145	長享三・八・三	従五位上藤原政親(摂津)	正五位下	美吉文書	幕府摂津氏
146	延徳元・九・二	従五位下藤原基聡(斎藤)	従五位上	宣秀卿御教書案	幕府奉行人
147	延徳元・一二・三〇	従五位下三善清房(飯尾)	加賀守	宣秀卿御教書案	幕府奉行人
148	延徳元・一二・三〇	神貞説(諏方)	従五位下	宣秀卿御教書案	幕府奉行人
149	延徳元・一二・三〇	従五位下神貞説(諏方)	左近将監如元	宣秀卿御教書案	幕府奉行人
150	延徳二・九・一二	左衛門佐藤原朝脩(結城小峯)	修理大夫	結城家文書	義材袖判、結城小峰氏
151	延徳二・一〇・五	修理亮多々良直貞(大内)	周防守	宣秀卿御教書案	奉公衆大内氏
152	延徳三・二・一八	藤原政藤(長野)	宮内大輔	宣秀卿御教書案	伊勢長野氏
153	延徳三・七・一一	源材親(大友義右)	修理大夫	大友家文書	義材袖判、豊後大友氏
154	延徳四・七・一九	正五位下源豊時(山名)	従四位下	宣秀卿御教書案	山名氏
155	明応元・七・二三	右京少進平義継(和賀)	伊賀守	鬼柳文書	陸奥和賀氏
156	明応元・八・二一	正五位下藤原政親(摂津)	従四位下	美吉文書	幕府摂津氏
157	明応元・九・二三	藤原基雄(斎藤)	従五位下	宣秀卿御教書案	幕府奉行人
158	明応三・一二・二七	従五位下藤原元親(摂津)	中務大輔	美吉文書	幕府摂津氏
159	明応四・九・二〇	宮内少輔藤原顕頼(白河結城)	左兵衛佐	白河証古文書	義澄袖判、白河結城氏
160	明応五・閏二・二九	従四位下源政則(赤松)	従三位	和長卿記	播磨赤松氏
161	明応六・三・一六	左兵衛尉藤原忠時(種子島)	武蔵守	種子島家譜	薩摩種子島氏
162	明応六・三・二六	正五位下源政重(大館)	従四位下	和長卿記	奉公衆大館氏
163	明応八・一〇・二四	従五位下藤原朝臣元親(摂津)	従五位上	美吉文書	幕府摂津氏
164	明応一〇・一・一〇	従五位下源朝臣元信(武田)	従四位下	和長卿記	若狭武田氏
165	文亀元・六・二六	源政信(佐々木大原)	従五位下	宣胤卿記	奉公衆大原氏

166	文亀元・六・二六	左衛門少尉源政信（佐々木大原）	検非違使	宣胤卿記	奉公衆大原氏
167	文亀元・一二・一四	治部少輔藤原国経（吉川）	伊豆守	吉川家文書一	安芸吉川氏
168	文亀二・三・一九	刑部少輔源元祐（赤松）	伊豆守	赤松春日部文書	奉公衆春日部赤松氏
169	文亀二・五・一〇	兵部少輔平扶平（小早川）	掃部頭	小早川家文書一	義澄袖判、安芸小早川氏
170	文亀三・三・一六	建部尊重（祢寝）	右兵衛尉	祢寝氏正統世録系譜	大隅祢寝氏
171	永正元・三・二〇	右兵衛尉建部尊重（祢寝）	大和守	祢寝氏正統世録系譜	大隅祢寝氏
172	（永正元）六・二七	藤原材房（上杉）	右衛門佐	口宣案類集	幕府上杉氏
173	永正五・八・一	正五位下多々良義興（大内）	従四位下	口宣綸旨院宣御教書案	周防大内氏
174	永正五・九・一四	従四位下多々良義興朝臣（大内）	従四位上	口宣綸旨院宣御教書案	周防大内氏
175	永正五・一〇・一四	故従四位上多々良政弘（大内）	贈三位位記	口宣綸旨院宣御教書案	周防大内氏
176	永正九・三・二六	従四位上多々良義興朝臣（大内）	従三位	口宣綸旨院宣御教書案	周防大内氏
177	永正一〇・三・一三	源泰茂（本郷）	治部少輔	本郷文書	奉公衆本郷氏
178	永正一一・三・二九	藤原元直（摂津）	掃部頭	美吉文書	幕府摂津氏
179	永正一七・六・一五	藤原忠兼（島津勝久）	修理大夫	島津家文書二	薩摩島津氏
180	大永元・三・一三	右京大夫源高国朝臣（細川）	武蔵守	国守宣下文書	細川氏
181	大永二・一一・三〇	藤原義綱（白河結城）	左兵衛佐	近津文書	義晴袖判、白河結城氏
182	大永三・閏三・五	従五位下源氏秀（足助）	中務少輔	広橋兼秀符案留	奉公衆足助氏
183	大永三・閏三・五	右兵衛少尉平盛之（西山）	出雲守	広橋兼秀符案留	奉公衆西山氏
184	大永四・一〇・一七	左京大夫平晴重（葛西）	陸奥守	広橋兼秀符案留	陸奥葛西氏
185	大永六・三・二九	正五位下源義鑑（大友）	従四位下	大友家文書録	義晴袖判、豊後大友氏
186	大永六・九・一九	玄蕃允藤原重弘	和泉守	広橋兼秀符案留	奉公衆中条氏
187	大永八・五・二四	藤原国縁（結城）	左衛門少尉	広橋兼秀符案留	奉公衆結城氏
188	大永八・七・一八	従五位下源晴広（細川）	刑部少輔	広橋兼秀符案留	奉公衆細川
189	享禄五・七・四	従四位下源義鑑朝臣（大友）	従四位上	広橋兼秀符案留	豊後大友氏
190	天文元・一〇・二九	藤原武任（相良）	中務大丞	広橋兼秀符案留	大内家臣相良氏
191	天文元・一〇・二九	従五位下源頼郷（吉見）	丹後権守	広橋兼秀符案留	大内家臣吉見氏
192	天文元・一〇・二九	左京大夫多々良義隆（大内）	周防介	広橋兼秀符案留	周防大内氏
193	天文元・一〇・二九	（従五位上）多々良義隆（大内）	正五位下	広橋兼秀符案留	周防大内氏

194	天文二・一・二	従五位下源晴具（一色）	式部少輔	広橋兼秀符案留	奉公衆一色氏
195	天文二・一・一一	中務大輔源尹隆（細川）	陸奥守	広橋兼秀符案留	外様衆細川奥州家
196	天文二・九・二五	大江元就（毛利）	従五位下	毛利家文書一	安芸毛利氏
197	天文二・九・二六	従五位下大江元就（毛利）	右馬頭	毛利家文書一	安芸毛利氏
198	天文三・四・三〇	正五位下多々良義隆（大内）	従四位下	勧修寺家文書四	周防大内氏
199	天文四・六・五	正五位下源尹隆（細川）	従四位下	広橋兼秀符案留	外様衆細川奥州家
200	天文四・六・二八	源親家（和田）	左衛門少尉	広橋兼秀符案留	奉公衆四番衆和田氏
201	天文四・九・五	正六位上行左衛門少尉多々良朝臣隆豊（冷泉）	検非違使	広橋兼秀符案留	大内家臣冷泉氏
202	天文六・一・六	従四位下多々良義隆朝臣（大内）	従四位上	勧修寺家文書四	周防大内氏
203	天文六・四・二	正五位下藤原義祐（伊東）	従四位下	伊東系譜	日向伊東氏、要検討
204	天文八・三・二三	左兵衛尉藤原重州（菱刈）	相模守	菱刈文書	薩摩菱刈氏
205	天文八・六・二三	藤原胤久（龍造寺）	大和守	龍造寺文書	肥前龍造寺氏
206	天文一〇・四・七	左衛門尉平直時（種子島時堯）	弾正忠	種子島家譜	薩摩種子島氏
207	天文一〇・八・二七	藤原義祐（伊東）	大膳大夫	日向記所収伊東文書	日向伊東氏
208	天文一一・一〇・一九	従五位下藤原晴広（白河結城）	左京大夫	白河証古文書	義晴袖判、白河結城氏
209	天文一二・一・二四	源朝臣一宣（革島）	左衛門大尉	革島文書	山城革島氏
210	天文一二・七・二〇	源貞直（本間）	佐渡守	佐渡真野宮文書	佐渡本間氏
211	天文一三・一・一〇	藤原衡継（草刈）	従五位下	萩藩閥閲録巻三四	因幡草刈氏
212	天文一三・七・二	従五位下源政頼（高梨）	従四位上	高梨文書	信濃高梨氏
213	天文一五・三・一二	左衛門少尉源景氏（黒川）	下総守	留守文書	陸奥黒川氏
214	天文一五・三・一七	従五位下源稙国（黒川）	修理大夫	留守文書	陸奥黒川氏
215	天文一五・八・一七	従五位下藤原董親（本田）	紀伊守	近衛家文書	大隅本田氏
216	天文一五・二・七	源頼貞（吉良）	左兵衛佐	宮崎文書	要検討、武蔵吉良氏
217	天文一五・三・三	正四位下藤原義祐朝臣（伊東）	従三位	伊東系譜	義輝袖判、伊東系譜
218	天文一五・三・晦	左兵衛佐源頼貞（吉良）	従四位下	宮崎文書	要検討、武蔵吉良氏
219	天文一六・九・一五	従五位下藤原重親（本田）	左京大夫	近衛家文書	大隅本田氏
220	天文一七・三・三	源直光（湯河）	宮内大輔	湯川文書	義輝袖判、紀伊湯河氏

221	天文一八・八・二八	掃部頭武吉(村上)	海内将軍大和守	村上文書	要検討、伊予能島村上氏
222	天文一九・(七・一七)	正六位上(平脱)隆泰(杉)	従五位上	杉隆泰家証文	大内家臣杉氏
223	天文一九・七・一七	正六位上平隆泰(杉)	治部大丞	杉隆泰家証文	大内家臣杉氏
224	天文二〇・六・五	従五位下源重治(久下)	右衛門少尉	丹波久下文書	丹波久下氏
225	天文二〇・七・二五	小野政光	大蔵丞	小野文書	小野氏
226	天文二〇・九・二	大関丹治高増(大関)	従五位下	黒羽町所蔵大関家文書	下野大関氏
227	天文二〇・九・二	従五位下丹治高増(大関)	右衛門佐	黒羽町所蔵大関家文書	下野大関氏
228	天文二一・六・一一	従五位下藤原貴久(島津)	修理大夫	島津家文書二	薩摩島津氏
229	天文二一・一二・三	民部少輔源晴久(尼子)	修理大夫	佐々木文書	義輝袖判、出雲尼子氏
230	天文二二・一一・二一	宇土伯耆守行興(名和)	修理大夫	名和文書	要検討、肥後名和氏
231	弘治二・四・一四	正五位下源行興(名和)	従四位下	名和文書	肥後名和氏
232	弘治二・一〇・五	権大僧都省釣(肝付兼続)	法印	肝属氏系図文書写	大隅肝付氏
233	弘治三・八・一九	権大僧都省釣(肝付兼続)	法印	肝属氏系図文書写	大隅肝付氏
234	弘治三・九・一	藤原秀政	隼人正	橋爪文書	紀伊の人
235	弘治三・一二・二	正五位下源晴完(大和)	従四位下	萩藩閥閲録巻一一八	奉公衆大和氏
236	弘治四・二・二	正五位下源義氏(足利)	従四位上	妹尾文書	義輝袖判、古河公方足利氏
237	弘治四・二・一七	従五位下平時堯(種子島)	左近衛将監	種子島家譜	薩摩種子島氏
238	永禄二・一・二〇	正六位上源信富(本郷)	左衛門少尉	本郷文書	義輝袖判、奉公衆若狭本郷氏
239	永禄二・一・二〇	左衛門少尉源信富(本郷)	検非違使	本郷文書	義輝袖判、奉公衆若狭本郷氏
240	永禄二・三・一九	楠正虎	河内守	楠文書	楠氏、姓不審
241	永禄二・三・二三	平頼隆(松田)	従五位下	立入家記	義輝袖判、幕府奉行人松田氏
242	永禄三・一・二一	筑前守源長慶(三好)	修理大夫	賜蘆文庫文書	義輝袖判、阿波三好氏
243	永禄三・一・二一	源義長(三好)	筑前守	永禄年中晴豊公綸旨案	阿波三好氏
244	永禄三・二・一五	右馬頭大江元就(毛利)	陸奥守	毛利家文書一	義輝袖判、安芸毛利氏
245	永禄三・二・一五	従五位下大江隆元(毛利)	大膳大夫	毛利家文書一	義輝袖判、安芸毛利氏
246	永禄三・三・一六	源義鎮(大友)	左衛門督	大友家文書	義輝袖判、豊後大友氏
247	永禄三・五・八	治部大輔義元(今川)	参河守	瑞光院記	駿河今川氏
248	永禄三・五・八	従五位下源氏実(今川氏真)	治部大輔	瑞光院記	駿河今川氏

249	永禄四・一・二六	正五位下源義長（三好）	従四位下	雑々聞撿書丁巳歳	義輝袖判、三好氏
250	永禄四・一・二六	正五位下藤原久秀（松永）	従四位下	雑々聞撿書丁巳歳	義輝袖判、松永氏
251	永禄四・二・四	正五位下源久秀（松永）	従四位下	雑々聞撿書丁巳歳	義輝袖判、松永氏、御紋拝領で改姓
252	永禄四・二・一三	治部大輔源義龍（斎藤）	左京大夫	瑞光院記	美濃斎藤氏
253	永禄六・二・二三	正五位下楠正虎	従四位下	楠文書	楠氏、姓不審
254	永禄六・七・二	横瀬成繁（由良）	信濃守	集古文書	上野由良氏
255	永禄六・七・二	太田（資正）	民部大輔	潮田文書	武蔵太田氏
256	永禄六・七・二	太田（氏資）	大膳大夫	潮田文書	武蔵太田氏、資正子
257	永禄七・三・一四	藤原義久（島津）	修理大夫	島津家文書二	薩摩島津氏
258	永禄七・三・一四	修理大夫藤原貴久（島津）	陸奥守	島津家文書二	薩摩島津氏
259	永禄八・四・一六	宮内大輔源晴完（大和）	大和守	萩藩閥閲録巻一一八	奉公衆大和氏、俗体日付
260	永禄八・四・一六	正四位下源晴完（大和）	従三位	萩藩閥閲録巻一一八	奉公衆大和氏、俗体日付
261	永禄九・三・一	従五位下藤原政村（水谷）	伊勢守	言継卿記四	下総水谷氏
262	永禄九・三・一	藤原政久（水谷）	兵部大輔	言継卿記四	下総水谷氏
263	永禄九・一三・二九	源家康（徳川）	参河守	日光東照宮所蔵文書	後世作、三河徳川氏
264	永禄一一・一・一一	参河守源家康（徳川）	左京大夫	譜牒余録巻三五	後世作、三河徳川氏
265	永禄一一・八・一三	藤原秀俊（堀籠）	従五位下	堀籠文書	堀籠氏
266	元亀三・三・二七	正五位下藤原元春（吉川）	従四位下	吉川家文書一	安芸吉川氏

※番号の網掛け部分は袖判口宣案であることを示す

らに、金子氏の任官者側からの要請という指摘は重要だが、袖判口宣案がどちら側からなされるものかという問題を生んでしまい、使い分けという問題がいっそう複雑になっている。そして任官者側が袖判口宣案を求める根源的な理由も明らかにされていない。

さて分析に入る前に、数量比の問題を解決しておきたい。現存する袖判口宣案に加えて、古記録や書状などの文書から間接的に袖判口宣案発給だと知られる事例を表1にまとめた。口宣案の形として残っているのは三十五通で、古記録・文書から知られるものが八例ある。そして袖判口宣案の初見である嘉慶二年（一三八八）から室町幕府が滅亡する天正元年（一五七三）までの通常口宣案は、筆者の管見の内では二百三十一通確認される（表2）。なおこれには受給者が僧侶・神官・公家・下級官人・芸能者など武家以外の人物と見なされるものは除外してある。このことから通常口宣案と袖判口宣案との数量比は約六〜七対一ほどであるのがわかる。

以上をふまえて、本稿では口宣案に袖判がなされた事例を逐一検討し、袖判口宣案と通常口宣案との間にどのような使い分けがあったのかを検討したい。それにはまずどのような背景があって口宣案に袖判が求められ、また袖判口宣案として発給されていったのかを検討する必要がある。今谷・金子両氏の指摘のように、室町殿側の意思によって出された場合と、受給者側からの要請で出された場合があるので、そのいずれであるかが明瞭な事例から順に検討していく。

1　受給者側の要請による袖判口宣案

ここでは受給者側から要請したと思われる例について述べたい。

(a)大内武治

史料1『親元日記』寛正六年五月廿六日条

大内次郎多々良武治任弾正少弼口宣御判出、為御礼太刀金・二千疋進上、此分以備州可有御披露云々、

史料2『親元日記』寛正六年六月二日条

大内次郎任弾正少弼、乃御状御判在之、

御官途事、御申之旨申達候畢、仍被成下口宣御判候、目出候、御祝着奉察候、随而御太刀金・鵞眼二千疋上進之旨、即令披露候、恐々、

五廿六　　　　伊―

謹上　大内弾正少弼（武治）

史料3　『親元日記』寛正六年六月五日条

一、就御官途事御申候儀、鵞眼三千疋御進上之旨、令披露候畢、目出候、恐々、

十二三　　去年之御状分也、

謹上　大内次郎殿（武治）礼紙ニ貴殿江二千疋事整之、

大内武治は周防大内氏の一族である。[6]武治は寛正六年（一四六五）五月二十六日に口宣御判をもらい受け、その御礼進上をしている。だが、弾正少弼任官の御礼は、すでにその前年十二月三日以前に行われている。任官と袖判口宣案の御礼が別々に出されていることは金子氏も言及しているが、[7]ここで注目したいのは日付である。官途御礼をしたということは、既にその前に任官が成立し、口宣案を受け取っているということである。そうすると、武治は口宣御判をもらう以前に一旦口宣案を受け取っていることになる。となると、武治は口宣案をもらった後に袖判口宣案にしてもらうように要求し、それが受け入れられて五月二十六日に受け取ったと考えられよう。まとめると、武治は寛正五年十二月三日以前に弾正少弼に任官し、御礼進上を行った。そしてその後口宣案に室町殿袖判を望み、それが翌年五月二十六日にようやく叶い、その御礼を進上したということになるのではないか。つまり、武治は通常口宣案を受け取った後に室町殿の袖判を請い、それが容認されて、袖判口宣案として改めて与えられたのである。

(b)六角高頼

史料4『親元日記』文明十五年六月十四日条

一、六角四郎殿高頼官途大膳大夫事、昨日御免之由被仰出之旨、今朝自花園貴殿以蒙仰了、即雑掌ニ申聞之、

史料5『親元日記』文明十五年六月十七日条

一、六角殿官途御礼、

御太刀継吉・五千疋七月二日進納之、定泉請取あり、

此御太刀・折紙斎藤小次郎ニ渡之、廿五日、

史料6『親元日記』文明十五年六月廿九日条

一、六角殿官途口宣御判頂戴之御礼、

東山殿へ

御太刀恒次・御馬月毛印雀目結、

御所さま

御太刀清綱・御馬栗毛印同前、

上さま

弐千疋、

近江守護六角高頼は、文明十五年（一四八三）六月十三日に大膳大夫任官の御免を受け、十七日に官途御礼を進上している。口宣案も十三日か十四日には高頼の許に届けられていたと考えられる。そして二十九日になって「官途口宣御判」頂戴の御礼を進上している。室町殿袖判の御礼だけ遅れて進上したとも考えられるが、先に見た大内武治の例を考慮すると、高頼は大膳大夫任官を要請し、六月十三日に認可されて十七日にその御礼を進上し、その後拝領し

た口宣案に室町殿の袖判を望み、それが叶ったので二十九日に御礼を進上したと考えるのが自然であろう。

(c)上杉房定

史料7　足利義政御内書案(8)

受領事、任相模守候、可得其意候也、
(文明十八年)三月十日
上杉相模守(房定)とのへ

史料8　足利義政御内書案(9)

就口宣判之儀、太刀一腰景則・馬一疋鹿毛・鳥目弐万疋到来、悦入候也、神妙、仍太刀一腰季次・金襴一端浅黄文竹図・
盆一枚堆紅遣之候也、
(文明十八年)十二月十一日
上杉相模守(房定)とのへ

越後守護上杉房定は文明十八年三月に相模守に任官する。そしてその年末に「口宣判」の御礼を進上している。実は義政への任官御礼はこの後になされているが、『後法興院記』同年九月三日条から、房定が公家衆に任官の御礼を進上していることがわかるので、すでにこの時点で任官・口宣案の受け取りはなされていたと見られ、房定も、一旦通常口宣案を受け取った後に、改めて袖判口宣案にしてもらった事例とすることができる。

(d)畠山義総

史料9　『後奈良天皇宸記』天文五年三月一日条

濃(能)州守護去年八月修理大夫幷四品事勅許、為御礼御太刀ツカイ、参百疋進上、

史料10　足利義晴御内書案（10）

為旧冬四品礼、太刀一腰・馬一疋・青銅千疋到来、目出候、猶常興可申候也、

（天文五年）三月十八日　　（足利義晴）御判

畠山修理大夫（義総）入道とのへ

史料11　足利義晴御内書案（11）

就四品口　宣加判之儀、為礼太刀一腰・青銅三千疋到来、悦喜候、猶常興可申候也、

（天文五年）六月十日　　（足利義晴）御判

畠山修理大夫（義総）とのへ

能登守護畠山義総は、史料9から天文四年（一五三五）八月に修理大夫任官と従四位下叙位を受けたことがわかり、その御礼進上は翌年三月になされている。そして「四品口宣加判」の御礼進上を同年六月に行っていることからすると、任官叙位の御礼進上と同時期に口宣案への袖判を求め、それが容認されたため袖判口宣案の御礼進上を改めて行ったとすることができよう。

さて、以上見てきた四例は、いずれも一旦通常口宣案として出された後に、袖判を要求し、袖判口宣案にしてもらった例であるが、袖判口宣案はすべてが必ずしもこのような手続きで出されていたわけではない。口宣案が作成されてすぐに袖判がなされる場合もある。それが次に掲げる畠山義就の事例である。

(e)畠山義就（義夏）

史料12『康富記』宝徳三年三月廿七日条

管領畠山息次郎義夏、任伊予守、職事蔵人右兵衛権佐経茂、上卿日野中納言資綱卿也、口宣案袖室町殿御判被載

了、飯尾肥前入道申沙汰之、外記宣旨局務直垂大口被持向之、太刀馬被出之馬黒鹿毛也、

ここでは袖判口宣案は、職事が作成した後にそのまま義政に渡されて袖判が据えられており、最初から袖判口宣案として任官者義夏（義就）に渡されている。

さて義就の父持国は、子がなかったことから弟の持富を後継者としていたが、義就が生まれたため、それを撤回して義就を後継者とした。持国は永享十三年（一四四一）に被官の遊佐・斎藤によって惣領の座を奪われたことがあり、義就にも同様なことが起こらないよう、義就が室町殿と密な関係を築くために、そして家中の持富派が持富を担ぎ出さないようにするために、袖判口宣案の発給を求めたと思われる。

(f)島津忠昌（武久）

島津忠昌（袖判口宣受給時は武久）は薩摩大隅守護島津氏の惣領家である。忠昌が袖判口宣案を受け取った文明十一年前後の政治状況について見ると、幕府との関係は、この任官要請を含む交渉が忠昌の「代始」として行われていることがわかる。[12] 領国内の状況に目を向けると、島津惣領家は文明八年以降有力一族の豊州家季久・薩州家国久・伊作家久逸等との対立に苦しむ一方で、肥後相良氏や日向伊東氏とも抗争を繰り広げていた。忠昌は、そうした有力庶家や国人に対抗する権力の拠り所を欲していたと考えられるだろう。幕府との交渉を再開したのはその方策の一つであり、袖判口宣案もその延長線上に位置付けられる。それではこれによって忠昌の現状打破はなされたのであろうか。忠昌は翌十二年十月に一族の相州家友久・薩州家国久・伊作家久逸・豊州家忠廉・知覧忠山・新納忠続の六人と契状を取り交わしている。[13] そこには、惣領家忠昌への一味同心を述べながらも、境相論や農民の逃散に対して六人が相互に協力して解決を図る条や、島津家総体の方針は六人の談合による多数決で決することを約した上で、屋形＝忠昌から無理難題を押し付けられたら共同で排除することを謳った条が盛り込まれている。つまり忠昌は有力庶家との一揆

契諾によって権力を安定させながらも、彼等によって規制を受けるという状況下にあったのである。強力な統治権を確立し得なかったわけであるが、それでも協力者として取り込んだという点で、それまでよりも前進したと評価できる。室町殿袖判口宣案がこのことに直接的に影響をおよぼしたとはできないが、その要因の一つとなったとは考えられるだろう。

(g)大友義右（材親）

豊後の大友義右（袖判口宣案受給時は材親）も右の島津忠昌と同様な状況にあった。義右の場合は大友家家督を巡る争いで、延徳元年（一四八九）に叔父日田親胤が叛して肥後で挙兵しており、明応年間には義右の父政親の従兄弟に当たる大聖院宗心（大友十三代親綱子）が大内氏の庇護を受けて、大友家家督を狙って盛んに暗躍している。[14]大友氏は九代氏継が弟親世に家督を譲ったことから、この二人の子孫により両系迭立で家督を継承した。だが十五代親繁が家督を子の政親に、政親がその子義右に家督を継がせるという、嫡子相続への移行を行ったことがこうした争いを引き起こしたのである。義右が袖判口宣案を受けたのは、こうした状況下において、義右が大友家家督であることにさらなる認知を受け、また政親・義右の庶子一族に対する優越・権威を示そうとしたためと考えられる。

(h)湯河直光

湯河直光は紀伊の有力領主である。湯河氏は元々幕府奉公衆で、義詮・義満・義持から一字偏諱をもらっている家柄であるが、[15]永正末から大永年間以降、奉公衆としての活動を行わなくなる。[16]さて直光が袖判口宣を受けるのは天文十七年のことである。直光の父光春が没したのがその前年閏七月八日であるというから、[17]元服、あるいは代替わりによる任官とも考えられる。それでは直光を取り巻く周囲の政治情勢はどのようであったか。紀伊では天文年間初期に本願寺門徒衆と国人が連合する一方で、天文十一年に守護畠山稙長の河内復帰を手助けすることなどによって、湯河氏は根来・雑賀と共に紀伊国の有力勢力として確立していた[18]。湯河直光の袖判口宣案は、このような状況の中で、湯河氏が紀伊国内の一方の勢力として幕府にも認められる存在であり、他の国人よりも自らが格上であると政治秩序的にも示そうとして要求されたと考えられる。

(i)足利義氏

足利義氏は古河公方家を継いでから、将軍の「義」字拝領や将軍義輝の花押を模倣するなど、古河公方権力への権威付けを目指していたことが指摘されている[19]。とすれば、袖判口宣案もその延長線上にあると理解できる。

(j)有馬晴純

史料13　『大館常興日記』天文八年七月十六日条

一、周桂方より書状在之、九州有馬申上候御礼共去八日也、進納目出畏存候、然間同者早々拝領候て申下度候、大村も時分柄早々罷下度由申候、可然様可預取合候旨申之也、此儀伊勢守申沙汰候、いかやうの儀につかへ申候哉、不審也、但官途之事口　宣なとの御事候歟、然者官途奉行摂州方へ内々尋遣へき由令返答之也、仍則摂州へ以書状尋遣候也、仍則返事在之、有馬一官事勢州申沙汰之、仍口　宣事被申間、則職事へ申候て、御判まて被相調候、然ニ摂州に預ケをかれ候て、昨日勢州へ口　宣渡遣候よし被申之也、

これによると、官途奉行摂州（摂津元造）が大館常興へ書状で、有馬任官事は伊勢貞孝が申沙汰を行っており、口宣案を作成してもらうよう貞孝が元造に申してきたので、元造は職事にその旨を伝え、「御判」まで調えられたと述べている。「御判」はここでは当然職事のではなく、室町殿の御判を指し、口宣案に袖判がなされたことがわかる。

問題はこの袖判がどちらが主体となっていたかである。これ以前の有馬氏と幕府との関係を示す史料として大友義鑑手日記写がある[20]。ここにはこの任官・一字偏諱が有馬氏にとって初例であると記されている。晴純以前の有馬氏の

動向はほとんど不明であるため、詳細を窺うことはできないが、同手日記にある日向伊東氏について述べられた部分が正確な情報を記していると思われるので、有馬氏に関しても同様に正しい情報としてよいだろう。となると、この袖判口宣案も有馬氏側から望まれたとするのが妥当であろう。

(k)尼子晴久、毛利元就・隆元、大友義鎮

尼子晴久、毛利元就・隆元、大友義鎮に関しては、右で述べてきたような室町殿との関係を深めるといった政治的背景があったのは勿論であるが、その他にある共通点が見受けられる。それは皆袖判口宣案の発給の前後に、守護職補任の御内書を受け取っていることである。尼子晴久は義輝から天文二十一年四月二日付で出雲・隠岐・因幡・但馬・伯耆・石見守護に、また同年に奉行人奉書で出雲・隠岐守護に任じられている(21)。毛利元就は永禄三年(一五六〇)二月廿一日付で安芸守護に補任されている(22)。そして大友義鎮は永禄二年六月二十六日に筑前・豊前・肥前守護補任の御内書を受け、また同二年十一月九日には九州探題と大内氏家督を容認されている(23)。

これらは偶然ではあるまい。おそらく守護職補任と任官とを同時に幕府に要請し、守護職は幕府の一存で出すことができるために早く発給されたが、任官については申請した官途がその家に身分相応であるかという議論がなされた上で、さらに朝廷に口宣案発給を申沙汰しなければならないため、このような時間的差異が生まれたと考えられる。

なお毛利元就父子の任官は、安芸国衆と同時に幕府に要請されたものだが、他の国衆である吉川・小早川・阿曽沼・天野・宮氏などが将軍御内書のみで任官が完結している(24)のに対し、元就父子のみ口宣案を発給してもらい、かつ室町殿の袖判を受けているのである。ここには安芸国衆と毛利氏との間に明確な区別をつける意志が見え、袖判口宣案を受けることで、毛利氏とそれまで一揆的対等にあった国衆との格差をつけると同時に、毛利氏の権威付けを加えようとしたと見ることができる(25)。

(1)伊東義祐

義祐の口宣案は義輝袖判である。本来なら口宣案の日付的に義晴であるべきだが、義祐が従三位に叙せられたのは『お湯殿の上の日記』永禄四年八月十八日条から、永禄四年であることがわかるので、義輝袖判であったと思われる。日付が天文十五年十二月三日となっているのは、永禄四年の時点で義祐が出家していたため、在俗の日付に遡って口宣案が出されたからである。義祐はこの従三位上階と同時に相伴衆にも列せられているので[26]、袖判口宣案も同様に所望して下されたと見られる。

それでは、ここでなぜ袖判口宣案を求めるのかという問題についてまとめたい。まず挙げられるのが金子氏の指摘する室町殿の権威付与という面である。これは室町殿の袖判のある口宣案を得ることで、自らの政治的地位を高めるということになるだろう。次に考えられるのが、袖判口宣案が一種のステータスシンボルとして受け取られていたのではないかということである。袖判口宣案をもらった小早川扶平に対して、飯川国資・泰甫慧通から口宣御判がなされたことは「殊に一段御面目」であると述べている[27]。つまり相伴衆・御供衆免許などの栄典授与と同列にあったのではないか。これには袖判口宣案が通常口宣案よりも希少性があることも影響しているだろう。そして最後に、袖判口宣案を受け取るという行為自体が、室町殿との関係を深めるからということが考えられる。室町殿は、十五世紀は言うにおよばず、十六世紀に入っても、唯一上意を下しうる存在として、なお一定度の政治的影響力を保持し続けており、室町殿の上意を得ることは、とくに西国では政治的優位性を得ることにつながっていた[28]。その上意を有効活用するには室町殿との関係を良好にする必要があり、袖判口宣案は室町殿に対してより親密な関係を築くための手段の一つであると共に、内外に自分と室町殿との関係を知らしめる存在であったため、要求されたとすることができるだろう。

2　室町殿の意思による袖判口宣案

室町殿側の意思・意図によって袖判口宣案が出される場合、次の三つの理由が考えられる。①受給者を幕府に強く引き付けたいなどの政治的な理由、②軍功や奉行を務めたことに対する褒賞、③受給者の要請に対して応えられない場合の代償、である。

①政治的な理由

(a)安保宗繁

安保宗繁は武蔵国人で武州一揆の一員である。その任官・叙位について考える前に、室町期鎌倉府管轄内での任官がどのようになされていたかを考える必要がある[29]。この点については、第一部第三・四章・第二部第二章などで述べているので、ここでは詳述しないが、鎌倉府では氏満期以降に、公方が自らの権限で独自に官途を麾下の武士に与え、それが正式な任官に準ずるものとして通用していたと考えられる[30]。

このような鎌倉府管轄国内での任官のあり方からすると、安保宗繁の口宣案は室町殿側から積極的になされたと判断できるだろう。ではなぜ宗繁に袖判口宣案が与えられたのであろうか。鎌倉府と京都幕府との関係は、鎌倉公方二代氏満の頃から悪化しており、幕府は鎌倉府への対処の一つとして、義持期に北関東を中心として京都扶持衆を組織していった。宗繁の属する武州一揆もそうした京都方の働きかけを受けており、また武州一揆もそれに応えている[31]。宗繁もこの口宣案による任官後、年代不詳ながらも義持から感状を受けている[32]。このような政治状況から、宗繁の受給した袖判口宣案は、宗繁等武州・上州一揆を取り込もうとする義持の行った政策の一つと考えられる。そして義持の袖判はこの任官が室町殿の手による御恩・栄典であることをより強く宗繁にアピールするために行われたと見るべきだろう。

(b)白河・小峯氏（白河直朝・顕頼・義綱、小峯直常・朝脩）

永享四年頃の白河直朝は、篠川公方足利満直と深い関係を持ち[33]、また京都扶持衆として反鎌倉府の立場をとっており[34]、幕府の対鎌倉府政策の中で大きな位置を占め、また期待を寄せられていた。永享四年は幕府と鎌倉府との関係が悪化の一途をたどりつつある時期であり、この直朝の袖判口宣案は、白河氏の更なる忠功を期待して幕府側からとくに発給されたと考えられるであろう。

小峯直常は白河直朝の甥に当たり、直朝の子政朝が直常の姉妹を室とするなど白河氏と血縁的にも近い人物である。直常以前にも直親・朝親の任官が確認される（表2参照）が、それには袖判はされていなかった。ではなぜ寛正四年の直常には袖判口宣案が下されたのか。この時期関東では、古河公方足利成氏と関東管領上杉氏との戦いが続き、奥州の国人は古河公方を討つための軍事力として幕府に期待されていた[35]。長禄四年（一四六〇）の時点で白河氏は南奥から下野・常陸北部にわたる軍勢指揮権を有していたようで[36]、寛正四年には上杉方の中心人物である長尾景仲が没したことで、幕府はより白河氏に期待をかけていたと考えられる。直常は白河政朝との連名で御内書を受け取るなど[37]、白河氏において第二位に位置しており、こうした点から幕府も直常を重視して袖判口宣案を出したと考えられる。

小峯朝脩・白河顕頼に関しては、その前後の史料がほとんどなく詳細は不明である。その中で朝脩が延徳三年（一四九一）越後に下向していた細川政元から書状を受け取っていること[38]、顕頼の任官が明応の政変後であること、白河・小峯氏共に京都と交渉する場合細川氏を窓口とするなど、細川氏との関係が深かったことから、将軍義材との対立、あるいは明応の政変といった政治状況の中で、細川氏が自己の陣営に有力大名・国人を取り込むために行った政策の一つとして、この二人に袖判口宣案が与えられたのではないだろうか。

白河義綱については、袖判口宣案そのものの他に、坂東屋富松氏久と細川氏家臣寺町通隆からの書状に、口宣案に将軍義晴の袖判がなされたことが記されている[39]。寺町通隆書状には「(義綱が)官途の事を申してきたので披露したところ、口宣が出され、袖判がされた」とあり、どうやら義綱は普通に左兵衛佐任官のみを申し入れていたのが、義晴側で袖判をしたようである。義晴は義綱任官の前年である大永元年十二月二十五日に将軍に就任したばかりであり、前将軍義稙や細川晴元等の対抗勢力も健在であった。そうした中で両者の地理的隔絶からすれば、いち早くとも言っていいぐらいの早さで義綱が将軍代替わりの挨拶をした、つまり義稙ではなく義晴方であるとの意思表明をしたと、義晴方に受け取られた(義綱がどのように考えていたかは別として)ので、それに応えて袖判をしたと考えられる。

(c)小早川敬平(元平)・扶平

小早川敬平は二度袖判口宣案を受け取っている。最初に受け取ったのは文明五年十二月十八日である。この前年父凞平が没しており、代替わりの任官であろう。この文明五年に敬平は、安芸・備後方面の東軍方の主力の一方として大内氏勢力・竹原小早川氏らと戦っており、任官一ヶ月前には恩賞を与えるので便宜の闕所を注進せよと伝えられている[40]。袖判口宣案はこうした敬平の政治的重要性から室町殿から与えられたと考えられる。

敬平が二度目の袖判口宣案を出されたのは文明十四年八月十一日である。この時敬平は文明十二年以来在京し続けて義政に近侍していた。安芸における敬平の政治的位置や、奉公衆としての義政への奉公によって袖判口宣案が与えられたのであろう[41]。

扶平が袖判口宣案を受けたのは文亀二年(一五〇二)である。この前年の文亀元年は、前将軍義尹(義稙)を擁していた大内義興を討つように、将軍足利義澄と管領細川政元が大友氏や安芸・石見の国人等に命令を出した年であり、扶平は先代敬平同様の忠節を期待されていた。そして文亀二年六月には、毛利弘元と協力して安芸石見両国の味方の国人を率いて大内氏と戦うように命じられている。(42) 袖判口宣案もこうした動きの中で、小早川氏を将軍義澄方に取り込むという意図の下で出されたと考えられるだろう。

(d)三好長慶・義長・松永久秀

三好長慶は永禄三年正月廿一日付口宣案に、三好義長・松永久秀は永禄四年正月廿八日付の口宣案に室町殿袖判がなされている。この袖判口宣案の前後に、三好長慶・義長・松永久秀には多くの栄典が下されている。永禄二年に義長が足利義輝から「義」の一字偏諱を与えられ、同三年には長慶が修理大夫任官と相伴衆免許、義長が御供衆免許と筑前守任官、久秀が御供衆御免と弾正少弼任官、そして同四年には義長・久秀が従四位下叙位とその叙位の袖判口宣案、そして長慶・義長・久秀への御紋授与などである。(43) これらは義輝の京都復帰に伴い、それまで三好氏が掌握していた京都支配が幕府に取り戻され、三好方は京都支配から締め出されたことに対応し、(44) 実権を幕府に戻した代わりに数々の栄典が下されたと考えられる。そのため長慶・義長・久秀共に袖判口宣案は室町殿から与えられたものであると言えよう。(45) また義長・久秀がこの時期三好家中で長慶の次席に位置していたのも、こうした栄典が与えられたことに大きく影響しているであろう。なお三好義長の御礼進上は四品御礼のみで、袖判に対する御礼進上は行なわれていない。(46)

(e)富士忠時・興津忠清

この二人は共に駿河の国人で、駿河東部で一勢力を持っていた。興津・富士氏は永享五年の今川氏の家督相続相論の際に、幕府が定めた今川範忠を受け入れずに挙兵しながらも、折からの幕府と鎌倉府との関係悪化によって、鎌倉公方方に走らせないために幕府から宥免されるなど、(47) 今川氏の支配下にあったとはいえない存在であった。享徳の乱によって足利政知が関東に下向し、伊豆に居を構えると、その軍事力として興津・富士氏らは重視された。政知の軍事基盤としては、渋川氏など一緒に関東に下向した者や相模・伊豆の武士なども挙げられるが、下向した者は関東に基盤がなく、そのために兵粮所を闕所や在地領主の所領などで宛てたため、扇谷上杉氏を始めとする相模の領主と関係を悪化させていたので(48)、政知が直接あてにできる軍事力は今川氏と伊豆・駿河東部の領主のみであった(49)。こうした状況から、幕府も興津・富士氏の存在を重視して、とくに袖判口宣案を与えたのではないだろうか。富士忠時・興津忠清共に「忠」の一字を駿河守護今川範忠から拝領したと考えられることから、この任官に今川氏が関わっていたとする見方もできるが、範忠の推挙で果たしてこのような袖判口宣案が出されたかは、他の例からすると疑問の残るところである。それでここではこの二人の袖判口宣案は室町殿側から出たとしたい。

②褒賞

先に挙げた政治的理由による授与にも、褒賞の意味があったといえるが、ここでは特別な政治的背景を持たなくて褒賞で与えられた事例のみを対象とする。

該当するのは文正元年（一四六六）の摂津之親の事例である。これは次の史料による。

史料14『斎藤親基日記』文正元年十二月廿九日条

之親事、為大嘗会惣奉行賞、可被改官位之旨、忝被染　勅筆、仍任修理大夫、叙位○四位下、為諸大夫列、康正二四品歟、伝　奏広橋黄門御使也、

之親は大嘗会惣奉行の賞として朝廷から修理大夫任官と従四位下叙位を受けた。実際には康正元年（一四五五）にすでに従四位下に叙されているので、修理大夫任官のみであったわけだが、この任官が之親の要請に基づくものでなく、天皇の勅定によるものであることがわかるので、口宣案の袖判も之親の要請というよりも、室町殿からの褒賞として

なされたと見るべきであろう。

ところで之親は康正二年に従四位下に叙されていたが、この叙位の口宣案も袖判口宣案である。これについては、「慈照院殿大将拝賀篇目」(50)の中で、同年七月六日に「今日中可有申沙汰之由有仰」と、義政が中納言高倉永豊に伝えていることがわかる以外には任官に関する史料がなく、叙位の背景は不明であるが、注目したいのが、この叙位の直後の七月二十五日に足利義政が右大将拝賀を行い、之親がその奉行をしていることである(51)。表1にもあるように之親の父満親は、永享二年七月五日に従四位下叙位の袖判口宣案を受けているが、この満親も同様に同七月二十五日に行われた足利義教の右大将拝賀の参内で、掃除・敷砂・浮橋・御路・地下前駆などを奉行している(52)。つまり満親・之親共に、従四位下の叙位を受けた二十日後に右大将拝賀参内の奉行を勤めているのである。おそらく二人の叙位と袖判口宣案はこのことと無関係ではなく、文正元年の之親の時のように褒賞のような形で下されたとすることができるだろう(53)。

③代償的措置

(a)大友義鑑

史料15　斎藤元陸書状写(54)

従豊後被仰上候御官位事、以　公儀被□越四品一度三位事、無其例候條、先以四□□被仰上候者、三位之儀□□□具申分候、委細使者仁申含候、可得御□惶謹言、

（大永六年）三月晦日　　　　元陸（斎藤元陸）在判

勝光寺（光讃）　参衣鉢侍者禅師

大友義鑑は大永六年に従四位下叙位の袖判口宣案を受けている。右に掲げた斎藤元陸書状写から、義鑑は当初三位

（従三位か）への叙位を望んだことがわかる。だが、幕府側は五位から三位への越階は先例にないことを述べて、まず従四位下に叙することを決め、義鑑にもその旨を述べている（義鑑は実際には五位でもなかったようだが）。このことから、義鑑への袖判口宣案は、当初義鑑が望んだ三位への叙位がなされなかったことに対して、幕府側がいわば代償的に与えたと考えられる。

(b)白河晴綱（晴広）

史料16『親俊日記』天文十一年十月廿一日条

一、奥州白川御字官途望申之、右京亮《兆カ》奥州儀いつれも貴殿迄執御申之、今度も大夫殿御書ニて被仰之、御字義被下之、官途左京大夫ニ被任候、義広御自筆被遊之候、波々伯部左衛門尉、私へ申之、

史料17『親俊日記』天文十一年十月廿六日条

一、白川御字幷官途事、細川殿為御申沙汰、貴殿御披露之、

御字晴広、官途左京大夫、

細川殿為御使、筒井蔵人・富松与一被差下之、八槻別当、自国使也、白川殿、斑目十郎・舟田式部少輔・和智右馬助両三人かたへ、親俊書状遣之、

白河晴綱は天文十一年に京都に使者を派遣して、任官と一字偏諱を求めた。十月廿一日条では、義晴は晴綱に左京大夫への任官と、足利将軍家の通字である「義」字を許して「義広」の二字を自署して与えるつもりであったことがわかる。しかし廿六日条では、官途左京大夫はそのままだが、一字偏諱による名字二字は「晴広」となっている。「晴」字は足利家通字の「義」よりもランクが下である。晴綱は先代義綱が拝領していた「義」字を望んだが、義晴側は何らかの理由で叶えることができなくなったために、代わりに袖判口宣案を発給したのである。(55)

以上室町殿側からの袖判口宣について検討してきた。これらに共通しているのは、先にみた大内武治や畠山義総のように、袖判口宣案に対する御礼進上が見られないことである。これは袖判口宣案が室町殿側からとくに与えたものであるため、受給者が要求した場合と違って、御礼をしなくてもよかったからだと考えられる。つまり袖判は任官叙位に付随する室町殿から与えられた栄典であり、受給者は任官叙位に対する御礼進上をするのみでよかったのであろう。(56)

おわりに

以上の検討をまとめたい。袖判口宣案は足利義満の時代から出し始められ、袖判口宣案と通常口宣案との比率は、現在確認できる範囲では一対六〜七である。受給者側から要求する場合、守護や国人などで、その地域において室町殿・幕府の権威を利用したい、必要としていた者であり、室町殿側から袖判口宣案を出す場合、相手は奉公衆や政治的理由等で重視していた国人で、時には褒賞として、あるいは代償的に出されることもあった。こうした傾向からすると、経緯が不明、或いは判別しかねるため右では言及しなかった、摂津満親(57)（応永十五・十九年）・島津忠秀(58)・本郷信富(59)・松田頼隆(60)は室町殿側から与えられた可能性が高い。そして義教期までの袖判口宣案は室町殿から与えるものである、あるいはその可能性が高いということになり、河野通義の事例も室町殿側からであったとできるだろう。(61)(62)

袖判口宣案は室町殿の権威付与という意味からも要求されたが、一定の政治的影響力を保持し続ける室町殿との特別な関係を築く手段の一つとして要求された。また幕府側から与える場合は、一字偏諱や毛氈鞍覆と同様の栄典という意味に主眼があった。そして他の栄典と異なる点は、室町殿から与えた場合にはとくに御礼進上を必要としなかった点にある。また当初は室町殿によって与えられるものであったのが、後には受給者側からも要求されるようになったと考えられる。

このようにして袖判口宣案は要求され、出され続けたわけだが、室町幕府倒壊後出されなくなったのはなぜかという問題が残る。この問題については室町幕府と豊臣政権・江戸幕府の任官形態・認識の違いを検討する必要があるので今後の課題とし、ここでは現時点での見通しを述べたい。

武家の任官が秀吉、あるいは将軍の手に完全掌握された豊臣政権・江戸幕府においては、武家任官・叙位は必ず武家の最高権力者の手を経て行われることとなったため、袖判を据えなくとも、それは秀吉から、あるいは江戸幕府将軍から与えられたことが瞭然であった。そして室町期の任官が幕府による「推挙」であったのに対し、近世は幕府による「仰付」であったこと、大名に対する栄典も室町幕府のそれとは大きく姿を変えていたこと、これらが豊臣政権以降袖判口宣案が出されなくなった要因の一つであろう。

武家における官位の問題は中近世に限らずまだまだ不明な点が多い。室町幕府体制下では一部の例外を除き、幕府を通じて武家の任官叙位がなされる原則が幕府最末期まで厳守されていることは、重要な問題であるといえよう。また具体的な官位授受手続きや、武家における官途の意義なども検討されるべき問題である。今回取り上げた室町殿袖判口宣案もその一つであり、これらの問題が一つ一つ解明されることによって、武家における官位の意味がより深く理解されることになるであろう。

注

（1） 加藤秀幸「一字書出と官途（受領）挙状の混淆について」（『古文書研究』五号、一九七一年）。なお、義満が小折紙を書き出したことについては現在否定されている（村井章介『日本の中世10　分裂する王権と社会』中央公論新社、二〇〇三年、など）。なお本来なら室町殿ではなく、足利将軍といった語を使用するほうがよいかもしれないが、先行研究で学術用語として使われており、現在袖判を据えているのが室町殿といってよい存在のみなので、本章では室町殿で統一して用いる。

（2）二木謙一「室町幕府の官途・受領推挙」（同『中世武家儀礼の研究』吉川弘文館、一九八五年）。

（3）今谷明『戦国大名と天皇』（福武書店、一九九二年、後に講談社学術文庫、二〇〇一年）。

（4）金子拓「中期室町幕府・御家人と官位」（同『中世武家政権と政治秩序』吉川弘文館、一九九八年）。

（5）大内義隆の大宰大弐任官など直接天皇に交渉する場合もあるが、それは例外的で、ほとんどの任官は室町殿を通して行われている。また第二部第一章も参照。

（6）大内武治については、和田秀作「大内武治及びその関係史料」（『山口県文書館研究紀要』三〇号、二〇〇三年）を参照。

（7）前注4金子論文。

（8）「昔御内書符案」（『ビブリア』八〇号、一九八三年）。

（9）「昔御内書符案」（『ビブリア』八〇号、一九八三年）。

（10）「御内書案天文五年常興存知分」（『ビブリア』八〇号、一九八三年）。

（11）「御内書案天文五年常興存知分」（『ビブリア』八〇号、一九八三年）。

（12）足利義政御内書（『大日本古文書島津家文書之一』八二～八四号）。

（13）島津友久等六人連署契状写（『鹿児島県史料薩藩旧記雑録前編2』一五三六号）、島津忠昌契状写（『鹿児島県史料薩藩旧記雑録前編2』一五三七号）。

（14）『大分県史中世編Ⅱ』一九四～一九八頁など。

（15）「湯川文書」（史料編纂所架蔵影写本）には湯河氏が足利義詮・義満・義持から一字書出を受けた文書が確認される。

（16）石田晴男「守護畠山氏と紀州「惣国一揆」―一向一揆と他勢力の連合について―」（『歴史学研究』四四八号、一九七七年）、弓倉弘年「戦国期紀州湯河氏の動向」（同『中世後期畿内近国守護の研究』清文堂、二〇〇六年）。後述のように、奉公衆である場合まず室町殿側から袖判がなされるが、湯河氏は身分的には奉公衆のままであったかもしれないが、実質上奉公衆としての活動はしていなかったので、あえて袖判口宣案を望まなければならなかったのではないか。

(17) 前注16石田論文。
(18) 前注16石田・弓倉論文、小山靖憲「雑賀衆と根来衆─紀州『惣国一揆』説の再検討─」(『根来寺に関する総合的研究』一九八三年)。
(19) 佐藤博信「足利晴氏・義氏とその時代」(同『古河公方足利氏の研究』校倉書房、一九八九年)。
(20) 大友義鑑手日記写(「大友家文書録」『大分縣史料(32)』九八二号)。
(21) 足利義輝袖判御教書(「佐々木文書」『戦国大名尼子氏の伝えた古文書─佐々木文書─』二二五号)、出雲・隠岐守護は室町幕府奉行人連署奉書(同二二九号)。
(22) 足利義輝袖判御教書(『大日本古文書毛利家文書之一』三一三号)。
(23) 筑前守護補任は、足利義輝袖判御教書(「大友家文書」『大分縣史料(26)』四二五号)。豊前守護補任は、足利義輝袖判御教書写(「大友家文書録」『大分縣史料(32)』一三七五号)。肥前守護補任は直接それを指し示すものはないが、他の二国と同日で御礼に関する足利義輝御内書写(「大友家文書録」『大分縣史料(32)』一三八一号)があるので、同様に補任されたと思われる。九州探題と大内氏家督の容認は、足利義輝御内書案(「大友家文書」『大分縣史料(26)』四二四号)。
(24) 小早川又四郎宛足利義輝御内書(『大日本古文書小早川家文書之一』二一九号)、熊谷兵庫頭宛足利義輝御内書(『大日本古文書熊谷家文書』一三五号)、天野藤次郎宛足利義輝御内書(史料編纂所架蔵影写本「天野毛利文書」)など。
(25) 秋山伸隆「戦国大名毛利氏領国の支配構造」(同『戦国大名毛利氏の研究』吉川弘文館、一九九八年)にもこの永禄三年の任官に関する言及がある。
(26) 足利義輝御内書写(「伊東文書」『宮崎県史史料編中世2』三号、比定は天文十八年ヵとなっているが、「伊東三位入道」とあることから永禄年間である)。
(27) 慧通泰甫・飯川国資連署奉書写(『大日本古文書小早川家文書之二』二五七号)。
(28) 山田康弘「戦国期における将軍と大名」(『歴史学研究』七七二号、二〇〇三年)、同「戦国期大名間外交と将軍」(『史学雑誌』一一二編一一号、二〇〇三年)など。
(29) 鎌倉府および鎌倉公方の官途推挙については従来ほとんど言及されたことがなく、わずかに渡辺世祐氏が『関東中心足利時代之研究』(雄山閣、一九二五年)で述べているのみであり、それも十分なものとは言えない。

(30)私に官途を称することは南北朝期後半頃から各地でなされるようになったと考えられる。ただ私に名乗っても、周囲から容認されなければ意味はなく、たとえば常陸小田治久は宮内権少輔を称したが、一族家人悉くその官途を呼ばなかったというし（北畠親房御教書「相楽結城文書」『白河市史五古代中世資料編2』二三〇号）、武田勝頼は大膳大夫（武田勝頼書状『大日本古文書上杉家文書之二』七〇四号）を称していたが、敵である織田信長方からは終始「四郎」で呼ばれていることなどが挙げられる。

(31)『満済准后日記』応永卅一年正月廿四日条や正長二年九月二日条などに、武蔵上野白旗一揆が幕府方へつこうとしている姿勢が窺われる。

(32)足利義持感状（「安保文書」『新編埼玉県史資料編5』七三八号）。

(33)垣内和孝「篠川・稲村両公方と南奥中世史」（『中央史学』一九号、一九九六年）。篠川公方の発給文書の多くが白川・小峯両氏に宛てられ、篠川公方足利満直が彼等に強く依存していたことが窺われる。ただ書札礼が他氏と同様であったことから、特別な扱いを受けていたとまではいかなかったようである。

(34)白河氏は幕府により京都に屋敷地を与えられていた。

(35)「御内書案」（『続群書類従第二十三輯下』）や「御内書符案」（『栃木県史史料編中世四』）に、数多くの奥州国人宛に出された軍勢催促の足利義政御内書案があることに裏付けされる。

(36)「御内書案」（『続群書類従第二十三輯下』）に、白河氏が二階堂氏・葦名氏などへの軍勢指揮権を有していたことが窺われる。これについては黒嶋敏「奥州探題考―中世国家と陸奥国―」（『日本歴史』六二三号、二〇〇〇年）でも言及されている。

(37)足利義政御内書案（「御内書符案」『栃木県史史料編中世四』二一号）。

(38)細川政元書状（「榊原結城文書」『白河市史五古代中世資料編2』六五九号）。

(39)寺町通隆書状（「東京大学文学部所蔵白川文書」『白河市史五古代中世資料編2』七三五号）、富松氏久書状（「仙台結城文書」『白河市史五古代中世資料編2』七三七号）。

(40)幕府奉行人連署奉書写（『大日本古文書小早川家文書之二』一九一号）。

(41)敬平は文明の乱収束後、沼田荘を中心に勢力の拡大を行っており、その後ろ盾として、あるいは竹原小早川氏ら有力庶家への優越を示すために袖判を求めたとも考えられるが（竹原小早川盛景が文明十八年任官を受けた口宣案は通常口宣案）、文明の乱後安芸国では、守護山名・武田氏の勢力が弱まる一方で大内氏の影響力が強まっており、在京して奉公し続ける敬平は、安芸における幕府の橋頭堡ともいえる存在であった。そのためここでは室町殿からと判断した。

(42) 飯川国資・泰甫慧通連署奉書写（『大日本古文書小早川家文書之二』二五六号）。

(43) 「雑々聞撿書丁巳歳」（内閣文庫架蔵写本）。また本文で述べたように、栄典が長慶以外に義長・久秀にも同様に与えられていることから、永禄三年の長慶の修理大夫任官のみ袖判口宣案であったとは考えられず、義長・久秀の任官も現代に残されていないだけで、実際には袖判口宣案であったと見るべきだろう。

(44) 今谷明「三好・松永政権小考」（同『室町幕府解体過程の研究』岩波書店、一九八五年）によれば、永禄三〜五年に幕府奉行人奉書が急増する一方で長慶裁許状が姿を消している。

(45) 「雑々聞撿書丁巳歳」（内閣文庫架蔵写本）による。なお同史料によれば、松永久秀は御紋下賜により源姓に改めたことで、口宣案も「藤原久秀」から「源久秀」に改めた口宣案を再発行してもらうよう職事の勧修寺晴豊に依頼している。この口宣案の写の下に「永禄四卯二ニ自勧修寺殿給之間、以春日殿御判之儀申出之、同五日ニ久秀へ令持参渡之畢」という記述がある。ここから久秀は永禄四年四月二日に勧修寺晴豊から口宣案（日付は二月四日）をもらい、春日局を通じて新たな口宣案に御判をしてもらうよう頼み、同五日に久秀に渡されていることがわかる。再発行してもらう場合は申請する必要があったようである。この再発行された口宣案に袖判は確認されないが、これは久秀が袖判を依頼する前の口宣案を、筆者伊勢貞助が見たからであるためと考えられる。

(46) 「雑々聞撿書丁巳歳」（内閣文庫所架蔵写本）。

(47) 『満済准后日記』永享五年十月廿九日条、十一月廿八日条、十二月三日・十六日・廿三日条など。

(48) 「御内書案」（『続群書類従第二十三輯下』）三〇五〜七頁。

(49) 政知の手元に兵力がなかったことは、寛正二年十二月十九日付の足利義政御内書案（「御内書案」『続群書類従第二十三輯下』）に「豆州時宜事外無人数」とあり、今川範忠に合力を命じていることからわかる。

(50) 『続群書類従第二十三輯下』。

(51) 「松田家記」（内閣文庫架蔵写本）。

(52) 「松田家記」（内閣文庫架蔵写本）、「普広院殿大将御拝賀雑事」（『群書類従第二十二輯』）など。

(53) なお『長興宿禰記』文明十八年七月廿九日条に、二階堂政行が正五位上に叙され「武家判」す、とある。政行はこの時足利義熙の右大将拝賀の惣奉行を務めており、もしこの「武家判」が口宣案に袖判を据える行為を意味するとすれば、右大将拝賀の惣奉行を務める者は叙位を受け、袖判口宣案が与えられるのが慣例になっていたとも考えられる。

(54) 「大友家文書録」(『大分縣史料(32)』七四二号)。

(55) 「晴広」が実際に下されたことは、足利義晴名字書出(「熱海白川文書」『白河市史五古代中世資料編2』七五七号)の存在からわかる。

(56) このことから有馬赤松則綱の袖判口宣案は、室町殿から与えられたと見なせる。有馬則綱の袖判口宣案は「雑々書札」(内閣文庫架蔵写本)と「雑々聞撿書丁巳歳」(内閣文庫架蔵写本)に見える。

「雑々聞撿書丁巳歳」

永禄四年十一月廿八日、赤松有馬四郎始テ出仕、今日任式部少輔、御対面、貞孝披露、御盃頂戴、代始御礼御太刀御馬、官途御礼同前、

「雑々書札」

一、有馬式部少輔、今日官途口宣御判在之、

「雑々書札」の記述から袖判口宣案が出されたことがわかる。ただその日時が記されていないため、これがいつ出されたかわからない。だがこの二つの記事共に、すぐ後ろに慶寿院と御台様に二百疋進上したという記事があり、そして他に袖判口宣案の御礼を進上した記述が見られないので、「雑々書札」の記事は「官途と口宣御判が出された」という解釈が妥当であり、袖判口宣案は室町殿から下されたと言えよう。

(57) 判別ができない例として伊勢貞宗の例がある。貞宗は文明十五年七月に四品沙汰を受けており、「親元日記」(史料編纂所架蔵写真帳)文明十五年八月一日条には、

貴殿四品事、直ニ被仰出口宣御判、今日出、即御礼御申、御太刀糸・千疋、

とあって、貴殿＝伊勢貞宗の四品叙位口宣案に袖判がなされたことが示される。「直に」口宣御判が仰出されたとあって、貞宗が口宣御判を申請したところすぐにという意味か、室町殿がじかに口宣御判をしようと仰になったという意味か、の二通りが考えられる。ただ御礼進上は口宣御判についてなされたものと考えられる(ただ『親元日記』同年八月四日条に義熙

へ四品御礼として太刀と千疋を進上しており、この一日条の義政への御礼進上と全く同じ物を進上しているため、口宣御判ではなく四品叙位に対する御礼である可能性もある）ので、とりあえずここでは室町殿からなされたものではないかとしておくが、なお検討すべきところであるため、本文では検討対象から外した。

(58) 摂津満親は永享二年の時と同様に、幕府内で何らかの役割を負ったことによって袖判口宣案を与えられたとも考えられるが、任官叙位の背景・経緯が全く不明であるため検討を保留していた。

(59) 島津忠秀は播磨島津氏当主で奉公衆（当時は奉公衆体制はまだ確立していないが）の家柄である。これも任官の背景・経緯が不明で検討を保留していた。

(60) 本郷信富は奉公衆である。信富は永禄二年当時守護武田氏重臣粟屋氏によってその所領を浸食されつつあって、その対処の一つとして袖判口宣案を望んだとも考えられるが、武田氏に取り込まれつつあった本郷氏を将軍の側に引き付けるため、あるいは幕府料所が多く残る若狭在国の奉公衆である本郷氏に対する優遇策として室町殿側から与えたとも考えられるので保留していた。ただ本文にも述べたように、奉公衆には室町殿側から与える事例が多いこと、口宣案二通共に袖判がなされたことなどから、室町殿側からの可能性が高いであろう。

(61) 松田頼隆は奉行人である。これも口宣案のみであり、経緯は不明である。ただ既述したように、奉公衆へは優遇的に袖判口宣案を出していることからすると、室町殿側からと見るべきだろう。

(62) 河野通義の事例は袖判口宣案の初見となる事例である。まず前提として嘉慶二年以前の河野氏の置かれた政治状況を見てみると、河野氏は南北朝期伊予守護職を巡って細川氏と断続的に戦いを続け、通朝・通直は南朝方に属して細川頼之と戦い、二人ともその中で戦死している。通直は通義の父で、康暦元年の細川頼之失脚を契機に北朝に帰順して義満に伊予守護に任じられており、通直の戦死後通義も伊予守護に任じられている。一方細川氏は康暦二年十二月二十九日に伊予守護職放棄と引き替えに赦免されたが（足利義満袖判御教書写「臼杵稲葉河野文書」『愛媛県史資料編古代中世』一〇二九号）、なおも伊予に軍を留めて通義と戦っていた。通義はこの細川氏の圧迫に堪えかねて新居・宇摩両郡を細川氏の分郡守護とすることで和している。なおこれについては小川信「世襲分国の確立と内衆の形成」（同『足利一門守護発展史の研究』吉川弘文館、一九八〇年）を参照。

通義の袖判口宣案を通義側からの要請と見た場合、その理由は河野氏の政治的立場を補強する目的から出たとすることができよう。河野氏は細川氏との関係に一応の小康状態を得ていたけれども、なお常に細川氏からの脅威にさらされており、国人の中には河野氏から離反して細川氏の許に走ることも見られた。

幕府側から与えたとする場合はどうか。当時の幕閣は反細川氏の斯波氏等で構成されていた。彼等からすれば細川氏と臨戦体勢にある河野氏は敵の敵で味方である。河野氏の立場が強くなればそれに反比例して細川氏の勢力は弱体する。つまり幕府側が河野氏を取り込むことができ、かつ強力守護（この場合細川氏）の弱体化を狙う政策にも沿うので、河野通義に袖判口宣案を与えたとすることができるだろう。

以上のように河野通義の場合、主体がどちらにあるともとれるために、本文では検討をさけた。ただ義満の袖判口宣案がこれ一通のみ（正文ではなく写、現在一緒に整理されている尊氏・義詮の御判御教書と同一の紙か、ただし花押形が他の文書写と較べて辿々しい）で、次例と間隔が大きく空いていることも考慮すると、果たして本当にこの袖判口宣案は出されたのかという問題も残る。

第四章　織豊期の武家官位

はじめに

武家の官位を考える上で、従来の研究では、中世の武家官位と近世武家官位制との間に明らかな懸隔がある。中世側の研究では、室町幕府滅亡までが語られ、近世へそれがどのようにつながるか語られず、また近世側の研究では、遡っても豊臣政権から論が始まっており、中世からの影響や連続性について顧みられることはほとんどない。確かに中世と近世とでは、武家官位の性質やあり方が明らかに異なっていることは否めないが、それはすぐに切り替わったわけではなく、江戸幕府三代家光期までは、とくに官途に関して、幕府はともかく、大名によっては中世の性質を色濃く残している。となると、中世までの武家における官位の性格と意義が、近世にどのように受け継がれ、またいつ、どう変質したかが大きな問題となる。個々の官途については、すでに本書第一部でいくらか言及しているので、官途総体、または位階も含めた武家官位のあり方からも検討する必要がある。

さて近世武家官位制の基礎となったのは、豊臣政権、関白となった羽柴秀吉の下で新しく編成された官位による階層秩序である。従来の研究はこの階層秩序がどのようなものであったかに注目が集まり、「羽林体制」や「清華成」・「公家成」・「諸大夫成」といった概念が出されている。ここでは研究が大きく進展した一九九〇年代以降について見ていきたい。まず李啓煌氏が、近世武家官位制の成立過程を見る上で、豊臣時代の官位叙任の分析をすると共に、陪臣の官位叙任に着目している。[1]そして池享氏は、叙位任官の手続きや、秀吉による武家官位制の創出とその性格などについて検討し、[2]また下村效氏は、一次史料から公家成・諸大夫成の一覧を示し、それをもとに論を展開して、豊臣期の官位体制を「羽林体制」と捉えるべきと提唱した。[3]

この池・下村氏の論に対し、「武家家格」という新しい視角を導入したのが矢部健太郎氏である。矢部氏は武家清華家が創出されたことを指摘し、豊臣政権は「清華成」・「公家成」・「諸大夫成」による階層秩序があったとした。[4]その一方で諸大夫層にも、「諸大夫」・「布衣」・「随身」の別があったことも指摘している。[5]この矢部氏の指摘がおそらく現在最も妥当であると思われる。

また黒田基樹氏は、羽柴名字の政治的意味を明らかにする中で、羽柴名字と公家成との一体性に言及し、[6]堀越祐一氏は豊臣期には四位の諸大夫大名がいなかったこと、諸大夫成大名と公家成大名との間には断絶があったことを指摘している。[7]さらに別の視点として、藤田恒春氏は秀次関白期の官位奏請について検討している。[8]

ただし従来の研究では、既述したように、中世武家官位とどのように関係し、また隔絶しているかの検討が不十分であるし、また清華成した大名の検討に偏重している傾向もある。清華成大名の検討は、豊臣政権を考える上で必要不可欠ではあるが、黒田・堀越氏のように、公家成・諸大夫成した大名についてさらに検討されるべきである。具体的には、大名にとっての意義や、公家成大名と諸大夫成大名と諸大夫成もできなかった大名との区別はどこでなされるのかといった問題が多く残されている。

そこで本章では豊臣政権下の官位による秩序について検討し、中世後期に形成された武家官途秩序とどれほど異なる秩序が構成されていたか、また公家成・諸大夫成した大名を地域ごとに検討することで、豊臣政権の大名編成のあり方はどのようであったかを見たい。

1　織田政権の官途・官位秩序

まず豊臣政権の官途・官位秩序を検討する前に、中世段階の官途秩序と、豊臣政権の前段階とも言える織田政権の官途秩序はどのようなものであったのか検討する必要がある。そこで本章では信長自身とその家中について見ていきたい。

まず信長自身の官位については堀新氏の論考など[9]に詳しいが、改めて見ると、最初上総介（上総守）[10]、次に尾張守[11]、そして弾正忠[12]を称しており、足利義昭を追放した後には公卿に列せられ、右大臣にまで昇進している。ただ多くの先行研究で指摘のある通り、この右大臣も天正六年（一五七八）三月には辞し[13]、天正九年の左大臣任官の勧めも断って[14]、本能寺の変に至るまで散位のままであった。公卿になる前の官途について堀氏は、上総介についてはそれを名乗る必然性が感じられず、ただの自己存在のアピールとして名乗っただけとする。堀氏は尾張守についても、今谷明氏の述べる、天皇家に擦り寄って任官してもらった説[15]、立花京子氏の述べる、足利義昭による任官とする説[16]を論証により退け、信長の尾張守は僭称であって、そこに重大な意味を見出すことは難しいとする。そして弾正忠も、朝廷に評判の良かった父信秀の官途を称しただけとしている。だが果たしてそうであろうか。尾張守については第一部第四章で述べたように、尾張支配者であることを幕府（具体的には義昭）や内外に喧伝するために敢えて名乗ったと言えるし、弾正忠も当時京都の政治に深く関わった六角定頼・松永久秀が弾正少弼であり、父信秀が弾正忠として朝廷に良く知られていたことから、信秀の後継者であり、かつ義昭を擁しての京都支配に関わろうとする姿勢を（主に京都周辺に）示すために弾正忠に改めたとすることができる。上総介についてはよくわからないが、あるいは今川義元に対するものではないか。上総介は今川家の家の官途であり、当時義元は今川氏が上総介に任官する前の官である治部大輔であったからである。[17]そして最初上総守と名乗ったのも、介より上であるからと思ったからであるかもしれない。上総介についてはまだ検討の余地を残すが、信長の官途は、少なくとも信長の政治的姿勢・志向を示すものとして機能していたと言えるだろう。なお朝廷から任官を受けたかどうかは、堀氏同様に任官は無く、私称であったと考える。

次に家臣に目を向けると、まず織田一族は嫡子信忠の従三位左中将を始めとして、[18]次男北畠信雄の左中将、[19]織田信孝の侍従、[20]織田信張の左兵衛佐など、[21]従来の武家では任官できない官や幕府内でも上位に位置付けられる官になる者が多い。その一方で、有力家臣でも明智光秀の日向守、[22]羽柴秀吉の筑前守、[23]柴田勝家の修理亮、[24]滝川一益の左近将監、[25]丹羽長秀の五郎左衛門尉、[26]村井貞勝の長門守など、[27]それまでの幕府官途秩序からすると、いずれも誰でも任じられるような官ばかりである。逐一事例を掲げないが、他の家臣を見ても同様なことが言える。信長は大友義統の左兵衛督を始め、[28]地方の大名の叙任を朝廷に取次ぐことはしていたが、こと織田家中に関しては、信長は自身および息子・一族と家臣との間に歴然とした格差は設けながらも、家臣編成には、新しく官途秩序を構築して適用することをせず、従来の官途秩序を踏襲して、どの地域でも上位に位置付けられるような官途は名乗らせていなかったと言えよう。

2　豊臣政権の官途・官位秩序

それでは豊臣政権について検討したい。豊臣政権内での序列を示すものとして、前述のように「清華成」・「公家成」・「諸大夫成」による階層秩序が指摘されている。[29]「清華成」とは清華家格に列せられることで、「公家成」とは従五位下（あるいは四位）侍従への叙任、「諸大夫成」とは従五位下叙位・任官を受けることである。そして諸大夫の中でも布衣が上位に位置付けられると指摘されている(30)。また侍従の上には少将・中将となる階層もいた。

この豊臣政権による新しい秩序は、従来の官途秩序とは隔絶したものである。諸大夫成では、左馬允でも四職大夫でも受領官途でも同一に従五位下で扱われ、それまでの武家社会での由緒によって築き上げられた官途による秩序は足利将軍家の左馬頭と、本来は四位以上の者が任官する衛門・兵衛督といったごく一部を除いて消滅する(この点は第一部第一・二章参照)。

それでは位階や侍従・少将といった公家官ではなく、武家がそれまで名乗ってきた官途による秩序はあったのか。実際に豊臣政権下で、秀吉直臣に当たる人物の中から一人しか任じられていない官途がいくつか見受けられる。たとえば受領官途では、蜂須賀家政の阿波守(31)、佐々成政の陸奥守(32)、前野長泰の但馬守(33)、九鬼嘉隆の大隅守(34)、羽柴秀長・織田秀信(36)の美濃守(35)(この二人は美濃守である時期が重複しない)などである。蜂須賀・前野などは一国領有者であるが、かといって伯耆守・土佐守・飛驒守など、一国領有者がいる国の受領でもその者限定というわけではない。また鎌倉〜戦国期を通じて特別に扱われた武蔵・相模守、あるいは淡路・伊予守などもとくに限定されておらず、秀吉自身の筑前守のみ制限が加えられていた(37)。

一方京官についてはどうであったか。政権の重要人物の官途は一人に限定されていたようで、治部少輔(大輔)—石田三成(38)、大蔵大輔(少輔)—長束正家(39)、弾正少弼—浅野長政(40)、刑部少輔(大輔)—大谷吉継(41)、市正—片桐且元(42)、主計頭—加藤清正(43)、などである。そしてこれに対し、たとえば筑前の原田信種は、豊臣家服属後弾正少弼を改め五郎に戻している(44)。

つまり豊臣政権下では、官途は基本的に「諸大夫層の官途」として一括扱いで、あくまで任官者の希望に任せるが、従来の官途秩序による制限は無く、官途を名乗る者によって新たな制限が発生しており、これは室町幕府における上位受領の成立と同様な状況である。豊臣政権が長期政権化していれば、先の限定されていた官途は、新たな上位官途となっていたであろう。

とはいえこれは豊臣政権側からの認識で、あくまで豊臣家直臣に相当する者に対する秩序である。それまであった官途秩序の認識が武家社会全体から否定されたわけではなく、各家中での官途秩序は概ね従前通りであったと思われる。ただ、豊臣政権のこうした姿勢と、続く江戸幕府で侍従・少将・中将・参議と位階といった序列が官位秩序の基調となったことが、官途名を通称名・名前と認識するようになった大きな原因の一つとできるのではないか。また豊臣家直臣でも、任官する官途はおそらく自身の所望に任されていたであろうから、従来の官途認識によって官途を選択した者も当然いたであろう（選択した理由を記す史料がないため具体的事例は挙げられないが）。

またこの時期のもう一つの注目すべき点として、侍従以上になっても従来の官途をそのまま使用する場合としない場合がある。使用する場合として、蒲生氏郷の忠三郎・飛驒守[45]（侍従・少将時）、池田輝政の三郎左衛門尉[46]（侍従・少将時）、福島正則の左衛門大夫[47]（侍従時）などがあり、使用しない場合には伊達政宗の左京大夫、大友義統の左兵衛督、里見義康の左馬頭などがあり、いずれも侍従任官の後には見えない。後者は政宗の左京大夫（左京大夫であった浅野幸長に遠慮したか）はともかく、兵衛督・左馬頭は後述のように喜連川氏のみの限定としたことによるだろう。そして前者のような事例は、通称としての官途名乗りと、政権の官位秩序の中での官とを別に扱う認識が生まれたことの証左であろう。そしてこの傾向は、近世に官途がただの「名」にしかすぎなくなる原因の一つであったとできるのではないか。

3　豊臣武家官位制と地域との関係

ここではこの豊臣政権の官位秩序と地域との関係と、地域ごとに見ていきたい。

a　九州地方

九州地方では、島津義弘[48]・大友義統[49]・龍造寺政家[50]・立花宗茂[51]が天正十六年に公家成を果たしている。これは薩摩・豊後・肥前の国持によるのだろう。宗茂は半国であるが、秀吉が大友家臣から直臣としたことから来る優遇であろう。

個別に見ていくと、島津義弘は慶長四年（一五九九）に宰相＝参議となっている[52]（薩摩宰相）。ただしすでに出家した後である[53]ので、『公卿補任』には名前が出てこない。この昇進は、義弘の子家久が慶長四年正月に少将となってお り[54]（口宣案は同月に任侍従のがあり[55]、その後すぐの昇進か）、この時義弘はまだ侍従だったので、官途の格で超越することになるために取られた措置であろう。

大友氏では天正十九年に義統の息子義述も公家成する[56]が、文禄の役での義統の振る舞いにより父子共々改易されている。

龍造寺政家は天正末に隠居しており、その子高房は侍従となることなく、諸大夫成もしたか不明である[57]。一方龍造寺領国を任された鍋島直茂は、天正十七年に従五位下加賀守に叙任したという[58]。前年十一月に政家から龍造寺名字を与えられ、その嫡子高房を養子とするよう命じられている[59]ので、この諸大夫成はおそらく事実であろう。その子勝茂が文禄四年（一五九五）従五位下信濃守の諸大夫成をしたというのも同様である[60]。

立花宗茂（統虎）は関ヶ原合戦まで侍従のままであるが、同じ侍従でも四位の侍従[61]で大友・龍造寺・島津と同格であり、後述の小早川秀包・宗義智等より一段上に位置付けられていた。この宗茂の優遇は、前述のように秀吉が直臣に取り立てて大名としたことによるだろうが、これは他家の家臣を秀吉が取り立てる時の待遇の一例として示すためでもあっただろう。

また筑前に入った小早川隆景も、天正十六年に公家成しているが[62]、後に羽柴秀俊を養子に迎えたこともあって、参議・中納言にまで昇進している[63]。筑後に入った小早川秀包も天正十七年に公家成している[64]。

そして注目すべきが宗義智で、天正十八年十一月に公家成している[65]。時期的に朝鮮出兵の直前であり、対朝鮮の最重要地の対馬にいるための措置と思われ、その重臣柳川調信も秀吉の諸大夫として諸大夫成している[66]。

一方国持・准国持ながら、豊臣系大名の黒田長政、加藤清正、小西行長等は公家成せず、諸大夫成止まりであった。その他の主な者を見てみると、まず松浦鎮信が天正十七年二月に式部卿法印に任じられている[67]。そして波多親が、それまで下野守であったのが[68]、天正十七年に諸大夫成して三河守となっている[69]。相良頼房・大村喜前・伊東祐兵・筑紫茂成（広門）は慶長四年正月に諸大夫成して、それぞれ左兵衛佐[70]（それまで宮内大輔）[71]、丹波守[72]（それまでは新八郎か）、豊後守[73]（それまで民部大輔）[74]、主水守（正）[75]になっている。秋月種長・高橋元種も秀吉の生前中は仮名のままであり、種長は慶長五年に長門守として[76]、元種は慶長四年には右近大夫として見えるので[77]、これらも慶長四年正月に諸大夫成した可能性が高い。また筑紫広門は豊臣氏服属前と直後は左馬頭として見えるが[78]、後に上野介に改めている[79]。これが諸大夫成した結果かは不明だが、養子茂成が諸大夫成していることから可能性は高いだろう。なお祐兵の子祐慶は慶長七年に従五位下修理大夫となっている[80]。

この慶長四年の諸大夫成は、島津家久の任少将と同時であり、秀吉没後で動揺しがちな政治状況の中で、朝鮮出兵に辛苦した外様の九州大名への恩賞と、中央（秀頼とそれを支える政府）への歓心を買うために行われたと言える。ただ豊臣系大名へは特別な扱いはされていなかったようである。

また、豊臣服属前後で同じ官途を名乗り続ける高橋直次（主膳正）[81]、有馬晴信（修理大夫）[82]は、諸大夫成したか不明である。ただ秀吉生前にはしてなくとも、右の小大名と同時に慶長四年正月に諸大夫成した可能性は高いだろう。まとめると、九州では秀吉の九州制圧後に傘下に入った島津・大友・立花・龍造寺を公家成させ、図1のような序列ができた。朝鮮出兵を前にすると、最前線地域の宗（侍従）、前線の波多（諸大夫、後改易）・松浦（法印）の序列をそれぞれ昇格させ図2のようになった。ただ文禄の役後には大友氏の改易が行われ、一方で秀俊を養子に迎えたことで小早川の身分が上昇したので、図3のようになる。そして慶長の役・秀吉没後の慶長四年には、島津父子の格が上昇し、無品だった在来小大名も諸大夫に列せられて、図4のようになり、関ヶ原の合戦・江戸幕府を迎えるのである。

b 関東地方

では関東地方に目を向けよう。

まず別格扱いであるのが徳川氏である。家康は『公卿補任』によれば、関東転封時に大納言、慶長元年に内大臣となるが、これ以後慶長三年の秀吉の死まで、本来内大臣の上にくる左大臣・右大臣は公家でも置かれず、前左大臣四人、前右大臣一人がいる状態で、豊臣政権（武家）でも朝廷（公家）でも家康は第二位の座にあった。また息子の秀忠も昇進を順調に重ね、『公卿補任』を見ると秀吉の死の頃には中納言となっている。なお徳川家臣も多く諸大夫成しているが、井伊直政[83]と大沢基宿[84]のみ侍従になっている。

他大名の中では、国持大名の佐竹氏と里見氏は公家成している。佐竹義宣は天正十九年正月に公家成し[85]、文禄三年四月に従四位下へ叙されている[86]。里見義康も天正十九年三月に公家成し[87]、佐竹義宣と同時に従四位下に叙されている[88]。

そしてこの二人に遅れること四年で、宇都宮国綱が文禄四年三月に公家成している[89]。なお国綱は、その前年七月に

図1　九州(天正16年頃)

参議以上	不在
少将	不在
四位侍従	大友義統・立花宗茂・島津義弘・小早川隆景・龍造寺政家
諸大夫	黒田長政・加藤清正・小西行長など
小大名	相良・秋月・宗・高橋・伊東・大村・松浦など

図2　九州(朝鮮出兵直前)

参議以上	不在
少将	不在
四位侍従	大友義統・立花宗茂・島津義弘・小早川隆景・（龍造寺政家）
五位侍従	小早川秀包・宗義智
諸大夫	波多親・黒田長政・加藤清正・小西行長・鍋島直茂・柳川調信・筑紫広門（・有馬晴信）（松浦鎮信～法印）など
小大名	相良頼房・秋月種長・高橋直次・伊東祐兵・大村純喜

図3　九州(文禄の役後)

参議以上	小早川隆景・秀俊
少将	不在
四位侍従	立花宗茂・島津義弘
五位侍従	小早川秀包・宗義智
諸大夫	波多親・黒田長政・加藤清正・小西行長・鍋島直茂・同勝茂・柳川調信・筑紫広門（・有馬晴信）（松浦鎮信～法印）など
小大名	相良頼房・秋月種長・高橋直次・伊東祐兵・大村純喜

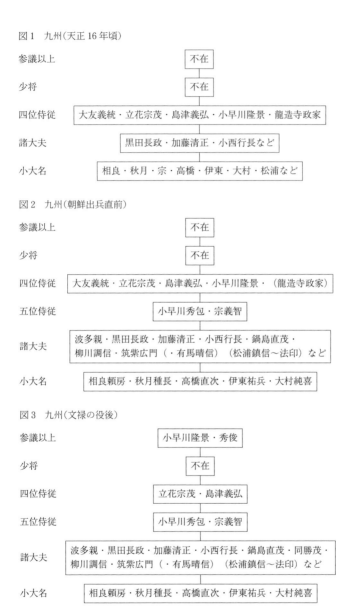

図4　九州（秀吉死後関ヶ原直前）

中納言	小早川秀俊
参議	島津義弘
少将	島津家久
四位侍従	立花宗茂
五位侍従	小早川秀包
諸大夫	黒田長政・加藤清正・小西行長・鍋島直茂・相良頼房・大村純喜・伊東祐兵・秋月種長・高橋直次・筑紫茂成など
小大名	不在？

なって初めて諸大夫成している(90)。

結城秀康は家康子であるため、結城氏に養子に入る前の天正十三年にすでに侍従(91)、そして十六年には少将となっていた(92)。一方家督を秀康に譲って引退した晴朝は左衛門督を自称したままだった(93)。

この他の関東の領主で確実に諸大夫成したことがわかる者は佐野信吉ぐらいで、信吉は天正二十年九月従五位下に叙せられており(94)、同時に修理大夫に任官したと思われる。水谷勝俊は豊臣政権下で右京大夫として見える(95)が、これが諸大夫成したかは不明であるし、大関・大田原などの那須衆も同様である。ただ那須資晴は隠居身分であったからか、官途名は一貫して見えず、太郎のままであった。

また諸大夫成はしなかったが、重要な存在として喜連川氏がいる。喜連川氏では頼淳が左兵衛督(96)、国朝が右兵衛督(97)、頼氏が左馬頭(98)として見えるが、叙任はされていなかったようで、古河公方由緒の官途を名乗ることのみ許されていたようである(99)。

まとめると図5のようになり、関東では徳川父子が突出し、国持大名の佐竹・里見、後に宇都宮（当時下野で最大所領所有、准国持扱いか）が公家成しており、その他は佐野氏を除き諸大夫にもなっていなかったようである。

図5　関東（文禄4～慶長元年頃）

大納言・内大臣	徳川家康
中納言	徳川秀忠
少将	結城秀康
四位侍従	佐竹義宣・里見義康
五位侍従	宇都宮国綱・井伊直政・大沢基宿
諸大夫	佐野信吉・徳川家臣（本多・榊原など）
小大名	水谷勝俊・那須資景及び資晴・大関資増など

c東北地方

次に豊臣政権下に最後に組み込まれた東北地方を見てみると、奥羽仕置後に会津に転封された蒲生氏郷は少将[100]、最終的には参議であり[101]、氏郷死後、替わりに会津に入った上杉景勝は、転封時に中納言であった[102]。

一方従来から奥羽にいた大名では、伊達政宗[103]・最上義光[104]が天正十九年初に公家成を果たしているが、他に公家成をした者はいない。なおこの両者は当初義光が四位侍従、政宗が五位侍従と義光のほうが格上であり、後に政宗が四位に昇進[105]して同格となり、秀次の死後慶長元年冬には政宗が少将となり[106]、義光を上回る。これは奥羽仕置の中で一揆煽動などの不穏な動きをした政宗を抑える意味で、義光を当初上に置いたのが、秀次の処罰により、娘を秀次に娶せていた義光よりも政宗を上位に置く処置がとられたためによると思われる。また政宗の子秀宗（秀弘）も文禄五年に侍従になっている[107]。南部信直は、文禄二年に従四位下侍従となったとも言われる[108]が、実際に諸大夫成・公家成をしたのか不明で、政宗が「伊達侍従」と呼ばれたような事例は信直に無い。おそらくこれは、息子利直が寛永三年（一六二六）に従四位下に叙せられていることによる後世の推定か[109]、あるいは天和三年（一六八三）の重信の従四位下獲得運動時に仮冒されたものではないか[110]。「従五位下侍従」でないのもその可能性を高める。ただ奥羽仕置で伊達・最上と南部のみ自分仕置が認められていたことからすると[111]、南部氏への従五位下への諸大夫成は伊達・最上の公家成と近い時期に成されていたかもしれない。なお確実な徴証はないが、信直の子利直は、文禄四年十二月に従五位下信濃守への諸大夫成をしたという(112)。

他の東北大名を見てみると、まず津軽為信が慶長五年に右京大夫に任官している。ただ従五位下への諸大夫成でなかったようで、また「豊臣」姓でない口宣案の初見でもある(113)。小野寺義道は遠江守となるのが慶長三年以降であるので(114)、諸大夫成もその頃であろうか。秋田実季は関ヶ原合戦後もしばらく太郎のままである(115)。松前慶広も慶長初め頃に志摩守を名乗り始めているが(116)、慶長九年に従五位下に初めて叙されており(117)、徳川家が豊臣氏による叙爵を無視して改めて行う事例は今のところ見当たらないので、やはり慶長九年に初めて叙任を受け、それまでは私称であったとするのが妥当である。相馬義胤も服属前の長門守のまま最後まで変えておらず(118)、系図ではあるが寛永三年に従五位下に叙したとあることから(119)、豊臣期には諸大夫になれなかったのであろう。ただし義胤の子利胤は慶長元年に従五位下大膳亮に叙任されたという(120)。岩城氏は常隆が天正十八年に没した後、佐竹氏から養子に入った貞隆がまだ幼少であったこともあり、叙任されなかった。六郷政乗は豊臣服属直後は弾正忠であったが(121)、文禄二年には兵庫頭となっている(122)。ただ他の東北大名を考慮に入れると、これも松前慶広同様ただの改称であろう。そして大宝寺義勝は、天正十七年に上洛して諸大夫となり出羽守に任じられていることが見える(123)(ただし後に改易)。

まとめると図6・7のようになり、奥羽では蒲生氏郷を頂点(その死後は上杉景勝)として、伊達政宗と最上義光(後に政宗が上位に来る)、その下に南部氏、そしてその他の諸大夫成もしない小大名というのが豊臣政権内での位置であった。氏郷・景勝が会津にいたことは、地勢的な会津の重要さとも相まって、その後も蒲生秀行・加藤嘉明・保科正之と代々大身の大名が入り、保科松平氏に至って会津が「奥羽の鎮め」を担うとの自己認識を持つに至る道筋を開いたと言える(124)。

そしてこうした豊臣期の南部氏の立場は、江戸時代に津軽氏の家格上昇に対し、南部氏が対抗意識を強く出した一

図6　東北（文禄2年頃）

少将	蒲生氏郷
四位侍従	最上義光
五位侍従	伊達政宗
諸大夫	大宝寺義勝
小大名	南部信直・相馬義胤・松前慶広・小野寺義道・秋田実季・岩城貞隆・津軽為信・戸沢政盛など

図7　東北（慶長2年頃）

中納言	上杉景勝
少将	伊達政宗
四位侍従	最上義光
五位侍従	伊達秀宗
諸大夫	南部利直？・相馬利胤？
小大名	松前慶広・秋田実季・小野寺義道・岩城貞隆・津軽為信・戸沢政盛など

つの理由ともなっていた。また南部信直の大膳大夫、津軽為信の右京大夫には、室町期以来の四職大夫の格の高さという認識の名残が窺われる。これは関ヶ原合戦後に任官した最上義康の修理大夫、戸沢政盛の右京大夫[125]にも通じる。

d 近畿・中部・中国・四国地方

では、その他の地域、具体的には織田政権の支配領域を引き継いだ地域はどうであったのか。ここでは九州・東北・関東と異なり、越前・美濃のように、一国の中に公家成する者が複数確認される。

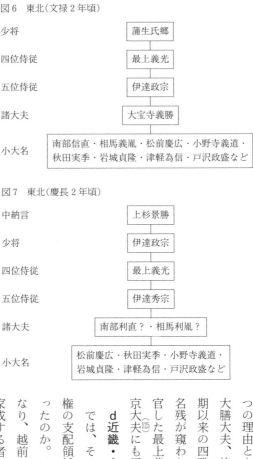

そして公家成以上を果たしたのは、元の主家たる織田氏一族、元織田家臣で本能寺の変の後に秀吉に多大な協力をした者（またはその子）で、前者は織田秀信[126]、織田信雄[127]、織田信包[128]、織田信秀[129]など、後者は前田利家[130]、前田秀以[131]、丹羽長重[132]、堀秀政[133]、池田輝政[134]、森忠政[135]、長谷川秀一[136]、稲葉貞通[137]・典通[138]、蒲生氏郷（前述）・筒井定次[139]・細川忠興[140]、蜂屋頼隆[141]などである。この中で注目すべきは、前田利家は言うまでもないが、少将となった細川忠興・蜂屋頼隆、宰相となった蒲生氏郷・丹羽長重で、彼等が豊臣政権内で政治的に重要視、特別扱いされていたことが窺える。

その他は諸大夫で、元からの秀吉直臣は、十〜二十万石を領していても公家成できなかった（浅野・加藤・堀尾・黒田・中村・増田・石田など）。このような状況にあって、秀次失脚後に尾張を領し、公家成した青木重吉[142]・福島正則[143]が注目される。この二人は堀越氏によれば、共に生母が秀吉の伯母で、准一門の扱いとして公家成したという[144]。二人が侍従になった理由として従うべき見解であろう。

なお中国地方では羽柴一族扱いの宇喜多氏を除けば、毛利氏が突出しており、他には元からの秀吉直臣である前野、秀吉の中国地方攻略過程で麾下に属した南条・亀井・垣屋・別所といった豊臣大名が主であり、諸大夫層しかいない。また四国では、長宗我部元親のみ侍従となっており[145]、讃岐の生駒、阿波の蜂須賀、伊予の加藤・藤堂・来島、淡路の脇屋などは諸大夫止まりである。この両地域では旧来の外様を上に置き、豊臣大名を諸大夫止まりにしていて、九州と同様な状況になっている。

ここまでの各地方の状況をまとめると、図8のようになる。

おわりに

以上をまとめると、豊臣家に服属した大名の大半が、服属前と変わらない官途を用いている。用いていない場合は、左馬頭や衛門兵衛督などの特別な官を名乗っていた場合で、四職大夫についてはその限りではない。ただ慶長三年までの四職大夫は、いずれも諸大夫以下の官で、侍従以上にはおらず、侍従以上になった者も基本的に四職大夫を名乗らなかった。そしてその侍従は、秀吉が関白になった以後に領国下に入った関東・九州・四国・奥羽では一国一人で、関白就任以前の領国では複数置かれた。ただこの一国一侍従のあり方と、在国受領を名乗る一国支配者〜諸大夫止まりの蜂須賀・南条・前野・金森などとの関係はなお検討を要し、今後の課題である。また九州では、従来の一国以上

図8　天正20年(文禄元年)元日秀次関白就任直後の状況

太閤　秀吉

関白　羽柴秀次

	九州	中国四国	近畿中部	関東	東北
権大納言				徳川家康	
権中納言					
参議		毛利輝元 宇喜多秀家	前田利家 上杉景勝 羽柴秀保 羽柴秀俊	徳川秀忠	
中将少将			織田信包・細川忠興	結城秀康	蒲生氏郷
侍従（四位）	大友義統 龍造寺政家 立花宗茂 島津義弘 小早川隆景	長宗我部元親 吉川広家	羽柴秀勝・木下勝俊・堀秀治 丹羽長重・毛利秀頼・森忠政 前田利長・織田信秀 長谷川秀一・池田輝政 京極高次・稲葉貞通 前田秀以・筒井定次		最上義光
（五位）	小早川秀包 宗義智 大友義述			井伊直政 大沢基宿？ 佐竹義宣 里見義康	伊達政宗
諸大夫	黒田長政 加藤清正 小西行長 柳川調信 その他	毛利家臣 生駒親正 前野長泰 蜂須賀家政 福島正則 その他	石田三成・浅野長政 上杉家臣・九鬼嘉隆 田中吉政・片桐且元 大谷吉継・長束正家 その他	徳川家臣 佐竹義久	大宝寺義勝
無品小大名	秋月・高橋 相良・伊東 その他	不明	多数	宇都宮国綱 那須資晴 喜連川 その他	南部・相馬 小野寺・安東 津軽・松前 戸沢・その他

所持の大名を豊臣系大名の上に位置付けていたのに対し、東北では、蒲生・上杉が押さえとして伊達・最上の上に配置された。これは朝鮮出兵の影響もあって九州大名を優遇したのであり、慶長の役後に九州の小大名が諸大夫成したこととも合わせて、室町幕府が鎌倉府の備えのため信濃・奥羽国人を優遇したのに通じるのではないか（第二部第二章参照）。

室町幕府の減衰と共に全国的な秩序は失われるが、それは豊臣政権および江戸幕府による武家官位制の創出により、改めて形成された。ただ豊臣政権により公家成・諸大夫の別が設けられるにおよび、諸大夫の任官する官途は一括して同等に扱われ、これにより従来の室町幕府によって形成された官途秩序は消滅した。また豊臣政権下でも、任官者が限定される官途があり、新しい官途秩序の萌芽が見てとれるが、これは豊臣氏の衰退により消え、替わりに江戸幕府による通称官名の制約が新しく形成されていった[146]。なお江戸幕府四代将軍家綱の時期に私称官途は四等官部分を使用する事が禁じられ、武家の官途は幕府によって任官を許可された大名・直臣のみとされ明治維新まで続いた。

豊臣政権では、羽柴一族と徳川父子がとりわけ高い官位を有したのは言うまでもないが、天下統一の過程で友好的に傘下に入った毛利・上杉がそれに次いで高官位・広大な所領を有した。そして本能寺の変後、秀吉に多大な協力をした旧織田家臣や、天下統一の過程で傘下におさめた各地域の有力大名――長宗我部・島津・伊達など――は、所領の大きな者は勿論、少ない者でも公家成し、一方で秀吉の直臣である豊臣系大名は、知行は多くとも少なくとも諸大夫止まりであった。この点について堀越氏は、譜代の家臣が擬制とはいえ一族として位置付けられる資格を有していなかったため、羽柴姓授与も秀吉直臣系大名には授与対象とされなかったのであり、諸大夫成も秀吉や諸大夫を持ちうる武家公卿の「従者」であることの国制上の表現で、秀吉の「同名中」で「御一家」である「羽柴侍従」とは著しい格差があったとしている[147]。首肯すべき意見だが、外様系大名をこうした扱いにしたのは、急速な統一作業の結果、外様大名を譜代よりも優遇せねばならなかったことにもよるのだろう。なお諸大夫の中でも、「諸大夫」・「布衣」・「随身」の三類型が存在したとの指摘があり、(148)本来ならこの点も検討すべきだが、すべての諸大夫をこの三つに当てはめるには、「布衣」・「随身」となる具体的人名を示す事例がほとんど無く、不可能に近い作業であるので、ここでは念頭に置くのみに留める。また近世では知行高（十万石）が官位序列で区画線となったが、(149)それが豊臣期には無かった。そして豊臣政権の重要人物の使用する官途は余人に名乗らせないが、これは従来の官途秩序に沿うものではなく、その重要人物が任官した蓋然性によってできた制限で、豊臣期に新しくできた官途秩序と言える。そして各地域の旧来の官途秩序は、豊臣政権による全国の秩序に収斂されつつも一部残存していたが、近世武家官位制下に大名が組み込まれ、陪臣の官途も制限され、武家官途がただの名のみの存在になる中で、個々の大名における中世以来の官途秩序がいつまで存在していたか、どのように変質したかは今後検討すべき点である。

注

（1）李啓煌「近世武家官位制の成立過程について」（『史林』七四―六号、一九九一年）。
（2）池享「戦国・織豊期の朝廷政治」・「武家官位制の創出」・「武家官位制再論」（同『戦国・織豊期の武家と天皇』校倉書房、二〇〇三年）など。
（3）下村效「天正　文禄　慶長年間の公家成・諸大夫成一覧」・「豊臣氏官位制度の成立と発展―公家成・諸大夫成・豊臣授姓―」（同『日本中世の法と経済』続群書類従完成会、一九九八年）。
（4）矢部健太郎「豊臣『武家清華家』の創出」（『歴史学研究』七四六号、二〇〇一年）、同「豊臣「公儀」の確立と諸大名」（『史学研究集録』二六号、二〇〇一年）、など。
（5）矢部健太郎「「布衣」考―豊臣期「諸大夫成」の一形態―」（『栃木史学』一六、二〇〇二年）。
（6）黒田基樹「慶長期大名の氏姓と官位」（『日本史研究』四一四号、一九九七年）。

（7）堀越祐一「豊臣期における武家官位制と氏姓授与」（『歴史評論』六四〇号、二〇〇三年）。
（8）藤田恒春「文禄期関白秀次をめぐる諸問題」（同『豊臣秀次の研究』文献出版、二〇〇三年）。
（9）堀新「織田信長と武家官位」（同『織豊期王権論』校倉書房、二〇一一年）。
（10）すでに言われていることだが、当初信長は、天文廿三年十一月十六日付織田信長判物（「氷室和子氏所蔵文書」『増訂織田信長文書の研究　上巻』一五号）に見えるように、上総守を称していたが、その四日後の日付の織田信長判物写（「尾張文書通覧」『増訂織田信長文書の研究　上巻』一六号）では上総介に改め、以降は上総介である。
（11）大覚寺義俊御内書案（『多聞院日記』永禄九年八月廿四日条）。
（12）織田信長禁制（「成善提院文書」『増訂織田信長文書の研究　上巻』九六号）。
（13）『兼見卿記』天正六年四月九日条など。
（14）『お湯殿の上の日記』天正九年三月九日条。
（15）今谷明『信長と天皇』（講談社現代新書、一九九二年、後に講談社学術文庫、二〇〇二年）。
（16）立花京子「織田信長の全国制覇正当化の大儀、天下静謐執行について」（同『信長権力と朝廷　第二版』岩田書院、二〇〇四年）。
（17）義元は、永禄三年桶狭間の合戦で戦死する直前に三河守任官の口宣案が出されるまで、治部大輔のままであった。
（18）『公卿補任』。また信忠の秋田城介の意義について、清水亮「「秋田城介」織田信忠考」（海老澤衷先生還暦記念論文集『懸樋抄』二〇〇八年）がある。
（19）『歴名土代』によれば、天正三年六月一日に正五位下、同年十一月に左中将に叙任されている。
（20）『歴名土代』によれば、天正五年十一月に従五位下侍従に叙任されている。おそらく同月に従五位上昇進した織田信張と同日の叙任であろう。
（21）『歴名土代』、正親町天皇口宣案（史料編纂所架蔵写真帳「東山御文庫所蔵史料」）。
（22）惟任光秀書状（「木村文書」『増訂織田信長文書の研究　下巻』七二〇号）。
（23）羽柴秀吉禁制（「法宝寺文書」『兵庫県史史料編中世三』一号）。
（24）和田惟政等連署状（「多田神社文書」『兵庫県史史料編中世一』四五一号）。

(25) 柴田勝家等連署書状（「根岸文書」『増訂織田信長文書の研究　上巻』三一四号）。なお一益は伊予守としても見え（たとえば『言継卿記』天正四年六月八日条など）、同時期に両方の官途で見える。この点については今後の検討課題である。
(26) 丹羽長秀安堵状（「笠覆寺文書」『愛知県史資料編11織豊1』三二一号）。
(27) 織田信長朱印状（「久我文書」『増訂織田信長文書の研究　下巻』五二五号）。
(28) 織田信長書状断簡写（「大友家文書録」『大分縣史料（33）』一七一二号）。
(29) 前注4矢部氏論文「豊臣『武家清華家』の創出」、同「豊臣「公儀」の確立と諸大名」、前注2池氏論文「武家官位制再論」など。
(30) 前注5矢部氏論文。
(31) 蜂須賀家政条々写（「阿波国社寺文書」『大日本史料第十一編之二十四』五一頁）。
(32) 羽柴秀吉朱印状（『大日本古文書小早川家文書之一』四三六号）など。
(33) 宇喜多秀家等連署契状（『大日本古文書吉川家文書之一』一三六号）。
(34) 羽柴秀吉朱印状（「脇坂文書」『兵庫県史史料編中世一』一二号）。
(35) 羽柴秀吉書状写（「遺編類纂」『増訂加能古文書』一八三八号）。
(36) 織田秀信判物（「龍福寺文書」『岐阜県史史料編古代・中世一』一二号）。
(37) 筑前守は前田利家のみで、利家は「羽柴筑前守」という秀吉のかつての名乗りそのままを許されていた。ただ大名家中には制限が十分に行き届いていなかったようで、島津家臣上原筑前守（島津氏老臣連署坪付写「上原氏家蔵文書」『鹿児島県史料旧記雑録後編二』八九一号）や、毛利家臣赤川筑前守元秀（毛利輝元直書写「萩藩閥閲録巻七六」『萩藩閥閲録第二巻』一〇号）などが天正末・文禄頃に見える。
(38) 『言経卿記』天正十七年三月一日条など。
(39) 『鹿苑日録』天正十七年十一月八日条、長束正家等連署副状（『大日本古文書吉川家文書之一』七五六号）など。
(40) 浅野長吉書状（「専修寺文書」『福井県史資料編2中世』五一号）。
(41) 羽柴秀吉朱印状（『大日本古文書小早川家文書之一』四三七号）。
(42) 後陽成天皇口宣案（「片桐文書」『大日本史料第十一編之二十一』六五頁）。

(43) 羽柴秀吉朱印状(「加藤文書」『熊本縣史料中世篇第五』六号)。
(44) 信種は、天正十四年頃の毛利輝元書状(「原田文書」『大蔵姓原田氏編年史料』二七三頁)で「原田弾正少弼」と見えるが、天正十六年に比定される羽柴秀吉朱印状写(『大日本古文書小早川家文書之一』一七九号)では「原田五郎」として見える。
(45) 蒲生氏郷起請文(『大日本古文書伊達家文書之二』五五〇号)、蒲生氏郷書状(「照光寺文書」『近江蒲生郡志第参巻』一三八頁)。
(46) 池田輝政・福島正則連署禁制(「崇福寺文書」『岐阜県史史料編古代・中世一』二一号)など。
(47) 前注46文書など。
(48) 後陽成天皇口宣案(『大日本古文書島津家文書之二』六四三号)。
(49) 後陽成天皇口宣案(「大友家文書録」『大分縣史料(33)』二一五一号)。
(50) 後陽成天皇口宣案(「龍造寺文書」『佐賀縣史料集成古文書編第三巻』二五三号)。
(51) 侍従任官の口宣案は現在確認できず、後年作られたと思しき宣旨のみしかないが、天正十六年七月五日付後陽成天皇口宣案(「立花家文書『福岡県史近世史料編柳川藩初期(上)』二九七号)で従五位下に叙され、そのすぐ後の天正十六年七月八日付羽柴秀吉朱印状(「立花家文書」『福岡県史近世史料編柳川藩初期(上)』三〇〇号)の宛所に「羽柴柳川侍従」とあるので、従五位下叙位と同時の侍従任官は確実である。
(52) 徳川家康起請文(『大日本古文書島津家文書之二』一〇九号)・豊臣氏五大老連署状(『大日本古文書島津家文書之二』一〇九〇号)に「薩摩宰相」として見える。これらしか義弘の宰相は見えないが、後に家久が宰相となるのは義弘の事例があったからではないか。
(53) 島津義弘等連署起請文(『大日本古文書島津家文書之三』一五〇〇号)・島津義久書状写(「家久公御譜中」『鹿児島県史料旧記雑録後編三』六九一号)など。おそらく家久(忠恒)へ家督を譲ったことによる。
(54) 豊臣家五奉行連署状案(『大日本古文書島津家文書之二』一〇七〇号)に任少将のことが見える。
(55) 後陽成天皇口宣案(内閣文庫架蔵写本「経遠口宣案」)。
(56) 『お湯殿の上の日記』天正十七年五月十九日条、後陽成天皇口宣案(「大友家文書」『大分縣史料(26)』二六四号)。
(57) 慶長後半と思われる徳川秀忠御内書(「龍造寺文書」『佐賀縣史料集成古文書編第三巻』二〇五号)に龍造寺駿河守として

見え、諸大夫成はした可能性は高いが、公家成をした様子は見受けられない。
(58)「直茂公譜」第五（『佐賀県近世史料第一編第一巻』一三三頁）、「直茂公譜考補」五坤（『佐賀県近世史料第一編第一巻』五六三頁）。
(59)龍造寺政家判物写（「直茂公譜」第五『佐賀県近世史料第一編第一巻』一二九頁、「直茂公譜考補」五坤『佐賀県近世史料第一編第一巻』五五九頁）。
(60)「勝茂公御年譜」一（『佐賀県近世史料第一編第二巻』八頁）、「勝茂公譜考補」一（『佐賀県近世史料第一編第二巻』一八九頁）。
(61)後陽成天皇口宣案（「立花家文書」『福岡県史近世史料編柳川藩初期（上）』三〇二号）。
(62)後陽成天皇口宣案（『大日本古文書小早川家文書之二』一八五号）。
(63)隆景の任参議・中納言の日時とその背景については、矢部健太郎「小早川家の「清華成」と豊臣政権」（『国史学』一九六号、二〇〇八年）参照。
(64)後陽成天皇口宣案写（「萩藩閥閲録巻四」『萩藩閥閲録第一巻』四号）。
(65)『お湯殿の上の日記』天正十八年十一月一日条、『晴豊公記』同日条。
(66)『晴豊公記』天正十八年十一月一日条。
(67)後陽成天皇口宣案（「松浦文書」『平戸市史歴史史料編Ｉ』二三頁）。
(68)波多親起請文（「龍造寺文書」『佐賀縣史料集成古文書編第三巻』一七四号）。
(69)波多親書状写（「鶴田家文書」『佐賀縣史料集成古文書編第六巻』九二号）。
(70)後陽成天皇口宣案（史料編纂所架蔵影写本「相良文書」）。
(71)羽柴秀吉朱印状（『大日本古文書小早川家文書之一』五〇一号）。
(72)後陽成天皇口宣案（『久我家文書第三巻』九七四・九七五号）。
(73)後陽成天皇口宣案写（史料編纂所架蔵謄写本「伊東系譜」）。
(74)羽柴秀吉朱印状（『大日本古文書小早川家文書之一』五〇一号）。
(75)後陽成天皇口宣案（「筑紫文書」『九州史料落穂集第七冊（筑紫文書）』一二号）。茂成は広門弟で養子となっていた人物。

後に養父と同名の広門に改名している。
(76) 秋月種長書状写（「御文庫二番箱家久公十巻中」『鹿児島県史料旧記雑録後編三』一〇四〇号）。
(77) 慶長三年に比定される羽柴秀吉朱印状（「高橋文書」『宮崎県史史料編近世1』七三号）では「高橋九郎」だが、慶長四年に比定される徳川家康書状（「高橋文書」『宮崎県史史料編近世1』七八号）・徳川家康書状写（高橋家伝来武家書状集『宮崎県史史料編近世1』三一号）では「高橋右近太夫」として見える。
(78) 筑紫広門起請文（「龍造寺文書」『佐賀縣史料集成古文書編第三巻』一六九号）、羽柴秀吉朱印状（『大日本古文書小早川家文書之一』五〇一号）。
(79) 羽柴秀吉朱印状（『大日本古文書小早川家文書之一』五〇一号）。
(80) 後陽成天皇口宣案（内閣文庫架蔵写本「経遠口宣案」）。
(81) 羽柴秀吉朱印状（『大日本古文書小早川家文書之一』五〇一号）。
(82) 羽柴秀吉朱印状（『大日本古文書小早川家文書之一』五〇一号）。
(83) 直政は聚楽第行幸の直前に公家成したらしく（『徳川実紀』など）、「聚楽第行幸記」（『群書類従第三輯』）に「井伊侍従直政朝臣」とある。直政は徳川家臣の中で唯一他大名と同列に連署をする（織田信雄等連署血判起請文「大阪城天守閣所蔵文書」山陽新聞社編『ねねと木下家文書』五号）など、徳川家臣団では別格にあった。
(84) 基宿（基有）は『寛政重修諸家譜』などに天正十六年四月に従五位下侍従・兵部少輔に叙任したとある。井伊直政と違い、豊臣大名の連署などには全く名を連ねていないが、徳川家で高い家格にあるとして尊重され、公家成したのであろう。基宿は後に家康の将軍宣下以降高家（当時職名としてはまだ無いが）の役割を果たしている。
(85) 天正十九年正月二日昇殿を許されており（『晴豊公記』・『お湯殿の上の日記』同日条）、この時侍従に任官したのであろう。
(86) 『駒井日記』文禄三年四月七日条。
(87) 『晴豊公記』天正十九年三月一日条。
(88) 『駒井日記』文禄三年四月七日条。
(89) 『お湯殿の上の日記』文禄四年三月廿三日条。
(90) 後陽成天皇口宣案（『久我家文書巻三』九三七号）。

(91)『兼見卿記』天正十三年十月六日条。
(92)「聚楽第行幸記」(『群書類従第三輯』)に「三河少将秀康朝臣」とある。
(93)結城晴朝書状(「高野山清浄心院文書」『結城市史第一巻古代中世史料編』四号)。
(94)後陽成天皇口宣案(「能福寺文書」『兵庫県史史料編中世一』三号)。なお同日に家督相続・所領安堵(三万九千石)を受けている(羽柴秀吉朱印状「佐野文書」『栃木県史史料編中世一』一号)。
(95)「常陸日月牌過去帳」(史料編纂所架蔵影写本)文禄三年十月十三日付で「水谷右京大夫」と見える。
(96)喜連川頼淳書状(「喜連川文書」『栃木県史史料編中世二』七八号)。
(97)羽柴秀吉朱印状(「喜連川文書」『栃木県史史料編中世二』八一号)。
(98)喜連川頼氏公帖(「喜連川文書」『栃木県史史料編中世二』八六号)。
(99)この詳細については本書第一部第一・二章参照。また佐藤博信「戦国期の関東足利氏に関する考察―特に小弓・喜連川氏を中心として―」(荒川善夫＋佐藤博信＋松本一夫編『中世下野の権力と社会』岩田書院、二〇〇九年)は任官した可能性があるとしている。
(100)韮山城取巻人数書(『大日本古文書毛利家文書之四』一五六〇号)、伊達政宗覚書状(『大日本古文書伊達家文書之二』五五六号)など。
(101)参議となったのは『お湯殿の上の日記』文禄四年三月廿四日条による。また同日条によれば、氏郷は宰相成の御礼をする前に死去し、代わりに息子秀行が禁裏への御礼を行っている。
(102)『公卿補任』。
(103)『晴豊公記』天正十九年二月十二日条に、政宗が公家成して参内していることが見える。
(104)『晴豊公記』天正十九年閏正月十日条に、義光が四品の御礼をしていることが見え、これ以前に侍従任官を果たしたと思われる。
(105)『駒井日記』文禄二年閏九月卅日条。
(106)「貞山公治家記録」(『伊達治家記録二』四一六頁)による。この政宗の右近衛権少将任官は、『鹿苑日録』慶長二年十月廿六日条などに大崎少将として見えることからも裏付けられる。

(107) 後陽成天皇口宣案(『久我家文書第三巻』九四四号)。
(108) 「御当家御記録四」(『青森県史資料編中世1』五六一頁)。また「文化七年系譜書上」(『青森県史資料編中世1』四〇八頁)にも信直の項に「従四位下侍従」と書き入れてある。一方『寛永諸家系図伝』にはその記述は無い。
(109) 新訂増補国史大系『徳川実紀』寛永三年八月十九日条。
(110) この運動については、深谷克己「統一政権と武家官位」(同『近世の国家・社会と天皇』校倉書房、一九九一年)参照。
(111) 小林清治「会津における仕置令達」(同『奥羽仕置と豊臣政権』吉川弘文館、二〇〇三年)。
(112) 「御当家御記録四」(『青森県史資料編中世1』五六二頁)など。ただし信直の従四位下侍従を記していない『寛永諸家系図伝』に利直の文禄四年叙従五位下が記されているので、この時諸大夫成した可能性は高いだろう。
(113) 為信の右京大夫任官は、後陽成天皇口宣案(「国文学研究資料館所蔵津軽家文書」『青森県史資料編中世2』一三二二号)による。なおこの口宣案で為信の姓は「藤原」となっている。当初は「源」であったが(史料編纂所架蔵謄写本「柳原家記録総光卿符案」)南部氏と同族であるのを嫌ってか、藤原姓に書き改めて口宣案を出されている。また従五位下叙位の口宣案は伝わっていない。なお、系譜之儀公義より御尋之十三ヶ条御答書控(「国文学研究資料館所蔵津軽家文書」『青森県史資料編中世2』一三五七号)では為信の項に「慶長五庚子年正月二十七日叙従四位下」と記しており、暦譜(「国文学研究資料館所蔵津軽家文書」『青森県史資料編中世2』一三六七号)では「(文禄)三年甲午正月二十七日叙従四位下任右京大夫」としているが、これらは後世津軽家が四位になるために運動した時に、南部氏に対抗して創作された話であろう。また為信の子信牧は、慶長六年五月十一日に従五位下越中守となっている(後陽成天皇口宣案「国文学研究資料館所蔵津軽家文書」『青森県史資料編中世2』一三二五・一三二六号)。
(114) 最上義光書状(「小野寺勝氏所蔵文書」『横手市史史料編古代・中世』三二五号)など。
(115) 実季が叙任されるのは慶長十六年のことである(後陽成天皇口宣案「東北大学附属図書館所蔵秋田家史料」『青森県史資料編中世2』八二三・八二四号)。
(116) 春日敏宏「豊臣政権期における松前氏の叙位・任官について」(『日本歴史』四四六号、一九八五年)では、民部大輔に天正十八年十二月から同十九年二月の間に、志摩守に文禄二年正月二日に、それぞれ従五位下叙位と共に任官したとするが、本文でも述べたとおり、実際には私称であった。

(117) 新訂増補国史大系『徳川実紀』慶長九年五月廿八日条。

(118) 天正十八年十二月七日付羽柴秀吉朱印状写（「相馬文書」『福島県史7古代中世資料』一三四号）で「相馬長門守」、寛永頃とされる相馬義胤書状（「佐竹家文書」『原町市史第四巻資料編Ⅱ古代・中世』六四三号）でも「相馬長門守義胤」とある。

(119) 「奥州相馬系図」（『原町市史第四巻資料編Ⅱ古代・中世』所収）。また『徳川実紀』も寛永三年十月三日に義胤が従五位下大膳亮に叙任されたとしている（出典は「寛永系図」・「藩翰譜備考」・「東武実録」）。

(120) 『寛政重修諸家譜』、『徳川実紀』など。

(121) 羽柴秀吉朱印状（「赤田高橋文書」『秋田県史資料古代・中世編』四〇九頁）。

(122) 青木一矩等連署誓紙（「東京国立博物館所蔵誓紙一巻」）。

(123) 大宝寺義勝上洛日記（「本庄俊長氏所蔵文書」『上越市史別編2上杉氏文書集二』三三九七号）。義勝が諸大夫となったのは、小田原の陣以前に上洛したためであろう。

(124) この自己認識については、長谷川成一「近世奥羽大名家の自己認識—北奥と南奥の比較から—」（同『北奥羽の大名と民衆』清文堂、二〇〇八年）参照。

(125) 義康の任官時は不明だが修理大夫を名乗っている（出羽三山神社旧蔵棟札『山形市史史料編1最上氏関係史料』金石文・その他六三号）。政盛の任官時も不明だが右京大夫を名乗っている（戸沢安盛宛行状写「秋田藩家蔵文書四七」『茨城県史料中世編Ⅴ』三四号）。なお『寛政重修諸家譜』には慶長十四年従五位下右京亮叙任とある。

(126) 信忠の子で、本能寺の変の後に秀吉によって織田家督に擁立された三法師秀信は、いつ公家成したか不明で、『お湯殿の上の日記』天正十七年三月九日条に「せうのすけ子三郎」とあり、この時点ではまだしていなかったか。『寛政重修諸家譜』には文禄元年正月十日に従四位下参議になったとあるが、これを裏付ける史料は見当たらない。『公卿補任』には慶長元年に従三位権中納言になったとある。ただし天正後半から慶長五年までの『公卿補任』は、本来豊臣姓で記されるべき徳川家康や上杉景勝などが本姓である源や藤原姓で記されていたり、織田秀雄や丹羽長重など参議になっていながら記載されていない者がいるなど、武家の公卿には留意すべき部分が多い。秀信も実際には文禄二年五月の時点で「岐阜中納言」と見える（「東京国立博物館所蔵誓紙一巻」）ので、それ以前には中納言となっていたようである。

(127) 信長の次男である信雄は内大臣まで昇進している（『公卿補任』）。ただし小田原合戦後に改易され、官位も剥奪された。

信雄の子秀雄は、『寛政重修諸家譜』には慶長元年に従四位下参議となったとあるが、文禄四年七月廿日付の織田信雄等連署血判起請文（「大阪城天守閣所蔵文書」山陽新聞社編『ねねと木下家文書』五号）に「羽柴大野宰相」と見えるので、それ以前には参議に昇進していたのであろう。

(128) 信長の弟の信包は天正十四年に侍従となり（『お湯殿の上の日記』同年三月廿日条）、後に中将にまで昇進している（韮山城取巻人数書『大日本古文書毛利家文書之四』一五六〇号）。

(129) 信長の子信秀は侍従となっている（『兼見卿記』天正十三年十月六日条）。

(130) 利家は天正十四年堂上執奏を受け（『お湯殿の上の日記』天正十四年三月廿日条）、その後従三位権大納言にまで昇進する（『公卿補任』）。息子利長も天正十四年に公家成した（『お湯殿の上の日記』天正十四年六月廿二日条）後は昇進を重ね、従三位権中納言までになり（『公卿補任』）、次男利政も四位侍従となっている（『駒井日記』文禄二年閏九月卅日条、同三年四月七日条）。

(131) 秀以は玄以の子で、天正十四年に昇殿している（『兼見卿記』同年正月十八日条）。この時公家成したか。侍従であるのは『時慶記』文禄二年四月一日条などからも確実。

(132) 長重の父長秀は天正十三年に死去したため、公家成などは無かったが、長重は天正十三年侍従となり（『兼見卿記』天正十三年十月六日条）、秀吉の死の直前に宰相成した（『お湯殿の上の日記』慶長三年四月十六日条）。

(133) 『兼見卿記』天正十四年正月十四日条に昇殿したことが見え、おそらくこの前後に侍従となった。「聚楽第行幸記」（『群書類従第三輯』）には「北庄侍従秀政朝臣」として見える。また息子秀治も侍従になっている（織田信雄等連署血判起請文「大阪城天守閣所蔵文書」山陽新聞社編『ねねと木下家文書』五号）。

(134) 輝政も次の森忠政も、共に小牧長久手の合戦で討死した恒興の子、長可の弟であることにより侍従となったのだろう。輝政の公家成の日時は不明だが、おそらく森忠政とほぼ同時期であろう。天正十六年の聚楽第行幸の時にはすでに「岐阜侍従照政朝臣」として見える（「聚楽第行幸記」『群書類従第三輯』）。

(135) 後陽成天皇口宣案写（史料編纂所架蔵謄写本「森家先代実録五」）。また「聚楽第行幸記」（『群書類従第三輯』）には「金山侍従忠政朝臣」として見える。

(136) 秀一の侍従となった正確な日付は不明だが、天正十四年正月十四日に堀秀政と共に昇殿し（『兼見卿記』同日条）、同年四月九日に禁裏へ何らかの御礼（四位か）として折紙代黄金二枚進上している（『お湯殿の上の日記』同日条）。また「聚楽第行幸記」（『群書類従第三輯』）に「東郷侍従秀一朝臣」として見えるので、おそらく天正十四年には侍従（かつ四位）となったと思われる。

(137) 貞通は天正十六年正月五日に公家成した（『お湯殿の上の日記』同日条、後陽成天皇口宣案「豊後臼杵稲葉文書」『岐阜県史史料編古代・中世四』一六号）。なお貞通の父良通（一鉄）は天正十三年の秀吉の関白宣下に際し昇殿している（『兼見卿記』同年七月十三日条）。

(138) 典通は貞通の子で、天正十三年に従五位下侍従に叙任している（「豊後臼杵稲葉文書」『岐阜県史史料編古代・中世四』一四号）が、その後秀吉の勘気を受けて逼塞したため、父貞通が公家成した。

(139) 『多聞院日記』天正十四年正月十九日条に「公家ニ成テ冠ニテ出仕ト沙汰在之云々」とあり、『お湯殿の上の日記』同年正月廿日条で折紙代黄金二枚を進上しているので、このとき公家成したと思われる。「聚楽第行幸記」（『群書類従第三輯』）には「伊賀侍従定次朝臣」として見える。

(140) 忠興は天正十三年侍従（『兼見卿記』同年十月六日条）。天正十六年四月の聚楽第行幸の時点でまだ侍従だが（「聚楽第行幸記」『群書類従第三輯』）、天正十六年に比定される八月十五日付聚楽亭観月和歌会和歌（『大日本古文書吉川家文書之一』八一七号）に「左近衛権少将忠興」と見えることから、その間に少将へ昇進したのだろう。なお父藤孝は天正十三年に法印になっている（後陽成天皇口宣案「細川家記」『大日本史料第十一編之二十一』六三頁）。

(141) 頼隆は天正十三年に侍従（『兼見卿記』同年十月六日条）。また少将への昇進は、細川忠興同様に聚楽第行幸時に侍従で、聚楽亭観月和歌会和歌（『大日本古文書吉川家文書之一』八一七号）の時点で少将（「左近衛権少将頼隆」）なので、忠興と同時に昇進したのであろう。つまり頼隆と忠興の侍従・少将への昇進は同時であり、両者は豊臣政権内でほぼ対等の立場で扱われていたと思われる。

(142) 重吉の公家成は慶長二年七月廿一日付後陽成天皇口宣案による（『久我家文書第三巻』九五六号）。

(143) 正則の公家成は慶長二年七月廿六日付後陽成天皇口宣案による（史料編纂所架蔵謄写本「総光卿符案」）。

(144) 前注7堀越氏論文。

(145) 元親の公家成は天正十六年四月十日である（『お湯殿の上の日記』同日条、なお同年正月廿日条には諸大夫成したことが見える)。ただ息子盛親は公家成せず関ヶ原の合戦を迎えたようで、戦後改易された。

(146) これについては、小川恭一「近世武家の通称官名の制約」(『風俗』三〇―四、一九九二年)参照。ただこの認識がいつ頃形成されていったかはまた問題である。

(147) 前注7堀越氏論文。ただ氏の行論には諸大夫から公家成した事例として宇都宮国綱が抜けている。福島正則・青木重吉についいては本文で引用した論で説明が付くが、国綱は説明しきれない。おそらくは一国一侍従とする中で、下野には一人もいなかったので、当時下野で最大石高の国綱が公家成することになったのではないか。ただなぜ文禄四年四月なのかという疑問を氷解させるには更なる検討を要する。

(148) 前注5矢部氏論文。

(149) 藤井譲治「日本近世社会における武家の官位」(同『幕藩領主の権力構造』岩波書店、二〇〇二年)など。

補章　中世後期の武士の官途認識と選択

はじめに

武士が名乗りに用いた官途は、言うまでもなく律令官位制に由来するものである。中世前期は、鎌倉幕府が御家人任官抑制政策を基調としていたこともあって、武士が官途を持つことは、ごく一部の御家人に限られていた（御家人でない武士はその限りでない）。また、この時期は成功による叙任が基本であった(1)。

それが中世後期になると、まず南北朝期に任官できる官途の範囲が拡大している。そして観応の擾乱による足利直義没落の影響で、二代将軍義詮期になると、成功による任官が廃止され、以後は口宣案による任官へと移行する。また、全国的に私称官途（朝廷による任官を受けずに官途を勝手に称する）が、義詮期後半から義満期にかけて広まり、定着している。

室町期には、幕府によって一定度の秩序を保ちながら、武士が任官できる、用いることができる官途の範囲はさらに拡大していく。そして十六世紀に入ると、用いる官途に様々なヴァリエーションが生じ、また従来用いられなかった官途名乗りを使い始めるようになる。この現象は、文書・記録史料から明確である。

このようにしてほとんど全ての武士は官途を名乗るようになっていったが、個々の武士が何の官途を選択するのか、その理由として、本書旧版では地域・大名家中での身分・地位、武家社会での由緒、他家との政治的関係、支配正当性などの名分を得る目的などから求められたとした(2)。

しかしなお残る疑問点もある。一つには、彼らは自らの用いた官途の存在を、一体何によって知ったのかという点、またそれを用いることにどのような認識をしていたのかという点である。これについて旧版では、「大館常興書札抄」と「職原抄」が大きな役割を果したと触れたが、あくまで見通しに留まっていた。そのため本稿では、これらの点を深く掘り下げて見ていきたい。

1　武士は官途を何で知ったのか

武士たちが官途に何があるかを知るために拠ったものとして、まずは中世に成立した類書事典のたぐいが挙げられよう。

こうした類書で第一に挙げられるのが、「拾芥抄（略要抄）(3)」であろう。この書は南北朝期の洞院公賢編纂といわれるが、鎌倉期に元となるものが成立したとする見解もある(4)。上中下巻で構成されるが、そのうち中巻の第一に「百官部」があり、そこには官途名が書き連ねられている。

中世段階での諸本の書写には、清原・吉田・甘露寺・山科らの名が見える。その中で甘露寺親長の書写は、尊経閣文庫本や東博本の奥書によれば(5)、

正二位行権大納言兼陸奥出羽按察使藤原朝臣親長

明応六年二月日以洞院家本東山左府実熈公筆跡相交校合之、雖然、奥楽器之所破損文字形不見、仍直付之、件本二階堂行二

所持之借用之、

とあり、二階堂行二、すなわち九代将軍義凞の側近にして、評定衆家出身である二階堂政行が所持していたことがわかる。政行は、『実隆公記』をみると、様々な書物を所持していたことがわかるので、その蔵書の一冊であろう。確実に所持していたことがわかるのはこの政行のみだが、その他の評定衆家（摂津・町野・波多野）や幕府奉行人家、あとおそらく故実に秀でた伊勢一族などは所持していた可能性が高い。

次に「二中歴」がある。(6) 選者・成立年代は不詳だが、鎌倉時代初期に「掌中歴」「懐中歴」「簾中抄」などを土台に編纂され、室町期まで書き継がれていったと見られている。この「二中歴」のうち第七の「官名歴」に、官途名が書き連ねられている。ただ「二中歴」は、正親町・三条西・広橋ら公家の所持・書写が奥書から確認できるもの(7)の、残念ながら武士が所持していたかは現状不明である。

こうした類書は、京都にいる武士はともかく、地方の武士が見たかどうかは検証不可能である。ただ鎌倉周辺であれば、鎌倉府の奉行人クラスが所持していた可能性は高いだろう。

しかし、この「拾芥抄」「二中歴」ともに官途名が列挙されているのみで、それが具体的にどのような職なのかは知ることができない。中世後期に流布していた事典としてよく知られる『節用集』に至っては、官途は散見されるが、読み方があるだけでしかない。類書は、官途の存在を知ることはできても、いざどれを選ぶかの段階になると、その官途がどのようなものかはわからず、参考にはなりづらいと言える。

それでは、どの官途を使っていいのか、またそれは本来どんなものなのかを記した書には何があったのか。まず武家側で挙げられるのが、「大館常興書札抄」(8)中の「官途等類事」である。以下に該当部分を掲げる。

一官途等類事　武家方

一左衛門督　右衛門督　左兵衛督　右兵衛督
大概おなじ程の趣なり、御用如此也、
二修理大夫　左京大夫　右京大夫　大膳大夫　左衛門佐　右衛門佐　左兵衛佐　右兵衛佐　左馬頭　右馬頭
同程の御用なり、
三弾正少弼　中務大輔　中務少輔　式部大輔　式部少輔　治部大輔　治部少輔　民部大輔　民部少輔　兵部大輔
兵部少輔　刑部大輔　刑部少輔　大蔵大輔　大蔵少輔　宮内大輔　宮内少輔　兵庫頭　掃部頭　図書頭　縫殿
頭　玄蕃頭　雅楽頭　大炊頭　主計頭　木工頭　左馬頭〔助カ〕　右馬頭〔助カ〕
おなじほどの御用なり
四采女正　造酒正　隼人正　市正　主水正　正親正　内膳正
同じほどの事なり
五兵庫助　兵庫允　掃部助　掃部允　縫殿助　縫殿允　図書助　図書允　雅楽助　雅楽允　大炊助　大炊允
玄蕃助　玄蕃允　主計助　主計允　木工助　木工允　左馬助　左馬允　左衛門尉　右衛門尉　左兵衛尉　右兵
衛尉　修理亮　修理進　左京亮　左京進　右京亮　右京進　大膳亮　大膳進　中務丞　式部丞　治部丞　民部
丞　兵部丞　刑部丞　大蔵丞　宮内丞　弾正忠　采女佑　正親佑　隼人佑　造酒佑　主水佑　内膳佑　市佑
判官　蔵人　将監　監物　勘ケ由　帯刀
おなじ程の趣なり、
一受領事
武蔵守　相摸守　陸奥守

此三ヶ国は四職大夫程の用なり、四職大夫とは修理大夫・左京大夫・右京大夫・大膳大夫事なり、

讃岐守　伊予守　阿波守

この三ヶ国は、是は左衛門佐、右衛門佐など程事也

尾張守　安房守　上総介　淡路守　播磨守　伊勢守　摂津守

此七ヶ国は、八省輔ほどの御用なり、八しやうのふと云は、中務大輔・少輔、式部大輔・少輔、治部大輔・少輔、民部大輔・少輔、兵部大輔・少輔の事なり、まへにも大かた雖注之、猶以具書載者也、

此外の受領の事は、諸侍諸家被官人に至るまで任候間、御用趣左衛門尉右衛門尉兵庫助以下おなじ事也、

「大館常興書札抄」は、大館尚氏（入道常興）が書札礼のことなどを記した故実書で、成立は十六世紀前半（一五二〇～三〇年代か）である。奥書の宛所に「九郎殿」とあるが、これは大館九郎（おそらく常興の孫治部大輔晴忠、晴忠は高信子という）を指す。

大館常興は、次に掲げる「大館伊予守尚氏入道常興筆記」[9]巻五によれば、本来の官途奉行摂津之親が京都不在の折に、一時的に官途奉行を務めた経験があり、「官途等類事」はその時に得た知識に基づくと推測される。残念ながら官途奉行時代の記録は、安東右馬助に貸したまま紛失してしまっている。

一官途奉行事、先年慈照院殿(足利義政)さま、同常徳院殿(足利義熙)様御時、我等に被仰付之、数年令申沙汰也、其ゆへハ、其比摂津修理大夫(之親)と申候し、暇を申、駿河国在国候時、官途方事彼局春日殿(春日局、摂津之親姉妹)申沙汰候、然に女房儀候て、相紛儀も可有之、仍我等ニ被仰付之由上意候、いにしへ石橋家ニも存知之例在之旨仰候間、御請申上之如此也、其時之記録安東右馬助(政藤)当時二番衆祗候也先年借用之間、かし遣を、度々の錯乱に紛失候、近比迷惑之由、以捧文状被申間、不及是非候、官途奉行存知之段者如此也、

常興がわざわざこのような文章を書き記した背景には、孫の晴忠は幕府御供衆であったが、出雲尼子氏の取次を常興とともに務めるなど、大名との交渉にも関与する立場にあったため、様々な書札礼とともに、大名から申請のよくある任官に関する知識も伝える必要があったからであろう。

また常興から官途奉行時の記録を借りた安東右馬助は、おそらく政藤である。安東氏は、奉公衆二番衆で、将軍御台付としての活動がよく見られる家であるが、政藤は申次衆として義政・義熈の申次を務めており、義稙・義澄両公方争乱期の動向は不明だが、義晴が将軍となると、走衆の一人として復帰している（申次には戻らず）。常興からの貸借は、政藤が申次を務めた文明十八年（『十輪院内府記』文明十八年〈一四八六〉五月二十日条などによる）頃のことであろう。

また、この「官途等類事」と同様な記述のある故実書に次の二つが知られている。

一つ目が前にも掲げた「大和家蔵書」所収「大館伊予守尚氏入道常興筆記」の一巻と四巻である。第一巻は、常興が将軍義晴から尋ねられたことを記した書を、大和晴完（入道宗恕）が後に将軍家へ申請して借り受け、筆写したものである。また第四巻は、常興が息子晴光に書き与えたものを、これまた晴完が晴光から借り受け書写したものになる。官途に関する記述は、ともに「大館常興書札抄」よりも記述が詳しい。ここで出てくる大和晴完とは、幕府奉公衆四番衆で、御護付与を将軍家に伝受する家柄の出身で、謡や医学にも通じた人物である。晴完は途中から申次衆に加入したことをきっかけに、多くの故実を蒐集しており、「大和家蔵書」はその一大成果になる(10)。

もう一つが「雑々聞撿書(11)」である。これは天文から天正初めまで活動した伊勢貞助の手になる故実書で、主に弘治から永禄年間にかけての、貞助が実際にその場に居合わせて見聞した三好・松永・足利義輝関連の記事で構成され、三好氏の諮問に答えた記事も多数ある。記主である伊勢貞助は、奉公衆でかつ申次衆の伊勢加賀守家の人で、貞遠の子である。貞助の子貞倍は因幡守家を継承し、貞助のもとには加賀守家・因幡守家の故実はむろん、惣領伊勢守家や下総守家などの故実もあったと思われる。(12)

官途についての記述は、「大館常興書札抄」の内容とほぼ同じだが、末尾に「此官途受領事、大館与州常興被注物ニ在之、但不審共多之、猶可相尋者也」とある。常興が注した内容に不審が多いとあるのは、伊勢一族の説と大館家の説とで若干認識が異なっていたことを示すのだろう。公家の有職故実でも家ごとに異なる説があることがよく知られているが、武家でも十六世紀には同様な状況になっていたのである。また、「雑々聞撿書」が記された時期と、常興が記した時期には少なくとも三十年の違いがあるから、時期による違いもあったか。

次に公家側で作成されていた史料を見たい。まず第一に挙げられるのは「職原抄」(13)である。言うまでもなく南北朝期に北畠親房が執筆した書である。

「職原抄」は多くの研究がなされており、写本の系統として、北畠氏の子孫から様々な家にもたらされていることが明らかにされている。すなわち、伊勢北畠氏から一条兼良を経て、清原・三条西・甘露寺ら多くの公家の手に渡り、また兼良と親交のある美濃守護代家の斎藤妙椿を経て、四条・中御門氏らに渡っている。(14)十五世紀半ば以降、京都の公家社会および武士が多く目にしていたことが窺える。

一方で文明十四年に武蔵国人安保氏泰が書写した写本は、元は中原・三条西家に由来し、安保書写後に足利学校にもたらされている。(15)西国でも、『実隆公記』永正五年(一五〇八)九月二十二日条において、大内家臣龍崎道輔が職原抄を携えて三条西実隆を訪問し、書付を依頼していることから、大内氏家中でも流布していたと推測される。この道輔は、その後も官位不審についての条々を一巻・二巻にまとめて実隆に尋ねている。(16)これらから、関東や中国・北九州の武士も、畿内周辺同様に所持して読んでいたことがわかる。

こうした「職原抄」の流布をよく物語る史料に「旅宿問答」(17)がある。この書は禅秀の乱についての記述があることでよく知られているが、本文中に「職原抄」とその注釈による知識をもとに、官位が語られている記述が散見される。一例を掲げよう。

大蔵ハ唐名大府、内蔵ハ禁中計宝物ヲ知、大蔵ハ従国国納宝物知也、常陸ニハ紬、武蔵ニ鐙等也、昔ハ国々六十六箇所ニ有ト蔵見タリ、其証拠ニハ、中殿ノ常陸ノ御蔵開置ケ、今日御器物ヲサメ置ヘシト云歌アリ、此官ヲハ、可然殿上人ハ不望之、名家ノ殿上人及地下諸大夫仕之、織部ハ此官也、殿上ノ御服ノ事ヲ知、天子御服十二章文有之、其ト申ハ日月星辰山竜宗彝火粉米黼黻等是也、職原抄見タリ、

（中略）

サテ弾正ト申ハ職原抄ニ掌ル糺弾事ヲ、礼義位階等ヲモ能ク糺、公卿大臣法印僧都ノ会合、威義法度迄モ知之、洛中洛外ノ順道非道ヲモ能能糺ス職也、サレハ弾正ノ二字ヲハマサシクタヽスト読候、サレハ唐名ヲ号霜台ト事ハ、霜ノ万草ヲ枯スコトク、為犯人ハケシキ義ニ候、此職ノ下官《サクワン》ハ疏ニテ候、此琉〔疏〕ノ字ヲハワクルト読候、此司ノ者京中ヲ疏テ、善悪ノ犯否ヲ糺シ、忠届ニハ其々ニ被行候、其上ハ忠ニ候、此忠ノ字ヲハマツリコトヽ読候、其上ハ小弼ニ進ミ候、是正五位下ニテ候、弼ノ字ヲスケト読候、助スケハ六位ニ候ヘトモ、此弼ハ五位ニ候、其上ハ大弼ニ昇リ候、是ハ従四位下ニ候、其上ノ極官ハ尹ニ候、是従三位ニ候、忠ハ正六位上ニ候、隼人正ナト同位ニ候、

（「旅宿問答」は末尾に永正四年十二月八日の日付が記される）

ただし「辺土ニ用候官途ヲハ、大概彼職原抄ニモ愚僧今無如語申候、大方ニ候」とあるように、地方で用いる官途は「職原抄」にも則っていないとも文中にある。

いずれにせよ「職原抄」は、中世後期に公家はもちろんのこと、武家社会にもとどまらず、社会全体に多く流布していたことが窺える。「職原抄」は中・近世に多くの注釈書が記され、今も国文学の分野で研究されているが[18]、「職原抄」本体が日本全国に知られていたことが根底にあったからと言えよう。

次に挙げられるのが「百寮訓要抄」[19]である。これは二条良基執筆による仮名書きの書で、「職原抄」とともに南北朝期の官職の実情をよく記したものとして知られる。記述が簡易である分、「職原抄」より軽く見られたようだが、多くの写本が作られ、江戸時代にも出版刊行されている。

良基の執筆契機が、永徳二年（一三八二）頃に足利義満に見せるためであり、そのため武家の中にも多く目にした者がいたと思われる。例えば『康富記』宝徳三年（一四五一）三月三日条に「自三条殿、以康顕賜公方百官御草子、可見合之由被仰之、少々付不審紙返進了」とある「公方百官御草子」は、足利将軍家蔵の「百寮訓要抄」ではないかと指摘されている[20]。

公家社会の中でも多く書写されたが、早くに誤写脱漏が多く出ている。武家関連では、京都府立総合資料館（現京都学・歴彩館）本に、延徳元年（一四八九）十二月二十日付で、大館尚氏が清元定所蔵本を書写したことが奥書に記してあり、元定は壬生家の官庫にあったものを書写している。

本云
文明壬寅二月十日以壬生官庫之本頓写了
朝散大夫　印判

本云
右一冊者、以清筑後守元定所持本令書写之、遂校合者也、
延徳元年十二月廿日　大館伊予守也 尚氏

そしてこの写本の原見返しには、本文と同筆で大永四年（一五二四）に書写したとの記述があり、杉原賢盛の系図

が見返しにあることから、これは奉公衆杉原氏周辺で書写された可能性が高いと指摘されている。さらに明応十年（一五〇一）徳大寺公胤筆写の尊経閣文庫本には、伊勢駿河（貞雅か）説の「御書誘様」があり、伊勢氏も所持していたことが窺われる。(21)

武家の叙任に深く関わった大館常興と伊勢一族がともに所有していることが明確であり、「職原抄」だけでなく、「百寮訓要抄」も重要視されていたと言える。

前二書よりも成立自体はずっと早く、鎌倉初期の平基親の手になるのが「官職秘抄」(22)である。公家同士の書写はこちらも多くなされている（小槻氏など）。今回悉皆調査したわけではないため、武士による書写は確認できなかったが、所蔵していた、目にしていた可能性は高い。ただし内容的に、鎌倉初期の状況が反映されているのと、どのような人物が任官できるかに記載の比重があるためか、武家の叙任にどこまで参考にされたか疑問が残るところである。武士の書写が見当たらず、「職原抄」や「百寮訓要抄」のように古記録上で見ている姿が確認できないのは、こうした書の性格によるかもしれない。

他に中世後期に成立した官位に関する書としては、「官職難儀」(23)（吉田兼右筆、永禄六年〈一五六三〉以前に成立）や「百官和秘抄」(24)（天正十三年〈一五八五〉成立）があるが、成立年代の遅さから今回は対象外としている。ただ「百官和秘抄」は、豊臣政権の新たな武家官位制成立に寄与した可能性が高いので、別に改めて検討する必要があるだろう。

官途奉行（摂津氏・大館常興・二階堂政行）や奉行人、幕府申次衆、伊勢氏などには、こうした故実書の書写・授受による知識の共有がなされ、官途に関する共通認識が存在したのである。また、幕府申次衆へ新たに抜擢された奉公衆の人は、職掌上必須となるため、多くの故実知識を求め、集積している。大館常興から安東政藤・大和晴完・曽我助乗(25)が故実を得ているのは、こうした背景があったのである。そして、形成された幕府の官途認識は、各地の大名・

領主が叙任を求めて幕府と交渉を持った際に、使者に伝えられ、そこから各地へと伝播していったと思われる。[26]

なお、鎌倉期に村落で行われた官途成で、律令官にない荘園・寺社の役職に由来するもの（荘園の役職では庄司・惣官・専当など、寺社の役職では上座・祝など）が用いられたのは[27]、律令官にどのようなものがあるかの知識が、まだ村落レベルでは乏しかったことに帰因するのではないだろうか。

2　故実書の内容と実情との対比

前節では官途について故実書に記されて、各方面へ伝播したことを述べたが、では故実書の記載内容と、史料・実例からわかる実情は対応しているのだろうか、それとも乖離していたのだろうか。この点を明らかにする必要がある。ここでは、公家と武家との間の関係を中心に見ていく。なお受領官については、すでに旧版で見たとおりであり、以下は京官を主に取り扱う。

まず八省輔を見る。

「職原抄」では、

中務…「相当異于七省」「中務八省中相当已高」

式部…大輔は「近代儒中二位三位帯之」、少輔も「儒中之重職也、仍他人不任之」

民部・治部・兵部…「名家執之」で「地下諸大夫等細々不任之」

刑部…「近代雖侍五位任之」

大蔵…「近代諸道及侍五位又任之」

宮内…「名家殿上人及諸大夫五位任之」

一方「百寮訓要抄」では、

中務…「いまはよろつの者とも善悪をいはす任す」

式部…「儒家ならては任せす」「儒道の人任すへし」

治部…大輔「いまは零落し侍る也」、少輔は大輔と「さほとの勝劣はなきにや」

民部・兵部・刑部・大蔵・宮内…「諸家みなこれに任する」「大蔵・宮内なとはいたく人の執し侍らぬにや」

とある。まとめると、中務は、八省の中でも重職であり、親房の時代では任官も特別扱いであったのが、良基の時代には朝廷でも特別扱いでなくなっている。治部大輔と少輔には、さほど優劣がないとされ、他には、式部が儒家のみに限るべきとされているのを除くと、とくに任官に障害はないとされている。ではこれらは、南北朝期の武家任官にどのように反映されていたのか。

すでに観応の擾乱以前に吉良満義（・石塔頼房）・畠山国氏(28)が中務大輔となっており、擾乱後も吉良満家や上杉朝憲（・今川氏家・山名氏冬(29)）など多くの事例が確認できる（括弧内は少輔とも表記される）。中務少輔も、上杉憲藤・二階堂行元・仁木頼夏・桃井直和(30)などが確認できる。ただしこれらは基本守護や足利一門などの有力な人物であって、地方の人物にはいない。

儒家のみに限るとされた式部では、大輔に大友（直世カ）・細川(31)、少輔に鵤木(32)（安房の人）が見えるぐらいで、あまり事例はない。

その後十六世紀になると、「大館記」の「披露事記録天文八年(33)」に次のような記述が見える。

一摂州物語云、杉三川守大内方被官也官途民部大輔口　宣之事、可有申沙汰之由、昨日従　御台様被仰下之間、則職事

へ申之調進也云々、彼三川守八省輔事以近衛殿懇望申、可為如何哉由、去廿日内々被尋下旨、日行事承之、各相談、御返事申上訖、八省輔事、人之被官なといかゝに候、但任之も有之歟、何篇時分柄御事候間、此儀ハ可有御免哉、然者式部大輔・治部大輔此両大輔之事ハ、子細あるやうに承候き、其外たるへき歟之旨言上也、然間被任民部大輔哉、

摂州＝摂津元造は大館常興に対し、大内家臣杉興重が八省輔任官を望んでいる、式部・治部大輔については子細あって許可できないが、その他ならば結構として民部大輔に任官したことを語っている。

また常興は、「大和家蔵書」の「大館伊予守尚氏入道常興筆記」(34)巻一にある「八省の事」でも、

八省卿ハ公家方被任之、其内にても中務卿・式部卿ハ親王家ならせ給ふ間、此両卿にハ公家の人々も拝任なし云々、殊式部卿の事、取分しつしおほしめしける由承候、大輔・少輔にハもつはら武家の輩拝任候、然に御紋の衆の外ハ、諸侍なとハ其家に成つけさるハ更以不被任之、其内にても猶以式部大輔ハ一向に武家方衆にハ不被成之、又治部大輔ハ等持院殿様ならせましくたるとて、うちまかせてハ不被任之、吉良殿・斯波殿なとハもつはら被任之、其外ハ不被拝任也、八省丞にハ諸侍たれくも任候也、そうして八省輔の事ハ、しつし思召候官也、又或ハ中務大夫、或ハ式部大夫・弾正大夫・掃部大夫なとゝ申候ハ、けりやう中務丞・式部丞・掃部助・弾正忠なとゝ申候か五位に叙候へハ、則大夫と申候儀にて候を、例式の官途を申やうに望申事、いかやうにハ候へとも、武家方の申さた故実ならひにて、かやうにのミ申儀にて候、将又兵部卿も親王家被任候へ共、此兵部卿の事ハ、中務・式部なとのやうにハ候ハて、誰々も被任候也、誰々もとハ公家方の事也、

と述べ、傍線部分で、式部大輔は武家では任じない、治部大輔は足利尊氏が任官したことから吉良・斯波などを除いてはあまりさせないとしている。これらから十六世紀前半段階でもなお治部・式部の大輔は、武家でも特別扱いであ

ったことがわかる。

以上のように、公家・武家ともに故実書では規定がなされていたことがわかるが、実際の任官はどうであったのか。文書・記録からわかる八省大輔の実例を見ると、

治部大輔…基本的に足利一門中で家格の高い家が任官していた。

式部大輔…幕臣で任官していたのは上野・畠山氏の足利一門ぐらいで、地方の国人の自称には数例見える。[35]

他の六つの大輔…少輔よりも事例は少ないが、さほど制約はなかったようである。

となり、実際限定されていたことが窺える。ただし幕府の直接的影響力が薄い地方では、治部・式部もさほど関係なく自称されている。なお八省の長官である卿は、任官も自称も事例は基本見当たらない。数少ない事例は以下の通りで、

上平式部卿[36]…陸奥岩城郡二屋社神主で神官。間違いなく自称だろうが、僧侶の「〜卿」同様の感覚であろうか。

誠神兵部卿久秀[37]…大和宇智郡の人。坂合部郷定書に連署している一人で土豪クラスか（ただし誤字の可能性もある）。

石塔頼房…『後愚昧記』康安元年（一三六一）十二月八日・二十七日条から刑部卿であったことがわかるが、これは南朝勢力として入洛しているので、南朝による特殊な任官事例である。

ところで、豊臣政権下では、「〜卿法印」が多く見える。[38]

中務卿法印　宮部継潤・有馬則頼
式部卿法印　宇喜多忠家・松浦鎮信・楠正虎・徳永寿昌
民部卿法印　前田玄以
兵部卿法印　金森長近

刑部卿法印　松浦鎮信・有馬則頼・長谷川宗仁（法印でなく法眼）
大蔵卿法印　横浜良慶
治部卿法印　桑山重晴・日根野弘就
宮内卿法印　某忠文（豊臣姓で宮内卿に任官）

信長時代の松井友閑の宮内卿法印[39]が先駆けと見られるが、いずれも豊臣政権時では高齢の人物が多く、公家成・諸大夫成の代わりに八省卿法印としたのであろう。

次に内蔵寮である。前節で見た武家側の任官基準には、実は内蔵寮の官は見当たらない。長官である内蔵頭が、中世後期に公家山科家の独占であることに配慮してかは定かでないが、事例を見ても、内蔵頭は正式な任官はもちろん、私称でも永禄以降にしか見えない。内蔵助・内蔵允も、大半は十六世紀に入ってからで、十六世紀以前の事例[40]も、

相馬胤藤…文和二年（一三五三）の軍忠状に「相馬蔵助胤藤」。

大矢某…武蔵の人、応永二十年（一四一三）に「大矢蔵之輔」（ただし「〜之輔（助・丞）」のような官途の書き方は近世的なので、検討を要する）。

今枝某…文明頃に「今枝蔵助」。

樫村貞次…赤松家臣。文明〜明応頃の自身で出した書状に「樫村内蔵助貞次」

佐竹某…土佐の人。明徳三年（一三九二）の鰐口銘に「内蔵介」とある。

斎藤某…対馬の人。寛正二年（一四六一）の宗鎮世安堵状に「斎藤蔵介」とある。


で、樫村貞次以外は、「蔵助」「内蔵介」であって、「内蔵助」ではないのは注意を要しよう。つまり、内蔵寮の官は当初から基本武家では用いないことになっていたようで、幕府の影響力が低下するまで守られていたことになる。

次に見るのは、囚獄司の官である。「職原抄」に「近代不必任此司、若憚名号歟」、「百寮訓要抄」に「よひ名も不吉なるによりて、いたく近比は人の任せぬ職也」とあるように、鎌倉後期以降、朝廷では任じられることもない官であった。武家でも十五世紀まで使用例は見当たらない。「旅宿問答」にも、「大判事囚獄、此司被官也、是等ハ田舎ニ不用官ナレハ不及其沙汰」とある。

それが永禄年間後半に入ると、上野・甲斐・薩摩で初めて確認されるようになり(41)、その後は関東・甲信越・出羽・薩摩で用いられている(42)。ただし近畿・中国・四国には見えないままである。

囚獄同様に忌避されていたと見られるのが、諸陵寮の官である。こちらは十六世紀になっても、武家の使用例は見当たらず、逆に公家側で任官が確認される(43)。これは何故であろうか。囚獄は職掌的に刑罰・監視に関する官であるため、使用にもまだ意義があるが、「百寮訓要抄」に「喪葬凶礼を宰」る諸陵は、墓守のようなイメージがあったため、武家では忌避されたのであろう。

この他、「官途等類事」に見える官途、見えない官途の実用例を見ていくと、まず、表記されていても、全時代を通じ幕府直臣が任官していない官（地方大名家臣には見える）は、次の通りである。

大炊頭・主計頭・正親正・正親佑・内膳正・隼人正（南北朝に一例あるが幕府からか不明）・木工頭・主水正・造酒正・造酒佑

大隅守・志摩守

一方、表記されていない官では、

外記…南北朝期には安威親脩・雑賀某・布施康冬・三善倫義(44)など、いずれも権少外記だが任官した者が複数いたものの、十五世紀以降幕府では任官事例見えず。地方では外記の自称はある。

内記…天文四年（一五三五）の里見家臣久我重徳[45]以降各地で見られる。武田家臣内記内記助勝長[46]のように苗字にする者もいるが、やはり幕府および近畿地域では事例なし。

大舎人（大舎人允）…自称も九州にしか事例はない。[47]

舎人…自称も事例は関東・九州のみ。[48]

織部正・佐・佑（本来佐・助は織部にはない）…十六世紀に入って、幕府を除いた全国各地で見られる。[49]ただし正は豊臣期以降。

主膳…享禄五年（天文元年、一五三二）の大友家臣大津留主膳助惟忠[50]が今のところ初見か。幕府にも永禄末に結城主膳正[51]が確認できる。

主馬…永正七年（一五一〇）の池端主馬[52]（大隅祢寝家中）、永正八年の伊賀崎主馬首[53]（安芸天野家中）以降見られるようになる。幕府では永禄八年に進士主馬首[54]が確認できる。

内匠…十五世紀に関東にいる（那波・神保・豊島）[55]以外は、十六世紀の事例のみ。幕府でも十五世紀段階は文安の番帳[56]の萩内匠助のみ。

主税…文明九年（一四七七）の小田部のちからのすけ（筑前の人）、文明十五年の三代主税助（大友家臣）、明応二年（一四九三）の富岡主税助[57]（上野国人）以降各地で見える。幕府にはいない（三好三人衆石成友通は任官した可能性あるか）。

主殿…十五世紀段階から九州を中心に確認されるが[58]、幕府には任官した者がいない。

主水…十六世紀以降多く見える。[59]幕府では永禄の番帳[60]の水主主水助のみ。

公家・諸道に関わる官である典薬寮・陰陽寮・皇后宮（皇太后宮・太皇太后宮）職・中宮職・春宮坊・斎宮寮・弁

官・少納言・史は、基本用いられることはないが、中宮は、出羽の小野寺稙道が中宮亮[61]を、典薬は、大友義統家臣竈門氏が典薬允[62]をそれぞれ用い、斎宮は、織田秀信家臣斎藤徳元が斎宮頭に任官した可能性が高い[63]。

また蔵人頭は、私称で多く確認される[64]。

となる。「官途等類事」以後に、幕府の任官基準も拡大していたが、表記はされていても、本来特定の公家や地下官人が任官する造酒正（中原など）・主水正（清原など）といった官は、実際に任官させることはなかったようである。

一方で表記されていない官途を名乗る地方武士も十六世紀に多く確認できる。おそらくは、「拾芥抄」や「職原抄」などから存在を知り、周囲の者があまり使用していない官途であるため、敢えて名乗ったのだろう。中には、律令に存在しない官途（鉄炮助・琉球守）、「すけ」「じょう」を付けた官途（勘助・半丞など）、律令官に似た官途モドキ（数馬・左門など）を使う者も現れる[65]。戦国期には、いわゆる変わり兜の使用のように、自身が他人と異なる存在であることを主張する風潮もあったが、官途名乗りでもそれは適用されたのである。

最後に官位相当についても見たい。律令官位は、本来官途と位階とが対応する官位相当制であった。「職原抄」にも官位相当は記されており、鎌倉期に朝廷で官位相当が乱れるようになったとはいえ、まだ遵守すべきとの気風は残っていた。一方で「百寮訓要抄」には記述がなく、位階の項目で、「官位相当にのする所の官と位と、中古以来はさらに相当の事なし、皆位はたかく、官はいやしきなり」とあって、南北朝期にさらに官位相当の乱れは進行していた。実際、左右兵衛・衛門督などは全体的に任官者の位階が低下している。なお「旅宿問答」中に「官位相当ノ抄ヲ可有披見候」とあるように、官位相当を抄出した書も当時存在していたようである。

このように中世後期では、公家社会でも官位相当は気にはされているものの、実態としては崩れている部分があった。

しかし、中世後期の武士には、そもそも官位相当の意識は存在していなかった。

まず武士が位階を与えられる場合、基本五位への叙爵が最初（四位に跳ぶ場合も稀にある）であった。口宣案には「正六位上」と記される場合もあるが、これは便宜的なもので、実際に六位であったわけではない。段階的に昇進したように見せるためのものである。例えば「和長卿記」文亀元年（一五〇一）正月十四日条に次のような記述がある。

今日武田大膳大夫元信四品位記、遣摂津中務大輔元親許畢、依為武家之官位奉行也、此事去十日有次第下知、元信雖不叙爵、今度令四品之間、事之議余不可然歟、職事以叙爵分、従五位下ト書載之、又越階雖過分、於武家之輩者、次第加級先々無其沙汰歟、不守次第猥昇進、却可為武家様歟、近例間又如此歟、雖然於四品者、先叙爵之議簡要歟、其後次第加級者不厳重之段、云近例云事議、不可苦哉、

宣旨

明応十年正月十日　宣旨

従五位下源朝臣元信

宜叙従四位下

蔵人頭左中弁藤原守光奉

いまだ叙爵していなかった武田元信を従四位下に叙すにあたり、段階を踏んで昇進したように見せるため従五位下と口宣案に書き載せたのである。

また、叙爵と任官が同時に行われた事例を見ても（口宣案・古記録・歴名土代など）、

応永十六年　安保宗繁　従五位下信濃守　「安保文書」[66]

永享九年　一色教貫　従五位下宮内大輔　「薩戒記目録」

宝徳元年	足利成氏	従五位下左馬頭	「妹尾文書」(67)
享徳三年	東常縁	従五位下左近将監（口宣案に正六位上と記載）	『康富記』
文明十八年	細川政元	従五位下右京大夫	『後法興院記』
長享元年	飯尾元行	従五位下大蔵丞	「宣秀卿御教書案」(68)
長享二年	結城尚豊	従五位下近江介	「宣秀卿御教書案」
文亀元年	佐々木大原政信	従五位下検非違使	『宣胤卿記』
享禄元年	摂津晴門	従五位下中務大輔	『歴名土代』(69)
天文三年	二階堂重泰（晴泰）	従五位下左衛門尉	『歴名土代』
天文十年	渋川義基	従五位下左兵衛督	『歴名土代』

といった事例が挙げられる。本来の官位相当からすれば、そぐわない官であっても一律に従五位下に叙して叙任が行われていたのである。これは豊臣期以降の諸大夫成にも踏襲されている。

場合によっては、任官だけ認められて叙位されない時もある。例えば延徳三年（一四九一）の長野政藤は、「宣秀卿御教書案」に「今日女房奉書被仰下、御料所栗真庄御代官也、伊勢ノ長野也、為五位分可任也、可書載位之条可然事也、但於位者、無　勅許、推而載之条不可然之間如此、当時武家之儀御沙汰外也、不及下知」とあるように、宮内大輔任官のみ許されている。

官途の変遷からも見てみたい。基本的に中世後期の武士の一個人の官途変遷は、諸寮助・八省丞など京官から受領へ改めるのが通常であった。

島津貴久　　三郎左衛門尉→修理大夫→陸奥守

大館尚氏　治部少輔→兵庫頭→弾正少弼→左衛門佐→伊予守
本郷政泰　宮内少輔→左衛門尉・大夫判官→美作守
若狭武田信賢　治部少輔→大膳大夫→陸奥守
栗林政頼　次郎左衛門尉→治部少輔→肥前守
織田信長　上総介→三介→尾張守→弾正忠
また幕府奉行人は、衛門・兵衛尉から京官、そして受領へのルートが多い。
飯尾元行　新左衛門尉→大蔵丞・大蔵大夫→大和守
清元定　四郎左衛門尉→式部大夫→筑後守
ただ、必ずしも最終官が受領というわけではなく、家の先例として、受領の後に転任する場合もある。例えば能登畠山義忠は、左馬助→阿波守→修理大夫といった変遷をたどっているし、二階堂政行は、三郎左衛門尉→山城守→中務権大輔となっている。

このように本来の官位相当からすれば、格下となる官途へ移ることがよく見られるわけだが、これは当時の武家社会で官位相当は気にされず、家の先例や武家の由緒が第一とされるためである。

では、いつから官位相当は武士に無関係になったのか。少なくとも二条良基が「百寮訓要抄」を記した義満期頃には確実であろう。南北朝期（直義執政期）の成功叙任でも、従五位下左近将監・左京亮・和泉守・兵庫助などの同時の叙任が行われていることが、『園太暦』によりわかる。

二条良基は「百寮訓要抄」で「中古以来」なしと言っているので、元々鎌倉後期頃から全体的に崩れていたものが、南北朝内乱の中で武士叙任が盛んになされるようになったのが決定的となって、武士において官位相当は完全に無実化したと言えよう。

3 故実書に見える認識は実際にどのように利用されたのか

ここまでの検討で、故実書や「職原抄」などに見える記述が、実際の任官にかなり反映されていたことが、実例による現象面から明らかになった。しかし故実書の記述は、現在の状況と乖離している場合もある。任官の基準として機能していたかどうかを確認するため、任官手続きの過程の中で、故実書の記述・認識は、具体的にどのように利用されていたのかを、以下で見ていきたい。

室町幕府における叙任手続きは、基本的に先例にのっとって遂行されている。この先例がないと、叙任に際しての障害ははね上がる。例えば大内政弘が、父教弘への贈従三位を求めた時は、一度目は将軍足利義政に先例無しとして、すげなく却下されて失敗している(70)。また大内義隆の大宰大弐任官や昇進、被官の叙任は、基本幕府を通さず、懇意の公家を通じて働きかけがなされて成就しているが、これは幕府を通じてでは到底叶わないとわかっていたためであろう。それでもさすがに大宰大弐任官は、後奈良天皇から一度却下されている(71)。

幕府の基準に照らし合わせて、求めた官位が変更される場合もある。例えば長禄四年(一四六〇)に奉公衆太田光が受領任官を申請した時、「長禄四年記」(72)によれば「大田大炊助受領事、於殿中伊勢守方談合、於上総介者、可有斟酌歟之由有之、仍上野介御免也」とあって、当初太田は上総介任官を望んでいたものの、伊勢貞親と官途奉行摂津之親とが談合した結果、上総介は上位官途であるからか、「斟酌あるべきか」とされ、誰でも任じられる上野介へと変更されている。

また、先例があっても任官できないケースもある。天文八年（一五三九）に摂津元造が修理大夫の任官を申請した時のやりとりが『大館常興日記』天文八年十二月二十五日条に見える。

一摂津守元造朝臣官途修理大夫事、以申状被申之、彼祖父之親朝臣此官也、仍其時之女房奉書後花園院宸筆也云々、并口宣慈照院殿様御判被居之、両通被備　上覧之、仍此分以宮内卿殿御局伺入之也、仍則被御申入之処、於様躰者委被聞召訖、乍去被思食子細ある間、今ちと可被相待申由被仰出之云々、然者則以愚札摂州方へ申遣也、

元造は、祖父之親の先例があると述べ、之親任官時の女房奉書と袖判口宣案を証拠書類として提出したものの、傍線部にあるように、義晴に思うところがあって保留されてしまった。けっきょくその後元造が修理大夫になることはなかった。

では、先例がない官途への任官申請がなされると、幕府はどう対応したのか。

一つ目の事例として、日向伊東義祐の弾正大弼申請を見る。伊東義祐は、天文八年に弾正大弼任官を幕府に申請した。この時幕府では、弾正大弼はさほど高官ではないけれども、「武家方近代不及承」ため、却下している(73)。なお、義祐が弾正大弼を願ったことを耳にした豊後の大友義鑑は、伊東家は代々大和守であり、幕府は家相応の官途を与えるべきだと主張して横やりを入れている(74)。

翌天文九年、義祐は、取次を務める伊勢貞孝のアドバイスもあってか、大膳大夫に替えて改めて任官を申請する。すると幕府では、伊東氏の家に大膳大夫任官の先例はないが、（武家全体で先例のない）弾正大弼よりはいいだろうと、義晴の諮問を受けた内談衆の意見が出され、結果許可されている(75)。

ただし任官自体は棚上げされてしまっており、天文十年になってようやく実現している。取次伊勢貞孝が、伊東氏は島津被官ではないとわざわざ保証しているので(76)、これも大友義鑑から義祐が将軍直臣ではなく、島津被官であると

主張がなされたためであった可能性が高い。義祐が島津被官であれば、将軍から見て直臣ではなくなり、任官そのもののの障害が大きくなるからである。そのため取次の伊勢貞孝は、義祐のために奔走し、島津被官ではないだけでなく、すでに将軍から「義」の一字偏諱も授与しているのだから、大膳大夫任官には問題ないと申し入れ、無事に任官を成功させたのである。

ではなぜ弾正大弼任官を幕府は渋ったのか。元々「職原抄」で「殿上四位五位官也、為顕職、近来多及地下、為無念之儀」、「百寮訓要抄」で「四位五位これになる、殿上人なと常になる官也」とあったので、武家側で任官しないようにしていたのであろう。「官途等類事」にも見えず、任官できる官途から除外していたのである。

ではその規定は本当に守られていたのか。伊東義祐以前に弾正大弼として見える事例は以下の人物である。

桃井直常…『園太暦』文和四年（一三五五）正月十六日条に「桃井弾正大弼直常」とある。ただしこれは足利直冬方として行動した際のもので、直常が弾正大弼とあるのはこれのみである。その後『師守記』貞治六年（一三六七）五月二十六日条に見える「桃井□磨守入道俗名直□」が直常であれば、弾正大弼は南朝による任官と判断できようか。

白河結城政朝…連歌の署名に記しているがこれのみで、他は弾正少弼でしか見えない。(77)

筑前原田隆種…おそらく大内義隆の執奏によるのだろう、天文六年正月八日に任官している。(78)しかしその後、史料上では弾正少弼で見える。

また義祐とほぼ同じ頃に、陸奥の浪岡具永が任官しているが、(79)後に左中将に任官していることからわかるように、具永は武家ではなく、公家扱いであるため問題はない。

おそらく義祐は、原田隆種の事例を念頭に任官を依頼したのであろう。ただ隆種は大内義隆が幕府を通さずに執奏して実現させた可能性が高く、幕府を通じて申請した義祐は却下され、隆種も実際には弾正少弼を使用している（せざるを得なかった）。

ただ義祐の一件の後には弾正大弼へ任官する道が開けていたようで、南陸奥から下野に次の三例が確認できる。いずれも京都から遠隔地なので私称の可能性もあるが、二階堂照行は正式な任官であるのが明らかなので、前節で見た幕府内の任官基準拡大の中で弾正大弼も可能になったのだろう。

陸奥二階堂照行…天文二十二年に従四位下弾正大弼に叙任。(80)

陸奥相馬盛胤…天文末頃に伊勢氏の書状案(81)にある。

下野小山秀綱…弘治三年（一五五七）以降見える(82)。ただし古河公方からの認可だろう。

二つ目の事例は、加賀富樫稙泰の富樫介任官申請である。これは『宣胤卿記』永正十五年（一五一八）十一月十六日条（史料大成本には未収録、『加能史料』および東京大学史料編纂所架蔵写真帳で確認）に見える次の記事である。

摂津掃部頭元直来、富樫介口　宣事談合、此介何国哉、無所見之由申之、加賀介可然歟、相談後、又以使者云、申合雑掌之処、難相計之間、下国可申入云々、右之由申也、

幕府官途奉行の摂津元造（この時の名は元直）が、（富樫稙泰の申請による）富樫介任官口宣のことで中御門宣胤を来訪し、元造は「この介はどこの国か、見たことがない」と述べ、「加賀介にしてはどうか」と相談した。その後使者で「富樫の使者と話したら、現状では調えがたいので、加賀に下国して（改めて）申入れるとのことだ」と宣胤に伝えている。

稙泰は、本来律令官に存在しない「富樫介」の任官を依頼したので、幕府・朝廷としては困惑しながらも、「加賀介」に該当すると判断したのである。これには、大内氏が「大内介」を名乗る際、周防介に任官していたことが根底

にあるのだろう。

三つ目の事例は、山名祐豊の按察使任官申請である。これは次の「兼右卿記」永禄十二年(一五六九)三月十四日条に見える。

為武家御所以大館伊与守被尋下云、山名入道一官望申之、就其可内談申之旨、上意云々、一紙如此、

按察使 山名入道望之候、可在如何候哉、尋可申旨、御内証候、

予返答、

按察使ハ大中納言之兼官候、古今武士之族任之事不承及候、猶広可被尋究候哉、

但馬の山名祐豊から、幕府に対して按察使任官の申請があったので、足利義昭から大館晴忠を介して吉田兼右に諮問がなされ、兼右は、「按察使は大中納言の兼官する官であり、古今武士が任官したためしはない。ただしさらに広くお尋ねになるように」と返答したのである。この時幕府の官途奉行である摂津晴門が健在ではあるが、按察使の事例は武家に存在しないためよく知らず、兼右にも下問がなされたのだろう。

なぜ祐豊は按察使任官を求めたのか。祐豊は天文九年に右衛門督に任官していたが、[83] 息子(次男義親か)へと継がせるために、それに替わる新たな官途への任官を求めてであろうか。按察使は、「職原抄」「百寮訓要抄」ともに諸国の項(東山道)に記しているので、祐豊は受領官の一つとして任官も可能かと考え、申請したのだろうが、けっきょく祐豊の申請は通らなかったようである。

このように、幕府に対して先例故実のない任官申請があると、まず幕府内で先例を知る者に聞き、それでも不明だと、公家で詳しそうな者へ尋ねて対応していたのである。また幕府では、先例や故実をもとにした任官基準を設けて対応したが、取次の才覚により、先例のない叙任も実現可能であったのである(進物の多寡も関係あったかもしれない

が)。

おわりに

武士たちは、類書や「職原抄」などの官途について記した書、あるいは幕府関係者から官途についての知識を獲得し、それをもとに自身が任官したい、名乗りたい官途を選択した。ただしそれは何でもいいわけではなかった。幕府側も叙任に関わる階層が知識・先例を共有し、それをもとに判断を下していた。先例がないと公家とも相談した。そこには朝廷の現状にも即して形成された官途の秩序が存在していたのであり、幕府に近い地域ほどそれが守られている。逆に言うと、そうでない地域、例えば対馬や薩摩などは他地域に見られないような官途が使用されているし、関東では鎌倉公方・古河公方の下で独自の官途秩序が形成されている。

では室町幕府の官途秩序から、豊臣政権・近世武家官位制への接続にあたって、こうした知識の行方はどうなったのだろうか。「職原抄」をはじめとする朝廷の官位書およびその注釈書は、江戸初期に書写・出版されている。その一方で、室町幕府の官途認識に関わる記載のある故実書は、ほとんど書写・刊行されることはなかった。これは偏に室町幕府の官途秩序崩壊と、近世武家官位の成立により、それまでの武家社会で蓄積された認識が不要となったことが大きいのだろう。

豊臣政権および江戸幕府によって新たな武家官途の秩序が構築され、武家社会全体でも寛文年間以降、江戸幕府が律令官を私称することを禁じていくことで、全く変質していくこととなる。これによって室町・戦国期の官途の実態に対する知識は、後継者の不在により失われてしまったのである。

注

（1）金子拓「鎌倉幕府・御家人と官位」（同『中世武家政権と政治秩序』吉川弘文館、一九九八年）など。
（2）ここまで本書の旧版である拙著『中世武家官位の研究』（吉川弘文館、二〇一一年、以下拙著はこれを指す）による。
（3）翻刻はいくつかあるが、本稿では、古辞書叢刊刊行会編（雄松堂書店、一九七六年）を用いた。
（4）橋本義彦「『拾芥抄』」（同『日本古代の儀礼と典籍』青史出版、一九九九年）。
（5）注4橋本氏論文による。
（6）前田育徳会尊経閣文庫編（八木書店、一九九七〜九八年）を用いた。
（7）橋本義彦「『二中歴』」（注4文献）。
（8）『群書類従第九輯』。
（9）拙稿「「大和家蔵書」所収「大館伊予守尚氏入道常興筆記」」（『東京大学日本史学研究室紀要』二二号、二〇一八年）。
（10）「大和家蔵書」および大和晴完については、拙稿「大和晴完とその故実について」（天野忠幸・片山正彦・古野貢・渡邊大門編『戦国・織豊期の西国社会』日本史史料研究会、二〇一二年）参照。
（11）国立公文書館所蔵「武家故実雑集」所収。
（12）拙稿「後鑑所載「伊勢貞助記」について」（木下昌規編『足利義輝』戎光祥出版、二〇一八年、初出二〇〇九年）。
（13）「職原抄」は多くの写本があり、活字翻刻も現在数種ある。本稿では、さしあたり白山芳太郎『職原鈔の基礎的研究』（神道史学会、一九八〇年）所収の翻刻を利用している。
（14）遠藤珠紀「『職原抄』の伝来について」（阿部猛編『中世政治史の研究』日本史史料研究会、二〇一〇年）。
（15）注14遠藤氏論文。
（16）『実隆公記』永正五年十月二日・十一月十三日・十一月二十八日条など。
（17）『続群書類従第三十三輯上』。
（18）これについては、小峯和明「『職原抄』注釈と説話」（同『説話の言説—中世の表現と歴史叙述—』森話社、二〇〇二年）など参照。

(19) 翻刻は、小川剛生「『百寮訓要抄』伝本考・附校本」(『国文学研究資料館紀要』二九号、二〇〇三年)による。
(20) 注19小川氏論文。
(21) 注19小川氏論文。
(22) 『群書類従第五輯』。
(23) 『群書類従第五輯』。
(24) 『群書類従第五輯』。
(25) 曽我助乗は、奉公衆一番衆曽我氏の出身で、曽我氏は将軍行列の衛府侍・帯刀や射手始の射手を務めるなどしていた。助乗は嫡流でなかった(おそらく晴助弟)ものの、足利義昭が将軍になるために近江—越前—美濃と流浪したのに付き従ったためか、義昭が将軍になると申次衆へと引き立てられ、多くの故実を蒐集し、それと家伝文書を併せてまとめ、その成果を江戸幕府に仕えた息子尚祐が、「和簡礼経(坐右抄とも)」として大成し、幕府書札礼「曽我流」の祖となった。
(26) こうした中央と地方との間で行われる知識の伝播の具体的な事例としては、蜷川親俊から陸奥稗貫輝時への故実不審条書案(『大日本古文書 蜷川家文書之三』六九二号)や、蜷川親順(入道道運)と肥前籠手田定経との(おそらく犬追物か)一冊(『史料纂集 籠手田文書』六〇号)などが挙げられる。
(27) 中村哲子「中世在地官途名の位置付けと変遷—中世前期から惣村の成立へ—」(『史苑』六五—一号、二〇〇四年)。
(28) それぞれ、吉良満義は、関東廂番定書写(「建武記」『南北朝遺文関東編』三九号)、畠山国氏は、畠山国氏書状(「榊原結城文書」『南北朝遺文東北編』七四一号)、石塔頼房は、梶原景貞請文(『久我家文書』七一号)などによる。
(29) それぞれ、吉良満家は、吉良満家書下(「白河集古苑所蔵白河結城文書」『南北朝遺文東北編』一三〇五号)、上杉朝憲は、足利基氏近習連署奉加帳(「六波羅蜜寺文書」『南北朝遺文関東編』三二九〇号)、今川氏家は、足利義詮御判御教書写(「今川家古文書写」『南北朝遺文関東編』三一九一号)、山名氏冬は、山名氏冬遵行状(「東福寺文書」『南北朝遺文中国四国編』三七六六号)などによる。
(30) それぞれ、上杉憲藤は、上杉憲藤書状(「皆川文書」『栃木県史史料編中世一』八六号)、二階堂行元は、『師守記』貞治三年六月十五日条、仁木頼夏は、『師守記』貞治五年十月五日条、桃井直和は、得田章房軍忠状(「得田文書」『大日本史料第六編之三十』四〇六頁)などによる。

（31）大友式部大輔は、丹波有世軍忠状写（「西行雑録所収薬丸文書」『南北朝遺文九州編』一〇六四号）、細川式部大輔は、「賢俊僧正日記」文和四年八月十日条などによる。
（32）足利尊氏御判御教書写（「遠山文書」『南北朝遺文関東編』二三六三号）。
（33）『ビブリア』八六号、一九八六年。
（34）注9拙稿参照。
（35）応永十一年の安芸天野宗政（安芸国諸城主連署契状『大日本古文書　毛利家文書之一』二四号）、応永十九年の陸奥八戸南部政経（大慈寺梵鐘勧進奉加帳「遠野南部文書」『岩手県中世文書　中巻』五三号）、応永二十四年の陸奥飯野光隆（斯波満持官途挙状「飯野文書」『福島県史第7巻資料編2古代・中世資料』一六八号）など。
（36）岩城由隆証状（「上平文書」『福島県史第7巻資料編2古代・中世資料』四号）。
（37）坂合部郷定書（「古沢準司氏所蔵文書」『五條市史料』二号）。
（38）それぞれ主な出典は、宮部継潤が、羽柴秀吉朱印状（「宮部文書」『豊臣秀吉文書集第四巻』二八三八号）、有馬則頼が、『言経卿記』文禄三年九月十九日条（中務卿法印）および九州動座之次第（「雑抄」『鹿児島県史料旧記雑録後編二』二三三号）（刑部卿法印）、宇喜多忠家が、『言経卿記』天正十四年十月十六日条、松浦鎮信が、羽柴秀吉朱印状（「松浦文書」『平戸市史歴史史料編Ⅰ』五六号および八〇号）、楠正虎が、『言経卿記』天正十六年正月四日条、徳永寿昌が、『駒井日記』文禄三年正月二十二日条、前田玄以が、『義演准后日記』文禄五年正月三日条、金森長近が、松林寺所蔵梵鐘陰刻銘（『岐阜県史史料編古代中世二』七三九頁一号）、長谷川宗仁が、長谷川宗仁書状（『相国寺蔵　西笑和尚文案』一六〇頁一一号）、横浜良慶が、『駒井日記』文禄四年四月二十二日条、桑山重晴が、徳川家康書状写（『記録御用所本古文書　下巻』一三三四号）、日根野弘就が、『駒井日記』文禄三年正月十四日条、某忠文が、後陽成天皇口宣案（『久我家文書三』九六〇号）である。
（39）『信長公記』に天正三年に宮内卿法印に任じられたとあり、実際に署名でもこの年以降用いている（松井友閑書状「古蹟文徴」『増訂織田信長文書の研究　下巻』五三一号）。
（40）相馬胤藤が、相馬胤藤軍忠状（「相馬岡田雑文書」『福島県史第7巻資料編2古代・中世資料』一七号）、大矢蔵之輔が、足利持氏御教書写（「三島明神社文書」『新編埼玉県史資料編5中世1』六七八号）、今枝某が、斎藤妙椿書状写（「金沢市立

図書館所蔵今枝氏古文書写」『岐阜県史史料編古代・中世四』一二号)、樫村貞次が、樫村貞次書状(『大日本古文書　大徳寺文書之二』六九八号)、佐竹某が、久礼浦八幡末社天神社鰐口銘写(「土佐国蠹簡集拾遺」『南北朝遺文中国四国編』五四一四号)、斎藤某が、宗茂世安堵状写(「宗家御判物写」『長崎県史史料編第一』六〇八頁)による。なお内蔵助は、「〜すけ」官途が規制された江戸時代でも普通に使われた。「蔵助」と同じとされたからか。そのため大石内蔵助のようなものも通用していたのである。

(41)　大庵寺念仏日記(「大庵寺文書」『栃木県史史料編中世一』六〇一頁一号)の中里囚獄、畑昌方書状(「西湖区有文書」『戦国遺文武田氏編』三七九〇号)の渡辺囚獄助、「箕輪自記」(『鹿児島県史料薩藩旧記雑録後編1』四五三号)の二宮囚獄など。

(42)　西馬音内茂道役帳写(「元西馬音内西垣文書」『秋田県史資料古代・中世編』八八七号)の篠森囚獄、北条家朱印状(「北爪守雄氏所蔵文書」『戦国遺文後北条氏編』三六五三号)の津久井囚獄、上杉景勝朱印状(「中牧文書」『新潟県史資料編5中世三』四一四六号)の禰津囚獄助、徳川家康朱印状写(「古文書集十四」『静岡県史資料編8中世四』一五四六号)の渡辺囚獄佑など。

(43)　陰陽家の人である勘解由小路在統(東京大学史料編纂所架蔵謄写本「除書部類」)・勘解由小路在盛(勘解由小路在盛下知状案『九条家文書四』九四五号)など。

(44)　それぞれ、安威親脩は、「外記補任」(『大日本史料第六編之十七』六六七頁)、雑賀某は、「花営三代記」応安六年三月十八日条、布施康冬は、布施基連等連署寄進状(「慈聖院文書」『兵庫県史史料編中世八』七号)、三善倫義は、『師守記』貞治元年十月二十九日条による。他にも門真周清・三善重行も権少外記となっている。

(45)　遠見岬神社所蔵遠見岬神社棟札銘(『戦国遺文房総編』六六一号)。

(46)　内記勝長書状(「長谷寺旧蔵文書」『戦国遺文武田氏編』二七二四号)。

(47)　目賀田大舎人允(『八代日記』天文十年五月二十九日条)など。

(48)　清水舎人(北条家朱印状「北爪守雄氏所蔵文書」『戦国遺文後北条氏編』三六五三号)、大津留舎人允統次(大友義統感状「大津留運氏所蔵文書」『大分県史料25』五四五号)、徳持舎人助(『上井覚兼日記』天正四年八月二十一日条)など。

(49)　古田織部正重然(古田重然免除状「若山光弘氏所蔵文書」『岐阜県史史料編古代・中世一』二号)、日根野織部正高吉(名護屋城内在陣軍勢覚写「萩藩閥閲録遺漏巻五ノ二」『萩藩閥閲録遺漏』三二一頁）、萱谷織部佑（北条氏規朱印状「横須賀市立図書館所蔵永島文書」『戦国遺文後北条氏編』一六三四号）、遠矢織部佐（『上井覚兼日記』天正三年二月十一日条）など。

(50) 賀島長盛等連署打渡状（「薬師寺文書」『大分県史料12』四三一号）。

(51) 『言継卿記』永禄八年五月十九日条。

(52) 池端清勝田地沽却状（「池端文書」『鹿児島県史料旧記雑録拾遺家わけ一』七五〇号）。

(53) 天野元連軍忠状写（「萩藩閥閲録巻一六四」『萩藩閥閲録第四巻』三六一頁二号）。

(54) 『言継卿記』永禄八年正月十五日・同年五月十九日条。

(55) 那波内匠介は、「結城戦場記」（『群馬県史資料編7』一五〇八号）、神保内匠助は、「香蔵院珎祐記録」（『神道大系神社編二十　鶴岡』二二三頁）、豊島内匠助は、上杉房顕感状（「豊島宮城文書」『北区史資料編古代中世1』一五八号）。

(56) 幕府番帳案（『大日本古文書　蜷川家文書之二』三〇・三一号）。

(57) 小田部は、円応寺宗近田地売券（「吉村睦子史料」『新修福岡市史資料編中世1』一一一七頁六号）、三代は、大友政親預ヶ状（「萱島文書」『大分県史料10』三九四号）、富岡は、足利政氏感状写（「富岡家古文書」『戦国遺文古河公方編』三四七号）。

(58) 宗主殿頭盛安（宗将盛加冠名字状「長郷文書」東京大学史料編纂所架蔵写真帳）、吉近主殿允（小早川家座配書立『大日本古文書　小早川家文書之一』四七五号）、平田主殿允（宗貞国官途状写「厳原藩馬廻御判物帳」東京大学史料編纂所架蔵写本）、秋吉主殿助頼泰（秋吉頼泰書状「秋吉文書」『大分県史料10』七五八号）、温井主殿隆安（日吉社掛額銘写「加能越古文叢」『大日本史料第八編之三十』一〇三頁）など。

(59) 富田主水允（金龍寺田地坪付写「児玉韞採集文書」東京大学史料編纂所架蔵謄写本）、今村主水助（阿蘇権大宮司能憲等連署証状『大日本古文書　阿蘇家文書之一』三〇七号）、島津主水（北条家朱印状「堀江恭一氏所蔵文書」『戦国遺文後北条氏編』一八三七号）など。

(60) 『群書類従第二十九輯』「永禄六年諸役人附」。

(61) 伊達稙宗書状写（「宝翰類聚坤」『青森県史資料編中世1』一二五号）。

(62) 大友義統安堵状写（「大友家文書録」『大分県史料33』一九六三号）。

(63) 斎藤徳元が斎宮頭であったことは、安藤武彦『斎藤徳元研究　上』(和泉書院、二〇〇二年)を参照。徳元は自賛に「豊臣」姓を記しているので、豊臣期に任官したのは間違いないだろう。

(64) 京極持清被官高宮氏は長禄三年の時点で蔵人頭を称しているし(京極持清老臣連署奉書案『大日本古文書　醍醐寺文書之六』一一四九号)、信濃の畑物貞幸も文明八年に「畑物蔵人頭貞奉《ママ》」(「諏訪御符札之古書」『信濃史料第九巻』一九五頁)とある。十六世紀にも数例見える。

(65) これについては、本書第二部第二章参照。

(66) 『新編埼玉県史資料編5』六六六・六六七号。

(67) 『戦国遺文古河公方編』二・三号。

(68) 東京大学史料編纂所架蔵写真帳。以下同じ。

(69) 『歴名土代』(湯川敏治編、続群書類従完成会、一九九六年、以下これによる)。

(70) 『晴富宿禰記』文明十一年閏九月八日条。この問題については山田貴司「大内政弘による亡父教弘への従三位贈位運動」(同『中世後期武家官位論』戎光祥出版、二〇一五年)を参照。

(71) 『後奈良天皇宸記』天部如年十二月二十八日条。

(72) 設楽薫「室町幕府評定衆摂津之親の日記「長禄四年記」の研究」(『東京大学史料編纂所研究紀要』三号、一九九二年)。

(73) 『大館常興日記』天文八年九月十九日条。

(74) 大友義鑑手日記写(「大友家文書録」『大分県史料32』九八二号)。

(75) 『大館常興日記』天文九年三月五日条。

(76) 『大館常興日記』天文十年八月十四日条。

(77) 一日一万句発句之次第(「結城家文書」『白河市史五古代・中世資料編2』六二七号)。

(78) 『歴名土代』。

(79) 『歴名土代』。

(80) 『歴名土代』。

(81) 国立公文書館所蔵「御状引付」。

(82) 足利義氏安堵状(「小山文書」『戦国遺文古河公方編』八二〇号)。
(83) 『歴名土代』。

〈追記〉 本稿の元となった二〇一八年の中世史研究会大会シンポジウムでの報告時に、松薗斉氏より、官途の存在を知る書として、『平家物語』『太平記』などの軍記物語も大きかったのではないかとの指摘をいただいた。物語の流布は、類書や「職原抄」などの伝播よりもはるかに広く行き渡っており、『太平記』の書中に先祖の記述があるかどうかを気にする逸話もあるように、自家の由緒にも関わるものとして読まれた側面がある。こうした物語に見える武士が用いている官途は、当然読む者の記憶に刻まれるので、このような官途がある、との知識・認識を持つ度合いは、類書や「職原抄」などの比ではなかったであろう。ただし、それは武家社会の由緒として、どのような官途を選択するかに大きく関わるものの、個々の官途がどのようなものであるかを知る上では参考にはならなかったと思われる。
いずれにせよ、軍記を含む文学作品総体を対象に、改めてこの問題を考える必要があるので、今後の検討課題とするに本稿では留めておく。

終章　総括と課題

まずここまでの検討で明らかになったことをまとめたい。

第一部では武家官位そのものの検討を行い、その中でも左馬頭・衛門兵衛督・四職大夫・受領・位階を扱った。

左馬頭は、鎌倉初期に足利義氏が、後には北条得宗家が（権官ではあるが）任じられて、前者は足利氏の先例に、後者は関東の支配者の先例となり、南北朝以降、足利将軍家・鎌倉（古河）公方家を武家の中でも特別な存在に仕立て上げた装置の一つとして機能した。結果室町期から江戸時代を通じて「足利氏」を表す官途であり続け、武家官途が中世に成立させた性格を失っていく中で、ただ一つその性格を保持し続けた唯一の存在であった。

衛門・兵衛督は武家で任官を受けるのは南北朝以降で、当初斯波・畠山・山名といったとくに家格の高い家にのみ限定され、十六世紀以降も階層は広がりつつも任官は限られた。一方関東では桃井憲義を先蹤として左衛門督のみその後多く現れた。豊臣政権下では兵衛督が関東公方の後継たる喜連川氏のみとされ、江戸幕府成立後には使用の限定は保たれつつ、尾張・水戸徳川家の嫡子が最初に名乗る官であったり、喜連川氏や高家、致仕した大大名藩主が名乗る官となった。

四職大夫は諸大夫の極官であったため、鎌倉時代は北条氏がほぼ独占的に任じるところであった。南北朝期には足利一門を主として武家でも多く任じられ、室町期には四職大夫となる家が固定された。武家総体の官途の上昇に伴い、その階層は広がるが、戦国期の四職大夫任官は、その地域における四職大夫を歴任した者の政治的立場を継承、あるいは周囲の大名との礼的秩序の対抗などを契機・目的とした。そのため地域的偏重が起き、東北では左京大夫が、九州では修理大夫への任官が求められた。豊臣期に武家官位制が創出されると、四職大夫はそれまでの性格を失い、他の官同様に従五位下叙位で諸大夫となる時に任官する官となるが、江戸時代には大名か高家が名乗る官であり、再び他の受領・京官とは一線を画される官となった。

また公家との関係、員外化の視点からすると、左馬頭は公家でも足利氏と重複する形では任じられなかった。衛門兵衛督は十五世紀段階で、四職大夫は十四世紀段階では員外化していなかったが、その後員外化していった。ただし右京大夫のみ細川氏の官ということで公家任官はなかったようである（ただし神官の任官はあった）。

受領官途に関しては、在国受領は名乗ることによって即効的に得られるような効果はないが、自身の政治的志向性を内外に示し、支配を有効に進めるための名分の一つという意味での「効果」はあった。これは室町期の一部の守護などに見られ、十六世紀後半各地に広がり、江戸時代に国持大名が在国受領を名乗ることや、各地奉行が名乗りを禁止されたことにつながった。ただしこの認識を受け入れるかどうかは受取手に委ねられていたし、一国規模の支配を図る者が名乗る場合、往々にしてそれは他氏との関係上用いられた。その点から在国受領を名乗る意義は、時には上位官途への任官や相伴衆などの幕府栄典を得ることと同列にあったとも言える。

一方位階は、鎌倉期に四位となるのは北条氏やごく一部の御家人に限られ、三位以上に昇進して公卿となる将軍との差が歴然としていた。室町期でも依然と四位に上りうることのできる家柄は限定されていた。ただ位階による身分序列ができていたわけでなく、位階の上下が家格による秩序を上回ることはなかった。十五世紀末からは三位になる者も増え、これは官途同様に幕府の優遇策や他大名への対抗などによる産物で、上位官途同様の政治的意義が期待された。ただ叙位は任官ほど重要視されず、叙爵も任官御礼のみが通常であった。しかし官途・家格ほどに秩序形成に利用されていなかったため、豊臣政権・江戸幕府が、従来の官途秩序に替わる新たな秩序を形成するのに位階を利用した大きな要因ともなった。

官途・位階は大小の差はあれ、共に礼的秩序を示していたが、近世武家官位制のように家格に応じた固定化がされず、流動的で、厳密でなかった。逆にそうした緩やかで段階的な秩序が、中世後期に形成されていった武家官位の特性であったとも言える。

第二部では室町幕府および豊臣政権と官位の関わりについて見た。

まず室町幕府に関しては、義詮期に成功任官が姿を消すことをきっかけにして、私称官途が広まるようになると共に、口宣案のみで武家の叙任が完結するようになり、成功任官の消滅は、幕府の施策や叙任形態のみならず、その後の武家官位や武家社会に大きな影響を与えた。

義満・義持期から出された袖判口宣案は、室町殿の権威付与という意味からも要求されたが、一定の政治的影響力を保持し続ける室町殿との特別な関係を築く手段の一つとして要求された。幕府側から与える場合、栄典の意味もあったが、他の栄典と異なり、御礼進上を必要としなかった。この義持期には「御礼」行為が定着したことで、叙任への御礼が始まり、額も対象に応じてほぼ固定されていた。天皇・公家にも御礼は出されたが、あくまで将軍への御礼の副次的なもので、室町幕府健在時には、諸国の武士は天皇・朝廷より将軍をより重視していた。

義稙期以降には朝廷への直奏も増えるが、これは天皇の権威を求め、重視したからではなく、幕府へ申請しても叶いにくい叙任であったり、将軍の京都不在による。ただこうした公家・寺社を通じた叙任が可能なのは、幕府に一元化されていた江戸時代と異なり、室町幕府の叙任形態が不完全で多くの抜け道があったことを示す。また豊臣政権・江戸幕府では秀吉・将軍の手に武家の叙任が完全掌握され、そこから与えられるものであることが歴然としていたため、袖判口宣案は不要であり、逆に叙任形態が不完全な室町幕府では、将軍から与える意味を強く受取側に意味付けるために、袖判口宣案を出し、御礼を進上させたとも言える。

官途秩序については、鎌倉時代は幕府によって任官が制限されていたこともあり、受領や成功で任官可能な八省丞・蔵人・兵衛衛門尉・判官・将監・諸司助などが御家人の主な官途であった。

それが南北朝期には成功可能な官途の幅が広がり、また成功任官が消滅することで私称官途が現れるが、十四世紀段階では成功によって任官できた官途を名乗る者が多かった。そして十五世紀に入るとさらに任官・名乗りが可能な官途の幅が広がり、幕府内では義持段階にほぼ確定した家格に応じた官途秩序が成立し、分相応の者が任官できる上位官途と、誰でも任官できる通常官途とに分けられた。一方幕府から見て、南朝のような敵対者や鎌倉府のような潜在的敵に対する意味で、その境界の者を優遇処置として上位官途に任じた。それが信濃や陸奥であり、南北朝後期の九州である。

十六世紀に入ると「大館常興書札抄」や「職原鈔」の伝播もあって、官途の幅はさらに広がり、他者とは異なることを示すために武士では本来任官できない官・すでに失われていた官・存在しない官を名乗る者も現れ、四等官部分を付けることで官途として通用させることも行われた。ただ室町幕府による官途秩序は、任官可能な官途・階層を拡大させながら、一部地方を除き全国規模で保持されていた。一方、地域・大名・家中ごとの官途秩序も変容はしながら保持された。とくに関東と九州では幕府と若干異なる秩序が形成されていた。

全国的な秩序は室町幕府の減衰と共に失われるが、豊臣政権および江戸幕府による武家官位制の創出により、改めて形成された。ただ豊臣政権により従来の室町幕府による官途秩序は消滅した。また豊臣政権下でも新しい官途秩序の萌芽が見てとれるが、羽柴氏の衰退により消え、江戸幕府による通称官名の制約が新しく形成されていった。

まとめると、室町幕府の官位叙任は、公家・寺家による交渉ルートを許していることからもわかるように、江戸幕府に比して不完全なものであった。それを袖判口宣案や叙任に対する御礼などで補って、官位を与える主体が将軍（室町殿）であるとの認識を与え続けていたのである。

そして一見無秩序に見える武家官途も、実際には確固たる枠組みが存在していた。それは幕府による官途秩序であり、各家の由緒や家格、政治状況、地域の礼的秩序に対応して形成された地域・大名ごとの官途秩序であった。そしてそれを逸脱しない範囲内で自由に官途を選択できた。このような家格・身分で定まる枠組の存在により、官途による家中統制が行い得たのである。ただ武家官途には、名乗ればただちに実利が得られるような効果は無く、基本的に他家との政治的関係上や、支配正当性などの名分を得る目的から求められたのである。

この武家官途では律令制の官位相当は無視され、その官途が持つ由緒によって実際の価値が定められたのである。したがって、十五世紀半ば以降の武家の官途を考える上で、官位相当と照らし合わせて述べることには全く意味が無いと言わざるを得ない。また幕府と直結する者以外の官途は、ほぼ間違いなく朝廷から受けたものではなかった（ただし地理的に朝廷に近い村落の者――山城・丹波など――は所領支配を通じて関係を持った下級官人などを通じて任官することができた）。ただこの中世後期に形成された武家官途の性格は、豊臣政権による新しい官位秩序の創出、江戸時代に形成された官途はただの名であるとの認識により、皆変質した。江戸時代でも引き続き足利氏を示す官途であった左馬頭ですら、室町幕府滅亡後には揺らぎを見せている。江戸時代の国持大名が名乗る在国受領も、実質的には豊臣政権期に恒常化したものである。また侍従以上の公家官への任官は、通称としての官途名と実際の官＝侍従・少将などとが乖離することをもたらし、安定した全国政権の存在も、政治的意義により官途を選択して任官する必要性を失わせ、これらが結果として官途がただの名であるとの認識を作る一因ともなった。

また武士がなぜいくつもある官途の中からこの官途、たとえば美濃守を選んで名乗ったのかという、官途の選択の問題については、自己表現の一つとして、①代々用いる家の官途あるいは先祖の官途、②家格の高い者が用いる上位官途、③他家とは異なる独自な官途、④その官途が持つ由緒を必要とする場合、のうちからなされたと言えよう。むろん特別な意識もなく選択される場合もあっただろう。また他大名との関係や、新たに主を替えた時にその家の官途秩序にそぐわない場合、官途は変更された。

本文では構成上言及しきれなかった、大名と官位との関係についても触れる必要があるだろう。この問題については、以前に佐竹氏と山内上杉氏の検討を行っているが、その他の大名についてもここで若干言及したい。

まずすでに別稿で検討した佐竹氏についてまとめると、佐竹氏は伊予守・右馬頭・常陸介・右京大夫を家の官途としていた。その中でもとくに、幕府では本来管領細川氏のみ名乗りえた右京大夫の使用に特徴があり、鎌倉・古河公方による任官がそれを可能にした。家臣に対しては、官途を自由に名乗らせずに制限を加え、家格・階層に応じて上位官途を許し、官途による家中統制を行った。そしてそれを有効的に機能させたのが官途状であった。(1)

この家臣・家中に対する官途の使用制限について、他大名ではどうであったのか。まず伊達氏では、武蔵守・陸奥守・阿波守や左衛門佐や左右兵衛佐を名乗る者はいない。一方で相模守は留守氏が使っていたからか名乗る者が二人ほど確認される。(2)伊勢守や尾張守・伊予守なども数名おり、幕府の官途秩序とは若干異なっていることが見て取れる。

後北条氏では、当主とその息子を始めとする有力一族の名乗った受領である相模・陸奥・安房・美濃守を名乗る者はいない。また常陸介はいるが常陸守は北条氏繁のみである。(3)上総介は他に上野小幡氏のみ(4)(松田憲秀の尾張守も小幡氏に見える)(5)である。(6)また遠山氏の甲斐守、(7)大道寺氏の駿河守もそれぞれの一族のみに限られており、(8)伊豆・武蔵守は家中に見当たらない。(9)つまり後北条領国と隣国のうち、関係のある国の受領は有力家臣のみにしか見られない一方で、下総・下野守、上野・常陸介といった敵対・従属領主のいる国は家中でも制限無く使われており、幕府における上位受領である淡路・伊勢・伊予・讃岐・摂津・播磨守についても制限は無かったようである。

大内氏では、義隆期に政弘末期からの官途挙状による大内氏独自の授与に加えて、朝廷から実際に任官を受けた官位をも自家の官途秩序に組み込んでいた(10)。これは正式な任官をした奉行人層が、大内氏の官途挙状による授与で任官した人々よりも身分的に優越していたことを指し示すものとして機能していた。この背景には、義隆自身の官位昇進もさることながら、大内氏が伊勢・二階堂氏などから幕府の故事を伝えられ(11)、幕府の官途秩序について知悉していたこと、『実隆公記』永正五年九月廿二日・十月二日・十一月十三日条に見えるように、公家からも官位に関して多くの知識を摂取していたことがあった。また大内氏に属する有力国衆の官途は、全般的に大内氏譜代家臣よりも高官で、毛利元就のように時には朝廷への推挙が行われていた。

大友氏では、家中に陸奥守・豊後守・修理亮がいない。陸奥守は島津氏の家の官途であることに、豊後守は家の官途の一つであることによる。修理亮は家の官途である修理大夫の一段下ではあるが、「修理」そのものを禁じたのであろう。修理進も確認されない。一人大友義鑑(親安)から山城守に任じられている佐藤修理亮が見えるが(12)、これは日向高知尾の大神右武の家臣であり、元々大友氏の家臣ではなかったからである(13)。この他大友家中では、相模・武蔵・阿波・讃岐・伊予・安房・伊勢・尾張守といった、幕府上位受領官は数例ずつ確認されている。ただそのほとんどは志賀・臼杵・吉弘・田北といった重臣であったり、田尻・蒲池といった有力国衆なので、これらの受領官は大友家中で特別扱いを受けていたと言えるだろう。また衛門兵衛佐がおらず、諸寮頭もほとんどいないので(14)、大友氏では幕府の官途秩序に準拠した官途秩序が展開されていたと言える。なお大友家中で多く用いられていたのは、三河・和泉・長門守、兵部・中務・民部少輔、弾正忠、掃部助、左右京亮であった。

島津氏では、まず島津一族にしか使わせない官途がいくつか確認される。それは薩摩守（薩州家）・豊後守（豊州家）・相模守（島津忠良）・摂津守（喜入氏）・上野守（河上氏）・右馬頭・中務大輔・左衛門佐（督）（島津歳久）・左衛門大夫などである。島津義弘の兵庫頭や島津忠長の図書頭も彼らのみである。また大和守・下野守は伊集院などの重臣のみに限定されている。そして家の官途で言えば、陸奥守・修理亮は一人もいない。(15)幕府上位官途との関係を見ると、弾正少弼や兵衛佐、諸寮頭（主水・采女除く）などはいないが、右衛門佐や武蔵・淡路・讃岐・伊予守は比較的多い。上総・安房などはほとんどいないが、関東受領がそもそも島津家中には少ない。以上から、島津氏では十五世紀後半頃の幕府官途秩序を適用していなかったが、諸寮頭がほとんどおらず、受領官の序列も未成立だった南北朝末期頃の官途秩序に似た秩序になっていたのではないか。また島津家中では、受領介・掾が他家と比べて特段に多いことが特徴的で、周防介などは周防守の数倍の事例が確認される。しかもただ固定されていたわけではなく、時により「かみ」・「すけ」・「じょう」が混同されて用いられている。

そして最後に宗氏について見ると、まず刑部・讃岐守・出羽守・上総介・伊賀守・信濃守・近江守・摂津守・伊予守・対馬守・能登守は宗氏当主およびそれに近い一族のみに限定されている（当主の官途は刑部少輔・讃岐・対馬守）。また使用されていない受領官も多くあり、相模・越後・飛驒・志摩・丹波・隠岐・備中・淡路・阿波・豊後・筑後・壱岐・肥後・薩摩守が該当する。このうち豊後・薩摩は大友・島津の本国、壱岐は隣国ということで使用させなかったと思われる。ただ相模・阿波・淡路守がいないといっても、先の一族限定受領を見てもわかるように、宗氏の家中に幕府上位受領の意識はほとんどなかったと思われる。ただ当主自身は対外的に他の領主との関係から、意識されていたであろう。また宗氏に特徴的なのは、左右衛門佐が非常に多く、一方で兵衛佐が一人もいないことである。(16)宗氏の衛門佐の扱いを端的に示すのは、左衛門佐から左衛門尉・兵衛尉に任じる官途状が出ていることで、これは宗氏において官途・名字が与えられる行為自体に意義があったから起きたのだが、衛門佐の価値が宗氏で高くなかったのも要因であった。一方兵衛佐が全く使われなかったのは、九州探題渋川氏が、まだ対馬に対して影響力をおよぼしていた応永頃の官途が左兵衛佐であったことによるのだろう。[17]

なおここまで述べたように、大名は家中に家の官途を名乗らせていないことが実例からも明らかであるが、史料上からも明らかなのが相良氏で、相良義滋は栖本氏から左近将監に任じられることを望まれながら、「相良御家之官之由仰分」けて兵部大輔に任じており[18]、家の官途を名乗らせなかったことが明確にわかる。

一方山内上杉氏は、顕定以降「四郎」・「五郎」の仮名で一生を通す、他の大名には見られない極めて特異なあり方を示す。それを可能にしたのは、山内上杉氏が関東管領であったからで、この「関東管領」は、山内上杉氏を体現する機能を持ち、天皇による補任・錦御旗の下賜という外的要因と、また鎌倉府時代とは異なる職掌・権限に変貌した内的要因により、関東において官途よりも、政治的に意味があると認識されたからである。[19]

ここで挙げたのは大内氏以外幕府の官途秩序から遠い地域の家ばかりで、中部・畿内近国の大名の考察が捨象されているため、この点は今後の課題であるが、各大名ごとに自家および家中の官途・官途秩序に対する意識が異なっていたことは明らかである。大内・大友氏のように幕府に近い秩序でもって家中統制が行われている家もあれば、佐竹氏のようにその地域の官途秩序を踏襲しながら独自の秩序を構築していた家もあった。そして共通しているのは、周囲の大名との関係も各家の官途秩序に大きく影響を与えていたことである。これは時代が下るごとに全国的に官途が上昇していったこととも深く関わる。つまり、各領主は周囲との勢力の競合や比較対抗意識、政治的志向によって、あるいは幕府や地域において上位に位置付けられる官途に、あるいは支配や侵略に正当性を持たせるための名目として（それが実際に効果を持つかどうかはまた別で、あくまでそれを用いた者の認識上の問題である）、自身の官途を改め、また上昇させようとしていたからである。

では、武家にとって官位とはいったい何であったのか。すでに指摘のあるように、人格・イエを体現する記号であり、礼的秩序を構築する指標でもあったことは間違いない。そして室町期以降の武家身分の者が、一部の例外を除いてほぼ皆官途名乗りを持っていたことからすれば、官位・官途を持つことは、自身が侍身分であることを自他に認めさせ、また主張する拠り所であったとできるだろう。ただ、村落でも官途成によって鎌倉末から官途名乗りを持つようになっているので、実際のところは苗字を持つなど他の要因も必要である。これは身分の低い者の場合であるが、大名・領主にとっても、官位は前述のような名分や政治的思想表現を示すものでもあり、他者との比較の中で自らを位置付けるものであって、単に自身を飾り立てるだけのものではなかった。官途を持たない場合も、それは代替物がある、あるいは大概が何らかの政治的意図があってのことであった。つまり武家にとって官位・官途は、鎌倉期段階はともかく、室町期以降では自身が武家であるために欠くべからざる構成物の一つであったと言えるだろう。

もう一つ考えねばならないのは、なぜ武家は律令官位をそのまま用いたのかという点である。日本の武家政権は、中国の各王朝のように新しい官制・身分制度を作ることなく、既存の朝廷の制度をそのまま転用しているのである。これは武家社会の中で、自らの家の血筋や由緒が大きな意味を持っており、全く新しい官途名乗りを一から作り出すよりは、先祖や高名な武士が用いていた律令官を名乗ることに重きが置かれていたため、律令官位がそのまま使われていたからであろう。ただ第二部第二章でも述べたように、十六世紀後半になると、新しく侍身分になった者が多く輩出されたことや、他者と異なる官途を用いることで差異を付けようとしたためか、律令官位に無い官名が使われるようになる。とくにいわゆる東百官などは東海地方で使われ始め、織田・羽柴・徳川氏が全国政権になることで各地に波及した可能性がある。

とはいえこれらはあくまで武家のみの検討による結論である。中世から近世の社会総体に対する官位の存在意義を考えるには、公家は勿論、村落の官途成や、諸道の者・芸能者・神官などの帯びる官途などとも併せて考えねばならないことは言うまでもないだろう。

最後に残された問題について列挙し、今後の検討課題としたい。

まず挙げられるのが武家官位と天皇・朝廷との関係である。なぜならば官位制の問題は、究極的には天皇の権限と関わり、武家において口宣案による正式な任官が重視されたこととも大きく関わるからである。これは武家と天皇との関係とも深く繋がっているので、まず検討されるべき問題であるが、それだけにすぐに結論が出るわけでなく、武家執奏による公家・寺家の叙任や、諸権限、公武関係など、様々な視点・角度からの検討を踏まえた上で考えられるべきである。また公家（公卿・諸大夫・地下官人）の任官する官途と、武家の任官する官途との関係についてもまだ検討すべき点が多くあるだろう。

次に官位をめぐる幕府と大名との関係について、幕府および将軍の求心力は、とくに戦国期において、どこに淵源があったのか、そして幕府倒壊後にも叙任を求める事例はいくつも見られるが、彼等にとって幕府と朝廷にどのような違いがあったのか問題となろう。また叙任を受ける側にも、なぜ多大な出費・労を強いられながらも叙任を求めたのかという問題がある。

官途秩序にしても、中世の武家社会にあった「礼の秩序」を解明するには、官位のみならず、「礼の秩序」を構成していた要素である家格・書札礼なども併せて考察する必要がある。また豊臣政権・江戸幕府により新たに近世官位制が形成され、それまでの室町幕府の官途秩序はほぼ消滅する中で、個別大名における官途秩序は残存するが、近世武家官位制下に大名が組み込まれ、陪臣の官途も制限され、武家官途がただの名のみの存在になる中で、個々の大名における中世以来の官途秩序がいつまで存在し、どのように変質したかも検討課題になろう。近世に存在した官途の制限にしても、概要はすでに言及されているが[20]、それがいつ頃から形成され、その形になったかも明らかにされねばならない。

官途状の問題もある。すでに官途状の形式と時期的な問題については、足利将軍家の発給した官途挙状や御内書で任官を伝える文書が、全国各地の大名の官途状の形式に大きな影響を与え、名字状・一字状も足利将軍家の影響が各地におよぼされており、官途状類は文書形式でも発給行為自体も、上位権力の影響を強く受けていたことを明らかにしているが[21]、同時期に異なる形式で出されている場合、そこにはどのような区別がなされたのか、また各家ごとの官途状発給の持つ意味はどう異なるのか、発給者にとっての加冠状・一字状と官途状の性格・意義はどう違うのか、官途秩序と官途状の形式分布に類似性はあるのかなど、官途状にはまだ多くの問題が残されている。

また官途は武家だけが用いたわけではない。本文中でも言及したように、村落では官途成が鎌倉後期から行われ、十六世紀には多くの者が官途名乗りを持つようになる（官途名乗を持つ者の比率が前代と比べて格段に増加する）。当然公家も官途を有し、公家に属する殿上人・諸大夫・侍や下級官人も何らかの官途を持っているし、寺院に属する侍もまたしかりである。芸能者・職人も十五世紀以降多く官途を名乗るようになる。武家官途とこれらをすべて合わせた上で、改めて中世後期における官途の持つ意味、果たした機能〜それは政治的機能を持つだけでなく、それを名乗ることで得られる自己・他者への認識がいかなるものであったかが、明らかになるのではないか。近世でも四等官部分は無くなりながらも、基本的にすべての階層で官途名のつく名乗りを使用している。程度の差異はあれ、官途というものの果たした機能は、中世から近世にかけての日本社会を知るための一つのキーワードとなるし、名としての機能・意義は自身や他者の認識に関わる。

今後これらの問題についても検討される必要があり、せねばならないことを指摘して擱筆する。

注

（1）拙稿「常陸佐竹氏における官途」（『戦国史研究』四八号、二〇〇四年）。

（2）「晴宗公采地下賜録」（『米沢市史資料編1古代・中世史料』四二五頁七一号および四七一頁三一〇号）。

（3）毛利常陸介（北条氏直書状「木内文書」『戦国遺文後北条氏編第四巻』二六九四号）がいる。ただし氏繁死後である。また氏繁が常陸守となる前の元亀年間に富士常陸（介ヵ）（北条氏康禁制写「僧衆文書足柄下郡海蔵寺文書」『戦国遺文後北条氏編第二巻』一四一四号）がいる。

（4）北条氏舜書状（「白川文書」『戦国遺文後北条氏編第三巻』二〇〇五号）。

（5）小幡信真が上総介として見える（北条氏直書状写「小幡文書」『戦国遺文後北条氏編第四巻』二九六五号）。

（6）松田盛秀は北条為昌室朝倉氏像銘（「大長寺所蔵」『戦国遺文後北条氏編第一巻』三五五号）など、松田憲秀は里見義頼書状（「稲子正治氏所蔵文書」『戦国遺文後北条氏編第五巻』四四八九号）などによる。

（7）小幡憲重が尾張守として見える（北条家朱印状「鈴木弘氏所蔵文書」『戦国遺文後北条氏編第一巻』四〇九号）。また氏政期には江戸城番をしている浅羽尾張守（北条氏照書状「飯島忠雄氏旧蔵文書」『戦国遺文後北条氏編第五巻』三八九七号）のみである。

（8）遠山綱景─七社権現棟札銘（「八菅山七社権現所蔵」『戦国遺文後北条氏編第一巻』二〇四号）、遠山政景─北条家朱印状（「早稲田大学図書館所蔵遠山文書」『戦国遺文後北条氏編第三巻』一九三四号）。

（9）大道寺盛昌─北条氏康法度写（「鶴岡御造営日記」『戦国遺文後北条氏編第一巻』二四七号）、大道寺周勝─北条家朱印状（「小幡洋資氏所蔵文書」『戦国遺文後北条氏編第一巻』四七二号）、大道寺資親─北条家朱印状写（「川口文書」『戦国遺文後北条氏編第二巻』九三八号）、大道寺政繁─大道寺政繁書状（「円覚寺文書」『戦国遺文後北条氏編第二巻』一四二八号）。

（10）大内氏から任官を受ける場合、当主の官途挙状か、大内氏の執奏による朝廷からの口宣案かの二者択一で、両方を兼ね備える任官は無かった。

(11)「大内問答」(『群書類従第二十二輯』)や「書札礼」(史料編纂所架蔵謄写本)など。

(12)大友親安(義鑑)官途状写(「高千穂庄神跡明細記」『宮崎県史史料編中世2』七号)。なお『宮崎県史』では大神親安書状写としているが、官途状文言形式と「親安」の署名から義鑑官途状とした。ただ史料編纂所架蔵謄写本「高千穂庄神跡明細記」で花押影を確認したところ、現在親安の花押形として知られる形とは異なっており、別人である可能性も捨てきれない。別人である場合、大友氏家臣ではないので、大友氏直臣には修理亮は一人もいないことに変わりはない。

(13)そうなると、なぜ義鑑から官途を与えられたのかが問題となる。まず佐藤修理亮は永正十四年七月の時点で右武に背いており、この時「佐藤修理進」と右武から呼ばれている(永正十四年七月十八日付大神右武宛行状「押方文書」『宮崎県史史料編中世1』一〇号)。義鑑が親安から親敦へ改名するのが永正十五年八月頃なので、佐藤への義鑑の年未詳官途状は永正十四年十二月の発給となるか。以下は推測になるが、右武の「右」は大友義右からの偏諱と思われ、大神氏は大友氏と関係を持っていたが、おそらく永正十三年に起きた朽網親満の乱で大友氏との関係が希薄になり、元から関係のあった肥後の阿蘇・甲斐氏との関係を重視する動きを見せ、親大友であった佐藤が行動を起こした。これが右武の言う「逆心」であり、大友氏からすれば自家との関係を保とうとした佐藤を重視し、直臣(または准じる)扱いにしたが、修理の官途が大友氏からするとそぐわないので、義鑑から直接官途を与えることにしたのではないか。あるいは大友氏の歓心を買うつもりで、修理ではない官途を与えてくれと申し出た結果官途状を与えられたのではないか。史料的裏付けは全く無いが、少なくとも佐藤の逆心は大友氏とのつながりがもたらしたものであったろう。

(14)なお甲斐・信濃・丹波・出雲守もほとんどいない。ただなぜこれらの受領官があまり使用されなかったかは不明である。一方事例が多いのは東海・北陸・五畿・山陽の諸国受領である。

(15)天正初めに大隅の祢寝氏に修理亮がいる(『言継卿記』天正四年八月十六日条)が、天正元年に祢寝氏が島津氏に服属して(「新編祢寝氏正統系図」『鹿児島県史料旧記雑録拾遺家わけ1』二四七~二五三号)まだ間もない時期のためだろう。

(16)宗義智官途名字状写(史料編纂所架蔵写本「宗家御判物写(三)佐須郡」)、宗義智官途状写(史料編纂所架蔵写本「宗家御判物写下」)。

(17)これについては拙稿「対馬宗氏の官途状・加冠状・名字状」(『東京大学日本史学研究室紀要』一〇号、二〇〇六年)参照。

(18)「八代日記」(熊本中世史研究会編『八代日記』青潮社)天文十三年十一月条。

(19) 拙稿「山内上杉氏における官途と関東管領職の問題」(『日本歴史』六八五号、二〇〇五年)。
(20) 小川恭一「近世武家の通称官名の制約」(『風俗』三〇—四、一九九二年)。
(21) 拙稿「官途状の形式とその地域的・時期的特徴について」(『史学雑誌』一一五編九号、二〇〇六年、木下聡編著『全国官途状・加冠状・一字状目録』日本史史料研究会、二〇一〇年、に改稿し収録)。

あとがき

本書は、平成二十一年(二〇〇九)三月に提出し、同年七月に東京大学から博士(文学)の学位を授与された論文「中世武家官位の研究」を再構成したものである。審査にあたっては、主査の村井章介先生および副査の池享先生、鴨川達夫先生、桜井英治先生、藤田覚先生のご指導をいただいた。

各章の初出は次のとおりで、本書に収録するにあたって、いずれも加筆補訂を行っている。

序　章　中世の武家と官位をめぐる研究史(新稿)

第一部　武家官位の個別的展開

第一章　左馬頭(原題「武家官途としての左馬頭」『歴史評論』六七四号、二〇〇六年)

第二章　衛門・兵衛督(原題「室町戦国期の衛門・兵衛督について」『遙かなる中世』二一号、二〇〇六年)

第三章　四職大夫(原題「武家と四職大夫」『日本史研究』五四九号、二〇〇八年)

第四章　在国受領(原題「中世後期における武家と受領官途―在地効果説をめぐって―」『日本歴史』七三〇号、二〇〇九年)

第五章　位階(新稿)

第二部　統一政権と武家官位

第一章　室町幕府の官位叙任(『東京大学史料編纂所紀要』一九号、二〇〇九年)

第二章　室町幕府の官途秩序（新稿）

第三章　室町殿袖判口宣案（『古文書研究』六〇号、二〇〇五年）

第四章　織豊期の武家官位（新稿）

補　章　中世後期の武士の官途認識と選択（『年報中世史研究』四四号、二〇一九年。増補新版で追加）

終　章　総括と課題（新稿）

平成十年に東京大学文学部日本史学研究室に進学してからは、村井章介先生・五味文彦先生に学部・大学院を通じてご指導を賜り、大学院のゼミなどを通じて東京大学史料編纂所の諸先生方にもご指導いただき、史料の読み方や解釈、くずし字の読み方といった基本的なことはもとより、論文としての文章の書き方、史料の背景をも見る考え方など、様々なことを学ばせてもらった。

大学の内外ではいくつかの研究会に参加したが、その中でもとくに、ＧＦＣ（義堂周信ファンクラブ）、戦国史研究会、大館常興日記を読む会では、研究会の場でも、その後の飲み会の場でも、実に多くのことを学ぶとともに、貴重な意見や考えをいただき、大きな刺激を受けた。

また大学院時代にはＲＡ（リサーチ・アシスタント）として、その後は日本学術振興会特別研究員の受け入れ先として、様々な史料や書籍が集積された史料編纂所という、研究を続ける上で恵まれた環境である機関に所属できたのは僥倖であった。それがなければ本書を構成する基本的な情報を蓄積することはとても困難であり、完成にはさらに数年を要していたであろう。

元々はただの歴史好きであり、文章を書くという行動そのものを苦手としていた自分が、研究としての論文を執筆し、それを一冊の形にまとめることができたことには感慨深いものがある。これはひとえに指導頂いた先生方、時間を共にして学んだ先輩・後輩や仲間のおかげであり、感謝してもし尽くせないが、この場を借りて改めて厚く深謝したい。

このようにして出来た本書は、武士の名乗っていた官途名乗りはいったい何の意味があったのだろうという、実に単純な疑問から始まり、とにかくなるべく多くの史料を見たい、他の人があまりやろうとしないことをやってみよう、基本的な情報を集めて表にしてみようといった、単純な欲求を土台にしている。一読された方はおわかりになると思うが、これによって良くも悪くも、論・内容共に自分の単純な性格が見事に反映されたものになっているところは、汗顔の至りである。

今後は本書の結論を終わりとするのではなく、さらに追究し続ける必要があるし、また論を構築する上で集め、目にした史料をもとにして、新たな議論にも手を伸ばしていきたい。

末筆となったが、厳しい出版状況下で本書の刊行を紹介していただいた村井先生、お引き受けくださった吉川弘文館、そしていつも心配をかけながらも、暖かく見守り続けてもらった母に感謝と御礼を申し上げてむすびとしたい。

二〇一一年八月

木下　聡

※　本書の刊行には、平成二十三年度科学研究費助成事業（科学研究費補助金〈研究成果公開促進費〉）学術図書の交付を受けている。

増補新版あとがき

本書の旧版が刊行されて十年以上がたち、幸いなことに概ね本書の主張は肯定されているようである。本文中の表も官途の一覧として役立っていたためか、品切状態になっていたため、今回増補して再版していただく運びとなった。

増補新版とするにあたって、補章として「中世後期の武士の官途認識と選択」を入れた。この論文は、二〇一八年に名古屋の中世史研究会大会シンポジウム「武家官位から中世を問い直す」で報告した内容をまとめたものである。本書旧版には官位を使う意義・背景や、獲得する経緯などの検討はあるものの、当時の武士たちの官位に対する認識や、なぜその官途を選択するのかといった問題については不十分であったため、それを補う意味で加えた。また、本来ならば本文や文中の表も修正・増補すべきところがあるが、研究史のひとつとして旧版の内容は今回そのままとした。ご寛恕いただきたい。

中世の武家官位の研究は、本書旧版と二〇一五年の山田貴司氏の著書の刊行によって、以前よりも大きく進んだと思われる。それに加えて、家格や偏諱、儀礼・栄典・書札礼など、官位と密接に関わる分野でも近年研究は大きく進展している。本書の増補新版がこうした研究動向にいくらか寄与できればと願いつつ、擱筆する。

二〇二四年十月

木　下　　聡

著者略歴

一九七六年　岐阜県に生まれる
二〇〇七年　東京大学大学院人文社会系研究科博士課程単位取得退学
現在　東洋大学文学部教授、博士（文学）

〔主要著書〕
『室町幕府の外様衆と奉公衆』（同成社、二〇一八年）
『斎藤氏四代』（ミネルヴァ書房、二〇二〇年）
『対決の東国史5　山内上杉氏と扇谷上杉氏』（吉川弘文館、二〇二二年）

中世武家官位の研究（増補新版）

二〇一一年（平成二十三）十一月十日　第一版第一刷発行
二〇二五年（令和　七　）二月二十日　増補新版第一刷発行

著者　木《きの》下《した》聡《さとし》

発行者　吉川道郎

発行所　株式会社　吉川弘文館
郵便番号一一三―〇〇三三
東京都文京区本郷七丁目二番八号
電話〇三―三八一三―九一五一〈代〉
振替口座〇〇一〇〇―五―二四四番
https://www.yoshikawa-k.co.jp/

印刷＝株式会社 理想社
製本＝誠製本株式会社
装幀＝渡邉雄哉

ISBN978-4-642-04801-9

索　　引

Ⅰ 人　　名

件数が多いため苗字でまとめた。括弧内は実名がわかる者のみ読み順で記した。
また苗字のみの者も併せて載録している。

あ・い

か　行

さ　行

た 行

な 行

は 行

ま　行

や　行

ら・わ行

Ⅱ　官　　途

権官も正官に含めている。一部を除き京官はかみ・すけ・じょうを合わせている。

受　領

京　官